Die Stärkung der Regionalfensterprogramme im Privaten Rundfunk als Mittel zur Sicherung der Meinungsvielfalt durch den Achten Rundfunkänderungsstaatsvertrag

Studien zum deutschen und europäischen Medienrecht

herausgegeben von Dieter Dörr und Udo Fink

mit Unterstützung der Dr. Feldbausch Stiftung

Bd. 32

PETER LANG

Frankfurt am Main · Berlin · Bern · Bruxelles · New York · Oxford · Wien

Julia Niebler

Die Stärkung der Regionalfensterprogramme im Privaten Rundfunk als Mittel zur Sicherung der Meinungsvielfalt durch den Achten Rundfunkänderungsstaatsvertrag

PETER LANG
Internationaler Verlag der Wissenschaften

Bibliografische Information der Deutschen Nationalbibliothek
Die Deutsche Nationalbibliothek verzeichnet diese Publikation in der Deutschen Nationalbibliografie; detaillierte bibliografische Daten sind im Internet über <http://www.d-nb.de> abrufbar.

Zugl.: Mainz, Univ., Diss., 2008

D 77
ISSN 1438-4981
ISBN 978-3-631-58131-5

www.peterlang.de

Vorwort des Herausgebers

Die Abhandlung von Julia Niebler hat eine rechtlich interessante und praktisch bedeutsame Frage zum Gegenstand. Der Rundfunkstaatsvertrag verpflichtet in seiner geltenden Fassung private Rundfunkveranstalter dazu, in den beiden bundesweit verbreiteten reichweitenstärksten Fernsehvollprogrammen Regionalfensterprogramme aufzunehmen. Dies stellt ein wichtiges Mittel dazu dar, nicht nur die regionale Berichterstattung, sondern auch die Meinungsvielfalt im privaten Rundfunk positiv zu stärken. Die Vorschriften im Rundfunkstaatsvertrag, die die davor geltende Rechtslage nicht unerheblich verändert haben, werfen schwierige verfassungsrechtliche Fragen auf. Auch ist das Zulassungsverfahren für Regionalfensterveranstalter kompliziert geregelt. Dies betrifft vor allem das Zusammenwirken zwischen der Kommission zur Ermittlung der Konzentration im Medienbereich (KEK) und den anderen Organen der jeweils zuständigen Landesmedienanstalt. Zudem wird diskutiert, wie sich die technischen Veränderungen, die unter dem Stichwort Digitalisierung und Konvergenz zusammengefasst werden, auf die zukünftige Gestaltung der Regionalfenster auswirken werden.

Die Verfasserin hat ihre Arbeit nach einer kurzen Einleitung in vier Hauptabschnitte untergliedert. Dabei hat Abschnitt A die Definition des Regionalfensterprogramms und die Abgrenzung zu anderen Arten von Fensterprogrammen zum Gegenstand. Abschnitt B beschäftigt sich mit der Entwicklung der Regionalfensterprogramme im Bereich des privaten Rundfunks. Abschnitt C beleuchtet die aktuelle Regelung des § 25 Abs. 4 RStV. Abschnitt D lotet schließlich aus, ob die Vorschrift des § 25 Abs. 4 RStV, die die Regionalfensterprogramme zum Gegenstand hat, Grundrechte der privaten Rundfunkunternehmer verletzt. Der rechtspolitische Ausblick mit der Zusammenfassung, die die zentralen Ergebnisse in Thesenform vorstellt, rundet die Abhandlung ab.

Mit ihrer Dissertation hat Julia Niebler trotz der vorhandenen Literatur zu Drittfensterprogrammen und Regionalfensterprogrammen ein im besten Sinne grundlegendes Werk vorgelegt

Mainz, im April 2008 Dieter Dörr

Vorwort der Autorin

Die vorliegende Abhandlung hat dem Fachbereich Rechts- und Wirtschaftswissenschaften der Johannes Gutenberg-Universität Mainz im Wintersemester 2007/08 als Dissertation vorgelegen.

Mein besonderer und herzlicher Dank gilt dem Erstberichterstatter, Herrn Professor Dr. Dieter Dörr, für seine wertvollen Anregungen und seine Unterstützung während des Entstehens der Arbeit. Mein Dank gilt weiterhin dem Zweitberichterstatter, Herrn Professor Dr. Rolf Schwartmann, für die zügige Erstellung des Zweitgutachtens.

Danken möchte ich schließlich auch Herrn Professor Dr. Johannes Kreile, der – zusammen mit Herrn Professor Dr. Dörr – den Anstoß zu dem Thema der vorliegenden Arbeit gegeben hat.

München, im April 2008 Julia Niebler

Inhaltsverzeichnis

Literaturverzeichnis

Kommentare

Beucher, Klaus/Leyendecker, Ludwig,/von Rosenberg, Oliver, Mediengesetze, Kommentar, München 1999, zitiert: *Beucher/Leyendecker/von Rosenberg*

Bornemann, Roland/Lörz, Nikolaus, Bayerisches Mediengesetz, Kommentar, Loseblattsammlung, Stand: Mai 2006, zitiert: *Bornemann/Lörz*

Dolzer, Rudolf/Vogel, Klaus (Hrsg.), Bonner Kommentar zum Grundgesetz, Loseblattsammlung, Stand: August 2005, zitiert: *BK - Bearbeiter*

Hahn, Werner/Vesting, Thomas (Hrsg.), Beck´scher Kommentar zum Rundfunkrecht, München 2003, zitiert: *Hahn/Vesting - Bearbeiter*

Hartstein, Reinhard/Ring, Wolf-Dieter/Kreile, Johannes/Dörr, Dieter/Stettner, Rupert, Rundfunkstaatsvertrag, Kommentar, Loseblattsammlung, Stand: Januar 2006, zitiert: *Hartstein/Ring/Kreile/Dörr/Stettner*

Jarass, Hans D./Pieroth, Bodo, Grundgesetz für die Bundesrepublik Deutschland, Kommentar, 8. Auflage, München 2006, zitiert: *Jarass/Pieroth*

Kopp, Ferdinand/Ramsauer, Ulrich, Verwaltungsverfahrensgesetz, Kommentar, 9. Auflage, München 2005, zitiert: *Kopp/Ramsauer*

Kopp, Ferdinand/Schenke, Wolf-Rüdiger, Verwaltungsgerichtsordnung, Kommentar, 14. Auflage, München 2005, zitiert: *Kopp/Schenke*

von Mangoldt, Herrmann/Klein, Friedrich/Starck, Christian, Kommentar zum Grundgesetz, Band 1, 5. Auflage, München 2005, zitiert: *von Mangoldt/ Klein/Starck – Bearbeiter*

Maunz, Theodor/Dürig, Günter, Grundgesetz, Kommentar, Loseblattsammlung, Band 1, Stand Februar 2005, zitiert: *Maunz/Dürig - Bearbeiter*

Sachs, Michael, Grundgesetz, Kommentar, 3. Auflage, München 2003, zitiert: *Sachs/Bearbeiter*

Stelkens, Paul/Bonk, Joachim/Sachs, Michael, Verwaltungsverfahrensgesetz, Kommentar, 6. Auflage, München 2001, zitiert: *Stelkens/Bonk/Sachs*

Lehrbücher und Monographien

Badura, Peter, Staatsrecht, 2. Auflage, München 1996, zitiert: *Badura,* Staatsrecht

–, Verfassungsrechtliche Bindungen der Rundfunkgesetzgebung, in: Beiträge zum Rundfunkrecht Band 24, Frankfurt a.M. 1980, zitiert: *Badura*

Bullinger, Martin/Isensee, Josef/Kirchhof Paul (Hrsg.), in: Handbuch des Staatsrechts der Bundesrepublik Deutschland, Band 6, Heidelberg 1989, zitiert: *Bullinger*, Staatsrecht

Degenhart, Christoph, Staatsrecht I, Staatsorganisationsrecht, 18. Auflage, München 2002, zitiert: *Degenhart*

Dörr, Dieter/Schwartmann, Rolf, Medienrecht, Heidelberg 2006, zitiert: *Dörr/ Schwartmann*

Fechner, Frank, Medienrecht, 4. Auflage, Tübingen 2003, zitiert: *Fechner*

Herrman, Günter/Lausen, Matthias, Rundfunkrecht, 2. Auflage, München 2004, zitiert: *Herrmann/Lausen*

Hesse, Albrecht, Rundfunkrecht, 3. Auflage, München 2003, zitiert: *Hesse*, Rundfunkrecht

Hesse, Konrad, Grundzüge des Verfassungsrechts der Bundesrepublik Deutschland, 20. Auflage, Heidelberg 1995, zitiert: *Hesse*, Verfassungsrecht

Hoffmann-Riem, Wolfgang/Benda, Ernst/Maihofer Werner/Vogel, Hans-Jochen (Hrsg.), in: Handbuch des Verfassungsrechts, 2. Auflage, Berlin 1994, zitiert: *Hoffmann-Riem*, Verfassungsrecht

Kloepfer, Michael/Isensee, Josef/Kirchhof Paul (Hrsg.), in: Handbuch des Staatsrechts, Band 2, Heidelberg 1992, zitiert: *Kloepfer*, Staatsrecht

Lange, Bernd-Peter, Kommerzielle Ziele und binnenpluralistische Organisation bei Rundfunkveranstaltern, in: Beiträge zum Rundfunkrecht Band 23, Frankfurt a.M. 1980, zitiert: *Lange*

Maurer, Hartmut, Allgemeines Verwaltungsrecht, 16. Auflage, München 2006, zitiert: *Maurer*, Verwaltungsrecht

Petersen, Jens, Medienrecht, München 2003, zitiert: *Petersen*

Pieroth, Bodo/Schlink, Bernhard, Grundrechte, Staatsrecht II, 18. Auflage, Heidelberg 2002, zitiert: *Pieroth/Schlink*

Ricker, Reinhart/Schiwy, Peter, Rundfunkverfassungsrecht, München 1997, zitiert: *Ricker/Schiwy*

Dissertationen

Bohl, Christoph, Konzentrationskontrolle in den elektronischen Medien, Hamburg 1999, zitiert: *Bohl*

Bumke, Ulrike, Die öffentliche Aufgabe der Landesmedienanstalten, München 1995, zitiert: *Bumke*

Ebsen, Christian, Fensterprogramme im Privatrundfunk als Mittel zur Sicherung der Meinungsvielfalt, Frankfurt am Main 2003, zitiert: *Ebsen*

Henn, Bernhard, Die Sicherung von Meinungs- und Informationsvielfalt in neueren Rundfunkordnungen, Hamburg 1993, zitiert: *Henn*

Kühn, Michael, Meinungsvielfalt im Rundfunk, München 2003, zitiert: *Kühn*

Mailänder, Peter, Konzentrationskontrolle zur Sicherung von Meinungsvielfalt im privaten Rundfunk, Baden-Baden 2000, zitiert: *Mailänder*

Schüller, Valérie, Die Auftragsdefinition für den öffentlich-rechtlichen Rundfunk nach dem 7. und 8. Rundfunkänderungsstaatsvertrag, Frankfurt am Main 2007, zitiert: *Schüller*

Wagner, Christoph, Die Landesmedienanstalten, Baden-Baden 1990, zitiert: *Wagner*

Wiegand, André, Optimierung der Wirtschaftlichkeit regionaler und lokaler Fernsehsender, Baden-Baden 2004, im Internet abrufbar unter: http://www.diss.fu-berlin.de/2004/262/zitiert: *Wiegand*

Aufsätze

Bamberger, Christian, „Sicherung der Meinungsvielfalt durch die Landesmedienanstalten", ZUM 2000, 551 ff.

Berger, Kathrin, „LPR und BLM stimmen Änderung der Drittsendezeitrichtlinie zu", MMR 2005, Heft 2, XII

Bornemann, Roland, „Der Sechste Rundfunkänderungsstaatsvertrag – ein Überblick", K&R 2002, 301 ff.

–, „Wie die KEK gefühlte Meinungsmacht in eine Eingriffskompetenz umrechnet", MMR 2006, 275 ff.

Clausen-Muradian, Elisabeth, „Konzentrationskontrolle im privaten Rundfunk – der neue Rundfunkstaatsvertrag (RfStV) 1997", ZUM 1996, 934

von Danwitz, Thomas, „Die Sicherung der Meinungsvielfalt im Privatfernsehen nach der Kirch-Pleite", ZUM 2002, 769 ff.

Dörr, Dieter, „Die Vorschriften im Rundfunkstaatsvertrag zur Sicherung der Meinungsvielfalt", ZWeR 2004, 159 ff.

–, „Maßnahmen zur Vielfaltsicherung gelungen?", Media Perspektiven 1996, 621 ff.

–, „Die KEK – ein taugliches Mittel zur Bekämpfung der Medienkonzentration?", Media Perspektiven 1998, 54 ff.

–, „Die Entwicklung des Medienrechts", NJW 1995, 2263 ff.

–, „Die Entwicklung des Medienrechts", NJW 1997, 1341 ff.

–/ *Eckl, Judith,* „Die Entwicklung des Medienrechts", NJW 1999, 1925 ff.

–/ *Zorn, Nicole,* „Die Entwicklung des Medienrechts", NJW 2001, 2837 ff.
–/ „Die Entwicklung des Medienrechts", NJW 2003, 3020 ff.
–/ „Die Entwicklung des Medienrechts", NJW 2005, 3114 ff.
Ebsen, Ingwer, „Öffentlich-rechtliche Rahmenbedingungen einer Informationsordnung", DVBl. 1997, 1039 ff.
Engel, Christoph, „Sonderlasten für Fernsehveranstalter mit einem Zuschaueranteil von 10 %", ZUM 2000, 345 ff.
Hain, Karl-E., „Vorherrschende Meinungsmacht (§ 26 Abs. 1, 2 RStV) und Fensterprogramme (§ 26 Abs. 5 RStV)", AfP 2000, 329 ff.
Hepach, Stefan, „Der Kompetenzrahmen der KEK nach dem Sechsten Rundfunkänderungsstaatsvertrag", ZUM 2003, 112 ff.
Hess, Wolfgang, „Medienkartellrecht", AfP 2002, 398 ff.
–, „Medienkartellrecht", AfP 2003, 29 ff.
Holznagel, Bernd/Krone, Daniel, „Wie frei ist die KEK? Ein Beitrag zur Auslegung des § 26 Abs. 2 Satz 2 RStV", MMR 2005, 666 ff.
Janik, Viktor, „Kapitulation vor der eingetretenen Konzentration?", AfP 2002, 104 ff.
Kreile, Johannes, „Die Finanzierung der Landsmedienanstalten", UFITA – Archiv für Urheber- und Medienrecht, Band 2005 / I, 109 ff.
„Die Reform des Rundfunkstaatsvertrags – Neue Wege bei der Vielfaltsicherung im privaten Rundfunk", NJW 1997, 1329 ff.
Kuch, Hansjörg, „Das Zuschaueranteilsmodell – Grundlage der Sicherung der Meinungsvielfalt im Fernsehen", ZUM 1997, 12 ff.
Kümmel, Annette/Meyer-Burckhardt, Hubertus, „Gewährleisten die Regionalprogramme die Vielfaltsicherung?", MMR 2005, 288 ff.
Ladeur, Karl-Heinz/Gostomzyk, Tobias, „Rundfunkfreiheit und Rechtsdogmatik – Zum Doppelcharakter des Art. 5 Abs. 1 Satz 2 GG in der Rechtsprechung des BVerfG", JuS 2002, 1145 ff.
Ladeur, Karl-Heinz, „Regulierte Selbstregulierung im Jugendmedienschutzrecht", ZUM 2002, 859 ff.
Lehner, Markus, „Die Kabelbelegung nach dem Achten Rundfunkänderungsstaatsvertrag", MMR 2005, Heft 1, S. XXII
Neft, Hans, „Meinungsdominanz im Fernsehen – Aufgreifkriterien des neuen § 26 Abs. 2 Rundfunkstaatsvertrag (RStV)", ZUM 1998, 458 ff.
Oberländer, Stefanie, „Gemeinsame Richtlinien der Landesmedienanstalten als normkonkretisierende Verwaltungsvorschriften?", ZUM 2001, 487 ff.
Renck-Laufke, Martha, „Sechster Rundfunkänderungsstaatsvertrag und Medienkonzentration", ZUM 2003, 109 ff.
Scheuer, Alexander, „KEK: Fusion Springer/ProSiebenSat.1 medienrechtlich nicht unbedenklich", MMR 2006, Heft 2, S. XX f.

–, „Privatsender wenden sich wegen Regionalfenstern an Brüssel“, MMR 2004, Heft 6, S. X
Schlette, Volker, „Die Einrichtung eines Fensterprogramms gem. §§ 26 Abs. 5, 31 Rundfunkstaatsvertrag als Mittel zur Vielfaltsicherung im privaten Fernsehen“, ZUM 1999, 802 ff.
Schütz, Raimund, „Neue Vorgaben fürs Digitalfernsehen: 8. Novelle des Rundfunkstaatsvertrags“, MMR 2004, Heft 10, S. X
Starck, Christian, „Grundversorgung und Rundfunkfreiheit“, NJW 1992, 3257 ff.
Stettner, Rupert, „Steht in Bayern bundesweit sendenden Anbietern privaten Rundfunks das Rundfunkgrundrecht nach bayerischem Medienrecht oder kraft bayerischer Verpflichtung zum kooperativen Grundrechtsschutz zu?“, ZUM 1994, 63 ff.
Storr, Stefan, „Medienkonzentrationsrecht im Zeitalter der Konvergenz“, ThürVBl 2003, 169 ff.
Wagner, Christoph, „Systemfremde Steckenpferde ungerechter Standortpolitik – Zur aktuellen Diskussion um die Regionalfensterprogramme“, ProMedia 2/05, 16 ff.

Veröffentlichungen der KEK und der Landesmedienanstalten

Brosius, Hans-Bernd/Fahr, Andreas, „Die Informationsleistung privater Regionalfenster“, Schriftenreihe der LPR Hessen Band 2, München 1996, zitiert: *Brosius/Fahr*
Holznagel, Bernd/Grünwald, Andreas, „Meinungsvielfalt im kommerziellen Fernsehen“, Schriftenreihe der Landesmedienanstalten Band 19, Berlin 2001, zitiert: *Holznagel/Grünwald*
Kommission zur Ermittlung der Konzentration im Medienbereich (KEK), „Fortschreitende Medienkonzentration im Zeichen der Konvergenz – Bericht der Kommission zur Ermittlung der Konzentration im Medienbereich (KEK) über die Entwicklung der Konzentration und über Maßnahmen zur Sicherung der Meinungsvielfalt im Privaten Rundfunk“, Schriftenreihe der Landesmedienanstalten Band 17, Berlin 2000, zitiert: *Konzentrationsbericht der KEK 2000*
–, „Sicherung der Meinungsvielfalt in Zeiten des Umbruchs – Bericht der Kommission zur Ermittlung der Konzentration im Medienbereich (KEK) über die Entwicklung der Konzentration und über Maßnahmen zur Sicherung der Meinungsvielfalt im Privaten Rundfunk“
Schriftenreihe der Landesmedienanstalten Band 29, Berlin 2004, im Internet abrufbar unter:

www.kek-online.de/kek/information/publikation/mkberichte.html, zitiert: *Konzentrationsbericht der KEK 2003*
–, Neunter Jahresbericht, Berichtszeitraum 1. Juli 2005 bis 30. Juni 2006, im Internet abrufbar unter:
www.kek-online.de/Inhalte/Jahresberichte.html,
zitiert: *Neunter Jahresbericht der KEK*

Sonstige Studien und Analysen

Goldhammer, Klaus/Wiegand, André, „Struktur und wirtschaftliche Situation des Lokalfernsehens in Deutschland", Präsentation der Goldmedia GmbH anlässlich des BLM-Forums „Angebots- und Meinungsvielfalt in lokalen und regionalen Medienmärkten" am 31. März 2006 in München, im Internet abrufbar unter:
www.blm.de/apps/documentbase/data/de/praesentation-goldhammer.pdf,
zitiert: *Goldhammer/Wiegand*

Volpers, Helmut/Salwiczek/Christian/Schnier, Christoph, „Regionalfenster im Programm von RTL und SAT.1 – Eine vergleichende Inhaltsanalyse von Programmangeboten und journalistischer Qualität", Opladen 2000, zitiert: *Volpers/Salwiczek/Schnier 2000*

Entscheidungen der KEK:

KEK 393-2, SAT.1 Norddeutschland GmbH: Zulassung des SAT.1-Regionalfensters Bremen, im Internet abrufbar unter
http://www.kek-online.de/cgi-bin/resi/v-ent/579.html

KEK 393-1, SAT.1 Norddeutschland GmbH: Zulassung des SAT.1-Regionalfensters Niedersachsen, im Internet abrufbar unter
http://www.kek-online.de/cgi-bin/resi/v-ent/575.html

KEK 390, Fernsehveranstalter der ProSiebenSAT.1 Media AG: Veränderungen von Beteiligungsverhältnissen, im Internet abrufbar unter
http://www.kek-online.de/cgi-bin/resi/v-ent/570.html

KEK 329-2 und 329-1, Rhein-Neckar-Fernsehen GmbH: Zulassung des RTL-Regionalfensters RNF LIFE, im Internet hinterlegt unter
http://www.kek-online.de/kek/verfahren/kek329rtlregionalfensterbw.pdf

KEK 328, RTL Hessen Programmfenster GmbH: Zulassung des RTL-Regionalfensters Hessen, im Internet hinterlegt unter
http://www.kek-online.de/kek/verfahren/kek328rtlregionalfensterhessen.pdf

KEK 314, WestCom Medien GmbH: Zulassung des SAT.1-Regionalfensters Nordrhein-Westfalen, im Internet hinterlegt unter *http://www.kek-online.de/kek/verfahren/kek314sat.1regionalfensternrw.pdf*
KEK 313, TELE WEST Rheinisch-Westfälische Fernsehgesellschaft mbH & Co. KG: Zulassung des RTL-Regionalfensters Nordrhein-Westfalen, im Internet hinterlegt unter *http://www.kek-online.de/kek/verfahren/kek313rtlregionalfensternrw.pdf*
KEK 308-4, SAT.1 Norddeutschland GmbH: Zulassung des SAT.1-Regionalfensters Schleswig-Holstein, im Internet abrufbar unter *http://www.kek-online.de/cgi-bin/resi/v-ent/485.html*
KEK 308-3, SAT.1 Norddeutschland GmbH: Zulassung des SAT.1-Regionalfensters Hamburg, im Internet abrufbar unter *http://www.kek-online.de/cgi-bin/resi/v-ent/450.html*
KEK 308-1 und 308-2, SAT.1 Norddeutschland GmbH: Zulassung des SAT.1-Regionalfensters Niedersachsen und Bremen, im Internet hinterlegt unter *http://www.kek-online.de/kek/verfahren/kek308rtlregional fensterniedersachsen.pdf*
KEK 306-4, RTL Nord GmbH: Zulassung des RTL-Regionalfensters Schleswig-Holstein, im Internet abrufbar unter *http://www.kek-online.de/cgi-bin/resi/v-ent/484.html*
KEK 306-3, RTL Nord GmbH: Zulassung des RTL-Regionalfensters Hamburg, im Internet hinterlegt unter *http://www.kek-online.de/kek/verfahren/kek306-3rtlregionalfenster hamburg.pdf*
KEK 306-1 und 306-2, RTL Nord GmbH: Zulassung des RTL-Regionalfensters Niedersachsen und Bremen, im Internet hinterlegt unter *http://www.kek-online.de/kek/verfahren/kek306_1und2rtlregionalfenster*
KEK 294, Privatfernsehen in Bayern GmbH & Co. KG: Benehmensherstellung (SAT.1 Regionalfenster Bayern), im Internet hinterlegt unter *http://www.kek-online.de/kek/verfahren/kek294sat.1privatfernsehenin bayern.pdf*
KEK 293-1 bis 293-5, Übernahme sämtlicher Anteile an der ProSiebenSAT.1 Media AG durch die Axel Springer AG, im Internet hinterlegt unter *http://www.kek-online.de/kek/verfahren/kek293prosieben-sat1.pdf.*

Sonstige Literatur

Creifelds, Carl/Weber, Klaus, Rechtswörterbuch, München 2002, zitiert: *Creifelds*

Simonis, Heide, Das Wesentlichste: Die Vielfaltsicherung, Kiel 1997, zitiert: *Simonis*

Presse-Veröffentlichungen

Busse, Caspar, „Neuer Fernsehkonzern greift RTL an“, Süddeutsche Zeitung vom 15.12.2006, S. 1

–, „Haim Saban sagt Danke“, Süddeutsche Zeitung vom 31.1.2007, S. 21

dan, „Mehr Qualität bei Öffentlich-Rechtlichen gefordert“, epd medien Nr. 89 vom 11.11.2006, S. 14

hen, „LfM-Direktor Schneider kritisiert Regionalfenster bei RTL“, epd medien Nr. 100 vom 20.12.2006, S.12 f.

–, „Dritte Programme erreichen im Dezember Marktführerschaft“, epd medien Nr. 2 vom 10.1.2007, S. 18 f.

–, „KEK und Landsmedienanstalten weiter uneins“, epd medien Nr. 4 vom 17.1.2007, S. 12 f.

–, „Drittsendezeiten im Programm von SAT.1. ausgeschrieben“, epd medien Nr. 14 vom 21.2.2007, S. 11

Jürgs, Michael, „Da wo der Frühling erwacht – Nur die pure Lust auf Veränderung kann ARD und ZDF von innen reformieren“, Süddeutsche Zeitung vom 16.3.2007, S. 15

Lilienthal, Volker, „RTL will Regionalfenster in digitalen Spartenkanal auslagern“, epd medien Nr. 93 vom 25.11.2006, S. 10 f.

–, „Digitaler RTL-Regionalkanal stößt auf geteiltes Echo“, epd medien Nr. 95 vom 2.12.2006, S. 13 f.

n.n., „Das vergessene Gesetz für die Regionalfenster“, textintern Nr. 43 vom 31.5.2006/8.6.2006, im Internet abrufbar unter: *http://medien.hamburg.de*

ps, „Noch kein Ende in Sicht – Die Umsetzung der neuen Strukturen bei den Regionalfenstern verzögert sich“, Kontakter 10/2005, S. 30

–, „DLM: RTL erfüllt Fenster-Vorgaben“, Kontakter 1/2005, im Internet abrufbar unter: *www.kontakter.de/kontakter/news/archiv/2005/01/07693/index.html*

Ruhland, Michael, „Geht der Lokalbezug verloren, schreiten wir ein – Wolf-Dieter Ring, der Präsident der Landesmedienzentrale, über Möglichkeiten und Grenzen von Stadtfernsehen“, Süddeutsche Zeitung vom 7.6.2005, S. 42

Stroh, Kassian, „Lokalfernsehen trägt sich wirtschaftlich nicht selbst – BLM-Chef Wolf-Dieter Ring verteidigt das Teilnehmerentgelt und verweist auf bayernweit hohe Zuschauerzahlen“, Süddeutsche Zeitung vom 14.11.2006, S. 34

SZ, „Heute ein Sieger“, Süddeutsche Zeitung vom 6.3.2007, S. 15
Tieschky, Claudia/Jakobs, Hans-Jürgen, „Nach bestem Wissen und Gewissen – Deutschlands oberster Medienwächter Dieter Dörr über Springers TV-Fusion, Enteignung und die Arbeit der KEK“, Süddeutsche Zeitung vom 14./15.1.2006, S. 40

Internet-Quellen

www.agf.de

www.alm.de

www.ard.de

www.blm.de

www.bundestag.de

www.csu-portal.de

www.dctp.de

www.djv.de

www.ham-online.de

www.kek-online.de

www.kontakter.de

http://landesregierung.schleswig-holstein.de.

www.lmsaar.de

http://medien.hamburg.de

http://www1.ndr.de

www.parlament-berlin.de

www.rnf.de

www.spiegelgruppe.de

www.spiegeltvdistribution.com

Abkürzungsverzeichnis

a.A.	andere Ansicht
a.a.O.	am angegebenen Ort
Abs.	Absatz
a.E.	am Ende
a.F.	alte Fassung
AfP	Zeitschrift für Medien und Kommunikationsrecht (ehemals Archiv für Presserecht)
AG	Aktiengesellschaft
AGF	Arbeitsgemeinschaft Fernsehforschung
AktG	Aktiengesetz
ALM	Arbeitsgemeinschaft der Landesmedienanstalten in der Bundesrepublik Deutschland
Alt.	Alternative
ARD	Arbeitsgemeinschaft der öffentlich-rechtlichen Rundfunkanstalten der Bundesrepublik Deutschland
Art.	Artikel
Az.	Aktenzeichen
BayFSS	Satzung über die Nutzung von Fernsehkanälen in Bayern nach dem Bayerischen Mediengesetz
BayMG	Bayerisches Mediengesetz
BayRG	Bayerisches Rundfunkgesetz
BayVBl	Bayerische Verwaltungsblätter
BB	Betriebsberater
BK	Bonner Kommentar zum Grundgesetz
BLM	Bayerische Landeszentrale für neue Medien
BR	Bayerischer Rundfunk
BVerfG	Bundesverfassungsgericht
BVerfGE	Amtliche Entscheidungssammlung des Bundesverfassungsgerichts (zitiert nach Band und Seite)
BVerwG	Bundesverwaltungsgericht
BVerwGE	Amtliche Entscheidungssammlung des Bundesverwaltungsgerichts (zitiert nach Band und Seite)

bzgl.	bezüglich
bzw.	beziehungsweise
ca.	circa
dctp	development company for television programs
ders.	derselbe
d.h.	das heißt
dies.	dieselbe
DLM	Direktorenkonferenz der Landesmedienanstalten
DSZR	Gemeinsame Richtlinie der Landesmedienanstalten über die Sendezeit für unabhängige Dritte nach § 31 RStV (Drittsendezeitrichtlinie)
DöV	Die öffentliche Verwaltung
DVBl.	Deutsche Verwaltungsblätter
EG	Europäische Gemeinschaft/EG-Vertrag
EGMR	Europäischer Gerichtshof für Menschenrechte
EMRK	Europäische Menschenrechtskonvention
epd	Evangelischer Pressedienst
etc.	etcetera
EU	Europäische Union
EuGH	Europäischer Gerichtshof
f.	folgende
ff.	fortfolgende
FFR	Gemeinsame Richtlinie der Landesmedienanstalten zur Sicherung der Meinungsvielfalt durch regionale Fenster in Fernsehvollprogrammen nach § 25 RStV (Fernsehfensterrichtlinie)
Fn.	Fußnote
FSS	s. BayFSS
GfK	Gesellschaft für Konsumforschung
GG	Grundgesetz für die Bundesrepublik Deutschland
ggf.	gegebenenfalls
GmbH	Gesellschaft mit beschränkter Haftung
GmbHG	Gesetzt betreffend die Gesellschaften mit beschränkter Haftung
HAM	Hamburgische Anstalt für Neue Medien
HR	Hessischer Rundfunk
Hrsg.	Herausgeber

i.d.R.	in der Regel
i.e.S.	im engeren Sinn/im eigentlichen Sinn
i.R.v.	im Rahmen von
i.S.d.	im Sinne des/der
i.S.v.	im Sinne von
i.Ü.	im Übrigen
i.V.m.	in Verbindung mit
JuS	Juristische Schulung
K&R	Kommunikation & Recht
KDLM	Konferenz der Direktoren der Landesmedienanstalten
KEK	Kommission zur Ermittlung der Konzentration im Medienbereich
KG	Kommanditgesellschaft
LFK	Landesanstalt für Kommunikation Baden-Württemberg
LfM	Landesanstalt für Medien Nordrhein-Westfalen
LMK	Landeszentrale für Medien und Kommunikation Rheinland-Pfalz
LMS	Landesmedienanstalt Saarland
LPR Hessen	Hessische Landeszentrale für Privaten Rundfunk
LRG	Landesrundfunkgesetz
MDR	Mitteldeutscher Rundfunk
Mio.	Millionen
MMR	Multimedia und Recht
m.w.N.	mit weiteren Nachweisen
NDR	Norddeutscher Rundfunk
n.F.	neue Fassung
NLM	Niedersächsische Landesmedienanstalt für Privaten Rundfunk
NJW	Neue Juristische Wochenschrift
NVwZ-RR	Neue Zeitschrift für Verwaltungsrecht – Rechtsprechungsreport
NW	Nordrhein-Westfalen
RÄndStV	Rundfunkänderungsstaatsvertrag
rbb	Rundfunk Berlin-Brandenburg
Rn.	Randnummer
RNF	Rhein-Neckar-Fernsehen

Rspr.	Rechtsprechung
RStV	Rundfunkstaatsvertrag
s.	siehe
S.	Seite
s.o.	siehe oben
sr	Saarländischer Rundfunk
s.u.	siehe unten
SWR	Südwestrundfunk
SZ	Süddeutsche Zeitung
ThürVBl	Thüringer Verwaltungsblätter
u.a.	unter anderem/und andere
UFITA	Archiv für Urheber- und Medienrecht
ULR	Unabhängige Landesanstalt für Rundfunk und Neue Medien
usw.	und so weiter
v.a.	vor allem
vgl.	vergleiche
VwGO	Verwaltungsgerichtsordnung
VwVfG	Verwaltungsverfahrensgesetz
WDR	Westdeutscher Rundfunk
WRV	Weimarer Reichsverfassung
z.B.	zum Beispiel
Ziff.	Ziffer
z.T.	zum Teil
ZUM	Zeitschrift für Urheber- und Medienrecht
ZWeR	Zeitschrift für Wettbewerbsrecht/Journal of Competition Law

Teil 1 Einleitung

Das deutsche Rundfunkrecht hat seine maßgebliche Prägung durch die Rechtsprechung des Bundesverfassungsgerichts erfahren.[1] Nach dieser Rechtsprechung ist es Aufgabe der in Art. 5 Abs. 1 Satz 2 GG verankerten Rundfunkfreiheit, als insofern „dienende Freiheit"[2] die freie individuelle und öffentliche Meinungsbildung zu gewährleisten.[3]

Dem Gesetzgeber – und damit den Länderparlamenten[4] – obliegt es dabei, eine „positive Ordnung"[5] für das Rundfunksystem in der Bundesrepublik Deutschland zu schaffen, die insbesondere der Entwicklung vorherrschender Meinungsmacht Einhalt gebietet, indem sie „sicherstellt, dass die Vielfalt der bestehenden Meinungen im Rundfunk in möglichster Breite und Vollständigkeit Ausdruck findet".[6]

Die Länderparlamente sind diesem Gesetzgebungsauftrag durch die Implementierung eines Dualen Rundfunksystems nachgekommen, in dem die Aufgabe der Gesamtveranstaltung Rundfunk nicht nur von öffentlich-rechtlichen Rundfunkanstalten, sondern daneben auch von privaten Anbietern wahrgenommen wird.[7]

---

1 Zu der besonderen Bedeutung der Rechtsprechung des Bundesverfassungsgerichts für die Auslegung der Rundfunkfreiheit und den verbleibenden Gestaltungsspielraum des Gesetzgebers vgl. z.B. *Hartstein/Ring/Kreile/Dörr/Stettner,* § 25 RStV Rn. 5.

2 BVerfGE 87, 181 (197); 83, 238 (295); 74, 297 (323); 57, 295 (320); vgl. auch BVerfGE 90, 60 (87); 73, 118 (152).

3 Vgl. BVerfGE 90, 60 (87); 87, 181 (197 f.); 83, 238 (295); 74, 297 (323 f.); 73, 118 (152); 57, 295 (319 f.); vgl. auch *Bullinger,* Staatsrecht, § 142 Rn. 119; *Badura,* Staatsrecht, C 66 S. 154, C 68 S. 161; *Hesse,* Verfassungsrecht, § 12 I Rn. 387.

4 Die Kompetenz für die Ausgestaltung der Rundfunkordnung liegt – als Ausfluss ihrer Kulturhoheit – nach Art. 30, 70 GG bei den einzelnen Bundesländern. Vgl. dazu *Hahn-Vesting – Vesting,* § 1 RStV Rn. 10; *Jarass/Pieroth,* Art. 70 GG Rn. 11; vgl. auch BVerfGE 12, 205 (225, 229); 57, 295 (321); 92, 203 (238).

5 BVerfGE 90, 60 (88); 83, 238 (296); 74, 297 (324); 73, 118 (152); 57, 295 (320).

6 BVerfGE 83, 238 (315); 73, 118 (152 f.); 57, 295 (320); 12, 205 (262 f.); vgl. auch BVerfG NVwZ-RR 1993, 550 (551); *Badura,* Staatsrecht, C 69 S. 162; *Hesse,* Verfassungsrecht, § 12 I Rn. 396.

7 Vgl. insofern auch die Präambel zum Rundfunkstaatsvertrag, in der das „duale Rundfunkssystem" der Länder des vereinten Deutschlands ausdrücklich erwähnt wird, und die entsprechende Implementierung des Dualen Rundfunksystems in § 1 Abs. 1 RStV.

Die unerlässliche „Grundversorgung“[8] der Bevölkerung – das Bundesverfassungsgericht versteht hierunter „die essentiellen Funktionen des Rundfunks für die demokratische Ordnung ebenso wie für das kulturelle Leben in der Bundesrepublik“[9] – haben dabei die Anstalten des öffentlich-rechtlichen Rundfunks zu gewährleisten.

Solange der öffentlich-rechtliche Rundfunk dieser Aufgabe gerecht wird, ist es nach der Rechtsprechung des Bundesverfassungsgerichts nicht erforderlich, an die Breite des Angebots und die Sicherung gleichgewichtiger Vielfalt in den Programmen privater Anbieter gleich hohe Anforderungen zu stellen, wie an die öffentlich-rechtlichen Rundfunkanstalten.[10]

Jedoch muss der durch Art. 5 Abs. 1 Satz 2 GG vermittelte Schutz der freien individuellen und öffentlichen Meinungsbildung auch im Bereich des Privatrundfunks verwirklicht werden. Auch der private Rundfunk hat daher dem Anspruch zu genügen, die in Deutschland bestehende Meinungsvielfalt hinreichend zum Ausdruck zu bringen und dabei einen „Grundstandard gleichgewichtiger Vielfalt“[11] zu verwirklichen. Der Privatrundfunk muss daher allen Meinungsrichtungen die Möglichkeit bieten, in ihrer inhaltlichen Vielfalt zu Wort zu kommen, und zugleich ein Programm anbieten, das durch eine entsprechend ausgewogene Gestaltung den einseitigen Einfluss einzelner Veranstalter oder Programme auf die Bildung der öffentlichen Meinung ausschließt, um so dem Entstehen vorherrschender Meinungsmacht vorzubeugen.[12]

Diese Vorgabe für die Veranstaltung privaten Rundfunks ist besonders bedeutsam, da es sich bei privaten Rundfunkunternehmen um Wirtschaftsunternehmen handelt, die – anders als öffentlich-rechtliche Rundfunkanstalten – vorrangig wirtschaftliche Interessen verfolgen und auch verfolgen müssen, wenn sie im Wettbewerb mit ihren Konkurrenten bestehen wollen. Daher besteht im Bereich des Privatrundfunks grundsätzlich eine erhöhte Gefahr, dass das Interesse der Bevölkerung an einer objektiven und das bestehende Meinungsspektrum umfassend widerspiegelnden Berichterstattung gegenüber den – vorrangig kommerziell

---

8 BVerfGE 83, 238 (238, 297 f.); 73, 118 (118, 157); zum Begriff der „Grundversorgung“ vgl. auch *Starck*, NJW 1992, 3257 ff.

9 BVerfGE 73, 118 (118, 157 f.); vgl. auch BVerfGE 74, 297 (322 f.); BVerfGE 90, 60 (90).

10 Vgl. BVerfGE 83, 238 (239, 297); 73, 118 (118, 158 f.).

11 BVerfGE 73, 118 (160).

12 Vgl. BVerfGE 90, 60 (90 f.); 87, 181 (199); 83, 238 (297); 74, 297 (324 f.); 73, 118 (160).

orientierten – Unternehmensinteressen der jeweiligen Anbieter zurücktreten muss.[13]

Vor allem in seinem „Vierten Rundfunkurteil"[14] hat das Bundesverfassungsgericht ausdrücklich klargestellt, dass es „Aufgabe des Gesetzgebers ist", „die strikte Durchsetzung" eines Grundstandards, der „die wesentlichen Voraussetzungen von Meinungsvielfalt" umfasst, „namentlich die Verhinderung des Entstehens vorherrschender Meinungsmacht", „durch materielle, organisatorische und Verfahrensregelungen sicherzustellen".[15] Der Gesetzgeber muss Tendenzen zur Konzentration danach rechtzeitig und effektiv begegnen und ausreichende Maßnahmen gegen die Entstehung von Informationsmonopolen ergreifen, da diesbezügliche Fehlentwicklungen nur außerordentlich schwer oder gar nicht rückgängig gemacht werden können.[16]

In jüngerer Zeit haben vor allem die Entscheidung des Bundesverfassungsgerichts bezüglich der Zulassung des Deutschen Sportfernsehens (DSF)[17], die Entscheidung zur Kurzberichterstattung im Fernsehen[18] und das Gebührenurteil vom 11. September 2007[19] diese Rechtsprechung aufgegriffen und fortentwickelt.

Den Vorgaben des Bundesverfassungsgerichts entsprechend hat der Gesetzgeber die Sicherung der Meinungsvielfalt im Bereich des privaten Rundfunks – und insbesondere im Bereich des privaten Fernsehens, in dem Vielfaltsicherung aufgrund der intensiven und teilweise auch suggestiven Wirkung von Fernsehbildern besonders bedeutsam ist[20] – im Rahmen der von ihm zu schaffenden „positiven Ordnung"[21] in den Bestimmungen der §§ 25 ff. RStV gesetzlich verankert.[22]

Dass das Thema „Vielfaltsicherung" an Aktualität und Brisanz in den letzten Jahren deutlich gewonnen hat, zeigt sich, wenn man die Realität des deutschen

---

13 Vgl. BVerfGE 90, 60 (88); 87, 181 (199); 73, 118 (158); BVerfG NVwZ-RR 1993, 550, 551; ebenso *Badura*, Staatsrecht, C 66 S. 155; *Bullinger*, Staatsrecht, § 142 Rn. 111 ff.; *Hoffmann-Riem*, Verfassungsrecht, S. 243 f. Rn. 84; *Beucher/Leyendecker/von Rosenberg*, § 25 RStV Rn. 2; *Kreile*, UFITA 2005/I, 109, 161 f.; *Ebsen*, DVBl. 1997, 1309, 1049.

14 BVerfGE 73, 118.

15 BVerfGE 73, 118 (160).

16 Vgl. BVerfGE 97, 228 (258 f.); 95, 163 (173); 73, 118 (160, 173); 57, 295 (323); vgl. dazu auch *Hesse*, Rundfunkrecht, 5. Kapitel Rn. 68.

17 BVerfGE 95, 163 (172 f.).

18 BVerfGE 97, 228 (258, 266 f.).

19 Urteil des BVerfG vom 11.9.2007, abgedruckt bei epd medien Nr. 74 vom 19.9.2007, S. 3 ff.

20 Vgl. *von Mangoldt/Klein/Starck-Starck*, Art. 5 GG Rn. 115; *Jarass/Pieroth*, Art. 5 GG Rn. 46; vgl. dazu auch *Starck*, NJW 1992, 3257, 3263.

21 BVerfGE 90, 60 (88); 83, 238 (296); 74, 297 (324); 73, 118 (152); 57, 295 (320).

22 So auch *Bornemann*, MMR 2006, 275, 276.

Privatfernsehens betrachtet: die deutsche Medienlandschaft ist in diesem Bereich mittlerweile durch zwei große Senderfamilien geprägt.[23] Dabei handelt es sich zum einen um die Senderfamilie der früheren Kirch-Gruppe[24], welche nach deren Insolvenz mittlerweile als ProSiebenSAT.1 Media AG[25] fortbesteht, zum anderen um die Senderfamilie der RTL Group.[26]. Faktisch hat sich damit im Bereich des deutschen Privatfernsehens bereits ein Duopol herauskristallisiert. Durch diese Entwicklung – die durch wachsende horizontale und vertikale Verflechtungen auf dem Fernsehmarkt ebenso wie durch die technische Konvergenz der unterschiedlichen Medien verstärkt wird[27] – verdichtet sich die Gefahr der Entstehung vorherrschender Meinungsmacht in Deutschland.

---

23 Diese Senderfamilien sind Gruppen von Programm-Veranstaltern, die alle im Einflussbereich eines bestimmten Medienunternehmens oder –konzerns stehen. Sie sind daher jeweils als „Einflusssphären“ zu verstehen und stellen nicht zwingend Konzerne i.S.v. § 18 AktG dar. Vgl. dazu den *Konzentrationsbericht der KEK 2000*, S. 18 und S. 95; ebenso *Danwitz*, ZUM 2002, 769, 769 f.

24 Hierzu zählen die Programme ProSieben, SAT.1, N 24, Kabel 1 und Neun Live, vgl. unter *http://www.kek-online.de/kek/medien/beteiligung/13prosiebensat1.pdf* und *http://www.kek-online.de/kek/medien/zuschauer/gruppen.pdf.*

25 Die Anteile der ProSiebenSAT.1 Media AG wurden bis Dezember 2006 mehrheitlich gehalten von den Saban Holdinggesellschaften – Saban Capital Group – des U.S.-Milliardärs Haim Saban und weiteren Investmentgesellschaften aus Übersee. Eine Veränderung der Beteiligungsverhältnisse erfolgte durch die Übernahme dieser Anteile durch die Finanzinvestoren Permira und KKR im Dezember 2006, vgl. dazu den Beschluss der KEK vom 6.2.2007, Az. KEK 390, und die Pressemitteilung 02/07 der KEK, abzurufen unter *http://www.kek-online.de/cgi-bin/resi/i-presse/451.html*; vgl. zu der neuen Gesellschafterstruktur auch unter *http://www.kek-online.de/kek/medien/beteiligung/13prosiebensat1.pdf* und *http://www.kek-online.de/kek/medien/zuschauer/gruppen.pdf.* Diese beiden Beteiligungsgesellschaften sind bereits seit dem Jahr 2005 an dem europaweit tätigen und in Luxemburg ansässigen Fernsehkonzern SBS beteiligt. Nach Informationen aus Unternehmenskreisen ist eine Zusammenführung der beiden Fernsehunternehmen geplant, die dazu dienen soll, weiter zu der RTL Group als dem bisherigen Marktführer auf dem europäischen Fernsehmarkt aufzuschließen. Vgl. dazu *Busse*, Süddeutsche Zeitung vom 15.12.2006, S. 1, und *ders.*, Süddeutsche Zeitung vom 31.1.2007, S. 21.

26 Die Anteile der RTL Group werden letztlich mehrheitlich gehalten von der Bertelsmann AG. Zur Senderfamilie zählen insbesondere die Programme RTL, RTL II, Super RTL und VOX, sowie der Nachrichtensender n-tv. Vgl. dazu unter *http://www.kek-online.de/kek/medien/beteiligung/4rtlgroup.pdf* und *http://www.kek-online.de/kek/medien/zuschauer/gruppen.pdf.*

27 Vgl. dazu jüngst BVerfGE 95, 163 (173); vgl. auch *Janik*, AfP 2002, 104, 104; *Danwitz*, ZUM 2002, 769, 770; *Storr*, ThürVBl. 2003, 169, 169; *Mailänder*, S.29, und S. 163 ff.; vgl. dazu auch den *Konzentrationsbericht der KEK 2000*, S. 208 und *Dörr/Schwartmann*, Rn. 8.

Die Kommission zur Ermittlung der Konzentration im Medienbereich (KEK)[28] hat – ebenso wie das Bundeskartellamt[29] – aus diesem Grund mit einer medienpolitisch kontrovers diskutierten Entscheidung[30] jüngst den Zusammenschluss der ProSiebenSAT.1 Media AG und der Axel Springer AG letztlich verhindert.[31]

Und auch auf europäischer Ebene wurde aufgrund der wachsenden Medienkonzentration und -konvergenz, sowie der Globalisierung des Rundfunks in den letzten Jahren verstärkt über Möglichkeiten der europaweiten Konzentrationskontrolle nachgedacht.[32] Den Schwerpunkt dieser Überlegungen bildete dabei allerdings z.T. eher die Sicherung wirtschaftlicher Vielfalt, denn die Sicherung der Meinungsvielfalt.[33]

Um der Entstehung eines Meinungsmonopols entgegenzuwirken zu können, sieht der Rundfunkstaatsvertrag in den Bestimmungen der §§ 25 ff. RStV unter

---

28 Im Folgenden nur: KEK.

29 Das Bundeskartellamt hatte nach entsprechender Prüfung mit Beschluss vom 19.1.2006 unter kartellrechtlichen – also wirtschaftsrechtlichen, nicht medienkonzentrationsrechtlichen – Gesichtspunkten die Untersagung des Fusionsvorhabens ausgesprochen. Vgl. dazu den *Neunten Jahresbericht der KEK,* S. 260, und *Scheuer,* MMR 2006, Heft 2, S. XX.

30 Vgl. zur Rezeption dieser Entscheidung den *Neunten Jahresbericht der KEK,* S. 261 f.; vgl. dazu auch die Pressemitteilung 39/2006 vom 9.2.2006, im Internet abrufbar unter *http://www.blm.de,* des Medienrats der Bayerischen Landeszentrale für Neue Medien (BLM); *Scheuer,* MMR 2006, Heft 2, S. XX; vgl. v.a. *Bornemann,* MMR 2006, 275, 276 ff. m.w.N.

31 Vgl. die Entscheidungen der KEK vom 10.1.2006, Az. KEK 293-1 bis 293-5.

32 So wurde bereits im Jahr 1993 von der Europäischen Kommission das „Grünbuch über Pluralismus und Medienkonzentration" vom 1.2.1993 vorgelegt, vgl. dazu *Dörr,* NJW 1995, 2263, 2264 f. und NJW 1997, 1341, 1342. Auch das „Grünbuch zur Konvergenz" vom 3.12.1997 sollte die Gestaltung eines europaweiten Rechtsrahmens für die Informationsgesellschaft vorantreiben, vgl. *Dörr/Eckl,* NJW 1999, 1925, 1927. Das Europäische Parlament äußerte sich schließlich in einer „Entschließung zur Medienkonzentration" vom 18.11.2002 besorgt über die wachsenden Konzentrationstendenzen und forderte die Kommission auf, für Meinungsfreiheit und Meinungsvielfalt zu sorgen. Insbesondere wurde die Vorlage eines überarbeiteten Grünbuchs über den Pluralismus in den Medien gefordert, vgl. *Dörr/Zorn,* NJW 2003, 3020, 3021. Auch das „Advisory Panel on Media Diversity" des Europarats ging in seinem Report „Media diversity in Europe" vom 21.1.2003 auf die Gefahren der wachsenden Medienkonzentration für die Meinungsvielfalt in Europa ein. Das Problem der Medienkonzentration wurde auch von der Parlamentarischen Versammlung des Europarats in einer Empfehlung zur Meinungsfreiheit in den Medien Europas vom 28.1.2003 aufgegriffen, vgl. dazu *Dörr/Zorn,* NJW 2003, 3020, 3023. Vgl. i.Ü. *Holznagel/Grünwal,* S.85 ff.

33 So z.B. im „Grünbuch über Pluralismus und Medienkonzentration" vom 1.2.1993, vgl. dazu *Dörr,* NJW 1995, 2263, 2264 f.

der Überschrift „Sicherung der Meinungsvielfalt" unterschiedliche Instrumente vor.

Seit der jüngsten Novellierung des Rundfunkstaatsvertrages durch den Achten Rundfunkänderungsstaatsvertrag (8. RÄndStV), der am 1. April 2005 in Kraft getreten ist, ist dabei insbesondere die Vorschrift des § 25 Abs. 4 RStV in den Mittelpunkt der medienpolitischen Diskussion gerückt. Diese Vorschrift – die im Zuge der Novellierung umfassend überarbeitet und dabei in ihrem Regelungsgehalt gegenüber der bisherigen Fassung bedeutend erweitert wurde – enthält Vorgaben hinsichtlich der Ausstrahlung sog. Regionalfenster bzw. Regionalfensterprogramme[34] in bundesweit verbreiteten privaten Fernsehprogrammen.

Sinn und Zweck dieser regionalen Fensterprogramme ist es nach der Intention des Gesetzgebers, die aktuelle und authentische Darstellung der Ereignisse des politischen, wirtschaftlichen, sozialen und kulturellen Lebens in einem Bundesland zu gewährleisten und dadurch – entsprechend den eben dargestellten verfassungsrechtlichen Anforderungen – zu der Verwirklichung eines Grundstandards gleichgewichtiger Vielfalt im Privatrundfunk beizutragen.[35]

Ob die Regionalfensterprogramme allerdings tatsächlich geeignet sind, einen sinnvollen Beitrag zur Sicherung der Meinungsvielfalt zu leisten, und ob diese Fensterprogramme überhaupt durch die Sicherung der Meinungsvielfalt motiviert sind, wurde schon in der Vergangenheit – vor allem seitens der von der Verpflichtung zur Ausstrahlung dieser Programme betroffenen privaten Rundfunkveranstalter – kritisch hinterfragt. Dabei wurde auch die verfassungsrechtliche Rechtfertigung der in § 25 Abs. 4 RStV enthaltenen Regelung wiederholt bezweifelt, u.a. mit dem Hinweis darauf, dass die Regionalfensterprogramme kein Mittel der Vielfaltsicherung, sondern vielmehr politisch motiviert seien.[36]

Angesichts der mit der Neufassung verbundenen zusätzlichen Verpflichtungen für die betroffenen Rundfunkveranstalter – es handelt sich hierbei um die RTL Television mbH und die SAT.1 SatellitenFernsehen GmbH – hat sich diese Kritik massiv verschärft.[37]

Gegenstand der folgenden Untersuchung ist daher die Frage, ob die Regionalfensterprogramme nach der Regelung des § 25 Abs. 4 RStV – in seiner derzeit gültigen Fassung des Achten Rundfunkänderungsstaatsvertrages – ein sinnvolles

---

34 Die Begriffe „Regionalfenster" und „Regionalfensterprogramme" werden im Folgenden – ebenso wie in der einschlägigen Literatur – synonym verwendet.

35 Vgl. insofern die amtliche Begründung zu dem Achten Rundfunkänderungsstaatsvertrag, abgedruckt bei *Hartstein/Ring/Kreile/Dörr/Stettner,* § 25 RStV und § 33 RStV.

36 Vgl. dazu *Ricker/Schiwy,* F Rn. 60; *Ebsen,* S. 28; vgl. v.a. *Wagner,* ProMedia 2/05, 16, 17 f.

37 Vgl. - insbesondere für SAT.1 - *Kümmel/Meyer-Burckhardt,* MMR 2005, 288 ff; vgl. auch *Wagner,* ProMedia 2/05, 16, 17 f.

und verfassungsrechtlich legitimiertes Instrument zur Sicherung der Meinungsvielfalt im Privatrundfunk darstellen, oder ob durch die in § 25 Abs. 4 RStV enthaltenen Verpflichtungen die Programmfreiheit wie auch die unternehmerische Freiheit der betroffenen privaten Rundfunkveranstalter in verfassungsrechtlich nicht zulässiger Weise beschränkt wird.

Teil 2 Regionalfensterprogramme im privaten Rundfunk – Sinnvolles Instrument zur Sicherung der Meinungsvielfalt oder verfassungsrechtlich bedenkliche Beschränkung der Programmfreiheit und der unternehmerischen Freiheit privater Rundfunkveranstalter?

Eine verfassungsrechtliche Beurteilung der Regelung des § 25 Abs. 4 RStV ist nicht möglich, ohne sich zunächst Klarheit über den konkreten Regelungsgehalt dieser Vorschrift und ihre Stellung im Gesamtsystem der medienkonzentrationsrechtlichen Vorschriften der §§ 25 ff. RStV zu verschaffen.

Im Folgenden soll daher zunächst auf die rundfunkstaatsvertragliche Definition des Regionalfensterprogramms und die Abgrenzung zu anderen Arten von Fensterprogrammen – insbesondere den Fensterprogrammen nach § 31 RStV –, sowie die historische Entwicklung der Regionalfensterprogramme – einschließlich der dieser Entwicklung zugrunde liegenden Rechtsvorschriften – eingegangen werden (A. und B.).

Im Anschluss daran werden die einzelnen Regelungsbestandteile des § 25 Abs. 4 RStV – unter Berücksichtigung ihrer jeweiligen Konkretisierung durch die Fernsehfensterrichtlinie (FFR) der Landesmedienanstalten – und die Bedeutung der Regionalfensterprogramme im System der §§ 25 ff. RStV erläutert. Dabei soll insbesondere auf die Bonusregelung in § 26 Abs. 2 Satz 3 RStV und die Möglichkeit der Anrechnung von Regionalfensterprogrammen auf die Sendezeit für unabhängige Dritte nach § 31 Abs. 2 RStV eingegangen werden (C.). Auch die für die Vielfaltsicherung im Bereich des privaten Rundfunks maßgebliche Rechtsprechung des Bundesverfassungsgerichts ist in ihren Grundzügen Gegenstand der Darstellung.

Schließlich wird untersucht, inwieweit § 25 Abs. 4 RStV die Grundrechte der privaten Hauptprogrammveranstalter tatsächlich beeinträchtigt (D.)

Die vorliegende Untersuchung konzentriert sich dabei auf den nach bundesdeutschem Recht aktuell bestehenden Rechtsrahmen. Auf europarechtliche Fragestellungen in Zusammenhang mit der Veranstaltung von Rundfunk[38] wird bewusst verzichtet.

---

38 Zentrale Bestimmung für den Medienbereich ist auf europarechtlicher Ebene v.a. Art. 10 EMRK, der die Informations-, Presse- und Rundfunkfreiheit schützt. Diese Vorschrift ist nicht nur Bestandteil des Völkerrechts, sondern stellt nach Artikel 6 Abs. 2 EU auch ein Gemeinschaftsgrundrecht dar.
Darüber hinaus wird die Freiheit und Pluralität der Medien auch nach Art. II-72 Abs. 2 der Europäischen Verfassung ausdrücklich geachtet. Diese Vorschrift entspricht dem früheren Art. 11 Abs. 2 der Charta der Grundrechte der Europäischen Union, welche aus der Bestimmung des Art. 10 EMRK entwickelt wurde.

A. Definition des Regionalfensterprogramms und Abgrenzung zu anderen Arten von Fensterprogrammen

Zunächst einmal ist zu klären, welche Charakteristika Fensterprogramme im Allgemeinen und Regionalfensterprogramme im Besonderen aufweisen, und inwiefern Regionalfensterprogramme sich von sonstigen Programmteilen bzw. regionalen Fernsehprogrammen unterscheiden (I.).

Im Anschluss daran wird dargestellt, welche anderen Arten von Fensterprogrammen der Rundfunkstaatsvertrag im Einzelnen kennt, und wodurch sich diese von den Regionalfensterprogrammen unterscheiden (II.).

I. Definition des Regionalfensterprogramms nach § 2 Abs. 2 Nr. 4 RStV

§ 2 Abs. 2 RStV enthält einen Definitionenkatalog mit den für die Vorschriften des Rundfunkstaatsvertrages maßgeblichen Begriffsbestimmungen.

Dieser Definitionenkatalog nennt in § 2 Abs. 2 Nr. 3 und Nr. 4 RStV zwei unterschiedliche Arten von Fensterprogrammen, das sog. Satellitenfensterprogramm und das Regionalfensterprogramm.

In § 2 Abs. 2 Nr. 4 RStV wird dabei der Begriff „Regionalfensterprogramm" definiert. Danach handelt es sich bei einem Regionalfensterprogramm um „ein

---

Auch die wettbewerbsrechtlichen Bestimmungen des Primärrechts in Art. 81 ff. EG – und die dazu ergangenen Entscheidungen der Europäischen Kommission – haben in den letzten Jahren an Bedeutung für den medienrechtlichen Bereich gewonnen. Darüber hinaus können die der Europäischen Union nach Art. 49 ff. EG zustehenden Kompetenzen auch Auswirkungen im Rundfunkbereich haben. Eine ausdrückliche „Rundfunkkompetenz" enthält der EG-Vertrag allerdings ebenso wenig, wie eine ausdrückliche Bereichsausnahme für den Rundfunk, vgl. dazu den *Konzentrationsbericht der KEK 2000*, S.17.

Spezielle sekundärrechtliche europarechtliche Vorgaben für den Bereich des Fernsehens enthält v.a. die sog. EG-Fernsehrichtlinie 89-552-EWG vom 3.10.1989 in der Fassung der Richtlinie 97-36-EG vom 30.6.1997. Diese Richtlinie wird derzeit erneut überarbeitet.

Vgl. im Übrigen zu den Entwicklungen im Bereich des Europarechts und der Rechtsprechung des EuGH sowie des EGMR die Darstellungen bei *Dörr*, NJW 1995, 2263, 2263 ff.; NJW 1997, 1341, 1341 ff.; *Dörr/Eckl*, NJW 1999, 1925, 1926 ff.; *Dörr/Zorn*, NJW 2001, 2837, 2838 ff.; NJW 2003, 3020, 3021 ff.; NJW 2005, 3114, 3115 ff. Spezielle Ausführungen zu Art. 10 EMRK und der Rundfunkveranstalterfreiheit als gemeinschaftsrechtlicher Grundfreiheit finden sich bei *Hahn/Vesting – Rossen-Stadtfeld*, § 25 RStV Rn. 75 ff., *Kühn*, S. 18 ff., und *Ebsen*, S.50 ff.; einen Überblick über die völker- und europarechtliche Dimension des Medienrechts geben auch *Dörr/Schwartmann*, Rn. 43 und Rn. 440 ff.

zeitlich und räumlich begrenztes Rundfunkprogramm mit im wesentlichen regionalen Inhalten im Rahmen eines Hauptprogramms".

1. Allgemeine Definition eines Fensterprogramms

Aus der Existenz der unterschiedlichen Definitionen des Regional- und Satellitenfensterprogramms in § 2 Abs. 2 Nr. 4 und Nr. 3 RStV ergibt sich als logische Folge, dass das Regionalfensterprogramm – ebenso wie das Satellitenfensterprogramm – eine besondere Form eines Fensterprogramms darstellt.[39] „Fensterprogramm" ist insofern als Oberbegriff für verschiedene Ausgestaltungen von Fensterprogrammen zu definieren.

Voraussetzung für das Vorliegen eines Fensterprogramms ist dabei zunächst, dass das jeweilige Programm eingebettet ist in ein Hauptprogramm, das sog. Mantelprogramm. Dies folgt bereits aus der Formulierung in § 2 Abs. 2 Nr. 4 RStV – und ebenso § 2 Abs. 2 Nr. 3 RStV, der das Satellitenfensterprogramm definiert – *„im Rahmen* eines Hauptprogramms". Bei diesem Mantelprogramm kann es sich sowohl um ein Vollprogramm i.S.v. § 2 Abs. 2 Nr. 1 RStV, als auch um ein Spartenprogramm nach § 2 Abs. 2 Nr. 2 RStV handeln.[40]

Entscheidend ist dabei jedoch immer, dass das Hauptprogramm, in welches das Fensterprogramm eingefügt ist, in Relation zu dem Fensterprogramm zeitlich den wesentlich größeren Umfang hat. Denn sowohl § 2 Abs. 2 Nr. 3 RStV als auch § 2 Abs. 2 Nr. 4 RStV definieren ein Fensterprogramm insofern als *„zeitlich begrenztes Rundfunkprogramm"*. Davon kann aber nur die Rede sein, wenn das Fensterprogramm nur einen vergleichsweise geringen Anteil der Sendezeit des Hauptprogramms für sich in Anspruch nimmt.

Das besondere Charakteristikum eines Fensterprogramms liegt also im Ergebnis darin, dass dieses – in seinem zeitlichen Umfang begrenzt – im Rahmen des weiterreichenden Mantelprogramms ausgestrahlt wird.[41] Dies gilt für Regionalfenster- und Satellitenfensterprogramme gleichermaßen.

---

39 Vgl. insofern auch *Ebsen*, S. 145.

40 Vgl. *Hartstein/Ring/Kreile/Dörr/Stettner*, § 2 RStV Rn. 29; *Ricker/Schiwy*, F Rn. 59; zu den Definitionen des Voll- und des Spartenprogramms vgl. nachstehend unter C.II.1.a)aa).

41 Vgl. *Hartstein/Ring/Kreile/Dörr/Stettner*, § 2 RStV Rn. 29; *Ricker/Schiwy*, F Rn. 59; *Ebsen*, S. 33, 35.

2. *Definition des Regionalfensterprogramms nach § 2 Abs. 2 Nr. 4 RStV und Abgrenzung zu dem Satellitenfensterprogramm nach § 2 Abs. 2 Nr. 3 RStV*

Damit ein Fensterprogramm als Regionalfensterprogramm i.S.v. § 2 Abs. 2 Nr. 4 RStV zu qualifizieren ist, müssen jedoch weitere Voraussetzungen erfüllt sein.

Um ein Regionalfensterprogramm handelt es sich nämlich nach § 2 Abs. 2 Nr. 4 RStV nur dann, wenn in dem jeweiligen Programmfenster im Wesentlichen regional orientierte Inhalte ausgestrahlt werden und eine räumliche Begrenzung besteht.

a) Inhaltliche Gestaltung des Regionalfensterprogramms

Das Regionalfensterprogramm muss sich von dem es umgebenden Haupt- oder Mantelprogramm also einerseits durch eine spezielle inhaltliche Gestaltung absetzen: erforderlich ist eine *gerade auf regionale Themen fokussierte Berichterstattung* im Gegensatz zu dem inhaltlich umfassender gestalteten Hauptprogramm.[42]

Die regionalen Themen müssen das Programm des Regionalfensters dabei prägen, wobei der *quantitative* Anteil regionaler Berichterstattung die entscheidende Rolle spielt.[43]

b) Räumliche Begrenzung und technische Umsetzung dieser Begrenzung

Andererseits muss das Regionalfensterprogramm auch räumlich begrenzt sein. Die räumliche Begrenzung ist als *örtliche Begrenzung auf ein bestimmtes regionales Verbreitungsgebiet* zu verstehen.[44] Dieses Verbreitungsgebiet kann sowohl auf ein lokal begrenztes Gebiet beschränkt sein,[45] als auch eine konkrete Region

---

42 Vgl. dazu auch *Ebsen*, S. 32.

43 Vgl. *Hahn/Vesting – Schulz*, § 2 RStV Rn. 76. Der *qualitative* Aspekt – also die inhaltliche Qualität der konkret ausgestrahlten Sendungen – spielt für die *Definition* des Regionalfensterprogramms hingegen *keine* entscheidende Rolle. Er ist jedoch von Bedeutung für die Frage, ob ein Regionalfensterprogramm inhaltlich auch den Anforderungen des § 25 Abs. 4 Satz 1 RStV zu genügen vermag. Vgl. dazu nachstehend unter C.II.1.c).

44 Vgl. auch *Ebsen*, S. 33.

45 So werden z.B. für das Bundesland Bayern im Programm RTL montags bis freitags von 18.00 Uhr bis 18.30 Uhr – anstelle eines landesweiten Regionalfensterprogramms – parallel insgesamt 15 unterschiedliche *Lokal*fenster für bestimmte Städte und Ballungsräume – darunter z.B. Augsburg, Ingolstadt, sowie München – ausgestrahlt. Zusätzlich gibt es in Bayern allerdings auch ein *landesweites* Regionalfenster – das „Bayern Journal“ –, welches samstags von 16.00 Uhr bis 17.00 Uhr auf RTL ausge-

erfassen,[46] aber ebenso landesweit ausgedehnt sein und sogar das Gebiet mehrerer Bundesländer umfassen.[47] Eine Kongruenz des Verbreitungsgebiets eines Regionalfensters und des Landesgebiets eines Bundeslandes ist also nicht zwingend erforderlich.[48]

Die räumliche Begrenzung des Regionalfensterprogramms hat dabei auch Einfluss auf seine inhaltliche Gestaltung, denn diese orientiert sich nicht nur ganz allgemein an regionalen Inhalten, sondern beschränkt sich auf eine Berichterstattung bezüglich der jeweiligen Region, in welcher das Regionalfensterprogramm auch ausgestrahlt wird.[49]

Während der Ausstrahlung des Regionalfensterprogramms wird das Programm des Hauptprogrammveranstalters „auseinandergeschaltet", so dass in verschiedenen Regionen bzw. Bundesländern zeitgleich die jeweiligen Regionalfensterprogramme zu sehen sind.[50]

Gibt es in einem Bundesland oder einer Region kein spezielles Regionalfensterprogramm, so verbleibt es in dieser Zeit bei der Ausstrahlung des über Satellit verbreiteten Programms des Hauptprogrammveranstalters, das dann auch in die Kabelanlagen eingespeist wird und – je nach Lizenzierung des Hauptprogrammveranstalters in dem jeweiligen Bundesland – in den betroffenen Fernsehhaushalten terrestrisch über Antenne zu empfangen ist.[51]

---

strahlt wird. Vgl. zu den RTL-Regionalfenstern für das Land Bayern den *Neunten Jahresbericht der KEK,* S. 230 ff.

Ein weiteres Beispiel für ein lokales Regionalfenster ist das im Programm RTL ausgestrahlte „TV Angermünde Lokal", welches ausschließlich für das Sendegebiet Angermünde/Brandenburg ausgestrahlt wird.

46 Ein Beispiel hierfür ist das RTL-Regionalfenster „RNF LIFE": dieses Regionalfenster konzentriert sich auf das Rhein-Neckar-Dreieck – also Nordbaden, Vorder- und Südpfalz und Südhessen – und damit Teile verschiedener Bundesländer, welche zusammengenommen eine eigene Region – das Rhein-Neckar-Dreieck – darstellen.

47 Ein Beispiel für letztere Gestaltung ist das SAT.1-Regionalfenster „17.30 live für Hessen und Rheinland-Pfalz", das als einheitliches Regionalfenster für Hessen und Rheinland-Pfalz im Programm SAT.1 ausgestrahlt wird.

48 Vgl. zum Ganzen *Hartstein/Ring/Kreile/Dörr/Stettner,* § 2 RStV Rn. 29, und § 26 RStV Rn. 14. Soweit im Folgenden von dem *regionalen* Verbreitungsgebiet die Rede ist, ist dieser Begriff – entsprechend dem Terminus *Regional*fensterprogramm – als Oberbegriff für alle existenten Gestaltungen regionaler Fensterprogramme zu verstehen.

49 Vgl. auch *Ebsen,* S. 32 f.

50 Also z.B. im Programm SAT.1 des Veranstalters SAT.1 SatellitenFernsehen GmbH in der Zeit von 17.30 bis 18.00 zeitgleich die Fenster „17.30 live für Bayern" für das Bundesland Bayern, „17.30 live für Hessen und Rheinland-Pfalz" für Hessen und Rheinland-Pfalz usw.

51 Für das Programm RTL des Veranstalters RTL Television GmbH bedeutet dies z.B. konkret Folgendes:

c) Abgrenzung zu dem Satellitenfensterprogramm nach § 2 Abs. 2 Nr. 3 RStV

Die räumliche Begrenzung auf ein regionales Verbreitungsgebiet ist auch das Merkmal, durch welches das *Regional*fensterprogramm sich maßgeblich von dem in § 2 Abs. 2 Nr. 3 RStV definierten *Satelliten*fensterprogramm unterscheidet.[52]

Denn für das Satellitenfensterprogramm besteht – jedenfalls nach der Definition des § 2 Abs. 2 Nr. 3 RStV – keine Vorgabe zur Ausstrahlung spezieller Inhalte. Regionale Themen könnten daher theoretisch auch Gegenstand eines Satellitenfensterprogramms sein, weshalb die inhaltliche und thematische Fokussierung des ausgestrahlten Fensterprogramms kein taugliches Unterscheidungskriterium darstellt.

Um ein Satellitenfensterprogramm handelt es sich per definitionem jedoch nur dann, wenn das betreffende Fensterprogramm – anders als das Regionalfensterprogramm – *im gesamten Bundesgebiet* verbreitet wird.[53]

In der Sendezeit von 18.00 bis 18.30 wird an den Wochentagen Montag bis Freitag über Satellit das Magazin „Explosiv" ausgestrahlt.

In den Bundesländern, in denen RTL-Regional- bzw. Lokalfenster ausgestrahlt werden – also Bayern, Hessen, Niedersachsen und Bremen, Nordrhein-Westfalen, Hamburg und Schleswig-Holstein, Baden-Württemberg und Rheinland-Pfalz (soweit sie durch das Rhein-Neckar-Dreieck abgedeckt werden) und Angermünde/Brandenburg – werden zeitgleich die jeweiligen Regionalfensterprogramme in das Kabelnetz eingespeist und über D-VBT aufgrund einer entsprechenden Lizenzierung von RTL in den betroffenen Bundesländern auch digital terrestrisch verbreitet. In diesen Bundesländern ist das Magazin „Explosiv" zu der genannten Sendezeit demnach ausschließlich über Satellit zu empfangen.

In allen anderen Bundesländern kann „Explosiv" zeitgleich hingegen auch über Kabel und terrestrisch empfangen werden, da weder eine Einspeisung von Regionalfensterprogrammen in das Kabelnetz, noch eine terrestrische Ausstrahlung von Regionalfensterprogrammen erfolgt, sondern beide Übertragungswege für die Ausstrahlung des über Satellit herangeführten Programms von RTL genutzt werden.

52 Vgl. auch *Hartstein/Ring/Kreile/Dörr/Stettner,* § 2 RStV Rn. 29 sowie § 31 RStV Rn. 8; *Hahn/Vesting – Schulz,* § 2 RStV Rn. 75.

53 Vgl. den Wortlaut von § 2 Abs. 2 Nr. 3 RStV: „mit bundesweiter Verbreitung". Welche Anforderungen an die „bundesweite Verbreitung" im Einzelfall konkret zu stellen sind, ist für die Abgrenzung von Regional- und Satellitenfensterprogramm an dieser Stelle insofern irrelevant, als bereits die grammatische Auslegung ergibt, dass die Ausstrahlung eines Fensterprogramms in nur einem einzigen Bundesland jedenfalls *keine* bundesweite Verbreitung darstellt. Angesichts einer Gesamtzahl von 16 Bundesländern in der Bundesrepublik Deutschland kann auch die – z.B. bei den Regionalfensterprogrammen RTL-„RNF LIFE" und SAT.1-„17.30 live für Hessen und Rheinland-Pfalz" praktizierte – Verbreitung in zwei oder drei Bundesländern nicht unter den Begriff der „bundesweiten Verbreitung" subsumiert werden. Vgl. im Übrigen zum Begriff der „bundesweiten Verbreitung" i.S.v. § 25 Abs. 4 Satz 1 RStV nachfolgend unter C.II.1.a)bb)(1).

3. *Das „Fensterprogramm" des § 25 Abs. 4 RStV als „Regionalfensterprogramm" i.S.v. § 2 Abs. 2 Nr. 4 RStV*

Das in § 2 Abs. 2 Nr. 4 RStV definierte Regionalfensterprogramm ist Gegenstand der Regelung des § 25 Abs. 4 RStV und somit der vorliegenden Untersuchung.

Zwar spricht § 25 Abs. 4 RStV seinem Wortlaut nach nicht von „Regionalfensterprogrammen", sondern nur ganz allgemein von „Fensterprogrammen", und nimmt auch nicht ausdrücklich Bezug auf die Definition des § 2 Abs. 2 Nr. 4 RStV.

Dass die Regelung in § 25 Abs. 4 RStV sich dennoch nur auf die in § 2 Abs. 2 Nr. 4 RStV definierten Regionalfensterprogramme bezieht – und nicht etwa auch auf Satellitenfensterprogramme nach § 2 Abs. 2 Nr. 3 RStV[54] – ergibt sich bereits aus der Überschrift von § 25 RStV, welche lautet: „Meinungsvielfalt, *regionale* Fenster".[55]

Zudem ist in § 25 Abs. 4 Satz 1 RStV festgeschrieben, dass die Fensterprogramme nach § 25 Abs. 4 RStV speziell „der Darstellung der Ereignisse des (...) Lebens *in dem jeweiligen Land*" dienen. Gemeint sind damit die einzelnen Bundesländer, woraus auch terminologisch der regionale Bezug der Fensterprogramme nach § 25 Abs. 4 RStV folgt.[56]

---

54 Vgl. dazu auch *Ebsen*, S. 144 f., der zu Recht darauf hinweist, dass der Begriff des „Fensterprogramms" in § 31 RStV als Synonym für das Satellitenfensterprogramm i.S.v. § 2 Abs. 2 Nr. 3 RStV gebraucht wird.

55 Vgl. *Hahn/Vesting – Schulz*, § 2 RStV Rn. 73 und *Hahn/Vesting – Rossen-Stadtfeld*, § 25 RStV Rn. 65; *Hartstein/Ring/Kreile/Dörr/Stettner*, § 26 RStV Rn. 14; vgl. auch *Ebsen*, S. 145, und *Bornemann*, K&R 2002, 301, 302.

56 Die sprachliche Ungenauigkeit in § 25 Abs. 4 RStV dürfte daraus resultieren, dass Art. 8 Abs. 5 Satz 2 RStV 1987 „*regionale* Programmteile" als „Fensterprogramme" legaldefinierte. Auch § 2 Abs. 2 Nr. 3 RStV 1991 definierte ein „Fensterprogramm" als ein „zeitlich begrenztes Rundfunkprogramm, das *für ein regionales Verbreitungsgebiet* im Rahmen eines weiterreichenden Rundfunkprogramms verbreitet wird", verwendete also den Begriff des „Fensterprogramms" ebenfalls noch als Synonym für ein *regionales* Fensterprogramm.
Diese synonyme Verwendung war insofern unproblematisch, als bis zu dem Inkrafttreten des Dritten Rundfunkänderungsstaatsvertrages – durch den die Sendezeit für unabhängige Dritte nach § 31 RStV als zusätzliche Variante eines Fensterprogramms erstmals in den Rundfunkstaatsvertrag eingefügt wurde – regionale Fensterprogramme die *einzigen* im Rundfunkstaatsvertrag explizit geregelten Fensterprogramme darstellten. Eine sprachliche Differenzierung zwischen Regionalfensterprogrammen und anderen Fensterprogrammen war in Bezug auf § 25 Abs. 4 RStV bis zu diesem Zeitpunkt also nicht erforderlich. Dass mit der Einführung des Fensterprogramms für unabhängige Dritte nach § 31 RStV eigentlich eine terminologische Änderung in § 25 Abs. 4 RStV veranlasst gewesen wäre, dürfte bei der Neuregelung des Rundfunk-

(Regionale) Fensterprogramme im Sinne der Regelung des § 25 Abs. 4 RStV sind also die in § 2 Abs. 2 Nr. 4 RStV definierten Regionalfensterprogramme.

4. Definition des Veranstalters im rundfunkrechtlichen Sinn und Irrelevanz der Person des Fensterprogrammveranstalters

Nach der bloßen Definition des Fensterprogramms – dies gilt nach § 2 Abs. 2 Nr. 3 und 4 RStV für das Regional- ebenso wie für das Satellitenfensterprogramm – ist irrelevant, ob das Fensterprogramm durch Dritte als selbständige rundfunkrechtliche Veranstalter oder durch den Veranstalter des jeweiligen Mantelprogramms – z.B. über eine diesem gesellschaftsrechtlich zuzurechnende Tochtergesellschaft als bloße Produktionsgesellschaft bzw. als bloßer Zulieferer – veranstaltet wird.[57]

Unter dem Veranstalter eines Programms im rundfunkrechtlichen Sinn – und damit auch im Sinn von § 20 Abs. 1 Satz 1 RStV – ist dabei immer derjenige zu verstehen, der das konkret ausgestrahlte Programm rundfunkrechtlich zu verantworten hat. Nach der Definition des Bundesverfassungsgerichts[58] kommt es darauf an, wer die Struktur eines Programms festlegt, die Sendungen zusammenstellt, ihre Abfolge plant, und das so kreierte Programm dem Publikum unter einer einheitlichen Bezeichnung anbietet. Es ist also nicht erforderlich, dass der Veranstalter das Programm auch selbst produziert oder ausstrahlt. Die Produktion des Programms bzw. einzelner Sendungen oder Programmteile kann vielmehr auch einem Zulieferer übertragen sein.[59] Wer Veranstalter eines Programms ist, richtet sich aber immer nach der tatsächlich ausgeübten Tätigkeit, und nicht nach der bloßen Bezeichnung.[60]

---

staatsvertrages durch den Dritten Rundfunkänderungsstaatsvertrag schlicht übersehen worden sein.

Der in § 2 Abs. 2 RStV enthaltene Definitionen-Katalog hingegen wurde den veränderten Umständen angepasst durch die seither bestehende Unterscheidung zwischen bundesweit verbreiteten Satellitenfensterprogrammen einerseits – um solche handelt es sich bei den Fensterprogrammen für unabhängige Dritte nach § 31 RStV, vgl. nachstehend unter A.II.1.a)bb)(1) – und Regionalfensterprogrammen andererseits in § 2 Abs. 2 Nr. 3 und Nr. 4 RStV.

Vgl. zu dieser Problematik auch die Ausführungen bei *Ebsen*, S. 145.

57 Vgl. dazu *Hartstein/Ring/Kreile/Dörr/Stettner*, § 2 RStV Rn. 29; *Ricker/Schiwy*, F Rn. 59.

58 Vgl. dazu BVerfGE 97, 298 (310 f.).

59 Zum Begriff der Zulieferung vgl. sogleich unter A.I.5.a).

60 Vgl. BVerfGE 97, 298 (310 f.); so auch *Hartstein/Ring/Kreile/Dörr/Stettner*, § 20 RStV Rn. 10.

Bei einem Regionalfensterprogramm ist die Frage, wer Veranstalter ist, allerdings insofern von Bedeutung, als § 25 Abs. 4 RStV seit der Novellierung durch den Achten Rundfunkänderungsstaatsvertrag eine Veranstaltung des Regionalfensters im eben beschriebenen Sinn durch den jeweiligen Regionalfensterprogrammanbieter – und nicht den Veranstalter des Hauptprogramms – vorsieht: nach § 25 Abs. 4 Satz 2 RStV hat eine redaktionell unabhängige Gestaltung des Regionalfensters zu erfolgen und § 25 Abs. 4 Satz 4 RStV sieht für den Regelfall sogar eine gesellschaftsrechtliche Trennung von Haupt- und Fensterprogrammanbieter vor, so dass der Anbieter des Regionalfensterprogramms als eigenständiger – weil selbst für die Programmgestaltung und das Programmangebot verantwortlicher – Veranstalter im rundfunkrechtlichen Sinn zu qualifizieren ist, und ihm nach § 25 Abs. 4 Satz 3 RStV daher auch eine gesonderte Zulassung zu erteilen ist.[61]

5. *Abgrenzung des Regionalfensterprogramms zu Zulieferungen und weiteren Formen regionaler Berichterstattung im privaten Fernsehen*

a) Zulieferungen

Fensterprogramme – und somit auch Regionalfensterprogramme – müssen unterschieden werden von sog. Zulieferungen.

Bei Zulieferungen handelt es sich um bloße Beiträge zu Programmen – unabhängig davon, ob es sich bei diesen Programmen ihrerseits um Voll-, Sparten oder Fensterprogramme handelt –, die nicht von den jeweils zugelassenen Programmveranstaltern selbst, sondern von einem Dritten produziert werden.[62]

Diese Programmteile können zwar ebenfalls regionale Inhalte aufweisen.[63] Im Gegensatz zu Regionalfensterprogrammen werden sie aber von dem jeweiligen Dritten – der insofern nur als Produktionsunternehmen tätig wird – lediglich aufgrund *individualvertraglicher* Vereinbarung mit dem Veranstalter des „beliefer-

---

61 Vgl. dazu eingehend unter C.II.3, zum Begriff des Veranstalters vgl. unter A.I.4.

62 Vgl. *Hartstein/Ring/Kreile/Dörr/Stettner*, § 2 RStV Rn. 29.

63 Die Aufnahme von Zulieferungen mit lokalem oder regionalem Inhalt ist dabei teilweise sogar privilegiert. Vgl. z.B. für das Bundesland Bayern die Regelung in § 9 Abs. 1 Satz 2 i.V.m. Abs. 3 der „Satzung über die Nutzung von Fernsehkanälen in Bayern nach dem Bayerischen Mediengesetz“ (Fernsehsatzung - BayFSS): Die für die Aufnahme von Zulieferungen in das Programm eines Veranstalters oder die Änderung dieser Zulieferungen grundsätzlich erforderliche Genehmigung der Bayerischen Landeszentrale für neue Medien (BLM) *gilt* danach *als erteilt* bei Zulieferungen von Programmteilen mit lokalem oder regionalem Inhalt anderer bayerischer Lokalfernsehanbieter.

ten“ Programms erbracht.[64] Rundfunkrechtlich sind Zulieferungen daher ausschließlich dem nach § 20 Abs. 1 Satz 1 RStV zugelassenen und rundfunkrechtlich verantwortlichen Veranstalter des Programms zuzurechnen, in dem sie dann jeweils ausgestrahlt werden.[65]

Dem Regionalfensterprogrammanbieter ist hingegen nach § 25 Abs. 4 Satz 3 RStV neuerdings eine eigene, gesonderte Zulassung zu erteilen, wodurch er rundfunkrechtlich als Veranstalter i.S.v. § 20 Abs. 1 RStV zu qualifizieren ist.

In der Praxis werden z.B. Programmteile wie Wetterberichte oder einzelne Nachrichten- und Informationsformate[66], aber auch bestimmte Nachtprogramme[67] von zugelassenen Rundfunkveranstaltern wie der RTL Television GmbH, der ProSieben Television GmbH oder der SAT.1 SatellitenFernsehen GmbH durch Zulieferungen abgedeckt.

---

64 Dies bedeutet allerdings nicht, dass ein zugelassener Rundfunkveranstalter nicht ebenfalls Zulieferungen produzieren könnte. So ist z.B. die Rhein-Neckar Fernsehen GmbH nicht nur in ihrer Rolle als Produktionsunternehmen Kooperationspartnerin unterschiedlicher Rundfunkveranstalter – darunter insbesondere der RTL Television GmbH –, sondern daneben auch jeweils lizenzierter Programmveranstalter sowohl für das eigene TV-Ballungsraumprogramm RNFplus als auch für das RTL-Regionalfensterprogramm „RNF LIFE“.
Gleiches gilt für die TV IIIa GmbH & Co. KG, welche lizenzierte Programmveranstalterin des SAT.1-Regionalfensters „17.30 live für Hessen und Rheinland-Pfalz“ ist, zugleich aber auch Zulieferungen für das bundesweite SAT.1-Programm produziert.

65 Vgl. *Hartstein/Ring/Kreile/Dörr/Stettner,* § 2 RStV Rn. 29; *Ebsen,* S. 36 f.; vgl. z.B. auch Art. 3 Abs. 4 Satz 1 Bayerisches Mediengesetz (BayMG) und § 9 Abs. 1 Satz 1 BayFSS, wo ausdrücklich von einer „Verbreitung in der medienrechtlichen Verantwortung der Anbieter“ die Rede ist. Der Begriff des „Anbieters“ in Bayern entspricht – soweit die Anwendung der Vorschriften des Rundfunkstaatsvertrages für private Rundfunkveranstalter in Frage steht – dem des Veranstalters, vgl. § 55 Satz 2 RStV und die Erläuterungen zu der durch Art. 111a Abs. 2 BV und Art. 2 BayMG bedingten Sondersituation in Bayern C.II.3.a)aa)(1).

66 So handelte sich z.B. bei dem Magazin „Focus TV“ lange Zeit um eine bloße Zulieferung, vgl. insofern noch *Ebsen,* S. 37. Mittlerweile gehört dieses Format allerdings zu den Magazinen, die aufgrund der Verpflichtung zur Aufnahme von Sendezeit für unabhängige Dritte nach § 26 Abs. 5 RStV i.V.m. § 31 RStV in das Programm SAT.1 der SAT.1 SatellitenFernsehen GmbH aufgenommen sind. Unabhängige Veranstalterin dieser Form von „Verlags-TV“ ist insofern die dctp Entwicklungsgesellschaft für TV-Programm mbH. Vgl. dazu den *Neunten Jahresbericht der KEK,* S. 224, sowie nachstehend unter A.II.1.a)bb)(1).

67 Vgl. auch die Aufzählung in § 9 Abs. 1 Satz 1 BayFSS.

b) Lokalprogramme und Ballungsraumprogramme

Auch bei sog. Lokalprogrammen oder Ballungsraumprogrammen[68] handelt es sich – trotz ihrer lokalen bzw. regionalen Programminhalte und ihrer räumlichen Begrenzung auf ein regionales Verbreitungsgebiet – nicht um Regionalfenster i.S.v. § 2 Abs. 2 Nr. 4 RStV.

Diese Programme sind nicht in ein weiterreichendes Mantelprogramm integriert und stellen daher vielmehr – je nach konkreter Ausrichtung und Diversifizierung ihrer jeweiligen Programminhalte – eigenständige Voll- oder Spartenprogramme i.S.v. § 2 Abs. 2 Nr. 1 und Nr. 2 RStV dar.[69] Anders als bei bloßen Zulieferungen ist für diese Programme daher ebenfalls eine eigenständige rundfunkrechtliche Zulassung des jeweiligen Programmveranstalters nach § 20 Abs. 1 Satz 1 RStV erforderlich.[70]

Beispiele hierfür sind die Programme „münchen.tv“ und „münchen.2“ des Veranstalters München Live TV Fernsehen GmbH & Co. KG, die – als eigenständige Fernsehvollprogramme – ausschließlich lokale Berichterstattung aus dem Ballungsraum München sowie den angrenzenden Landkreisen betreiben, und das Programm „RNFplus“ des Veranstalters Rhein-Neckar Fernsehen GmbH, welches zwar seit 2004 auch bundesweit digital über Satellit,[71] schwerpunktmäßig aber für das Rhein-Neckar-Dreieck ausgestrahlt wird.[72]

---

68 Unter Ballungsraumfernsehen sind Programme zu verstehen, deren Verbreitungsgebiet sich auf Regionen mit hoher Bevölkerungsdichte – sog. Ballungsräume – konzentriert. Vgl. dazu unter *http://www.kek-online.de/Inhalte/ballungsraumfernsehen.html*.

69 Vgl. *Hartstein/Ring/Kreile/Dörr/Stettner*, § 2 RStV Rn. 29; *Hahn/Vesting – Rossen-Stadtfeld*, § 25 RStV Rn. 65; *Ebsen*, S. 36.

70 Vgl. dazu *Hartstein/Ring/Kreile/Dörr/Stettner*, § 2 RStV Rn. 29; *Ebsen*, S. 35 f. Anders als die §§ 21 ff. RStV gilt § 20 RStV – und somit auch § 20 Abs. 1 Satz 1 RStV – nach § 39 Satz 1 RStV auch für *nicht bundesweit* verbreitetes Fernsehen.

71 Vgl. dazu unter *http://www.kek-online.de/Inhalte/ballungsraumfernsehen.html und Az. KEK 329-1* und 329-2, S. 5.

72 Zugleich sind jedoch beide Veranstalter auch verantwortlich für die Produktion von RTL-Regionalfensterprogrammen: die München Live TV Fernsehen GmbH & Co. KG ist Veranstalter des lokalen RTL-Fensters „RTL München Live“ in Bayern, die Rhein-Neckar Fernsehen GmbH veranstaltet das RTL-Regionalfenster „RNF LIFE“ für das Rhein-Neckar-Dreieck. Vgl. dazu den *Neunten Jahresbericht der KEK*, S. 230 f.; vgl. zu diesen beiden Veranstaltern und ihren Programmen auch die Darstellung bei *Wiegand*, S. 179 f. und S. 186 f.

6. Abgrenzung des Regionalfensterprogramms zum Frequenzsplitting

Regionalfensterprogramme sind – auch nach der Novellierung durch den Achten Rundfunkänderungsstaatsvertrag – zu unterscheiden von der Konstruktion des sog. Frequenzsplittings.

Unter Frequenzsplitting im eigentlichen Sinn ist zu verstehen, dass verschiedene Rundfunkveranstalter, die jeweils über eine eigenständige rundfunkrechtliche Zulassung i.S.v. § 20 Abs. 1 Satz 1 RStV verfügen, zeitlich nacheinander ihr jeweiliges – eigenständiges – Programm auf ein und derselben Frequenz ausstrahlen.[73]

Ist eines dieser Programme zeitlich sehr umfangreich, so präsentiert sich dieses Programm in Relation zu den anderen Programmen zwar quasi als „Haupt- und Mantelprogramm", die anderen Programme erscheinen demnach als „Fensterprogramme". Sind die einzelnen Programme in ihrer zeitlichen Gestaltung jedoch in etwa gleich, ist eine solche Abgrenzung schon nicht mehr möglich.[74] Im Übrigen stehen die jeweils ausgestrahlten Programme im Fall des bloßen Frequenzsplittings in keinerlei übergeordnetem Zusammenhang[75], spezielle inhaltliche Vorgaben existieren nach den Vorschriften des Rundfunkstaatsvertrages ebenfalls nicht.

Soweit die Fensterprogrammregelungen des Rundfunkstaatsvertrages – namentlich § 25 Abs. 4 Satz 2 bis Satz 4 RStV für Regionalfensterprogramme sowie § 31 Abs. 1 Satz 2, Abs. 3, Abs. 4 und Abs. 6 RStV für die Fensterprogramme für unabhängige Dritte – eine redaktionelle und gesellschaftsrechtliche Unabhängigkeit und dementsprechend eine gesonderte Zulassung des jeweiligen Fensterprogrammanbieters vorsehen, teilen sich Fensterprogrammveranstalter und Hauptprogrammveranstalter als jeweils selbstständige Rundfunkveranstalter im Ergebnis ebenfalls eine Frequenz.

Der entscheidende Unterschied zu dem bloßen Frequenzsplitting im oben beschriebenen Sinn liegt jedoch zum einen in der Abgrenzbarkeit von Haupt- und Fensterprogramm. Denn Fensterprogramme setzen – wie oben dargestellt[76] –

73 So sah das Landesrundfunkgesetz Nordrhein-Westfalen (LRG NW) in der Fassung vom 11. Januar 1988 in § 6 Abs. 4 und Abs. 5 LRG NW – aufgrund der damaligen Frequenzknappheit – die „Aufteilung" *einer* Sendelizenz auf *mehrere* Bewerber und die entsprechende Verteilung der Sendezeit auf diese – also Frequenzsplitting – vor. Vgl. dazu *Ricker/Schiwy*, F Rn. 61; *Ebsen*, S. 38.

74 Vgl. *Ebsen*, S. 38.

75 Insbesondere dient nicht das eine Programm „A" dazu, Meinungsvielfalt in Bezug auf das andere Programm „B" zu gewährleisten oder zu fördern.

76 Vgl. unter A.I.1.

schon per definitionem eine erkennbare zeitliche Beschränkung in Abgrenzung zu dem zeitlich umfangreicheren Hauptprogramm voraus.

Zum anderen handelt es sich bei Haupt- und Fensterprogramm in den Fällen des § 25 Abs. 4 RStV und § 31 RStV letztlich auch nicht um völlig voneinander isolierte Programme, die „rein zufällig" – bzw. aus Gründen der Frequenzknappheit – auf derselben Frequenz gesendet werden. Vielmehr haben diese Fensterprogramme die konkrete Funktion, im Rahmen des Hauptprogramms zu dessen inhaltlicher Diversifizierung beizutragen und sind – obgleich eigenständige und von dem jeweiligen Hauptprogrammveranstalter unabhängige Programme[77] – insofern auch Bindungen bezüglich ihrer inhaltlichen Gestaltung unterworfen.[78]

Bei dem bloßen Frequenzsplitting handelt es sich daher *nicht* um einen Anwendungsfall der Fensterprogrammregelungen des Rundfunkstaatsvertrages.[79]

II. Abgrenzung des Regionalfensterprogramms nach § 25 Abs. 4 RStV zu den Fensterprogrammen nach § 31 RStV und § 42 RStV

Der in § 2 Abs. 2 RStV enthaltene Definitionen-Katalog unterscheidet – wie eben dargestellt – in § 2 Abs. 2 Nr. 3 und Nr. 4 RStV bei den Fensterprogrammen begrifflich nur zwischen *Regional*fensterprogrammen einerseits und *Satelliten*fensterprogrammen andererseits. Maßgebliches Unterscheidungskriterium ist insofern die Reichweite des Verbreitungsgebiets.[80]

Die materiellen – konzentrationsrechtlichen – Vorschriften des Rundfunkstaatsvertrages für die Verbreitung privater Rundfunkprogramme, §§ 25 ff. RStV, enthalten in § 25 Abs. 4 RStV eine Regelung für regionale Fensterprogramme, ohne dabei jedoch auf die in § 2 Abs. 2 Nr. 4 RStV enthaltene Definition ausdrücklich Bezug zu nehmen.[81]

Darüber hinaus beschäftigt sich der Rundfunkstaatsvertrag in seinen materiellen Vorschriften mit zwei weiteren speziellen Arten von Fensterprogrammen:[82] Hierbei handelt es sich zum einen um die Sendezeit für unabhängige

77 Vgl. insbesondere § 25 Abs. 4 Satz 2 bis Satz 4 RStV und § 31 Abs. 1 Satz 2, Abs. 3, Abs. 4 Satz 1 RStV.

78 Vgl. insofern § 31 Abs. 1 Satz 1 RStV und speziell für Regionalfensterprogramme § 25 Abs. 4 Satz 1 RStV.

79 So im Ergebnis auch *Ebsen*, S. 38.

80 Vgl. dazu oben unter A.I.2.c).

81 Zu diesem „Redaktionsversehen" vgl. oben unter A.I.3.

82 Bemerkenswert ist, dass der Begriff des „Satellitenfensterprogramms" – obwohl dieses in § 2 Abs. 2 Nr. 3 RStV legaldefiniert ist – in den materiellen Vorschriften des Rundfunkstaatsvertrages nirgends verwendet wird. Auch insofern dürfte es sich je-

Dritte, die in § 31 RStV näher geregelt ist, und zum anderen um die Sendezeit für Dritte nach § 42 RStV.

Beide Arten von Fensterprogrammen sind zwar nicht unmittelbar Gegenstand der vorliegenden Untersuchung. Die jeweils im Rundfunkstaatsvertrag enthaltenen Regelungen sollen jedoch zum Zwecke der Abgrenzung und des Vergleichs mit der Regelung für Regionalfensterprogramme in § 25 Abs. 4 RStV dargestellt werden.

1. Die Sendezeit für unabhängige Dritte, § 31 RStV

Der Rundfunkstaatsvertrag kennt unterschiedliche Mittel zur Sicherung der Meinungsvielfalt. Hierzu zählt seit dem Dritten Rundfunkänderungsstaatsvertrag[83] jedenfalls die Einräumung von Sendezeit für unabhängige Dritte in dem Programm eines Veranstalters, deren nähere Ausgestaltung § 31 RStV regelt.
Die Änderungen, die der Gesetzgeber im Zuge der Novellierung durch den Achten Rundfunkänderungsstaatsvertrag in § 25 Abs. 4 RStV vorgenommen hat, haben – wie noch zu zeigen sein wird – zu einer Annäherung der Regionalfensterprogramme an die Sendezeit für unabhängige Dritte nach § 31 RStV geführt.

a) Die Sendezeit für unabhängige Dritte nach § 31 RStV als vielfaltsichernde Maßnahme im System der §§ 25 ff. RStV

Dass es sich bei der Einräumung von Sendezeit für unabhängige Dritte nach § 31 RStV um eine Maßnahme zur Vielfaltsicherung handelt, ergibt sich zum einen aus der systematischen Stellung der Vorschrift innerhalb des Zweiten Unterabschnitts des Dritten, den privaten Rundfunk betreffenden, Abschnitts des Rundfunkstaatsvertrages – Sicherung der Meinungsvielfalt, §§ 25 ff. RStV –, zum anderen aber auch ausdrücklich aus § 30 RStV, der die Einräumung von Sendezeit für Dritte nach § 31 RStV – neben der Einrichtung eines Programmbeirats gemäß § 32 RStV – als vielfaltsichernde Maßnahmen im Sinne der „vorgenannten Vorschriften“ nennt.[84]

---

doch um ein Redaktionsversehen handeln, vgl. auch *Hahn/Vesting – Schulz*, § 2 RStV Rn. 73 f.; *Beucher/Leyendecker/von Rosenberg*, § 2 RStV Rn. 19; *Ebsen*, S. 144.

83 Vgl. dazu nachfolgend unter B.III.

84 Interessant ist in Bezug auf § 30 RStV, dessen Überschrift „Vielfaltsichernde Maßnahmen“ lautet, dass die Regionalfensterprogramme des § 25 Abs. 4 RStV dort gerade *nicht* erwähnt werden. Vgl. dazu aber nachstehend unter C.III.3.b). Zur Rolle der Fensterprogramme nach § 26 Abs. 4 Satz 1 Nr. 3 RStV und § 26 Abs. 5 RStV vgl. auch die Darstellung bei *Bohl*, S. 169 ff.

Im Zuge der Überarbeitung des Rundfunkstaatsvertrages durch den Neunten Rundfunkänderungsstaatsvertrag, der zum 1. März 2007 in Kraft getreten ist, hat die Regelung des § 31 RStV – anders als § 25 Abs. 4 RStV – gewisse Veränderungen erfahren. Diese berühren jedoch nicht ihren Charakter als Maßnahme zur Sicherung der Meinungsvielfalt.[85]

aa) Die Voraussetzungen für die Verpflichtung eines Veranstalters zur Einräumung von Sendezeit für unabhängige Dritte nach § 26 Abs. 4 und Abs. 5 RStV

§ 31 RStV regelt die konkrete Ausgestaltung eines Fensterprogramms als Sendezeit für unabhängige Dritte. Die Vorschrift bestimmt jedoch selbst nicht, wann ein derartiges Fensterprogramm in das Programm eines Veranstalters aufzunehmen ist.[86]

Die Verpflichtung zur Einräumung von Sendezeit für unabhängige Dritte ergibt sich vielmehr zum einen aus § 26 Abs. 4 Satz 1 Nr. 3 RStV i.V.m. § 30 RStV, vor allem aber aus § 26 Abs. 5 RStV. § 26 Abs. 4 Satz 1 Nr. 3 und Abs. 5 RStV regeln also die Voraussetzungen, unter denen – aus Gründen der Vielfaltsicherung – Sendezeit für unabhängige Dritte nach § 31 RStV einzuräumen ist.

(1) Der Tatbestand des § 26 Abs. 4 Satz 1 Nr. 3 RStV i.V.m. § 30 RStV

Hat ein privates Rundfunkunternehmen – darunter ist nach § 26 Abs. 1 RStV eine „natürliche oder juristische Person oder Personenvereinigung" zu verstehen, wie z.B. die RTL Group oder die ProSiebenSAT.1 Media AG, aber auch die RTL Television GmbH und die SAT.1 SatellitenFernsehen GmbH – mit den ihm nach § 28 RStV zurechenbaren Programmen[87] insgesamt bereits vorherrschende Meinungsmacht i.S.v. § 26 Abs. 1 und Abs. 2 RStV erlangt,[88] so werden ihm seitens der zuständigen Landesmedienanstalt durch die KEK – als insoweit zuständigem Organ der Landesmedienanstalt, § 26 Abs. 4 i.V.m. § 35 Abs. 2 Satz 1 Nr. 1 RStV – die in § 26 Abs. 4 RStV vorgesehenen Maßnahmen zur Vielfaltsicherung vorgeschlagen.

---

85 Vgl. zu den Änderungen nachstehend unter A.II.1.a)bb)(4)(a)(aa) und (bb).

86 Vgl. den Wortlaut von § 31 Abs. 1 Satz 1 RStV: „Ein Fensterprogramm, das *aufgrund der Verpflichtung* zur Einräumung von Sendezeit *nach den vorstehenden Bestimmungen* ausgestrahlt wird (...)".

87 Zu der Zurechnung von Programmen nach § 28 RStV vgl. nachstehend unter C.II. 4.a).

88 Zum Begriff der vorherrschenden Meinungsmacht und der Regelung in § 26 Abs. 1 und Abs. 2 RStV vgl. nachstehend unter C.III.3.a).

§ 26 Abs. 4 RStV betrifft dabei nur den Fall des *internen* Wachstums eines Rundfunkunternehmens.[89] Unter internem Wachstum ist zu verstehen, dass ein privates Rundfunkunternehmen dadurch vorherrschende Meinungsmacht erlangt, dass die Zuschaueranteile der ihm nach § 28 RStV bereits zurechenbaren Programme ansteigen und in der Folge die nach § 26 Abs. 1 i.V.m. Abs. 2 Satz 1 und Satz 2 RStV für die Feststellung vorherrschender Meinungsmacht – zwar nicht ausschließlich, aber zumindest vorrangig – maßgeblichen Grenzwerte überschritten werden.[90]

Den Fall des *externen* Wachstums – Überschreitung der Zuschaueranteilsgrenzen des § 26 Abs. 1 i.V.m. Abs. 2 RStV infolge der Veranstaltung *zusätzlicher*, dem Unternehmen zurechenbarer Rundfunkprogramme, bzw. infolge des Erwerbs *weiterer* zurechenbarer Beteiligungen – regelt hingegen § 26 Abs. 3 RStV dahingehend, dass in diesem Fall Zulassungen für weitere zurechenbare Programme nicht erteilt werden dürfen bzw. der Erwerb weiterer zurechenbarer Beteiligungen an Veranstaltern nicht als unbedenklich bestätigt werden darf.[91]

Nach § 26 Abs. 4 Satz 1 Nr. 3 RStV zählen zu den möglichen Maßnahmen zur Vielfaltsicherung insbesondere die „vielfaltsichernden Maßnahmen" nach §§ 30 bis 32 RStV, und damit auch die Einräumung von Sendezeit für unabhängige Dritte nach § 31 RStV in den Fernsehprogrammen der dem betroffenen Rundfunkunternehmen zurechenbaren Veranstalter.

Die Einräumung von Sendezeit für unabhängige Dritte ist – wie sich aus § 26 Abs. 4 Satz 2 bis Satz 5 RStV ergibt – in diesem Fall für das jeweils betroffene Rundfunkunternehmen eine der bestehenden Möglichkeiten[92], den – nach § 26

89 Vgl. *Dörr*, ZWeR 2004, 159, 175 f.; *Kreile*, NJW 1997, 1329, 1330 f; *Hartstein/Ring/Kreile/Dörr/Stettner*, § 26 RStV Rn. 28; *Beucher/Leyendecker/von Rosenberg*, § 26 RStV Rn. 15; *Janik*, AfP 2002, 104, 111.

90 Vgl. *Dörr*, ZWeR 2004, 159, 176; *Janik*, AfP 2002, 104, 112; *Hartstein/Ring/Kreile/Dörr/Stettner*, § 26 RStV Rn. 28; vgl. zu dem sog. Zuschaueranteilsmodell und den Vermutungstatbeständen in § 26 Abs. 2 Satz 1 und Satz 2 RStV die nachstehenden Ausführungen unter C.III.3.a).

91 Vgl. *Dörr*, ZWeR 2004, 159, 175 f.; *Kreile*, NJW 1997, 1329, 1330; *Hartstein/Ring/Kreile/Dörr/Stettner*, § 26 RStV Rn. 27; *Beucher/Leyendecker/von Rosenberg*, § 26 RStV Rn. 14; *Janik*, AfP 2002, 104, 111.

92 Neben den in § 26 Abs. 4 Satz 1 Nr. 1 und Nr. 2 RStV genannten Dekonzentrationsmaßnahmen:
Liegt der gesamte Zuschaueranteil des betroffenen Unternehmens im Jahresdurchschnitt über 30 %, § 26 Abs. 2 Satz 1 RStV, so hat das Unternehmen nach § 26 Abs. 4 Satz 1 *Nr. 1* RStV die Möglichkeit, ihm nach § 28 RStV zurechenbare Beteiligungen an Rundfunkveranstaltern aufzugeben, um so den zurechenbaren Zuschaueranteil des Unternehmens im Jahresdurchschnitt unter 30 % zu senken. Das bedeutet konkret, dass sich das Unternehmen von Anteilen an einem oder mehreren Rundfunkveranstaltern trennen muss.

Abs. 4 Satz 5 RStV entschädigungslosen – Widerruf von rundfunkrechtlichen Zulassungen für dem Unternehmen zurechenbare Programme bzw. deren Veranstalter zu vermeiden.[93]

Im Fall des § 26 Abs. 4 RStV handelt es sich bei der Einräumung von Sendezeit für unabhängige Dritte nach § 31 RStV – ebenso wie bei der Durchführung einer anderen in § 26 Abs. 4 Satz 1 RStV aufgeführten Dekonzentrationsmaßnahme – somit im Ergebnis um *repressive* Maßnahmen zur Beseitigung der bereits bestehenden vorherrschenden Meinungsmacht eines privaten Rundfunkunternehmens.

(2) Der Tatbestand des § 26 Abs. 5 RStV

Besonders wichtig ist es nach der Rechtsprechung des Bundesverfassungsgerichts aber, durch entsprechende *präventive* Maßnahmen bereits das Entstehen vorherrschender Meinungsmacht zu verhindern, denn diesbezügliche Fehlentwicklungen sind nur schwer rückgängig zu machen.[94]

§ 26 Abs. 5 Satz 1 RStV verpflichtet daher auch den einzelnen Veranstalter eines privaten Vollprogramms oder eines Spartenprogramms mit Schwerpunkt Information, der mit diesem konkreten Programm im Jahresdurchschnitt einen Zuschaueranteil von 10 % erreicht, kraft Gesetzes zur Einräumung von Sendezeit für unabhängige Dritte nach § 31 RStV.

Nach § 26 Abs. 5 Satz 2 RStV besteht dieselbe Verpflichtung, wenn ein privates Rundfunkunternehmen mit den ihm nach § 28 RStV zurechenbaren Programmen insgesamt im Jahresdurchschnitt bereits einen Zuschaueranteil von 20 % erreicht, *ohne* dass dabei eines der dem Unternehmen zurechenbaren Vollprogramme oder Spartenprogramme mit Schwerpunkt Information selbst bereits

---

Handelt es sich um einen Fall des § 26 Abs. 2 Satz 2 RStV, so kann das betroffene Unternehmen nach § 26 Abs. 4 Satz 1 *Nr. 2* RStV *entweder* seine Marktstellung auf den medienrelevanten verwandten Märkten reduzieren, *oder* auch hier ihm nach § 28 RStV zurechenbare Beteiligungen an Rundfunkveranstaltern aufgeben, bis eine vorherrschende Meinungsmacht nach § 26 Abs. 2 Satz 2 RStV nicht mehr besteht.

Die verschiedenen Maßnahmen des § 26 Abs. 4 Satz 1 Nr. 1 bis Nr. 3 RStV sind dabei in ihrer Wirkung als gleichwertig zu betrachten, vgl. auch *Hartstein/Ring/Kreile/Dörr/Stettner,* § 26 RStV Rn. 28.

93 Vgl. auch die amtliche Begründung zu § 31 RStV, abgedruckt bei *Hartstein/Ring/Kreile/Dörr/Stettner,* § 31 RStV.

94 Vgl. das Urteil des BVerfG vom 11.9.2007, abgedruckt bei epd medien Nr. 74 vom 19.9.2007, S. 3 ff., S. 18 f.; BVerfGE 97, 228 (258 f.); 95, 163 (173); 73, 118 (173); 57, 295 (323); vgl. auch die amtliche Begründung zu § 31 RStV, abgedruckt bei *Hartstein/Ring/Kreile/Dörr/Stettner,* § 31 RStV; ebenso *Hesse,* Rundfunkrecht, 5. Kapitel Rn. 68.

einen Zuschaueranteil von 10 % erreicht. Die Verpflichtung zur Einräumung von Sendezeit für unabhängige Dritte nach § 31 RStV trifft in diesem Fall den Veranstalter desjenigen dem Rundfunkunternehmen zurechenbaren Programms mit dem jeweils höchsten Zuschaueranteil.

Da die RTL Television GmbH und die SAT.1 SatellitenFernsehen GmbH als Veranstalter mit ihren Vollprogrammen RTL bzw. SAT.1 aktuell im Jahresdurchschnitt jeweils bereits einen Zuschaueranteil von über 10 % erreichen, sind diese beiden Veranstalter schon auf Grund von § 26 Abs. 5 Satz 1 RStV zur Einräumung von Drittsendezeit nach § 31 RStV verpflichtet.[95]

Ein Anwendungsbereich für § 26 Abs. 5 Satz 2 RStV verbleibt in der aktuell bestehenden Privatfernsehlandschaft – welche geprägt ist durch das Duopol aus RTL Group und ProSiebenSAT.1 Media AG – somit nicht. Denn neben diesen beiden Rundfunkunternehmen gibt es derzeit kein weiteres privates Rundfunkunternehmen, das einen jährlichen Zuschaueranteil von 20 % erreicht.[96] Beiden Unternehmen ist mit der RTL Television GmbH bzw. der SAT.1 SatellitenFernsehen GmbH aber ein Veranstalter nach § 28 RStV zuzurechnen, der bereits von der Regelung des § 26 Abs. 5 *Satz 1* RStV erfasst wird, so dass § 26 Abs. 5 *Satz 2* RStV insofern verdrängt wird.[97]

Anders als im Fall des § 26 Abs. 4 RStV ist in beiden Fallkonstellationen des § 26 Abs. 5 RStV die Einräumung von Sendezeit für unabhängige Dritte nach § 31 RStV sogar die *einzige* Möglichkeit, einen ansonsten nach § 26 Abs. 5 Satz 3 und Satz 4 i.V.m. Abs. 4 Satz 5 RStV drohenden – ebenfalls entschädigungslosen – Widerruf von Zulassungen zu verhindern.

Im Fall des § 26 Abs. 5 RStV stellt die Verpflichtung zur Einräumung von Sendezeit für unabhängige Dritte nach § 31 RStV also im Ergebnis eine *präven-*

---

95 Vgl. dazu die Zuschaueranteile unter *http://www.kek-online.de/cgi-bin/esc/zuschauer.html* und insbesondere unter *http://www.kek-online.de/kek/medien/zuschauer/gruppen.pdf*; vgl. auch den *Neunten Jahresbericht der KEK*, S. 223.

96 Vgl. dazu die Zuschaueranteile unter *http://www.kek-online.de/cgi-bin/esc/zuschauer.html* und insbesondere unter *http://www.kek-online.de/kek/medien/zuschauer/gruppen.pdf*.

97 Die Regelung wurde aber deswegen mit dem Sechsten Rundfunkänderungsstaatsvertrag eingeführt, weil nicht auszuschließen ist, dass die Programme RTL und SAT.1 einen Zuschaueranteil von 10 % im Jahresdurchschnitt – z.B. im Zuge der Digitalisierung – in Zukunft unterschreiten werden, vgl. dazu *Janik*, AfP 2002, 104, 112; solange aber zumindest die Sendergruppen RTL Group und ProSiebenSAT.1 Media AG weiterhin einen zurechenbaren Zuschaueranteil von mindestens 20 % im Jahresdurchschnitt erreichen, bleiben diese beiden Veranstaltergruppen weiterhin zur Einräumung von Drittsendezeit in ihrem jeweils zuschauerstärksten Programm verpflichtet. Vgl. dazu *Hartstein/Ring/Kreile/Dörr/Stettner*, § 26 RStV Rn. 36; *Dörr*, ZWeR 2004, 159, 180.

tive Maßnahme dar, die das Entstehen vorherrschender Meinungsmacht eines privaten Rundfunkunternehmens verhindern soll.[98]

bb) Die Ausgestaltung des Fensterprogramms nach § 31 RStV

Besteht demnach die Verpflichtung eines Rundfunkveranstalters zur Einräumung von Sendezeit für unabhängige Dritte in seinem Programm, so sind für die konkrete Ausgestaltung des auszustrahlenden Fensterprogramms und seine Veranstaltung die Vorgaben des § 31 RStV zu beachten.

Die Landesmedienanstalten haben zur Konkretisierung dieser Vorgaben auf Grundlage von § 33 RStV die sog. Drittsendezeitrichtlinie (DSZR)[99] erlassen, auf deren Vorschriften im Rahmen der vorliegenden Untersuchung jedoch nur insoweit eingegangen werden soll, als sie in Zusammenhang mit der Ausstrahlung von Regionalfensterprogrammen nach § 25 Abs. 4 RStV standen und stehen.

(1) Keine Beschränkung auf regional orientierte Inhalte und keine räumliche Begrenzung nach § 31 Abs. 1 Satz 1 RStV

Gemäß seiner Funktion als Maßnahme der Vielfaltsicherung muss das Fensterprogramm nach § 31 Abs. 1 Satz 1 RStV – unter Wahrung der Programmautonomie des Hauptprogrammveranstalters – inhaltlich „einen *zusätzlichen* Beitrag zur Vielfalt in dessen Programm, *insbesondere* in den Bereichen Kultur, Bildung und Information, leisten." Diese Auswahl von Themenbereichen erklärt sich aus dem Umstand, dass die meisten privaten Rundfunkprogramme ihren inhaltlichen Schwerpunkt im Unterhaltungsbereich haben und es ihnen daher vor allem an kulturellen, bildenden und informativen Inhalten mangelt.[100]

Fensterprogramme nach § 31 RStV werden in den Programmen SAT.1 und RTL derzeit vor allem durch die dctp[101] in Kooperation mit verschiedenen Partnern – diese stammen vor allem aus dem Bereich der Printmedien,[102] sog. Ver-

---

98 So auch *Hain,* AfP 2000, 329, 330; ebenso schon *Schlette,* ZUM 1999, 802, 806.

99 „Gemeinsame Richtlinie der Landesmedienanstalten über die Sendezeit für unabhängige Dritte nach § 31 RStV (Drittsendezeitrichtlinie – DSZR)", abgedruckt bei *Ring,* Medienrecht, D.II., Loseblatt Stand März 2007.

100 Vgl. auch die amtliche Begründung zu § 31 RStV, abgedruckt bei *Hartstein/Ring/Kreile/Dörr/Stettner,* § 31 RStV. Ebenso Ziff. 2.2. DSZR.

101 DCTP Entwicklungsgesellschaft für TV-Programm mbH. Die Abkürzung „dctp" steht für die englische Bezeichnung „development company for television programs", im Folgenden daher nur: dctp.

102 Vgl. dazu unter *http://www.dctp.de/formate.*

lags-TV – veranstaltet.[103] Die dctp charakterisiert sich selbst daher auch als „unabhängiger Programmanbieter im Kommerz-TV".[104]

Daneben sind aktuell die News and Pictures Fernsehen GmbH für das Programm SAT.1, sowie die AZ Media TV GmbH für das Programm RTL als Fensterprogrammveranstalter nach § 31 RStV tätig.[105]

Im Bereich des Verlags-TVs sind insbesondere die dctp-Sendungen „Spiegel TV", „Focus TV" und „Stern TV" publikumswirksame Ergebnisse der Kooperation von Printmedium und Fernsehen.[106] Eine entsprechend anspruchsvolle inhaltliche Gestaltung wird – jedenfalls im diesem Bereich – in der Regel schon dadurch gewährleistet, dass Redaktionen der jeweiligen Printmedien – bzw. ihrer unmittelbaren TV-Tochtergesellschaften – die entsprechenden Beiträge für das Fensterprogramm gestalten.[107]

---

103 Die dctp veranstaltet aufgrund einer Lizenz der Niedersächsischen Landesmedienanstalt (NLM) vom 21.07.2003 in der sog. 1. Sendezeitschiene im Programm RTL die Formate „Spiegel TV Magazin", „Primetime", „10 vor 11" und „Stern TV". Im Programm SAT.1 veranstaltet die dctp auf der Grundlage einer jeweiligen Lizenz der Landeszentrale für Medien und Kommunikation (LMK) Rheinland-Pfalz vom 1.6.2003 in der 2. und 3. Sendezeitschiene die Formate „News & Stories", „Spiegel TV Reportage" und „Focus TV". Vgl. dazu den *Neunten Jahresbericht der KEK*, S. 224 f.
Auch vor Einführung der Drittsendezeitregelung durch den Dritten Rundfunkänderungsstaatsvertrag war die dctp bereits über das Modell rechtlich gesicherter Zulieferungen an der Gestaltung der Programme RTL und SAT.1 beteiligt, vgl. dazu *Hartstein/Ring/Kreile/Dörr/Stettner*, § 31 RStV Rn. 1.

104 Vgl. dazu die Homepage der dctp unter http:*//www.dctp.de*.

105 Die News and Pictures Fernsehen GmbH veranstaltet aufgrund einer Lizenz der Landeszentrale für Medien und Kommunikation (LMK) Rheinland-Pfalz vom 01.06.2003 in der 1. Sendezeitschiene im Programm SAT.1 die Formate „Weck up" und „Planetopia".
Die AZ Media TV GmbH veranstaltet aufgrund einer Lizenz der Niedersächsischen Landesmedienanstalt (NLM) vom 21.07.2003 in der 2. Sendezeitschiene im Programm RTL die Formate „Helden des Alltags" und die Magazine der „Trend"-Reihe, wie z.B. money TREND, europa TREND etc.
Vgl. dazu den *Neunten Jahresbericht der KEK*, S. 223 ff.

106 Das Format „Spiegel TV" wird aufgrund seiner Popularität aktuell nicht nur auf RTL und SAT.1, sondern auch auf VOX ausgestrahlt. Um Verlags-TV handelt es sich daneben auch bei dem dctp-Magazin „Süddeutsche TV", welches ebenfalls auf VOX ausgestrahlt wird, ohne dass insofern eine Verpflichtung nach § 26 Abs. 5 RStV besteht. Vgl. dazu auch *Schlette*, ZUM 1999, 802, 806 f., 809.

107 Das Format „Spiegel TV" wird z.B. von der Spiegel TV GmbH, einer 100 %igeln Tochtergesellschaft der Spiegel-Verlag Rudolf Augstein GmbH & Co. KG, produziert, vgl. dazu unter http:*//www.spiegelgruppe.de* und http:*//www.spiegeltv distribution.com*; vgl. dazu auch *Ebsen*, S.34.

Eine Anknüpfung an speziell regionale Inhalte besteht bei der Gestaltung des Fensterprogramms nach § 31 RStV damit ebenso wenig, wie eine räumliche Beschränkung auf ein regionales oder lokales Verbreitungsgebiet. Letzteres ist nur konsequent, denn bei den Fensterprogrammen nach § 31 RStV handelt es sich – auch wenn § 31 RStV auf diesen Begriff und die damit verbundene Definition nicht ausdrücklich Bezug nimmt[108] – um Satellitenfensterprogramme i.S.v. § 2 Abs. 2 Nr. 3 RStV, deren Ausstrahlung bundesweit zu erfolgen hat.[109]

(2) Redaktionelle Unabhängigkeit des Fensterprogrammanbieters, § 31 Abs. 1 Satz 2 RStV

Im Bereich des Verlags-TV werden Beiträge für die Fensterprogramme nach § 31 RStV durch die Redaktionen der jeweiligen Printmedien – bzw. ihre unmittelbaren TV-Tochtergesellschaften – und schon daher redaktionell unabhängig von dem Veranstalter des jeweiligen Hauptprogramms gestaltet.[110] Auch in allen anderen Fällen hat die Gestaltung des Fensterprogramms durch den Fensterprogrammanbieter nach § 31 Abs. 1 Satz 2 RStV jedenfalls in redaktioneller Unabhängigkeit von dem Hauptprogramm zu erfolgen.

Gleiches gilt nach § 31 Abs. 2 Satz 3 Halbsatz 1 RStV im Rahmen einer möglichen Anrechnung auf die Sendezeit für unabhängige Dritte – nach § 25 Abs. 4 Satz 2 RStV mittlerweile aber auch unabhängig davon – für die Gestaltung der Regionalfensterprogramme.[111]

(3) Zwingende gesellschaftsrechtliche Trennung von Hauptprogrammveranstalter und Fensterprogrammanbieter, § 31 Abs. 3 RStV

§ 31 RStV sieht aber nicht nur eine redaktionelle, sondern in § 31 Abs. 3 RStV darüber hinaus auch eine gesellschaftsrechtliche Trennung von Haupt- und Fensterprogrammanbieter vor.

Dabei besteht hinsichtlich der jeweiligen Zulässigkeit einer gesellschaftsrechtlichen Verflechtung ein grundlegender Unterschied zwischen den Fensterprogrammen nach § 31 RStV und § 25 Abs. 4 RStV:

Nach § 25 Abs. 4 Satz 4 RStV *sollen* Fensterprogrammanbieter und Hauptprogrammveranstalter zueinander nicht im Verhältnis eines verbundenen Unter-

---

108 *Hahn/Vesting – Schulz,* § 2 RStV Rn. 73 f. hält dies für ein Redaktionsversehen. Vgl. dazu auch *Ebsen,* S. 150 f.

109 Vgl. die amtliche Begründung zu § 31 RStV, abgedruckt bei *Hartstein/Ring/Kreile/Dörr/Stettner,* § 31 RStV; vgl. auch Ziff. 1 sowie Ziff. 2.2. DSZR.

110 Vgl. dazu soeben unter A.II.1.a)bb)(1); vgl. insofern auch *Ebsen,* S.34.

111 Vgl. dazu nachstehend unter C.II.2.

nehmens nach § 28 RStV stehen. Diese Formulierung indiziert – wie noch näher auszuführen sein wird[112] – ein „Regel-Ausnahme-Verhältnis". Eine gesellschaftsrechtliche Verflechtung von Hauptprogrammveranstalter und Fensterprogrammanbieter ist nach § 25 Abs. 4 Satz 4 RStV somit nicht völlig ausgeschlossen, sie muss aber den Ausnahmefall darstellen und bedarf einer besonderen Rechtfertigung.

§ 31 Abs. 3 Satz 1 RStV stellt hingegen klar, dass der Anbieter eines Fensterprogramms nach § 31 RStV zu dem Veranstalter des Hauptprogramms nicht in einem rechtlichen Abhängigkeitsverhältnis stehen *darf.* Denn nur dann handelt es sich bei dem Fensterprogrammanbieter tatsächlich um einen in jeder Hinsicht „*unabhängigen* Dritten".[113]

Ein rechtliches Abhängigkeitsverhältnis i.S.v. § 31 Abs. 3 Satz 1 RStV liegt nach § 31 Abs. 3 Satz 2 RStV dann vor, wenn Haupt- und Fensterprogramm nach § 28 RStV demselben Unternehmen zugerechnet werden können.[114]

Die RTL Television GmbH und die SAT.1 SatellitenFernsehen GmbH halten dementsprechend keine Anteile an den aktuellen Fensterveranstaltern dctp, News and Pictures GmbH und AZ Media TV GmbH.[115]

---

112 Vgl. dazu nachstehend unter C.II.4.b).

113 Vgl. zu dieser Differenzierung zwischen § 25 Abs. 4 RStV und § 31 Abs. 3 RStV auch die amtliche Begründung zu § 25 RStV in der Fassung des Achten Rundfunkänderungsstaatsvertrages, abgedruckt bei *Hartstein/Ring/Kreile/Dörr/Stettner,* § 25 RStV. Dort wird explizit ausgeführt, dass im Fall des § 25 Abs. 4 RStV „anders als bei der Sendezeit für unabhängige Dritte gemäß § 31 (...) die gesellschaftsrechtliche Trennung allerdings nicht zwingend vorgeschrieben" ist, „weil unabhängige *Regionalberichterstattung* bei verbundenen Unternehmen nicht ausgeschlossen ist." Daraus ergibt sich e contrario, dass der Gesetzgeber eine unabhängige Berichterstattung, wie gerade die Sendezeit für unabhängige Dritte nach § 31 RStV sie erfordert, durch gesellschaftsrechtlich i.S.v. § 28 RStV verbundene Programmveranstalter offenbar für ausgeschlossen hält.

114 Zur Zurechnung nach § 28 RStV vgl. nachstehend unter C.II.4.a).

115 Die Anteile an der dctp Entwicklungsgesellschaft für TV-Programm mbH werden gehalten von Prof. Dr. Alexander Kluge (37,5 %), der Dentsu Inc. (37,5 %), der Spiegel-Verlag Rudolf Augstein GmbH & Co. KG (12,5 %) und der Neuen Zürcher Zeitung AG (12,5 %). Die Anteile an der News and Pictures GmbH werden zu 100 % gehalten von Josef Buchheit. Die Anteile an der AZ Media TV GmbH werden zu 75,2 % gehalten von der AZ Media AG und zu 24,8 % von der Verlagsgruppe Madsack GmbH & Co. KG. Vgl. dazu den *Neunten Jahresbericht der KEK,* S. 226 f.

(4) Eigenständige Zulassung des Fensterprogrammanbieters und teilweiser Widerruf der Zulassung des Hauptprogrammveranstalters, § 31 Abs. 4 und Abs. 6 RStV

Dem Fensterprogrammveranstalter nach § 31 RStV ist von der zuständigen Landesmedienanstalt eine eigene rundfunkrechtliche Zulassung zu erteilen. Für die genauen Modalitäten des Zulassungsverfahrens enthält § 31 Abs. 4 bis 6 RStV spezielle Vorgaben, von denen gemäß § 39 Satz 2 RStV durch Landesrecht nicht abgewichen werden kann.

Da § 25 Abs. 4 Satz 3 RStV neuerdings ebenfalls die gesonderte Zulassung von Regionalfensterprogrammveranstaltern zwingend vorschreibt,[116] hat auch insofern eine Annäherung an § 31 RStV stattgefunden.

(a) Ausschreibung des Fensterprogramms und Auswahl des Fensterprogrammanbieters

Gemäß § 31 Abs. 4 Satz 1 RStV ist das Fensterprogramm von der zuständigen Landesmedienanstalt zur Erteilung einer gesonderten Zulassung auszuschreiben. Diese Ausschreibung erfolgt nach landesrechtlichen Vorschriften.[117]

Die daraufhin eingehenden Anträge werden von der zuständigen Landesmedienanstalt auf ihre Vereinbarkeit mit den Bestimmungen des Rundfunkstaatsvertrages und den sonstigen landesrechtlichen Bestimmungen hin geprüft. Dabei stellt die zuständige Landesmedienanstalt zu konzentrationsrechtlichen Fragen gemäß § 36 Abs. 2 Satz 3 RStV das Benehmen mit der KEK her.[118] Zulassungsfähige Anträge werden dem Hauptprogrammveranstalter mitgeteilt, § 31 Abs. 4 Satz 2 RStV. Die gemäß § 31 Abs. 4 Satz 3 RStV anschließende Erörterung der Anträge mit dem Hauptprogrammveranstalter soll einer *einvernehmlichen* Auswahl des Fensterprogrammveranstalters dienen. Die Erörterung geht dabei über die Gewährung rechtlichen Gehörs nach § 28 VwVfG[119] hinaus: die zuständige Landesmedienanstalt muss sich mit den sachlichen Argumenten des Hauptprogrammveranstalters mit dem Ziel einer Einigung in Form eines Dialogs auseinandersetzen.[120] Diesem Verfahren kommt daher insofern eine große Bedeutung zu, als es einen „Interessenausgleich" ermöglicht zwischen dem Interesse des Haupt-

116 Vgl. dazu nachstehend unter C.II.3.

117 Vgl. auch Ziff. 5.2. DSZR.

118 Vgl. auch Ziff. 5.3. DSZR; vgl zu dem Begriff der Benehmensherstellung nachfolgend unter C.II.3.c).

119 Bzw. der jeweils maßgeblichen, entsprechenden landesrechtlichen Regelung – in Bayern z.B. Art. 28 BayVwVfG.

120 Vgl. *Hartstein/Ring/Kreile/Dörr/Stettner*, § 31 RStV Rn. 12.

programmveranstalters einerseits, sein „Programmschema" und seine „Programmfarbe" weitestgehend zu erhalten, und dem Sinn und Zweck der Drittsendezeit anderseits, die programmliche Vielfalt zu steigern und dabei auch Inhalte, die nur kleineren Gruppen von Zuschauern entgegenkommen, in angemessenem Umfang zu berücksichtigen.[121]

(aa) Fassung des § 31 Abs. 4 Satz 4 und Satz 5 RStV nach dem Achten Rundfunkänderungsstaatsvertrag

Kommt es jedoch nicht zu einer einvernehmlichen Auswahl und liegen der Landesmedienanstalt mehr als drei zulassungsfähige Anträge vor, so sah die bis zum Inkrafttreten des Neunten Rundfunkänderungsstaatsvertrages gültige Fassung des § 31 Abs. 4 Satz 4 RStV vor, dass der Hauptprogrammveranstalter insgesamt drei der Anträge auswählen und der Landesmedienanstalt vorschlagen konnte. Die Landesmedienanstalt traf hieraus dann – wenn auch unter *Vielfaltsgesichtspunkten* – eine für den Hauptprogrammveranstalter *verbindliche* Auswahl des Fensterprogrammveranstalters.

Lagen insgesamt nur drei oder weniger zulassungsfähige Anträge vor, so traf die Landesmedienanstalt nach § 31 Abs. 4 Satz 5 RStV *unmittelbar* eine verbindliche Entscheidung.

(bb) Neufassung des § 31 Abs. 4 Satz 4 bis 6 RStV durch den Neunten Rundfunkänderungsstaatsvertrag

Dieses Verfahren wurde im Zuge der Novellierung des Rundfunkstaatsvertrages durch den Neunten Rundfunkänderungsstaatsvertrag[122] jedoch teilweise geändert.[123]

Nach der Neufassung in § 31 Abs. 4 Satz 4 bis 6 n.F. verbleibt es – kommt eine einvernehmliche Auswahl des Fensterprogrammveranstalters nicht zustande und liegen mehr als drei zulassungsfähige Vorschläge vor – zwar ebenfalls zunächst bei einem Dreiervorschlag des Hauptprogrammveranstalters. Diesem Vorschlag kann die Landesmedienanstalt aber – wiederum unter *Vielfaltsgesichts-*

---

121 So die amtliche Begründung zu § 31 RStV, abgedruckt bei *Hartstein/Ring/Kreile/Dörr/Stettner*, § 31 RStV.

122 Die aktuelle Version des Rundfunkstaatsvertrages in der Fassung des Neunten Staatsvertrages zur Änderung rundfunkrechtlicher Staatsverträge (Neunter Rundfunkänderungsstaatsvertrag) vom 31.7. bis 10.10.2006, der zum 1.3.2007 in Kraft getreten ist, ist abgedruckt bei *Hartstein/Ring/Kreile/Dörr/Stettner*, A. 1. 1., Stand September 2007.

123 Vgl. dazu Artikel 1 Ziff. 11 des Neunten Rundfunkänderungsstaatsvertrages.

punkten – noch bis zu zwei weitere Vorschläge hinzufügen und diese mit dem Ziel einer einvernehmlichen Auswahl erneut mit dem Hauptprogrammveranstalter erörtern.

Erst wenn dieser weitere Abstimmungsversuch erfolglos bleibt, kann die Landesmedienanstalt selbst einen Fensterprogrammveranstalter verbindlich auswählen und diesem dann nach § 31 Abs. 6 RStV auch die Zulassung erteilen.

Durch die intensivere Einbeziehung des Hauptprogrammveranstalters bei der Auswahl des Fensterprogrammveranstalters wird die Möglichkeit, programmliche und wirtschaftliche Interessen des Hauptprogrammveranstalters zu berücksichtigen, im Bereich der Drittsendezeiten grundsätzlich verbessert. Zugleich wird aber auch die Stellung der Landesmedienanstalten gestärkt, denn diese erhalten die Befugnis dem „Dreiervorschlag" des Hauptprogrammveranstalters eigene Vorschläge hinzuzufügen.

(b) Die Vereinbarung über die Ausstrahlung des Fensterprogramms nach § 31 Abs. 5 RStV und die endgültige Zulassung nach § 31 Abs. 6 Satz 1 RStV

Bei Vorliegen der entsprechenden Voraussetzungen – u.a. müssen Hauptprogrammveranstalter und Fensterprogrammbewerber über die Ausstrahlung des Fensterprogramms eine angemessene Vereinbarung nach § 31 Abs. 5 RStV getroffen haben – hat die Landesmedienanstalt durch ihr nach Landesrecht zuständiges Organ, § 36 Abs. 2 Satz 1 RStV, dem ausgewählten Fensterprogrammanbieter die Zulassung für die Veranstaltung des Fensterprogramms zu erteilen, § 31 Abs. 6 Satz 1 RStV. Sobald ihm die Zulassung erteilt wird, ist der Fensterprogrammanbieter rundfunkrechtlich als selbständiger privater Rundfunkveranstalter i.S.v. § 20 Abs. 1 Satz 1 RStV zu qualifizieren.

Nach der amtlichen Begründung zu § 31 RStV[124] soll die eigene Zulassung des Fensterprogrammveranstalters verfahrensmäßig sicherstellen, dass die Drittsendezeit nach § 31 RStV tatsächlich einen konkreten Beitrag zur Förderung der Meinungsvielfalt leistet.[125] Denn die Ausschreibung des Fensterprogramms zur Erteilung der Zulassung gewährleistet eine möglichst breit diversifizierte Grundlage für die endgültige Auswahl des unabhängigen Fensterprogrammveranstalters.

---

124 Abgedruckt bei *Hartstein/Ring/Kreile/Dörr/Stettner*, § 31 RStV.

125 Vgl. auch Ziff. 2.1. DSZR.

(c) Der teilweise Widerruf der Zulassung des Hauptprogrammveranstalters nach § 31 Abs. 6 Satz 2 und 3 RStV

Die wesentlichen Verpflichtungen aus der nach § 31 Abs. 5 RStV abzuschließenden Vereinbarung sind gemäß § 31 Abs. 6 Satz 2 RStV in die neu zu erteilende Zulassung des Fensterprogrammveranstalters, vor allem aber in die *bereits erteilte* Zulassung des Hauptprogrammveranstalters jeweils als Bestandteil dieser Zulassungen aufzunehmen. Das bedeutet jedoch, dass die Zulassung des Hauptprogrammveranstalters dadurch teilweise widerrufen und mit insofern geändertem Inhalt neu erlassen wird.[126] Denn sowohl die Verpflichtung zur Aufnahme des Fensterprogrammveranstalters, als auch die weiteren in die bestehende Zulassung neu eingefügten Verpflichtungen aus der Vereinbarung nach § 31 Abs. 5 RStV bedeuten eine wesentliche Veränderung im Sinne einer Schmälerung der Position des Hauptprogrammveranstalters aus seiner zuvor unbeschränkten Zulassung.[127]

§ 31 Abs. 6 Satz 3 RStV ordnet insofern ausdrücklich an, dass dem Hauptprogrammveranstalter *keine Entschädigung* für Vermögensnachteile aufgrund des teilweisen Widerrufs seiner Zulassung zu gewähren ist.

Nach der amtlichen Begründung zu § 31 RStV soll es sich hierbei lediglich um eine „deklaratorische Aussage" zu Klarstellungszwecken handeln. Denn der teilweise Widerruf der bestehenden Zulassung des Hauptprogrammveranstalters stelle „keine Enteignung durch Auferlegung eines Sonderopfers" dar.[128] Vielmehr handle es sich bei den Regelungen in § 31 RStV insgesamt um Regelungen „zur Ausgestaltung der positiven Rundfunkordnung" im Sinne der verfassungsrechtlichen Vorgaben und zugleich um „Schranken des Eigentums im Sinne des Artikels 14 Abs. 1 Satz 2 Grundgesetz".[129]

Der amtlichen Begründung ist hier jedenfalls insoweit zuzustimmen, als die Abgrenzung zwischen einer Enteignung i.S.v. Art. 14 Abs. 3 GG und einer Inhalts- und Schrankenbestimmung nach der Rechtsprechung des Bundesverfassungsgerichts ohnehin nicht mehr nach der Sonderopfertheorie zu beurteilen ist.[130] Es würde sich vorliegend jedenfalls auch nicht um eine entschädigungs-

126 Vgl. *Ebsen,* S. 157.

127 Vgl. auch *Hartstein/Ring/Kreile/Dörr/Stettner,* § 31 RStV Rn. 17; vgl. insofern auch *Ebsen,* S. 157.

128 Vgl. die amtliche Begründung zu § 31 RStV, abgedruckt bei *Hartstein/Ring/Kreile/Dörr/Stettner,* § 31 RStV.

129 So die amtliche Begründung zu § 31 RStV, abgedruckt bei *Hartstein/Ring/Kreile/Dörr/Stettner,* § 31 RStV.

130 Vgl. dazu die „Nassauskiesungsentscheidung" des BVerfG, BVerfGE 58, 300, sowie *Hartstein/Ring/Kreile/Dörr/Stettner,* § 31 RStV Rn. 17.

pflichtige Enteignung i.S.v. Art. 14 Abs. 3 GG handeln, sondern maximal um einen Eingriff in das Eigentumsgrundrecht der betroffenen Hauptprogrammveranstalter.[131]

Problematisch ist allerdings die pauschale Feststellung des Gesetzgebers, es handle sich bei § 31 RStV um eine bloße „Ausgestaltung" der Rundfunkfreiheit. Die Konsequenz einer solchen Qualifizierung könnte darin bestehen, dass die entsprechende Vorschrift dann keinen Eingriff in die Rundfunkfreiheit der betroffenen Hauptprogrammveranstalter darstellen würde und sich nicht am Maßstab des Art. 5 Abs. 2 GG messen lassen müsste.[132]

Dass der Gesetzgeber der Vorschrift des § 31 Abs. 6 Satz 3 RStV nur deklaratorische Wirkung konzedieren möchte, ist darüber hinaus zunächst auch insofern verwunderlich, als sich daraus prinzipiell ein Widerspruch zu § 49 VwVfG[133] ergeben könnte.[134] Der Widerruf einer rundfunkrechtlichen Zulassung richtet sich – mangels spezialgesetzlicher Regelungen zumindest ergänzend – nach § 49 VwVfG bzw. der entsprechenden landesrechtlichen Regelung.[135] Bei der bestehenden Zulassung des Hauptprogrammveranstalters handelt es sich um einen begünstigenden Verwaltungsakt. Der – auch teilweise – Widerruf eines begünstigenden Verwaltungsakts[136] zieht aber i.d.R. eine Entschädigung nach § 49 Abs. 5 VwVfG nach sich.[137] Dies gilt allerdings gemäß § 49 Abs. 6 Satz 1 VwVfG nur in den Fällen, in denen ein Widerruf nach § 49 Abs. 2 Satz 1 *Nr. 3 bis Nr. 5* VwVfG erfolgt.

Da § 31 Abs. 6 Satz 2 RStV die nachträgliche Änderung der bestehenden Sendelizenz des Hauptprogrammveranstalters ausdrücklich vorsieht, handelt es sich insofern jedoch um einen teilweisen Widerruf *aufgrund gesetzlicher Regelung* nach § 49 Abs. 2 Satz 1 *Nr. 1* Alt. 1 VwVfG. Denn es kommt nicht auf die Bezeichnung einer Vorschrift als „Widerrufsvorbehalt" an, sondern nur darauf, dass es sich „in der Sache um eine Ermächtigung zur nachträglichen Aufhebung oder Abänderung ohne Rücksicht auf Rechtswidrigkeit handelt".[138] Dies ist bei

---

131 Vgl. dazu auch *Kopp/Ramsauer*, § 49 VwVfG Rn. 78 m.w.N. und Rn. 80 m.w.N.

132 Vgl. dazu nachfolgend unter D.I.1.a)bb)(2) und D.I.2.

133 Bzw. zu der jeweils maßgeblichen, entsprechenden landesrechtlichen Regelung – in Bayern z.B. Art. 49 BayVwVfG.

134 So *Hartstein/Ring/Kreile/Dörr/Stettner*, § 31 RStV Rn. 17.

135 Vgl. auch *Beucher/Leyendecker/von Rosenberg*, § 26 RStV Rn. 16.

136 Auf die Frage der Rechtmäßigkeit kommt es – entgegen der Überschrift des § 49 VwVfG – nicht an, da es der h.M. entspricht, dass eine Vorschrift, die sogar zum Widerruf eines *rechtmäßigen* Verwaltungsakts ermächtigt, erst Recht auch auf die Beseitigung eines rechtswidrigen Verwaltungsakts Anwendung findet, vgl. dazu *Kopp/Ramsauer*, § 49 VwVfG Rn. 12.

137 Darauf verweisen auch *Hartstein/Ring/Kreile/Dörr/Stettner*, § 31 RStV Rn. 17.

138 *Kopp/Ramsauer*, § 49 VwVfG Rn. 32.

§ 31 Abs. 6 Satz 2 RStV der Fall, diese Vorschrift stellt somit die Ermächtigungsgrundlage für den teilweisen Widerruf der Zulassung des Hauptprogrammveranstalters dar.[139]

Festzuhalten ist an dieser Stelle der Untersuchung jedenfalls, dass sich eine identische Regelung wie die des § 31 Abs. 6 Satz 2 und Satz 3 RStV in § 25 Abs. 4 RStV – insbesondere in § 25 Abs. 4 Satz 3 RStV – nicht findet. Dies dürfte sich zunächst daraus erklären, dass – anders als bei § 31 Abs. 5 und Abs. 6 RStV – bei den Regionalfensterprogrammen keine *staatsvertragliche Verpflichtung* zum Abschluss bestimmter Vereinbarungen zwischen Haupt- und Fensterprogrammveranstalter besteht. Dementsprechend werden im Zuge der gesonderten Zulassung des Regionalfensterprogrammveranstalters nach § 25 Abs. 4 Satz 3 RStV auch keine *zusätzlichen* Verpflichtungen in die bereits bestehende Zulassung des Hauptprogrammveranstalters eingefügt und damit durch die Zulassung abgesichert.

Inwieweit aber auch die gesonderte Zulassung des Regionalfensterprogrammveranstalters u.U. dennoch zu einer Abänderung und Verschlechterung der Position des Hauptprogrammveranstalters im Sinne eines teilweisen Widerrufs seiner Zulassung führt, wird noch darzustellen sein.[140]

(5) Verpflichtung des Hauptprogrammveranstalters zur Finanzierung des Fensterprogramms, § 31 Abs. 5 Satz 2 RStV

Hauptprogramm- und Fensterprogrammveranstalter haben – wie bereits angesprochen – über die Ausstrahlung des Fensterprogramms eine Vereinbarung zu schließen, § 31 Abs. 5 Satz 1 RStV. In dieser Vereinbarung ist – als besonders wichtiges Element[141] – unter anderem die Frage der Finanzierung zu regeln, denn gemäß § 31 Abs. 5 Satz 2 RStV ist der Hauptprogrammveranstalter verpflichtet, „dem Fensterprogrammveranstalter eine ausreichende Finanzierung seines Programms zu ermöglichen“. Ob die jeweilige Vereinbarung tatsächlich angemessene Bedingungen i.S.v. § 31 Abs. 5 RStV und insbesondere eine ausreichende Finanzierung des Fensterprogramms enthält, überprüft die zuständige Landesmedienanstalt sowohl im Rahmen der Zulassung des Fensterprogrammveranstalters, § 36 Abs. 2 Satz 1 RStV, als auch bei der erforderlichen Abänderung der Zulassung des Hauptprogrammveranstalters nach § 31 Abs. 6 RStV. Die wesentlichen

139 Vgl. *Ebsen*, S. 157. § 31 Abs. 6 Satz 2 RStV ist damit zugleich auch die Ermächtigungsgrundlage für die Erteilung der neuen, mit entsprechenden Auflagen versehenen Zulassung.

140 Vgl. zu dieser Problematik nachstehend unter C.II.3.b)bb).

141 Vgl. insofern die amtliche Begründung zu § 31 RStV, abgedruckt bei *Hartstein/Ring/Kreile/Dörr/Stettner*, § 31 RStV.

Verpflichtungen aus dieser Vereinbarung, also insbesondere die Finanzierungsverpflichtung des Hauptprogrammveranstalters, sind – wie gerade erläutert – nach § 31 Abs. 6 Satz 2 RStV sowohl in die Zulassung des Haupt-, als auch des Fensterprogrammveranstalters aufzunehmen.

Auch § 25 Abs. 4 Satz 5 RStV verpflichtet seit der Novellierung des Rundfunkstaatsvertrages durch den Achten Rundfunkänderungsstaatsvertrag *allein* den Hauptprogrammveranstalter dazu, die Finanzierung des Regionalfensterprogramms sicherzustellen.[142]

b) Anrechenbarkeit von Regionalfensterprogrammen auf die Sendezeit für unabhängige Dritte nach § 31 Abs. 2 Satz 2 bis Satz 4 RStV

Die Fensterprogramme nach § 31 RStV und nach § 25 Abs. 4 RStV weisen somit zwar gewisse Unterschiede – insbesondere im Hinblick auf die inhaltliche Gestaltung, das jeweilige Verbreitungsgebiet und die Zulässigkeit einer gesellschaftsrechtlichen Verflechtung von Haupt- und Fensterprogrammveranstalter – auf.

Da es sich aber in beiden Fällen – jedenfalls nach der Intention des Gesetzgebers[143] – um Maßnahmen der Vielfaltsicherung handelt, werden die im Programm eines Veranstalters bereits ausgestrahlten Regionalfensterprogramme gemäß § 31 Abs. 2 Satz 2 bis Satz 4 RStV in gewissem zeitlichen Umfang auf die Verpflichtung zur Ausstrahlung eines Fensterprogramms nach § 31 RStV angerechnet.

Durch diese Anrechnung sollte nach der amtlichen Begründung zu § 31 RStV[144] ein zusätzlicher Anreiz für die Hauptprogrammveranstalter zur Ausstrahlung von Regionalfensterprogrammen geschaffen werden.

aa) Maximaler Umfang der zeitlichen Anrechnung von Regionalfensterprogrammen, § 31 Abs. 2 Satz 2 RStV

Ist ein Veranstalter zur Einräumung von Sendezeit für unabhängige Dritte nach § 31 RStV verpflichtet, so muss das entsprechende Fensterprogramm nach § 31 Abs. 2 Satz 1 RStV wöchentlich mindestens 260 Minuten betragen. Hiervon

---

142 Vgl. dazu nachstehend unter C.II.5.

143 Vgl. dazu die amtliche Begründung zu § 33 RStV in der Fassung des Achten Rundfunkänderungsstaatsvertrages, abgedruckt bei *Hartstein/Ring/Kreile/Dörr/Stettner*, § 33 RStV, die gerade auch die besondere „Bedeutung der Regionalfenster für die Angebots- und Meinungsvielfalt" ausdrücklich betont.

144 Abgedruckt bei *Hartstein/Ring/Kreile/Dörr/Stettner*, § 31 RStV.

müssen 75 Minuten in der Zeit zwischen 19.00 Uhr und 23.30 Uhr ausgestrahlt werden. Dieser Zeitraum wird daher auch als sog. Kernzeit bezeichnet.[145]

Dass die Kernzeit für die Ausstrahlung von Drittsendezeiten im Rundfunkstaatsvertrag gerade auf diesen Zeitraum gelegt wurde – welcher regelmäßig durch hohe Zuschauerzahlen gekennzeichnet ist, sog. „prime time" – war nach der amtlichen Begründung[146] vor allem von der Überlegung motiviert, auf diese Weise für eine besonders große Bemerkbarkeit der Fensterprogramme zu sorgen und so einen – im Hinblick auf die hohe Zahl der Rezipienten – besonders effektiven Beitrag der Fensterprogramme zur Meinungspluralität zu gewährleisten.

Eine Anrechnung von Regionalfensterprogrammen ist nach § 31 Abs. 2 Satz 2 RStV *nur außerhalb* dieser Kernzeit und mit *maximal* 80 Minuten pro Woche möglich. Voraussetzung für eine Anrechnung in der genannten Größenordnung ist jedoch, dass die Regionalfensterprogramme selbst insgesamt mit einer Sendedauer von 150 Minuten pro Woche ausgestrahlt werden. Ist ihre wöchentliche Sendedauer kürzer, so verringert sich auch die anzurechnende Sendezeit proportional.[147]

Dass § 31 Abs. 2 Satz 2 RStV für die Frage der Anrechenbarkeit gerade von einer wöchentlichen Sendedauer der Regionalfensterprogramme von 150 Minuten ausgeht, ist dabei kein Zufall. Dieser Wert basiert darauf, dass in den Programmen RTL und SAT.1 schon zum Zeitpunkt des Inkrafttretens dieser Regelung Regionalfensterprogramme an den Wochentagen Montag bis Freitag jeweils mit einer Sendedauer von 30 Minuten – und so insgesamt mit einem Umfang von 150 Minuten – ausgestrahlt wurden.[148]

bb) Redaktionelle Unabhängigkeit des Regionalfensteranbieters als Voraussetzung der Anrechnung, § 31 Abs. 2 Satz 3 Halbsatz 1 RStV

Die Anrechnung ist gemäß § 31 Abs. 2 Satz 3 Halbsatz 1 RStV allerdings nur möglich, wenn auch die Regionalfensterprogramme – ebenso wie die durch „unabhängige Dritte" veranstalteten Fensterprogramme, vgl. § 31 Abs. 1 Satz 2 RStV – in redaktioneller Unabhängigkeit des Fensterprogrammanbieters von dem Hauptprogrammveranstalter gestaltet werden.

---

145 Vgl. den *Neunten Jahresbericht der KEK*, S. 224 f.

146 Abgedruckt bei *Hartstein/Ring/Kreile/Dörr/Stettner*, § 31 RStV.

147 Die Sendezeit des Regionalfensters ist dann mit 8/15tel anrechenbar: Beträgt die wöchentliche Sendezeit der Regionalfensterprogramme z.B. nur 120 Minuten, so könnten Regionalfensterprogramme nur im Umfang von 64 Minuten angerechnet werden.

148 Vgl. *Ebsen*, S. 152; *Hartstein/Ring/Kreile/Dörr/Stettner*, § 31 RStV Rn. 8.

Bei dieser Regelung handelt es sich um ein „Relikt“ aus der Fassung des Rundfunkstaatsvertrages vor Inkrafttreten des Achten Rundfunkänderungsstaatsvertrages am 1. April 2005. Auf den ersten Blick ist erstaunlich, dass der Gesetzgeber diese Vorschrift im Zuge der Novellierung nicht gestrichen hat. Denn nach der Neufassung des § 25 Abs. 4 RStV ist gemäß § 25 Abs. 4 Satz 2 RStV die redaktionelle Unabhängigkeit des Regionalfensterveranstalters von dem Veranstalter des Hauptprogramms ohnehin zu gewährleisten.[149] Die Regelung des § 31 Abs. 2 Satz 3 Halbsatz 1 RStV scheint daher überflüssig zu sein, und man könnte schlussfolgern, dass ihre Fortgeltung ein Redaktionsversehen darstellt.

Allerdings ist zu beachten, dass § 31 Abs. 2 Satz 2 und Satz 3 RStV ganz allgemein „Regionalfensterprogramme“ für grundsätzlich anrechenbar erklären und ihrem Wortlaut nach daher nur Bezug auf die in § 2 Abs. 2 Nr. 4 RStV enthaltene *Definition* des Regionalfensterprogramms nehmen.[150]

Dass die in § 31 Abs. 2 RStV genannten „Regionalfensterprogramme“ auch solche i.S.v. § 25 Abs. 4 RStV sein – und damit hinsichtlich ihrer Gestaltung den dort geregelten Anforderungen entsprechen – müssen, lässt sich dem Wortlaut des § 31 Abs. 2 Satz 2 und Satz 3 RStV hingegen *nicht* entnehmen.

cc) Erfüllung der Voraussetzungen des § 25 Abs. 4 RStV als Voraussetzung für die Anrechenbarkeit von Regionalfensterprogrammen?

Fraglich ist damit also, ob es für eine Anrechnung der Regionalfensterprogramme auf die Sendezeit für unabhängige Dritte nach § 31 Abs. 2 Satz 2 bis Satz 4 RStV genügt, dass es sich um Regionalfensterprogramme i.S.v. § 2 Abs. 2 Nr. 4 RStV handelt – dies würde, wie oben bereits dargestellt,[151] lediglich eine entsprechende räumliche Begrenzung des Ausstrahlungsgebiets und eine damit korrespondierende Fokussierung auf regionale Themen voraussetzen –, oder ob die „Regionalfensterprogramme“ i.S.v. § 31 Abs. 2 RStV neben den dort normierten Voraussetzungen der redaktionellen Unabhängigkeit, § 31 Abs. 2 Satz 3 Halbsatz 1 RStV, und der technischen Reichweite, § 31 Abs. 2 Satz 3 Halbsatz 2 und Satz 4 RStV,[152] zusätzlich auch die in § 25 Abs. 4 RStV normierten Anforderungen erfüllen müssen.

Insofern bedarf es einer systematischen und teleologischen Auslegung der in § 31 Abs. 2 Satz 2 bis Satz 4 RStV enthaltenen Anrechnungsregelung. Diese Frage lässt sich sinnvollerweise somit nur aus der Systematik der in den §§ 25 ff.

149 Vgl. dazu nachstehend unter C.II.2.
150 Zu dieser Definition vgl. oben unter A.I.2.
151 Vgl. oben unter A.I.2.
152 Dazu sogleich unter A.II.1.b)dd).

RStV enthaltenen Regelungen zur Sicherung der Meinungsvielfalt heraus beantworten. Ihre Klärung wird daher in diesem Kontext erfolgen. Auch die Frage, wer im Rahmen der Bonusregelung des § 26 Abs. 2 Satz 3 *Halbsatz 2* RStV über die Anrechenbarkeit der Regionalfensterprogramme auf die Sendezeit für unabhängige Dritte zu entscheiden hat, soll in diesem Zusammenhang beantwortet werden.[153]

dd) Erforderliche Reichweite der Regionalfensterprogramme nach § 31 Abs. 2 Satz 3 Halbsatz 2 und Satz 4 RStV

Für eine Anrechnung *jedenfalls* erforderlich ist, dass die in dem Programm jeweils ausgestrahlten – und aufgrund ihrer Ausgestaltung für die Anrechnung berücksichtigungsfähigen[154] – Regionalfensterprogramme insgesamt – d.h. zusammengerechnet – bundesweit mindestens 50 % der Fernsehhaushalte erreichen.[155]

Dabei besteht zwischen der KEK und der Direktorenkonferenz der Landesmedienanstalten (DLM)[156] Uneinigkeit darüber, wie der Begriff der Erreichbarkeit bzw. Reichweite i.S.v. § 31 Abs. 2 Satz 3 und Satz 4 RStV auszulegen ist.[157]

Die KEK vertritt den Standpunkt, dass es bei der Mindestreichweite der Regionalfensterprogramme auf die *reale Empfangs- und damit Nutzungsmöglichkeit* ankommt. Sie stützt diese Auffassung zum einen auf den Wortlaut des § 31 Abs. 2 Satz 3 RStV, der darauf abstellt, die Programme müssten bundesweit insgesamt mindestens 50 % der Fernsehhaushalte *„erreichen"*. Vor allem aber begründet sie ihre Auffassung mit der Funktion der Sendezeit für unabhängige

---

153 Vgl. dazu die nachstehenden Ausführungen unter C.III.5.c).

154 Vgl. dazu die Ausführungen unter A.II.1.b)bb), cc) und unter C.III.5.b).

155 Eine Darstellung der jeweiligen Reichweite der Regionalfensterprogramme von RTL und SAT.1 findet sich unter *http://www.kek-online.de/kek/medien/zuschauer /rwfenster.pdf.* Im Jahr 2003 erreichten danach die Regionalfenster von RTL maximal 17,52 Mio. der bundesdeutschen Fernsehhaushalte, die Regionalfenster von SAT.1 hingegen 17,89 Mio. Fernsehhaushalte. Bezogen auf die von der Arbeitsgemeinschaft Fernsehforschung (AGF/GfK) ermittelte Gesamtzahl von 34,37 Mio. bundesdeutschen Fernsehhaushalten haben die Regionalfensterprogramme in den Programmen der Veranstalter RTL Television GmbH und SAT.1 SatellitenFernsehen GmbH die Anforderungen des § 31 Abs. 2 Satz 3 RStV im Jahr 2003 demnach erfüllt. Vgl. aber auch *Hess,* AfP 2003, 29, 29, wonach die Regionalfensterprogramme in den Programmen RTL und SAT.1 im Jahr 2002 nur 47 % bzw. 44 % der Haushalte erreichten.

156 Im Folgenden nur: DLM.

157 Vgl. dazu *Hartstein/Ring/Kreile/Dörr/Stettner,* § 31 RStV Rn. 10 ff.; *Dörr,* ZWeR 2004, 159, 171 f.; vgl. auch *Hess,* AfP 2003, 29, 29.

Dritte nach § 31 RStV als Maßnahme der Vielfaltsicherung im System der §§ 25 ff. RStV.[158]

Die DLM will hingegen die *technisch mögliche Reichweite der eingesetzten Verbreitungstechnik* genügen lassen, also den Umstand, dass Haushalte aufgrund ihrer geographischen Lage in dem jeweiligen Verbreitungsgebiet theoretisch die Möglichkeit dazu haben, die fraglichen Regionalfensterprogramme zu empfangen.[159]

Vorzugswürdig erscheint hier jedoch die Auffassung der KEK. Zum einen ist fraglich, ob es sich bei der Interpretation der DLM tatsächlich noch um eine Auslegung des Tatbestandsmerkmals „erreichen" handelt, oder ob der mögliche Wortsinn nicht in unzulässiger Weise überdehnt wird.[160] Denn ein „Erreichen" setzt grundsätzlich voraus, dass auch tatsächlich „etwas ankommt" und nicht nur eine „theoretische Möglichkeit" besteht. Weitaus gravierender wiegt aber ein weiteres, von der KEK angeführtes Argument: Die Sendezeit für unabhängige Dritte nach § 31 RStV dient der Sicherung der Meinungsvielfalt in privaten Rundfunkprogrammen. Eine effektive Vielfaltsicherung setzt voraus, dass die dazu getroffenen Maßnahmen von den Rezipienten auch tatsächlich wahrgenommen werden. Soweit Regionalfensterprogramme im Rahmen ihrer Anrechenbarkeit nach § 31 Abs. 2 Satz 2 bis 4 RStV an die Stelle der – bundesweit auszustrahlenden – Drittsendezeiten treten, muss daher gewährleistet sein, dass sie in ihrer Wahrnehmbarkeit und damit Effektivität nicht weit hinter diesen zurückbleiben. Die Regionalfenster müssen vielmehr zu den Drittsendezeiten „funktional äquivalent"[161] sein. § 31 Abs. 2 Satz 3 Halbsatz 2 RStV lässt insoweit ohnehin eine Abdeckung von – nur – 50 % der bundesdeutschen Fernsehhaushalte genügen. Dann müssen die Regionalfensterprogramme in diesen Haushalten aber zumindest auch tatsächlich empfangbar sein, um eine Anrechnung zu ermöglichen.[162]

Da es im Zuge der Digitalisierung der Übertragungswege allerdings – bedingt durch die schrittweise und damit nur langsame Umstellung der Zuschauer auf digitale Endgeräte – vorübergehend zu einer Unterschreitung der Empfangsreich-

---

158 Vgl. *Dörr*, ZWeR 2004, 159, 171; *Hartstein/Ring/Kreile/Dörr/Stettner*, § 31 Rn. 10 b; sowie die Entscheidungen der KEK in den Verfahren Az.: KEK 136-1 bis 5 und KEK 159-1 bis 5 zu der Vergabe von Drittsendezeiten.

159 Vgl. dazu *Dörr*, ZWeR 2004, 159, 171; *Hartstein/Ring/Kreile/Dörr/Stettner*, § 31 RStV Rn. 10. Die Landesmedienanstalten haben diese Lesart auch der Regelung zur Berechnung der Mindestreichweite in Ziff. 3.5.3. DSZR zugrunde gelegt.

160 Vgl. *Dörr*, ZWeR 2004, 159, 171; vgl. auch *Hartstein/Ring/Kreile/Dörr/Stettner*, § 31 RStV Rn. 10 b.

161 *Dörr*, ZWeR 2004, 159, 171.

162 Vgl. zum Ganzen *Dörr*, ZWeR 2004, 159, 171 f.; *Hartstein/Ring/Kreile/Dörr/Stettner*, § 31 RStV Rn. 10 b.

weite der Regionalfensterprogramme im Vergleich zu der Empfangsreichweite bei analoger Verbreitung kommen kann, bestimmt § 31 Abs. 2 Satz 4 RStV seit der Novellierung durch den Siebten Rundfunkänderungsstaatsvertrag, dass eine Unterschreitung der in § 31 Abs. 2 Satz 3 RStV geforderten Reichweite im Zuge der Digitalisierung zulässig ist. Erforderlich ist allerdings eine entsprechende Feststellung der Landesmedienanstalten nach § 36 Abs. 2 RStV, die mit Dreiviertel-Mehrheit zu treffen ist.[163]

c) Die Verpflichtung zur Einräumung von Sendezeit für unabhängige Dritte als Maßnahme der „negativen" Vielfaltsicherung

Mit der Verpflichtung eines Veranstalters zur Einräumung von Sendezeit für unabhängige Dritte nach § 31 RStV bezweckt der Gesetzgeber eine *Verminderung* des Einflusses des betroffenen Rundfunkveranstalters auf die öffentliche und individuelle Meinungsbildung, *sei es repressiv*, weil ein Unternehmen bereits vorherrschende Meinungsmacht erreicht hat, § 26 Abs. 4 Satz 1 Nr. 3 RStV i.V.m. § 30 RStV, *oder sei es präventiv*, weil eine solche Entwicklung zumindest zu befürchten ist, § 26 Abs. 5 RStV.

Aus diesem Grund wird den betroffenen Rundfunkveranstaltern die Verpflichtung auferlegt, in ihrem bundesweit ausgestrahlten Programm ein – ebenfalls bundesweit auszustrahlendes – Satellitenfenster aufzunehmen, das publizistisch und wirtschaftlich unabhängig von den Entscheidungen des Hauptprogrammveranstalters ist. Dieses Fenster hat einen nicht ganz unerheblichen zeitlichen Umfang und muss – mindestens teilweise – innerhalb der „lukrativen" Kernsendezeit ausgestrahlt werden. Die Fensterprogramme nach § 31 RStV sollen das Programm des Hauptprogrammveranstalters – und damit auch sein „Profil" im Sinne seiner Wirkung auf den Zuschauer ebenso wie auf potentielle Werbekunden – zumindest in gewissem Maße „mitprägen" und dadurch den originären Einfluss des Hauptprogrammveranstalters auf die öffentliche und individuelle Meinungsbildung vermindern. Durch diese Einfluss*verminderung* soll – entsprechend den Vorgaben durch die Rechtsprechung des Bundesverfassungsgerichts – die Meinungsvielfalt stabilisiert und kommunikative Chancengleichheit im Privatrundfunk gewährleistet werden.

---

163 Vgl. dazu *Hartstein/Ring/Kreile/Dörr/Stettner*, § 31 RStV Rn. 1 und Rn. 10 c, § 36 RStV Rn. 6; *Dörr*, ZWeR 2004, 159, 172.

Aus Sicht der betroffenen privaten Hauptprogrammveranstalter verwirklichen die Fensterprogramme nach § 31 RStV den Schutz vor vorherrschender Meinungsmacht daher im Wege einer *negativen* Vielfaltsicherung.[164]

Die Regionalfensterprogramme nach § 25 Abs. 4 RStV sollen – nach der Intention des Gesetzgebers – Vielfaltsicherung vor allem auch im Wege einer *Erweiterung* des Programmangebots[165] durch die Integration regionaler Berichterstattung und die Berücksichtigung regionaler Interessen in bundesweit verbreiteten privaten Fernsehprogrammen bewirken. Dies belegen bereits die detaillierten Anforderungen, die § 25 Abs. 4 Satz 1 RStV in seiner Neufassung an die inhaltliche Gestaltung der Regionalfensterprogramme stellt.[166]

Aus Sicht der privaten Hauptprogrammveranstalter[167] präsentieren sich die Regionalfensterprogramme daher in erster Linie nicht als Mittel zur *Abwehr* vorherrschender Meinungsmacht, sondern als Maßnahme zur Förderung *regionaler* Vielfalt und somit als Maßnahme der *positiven* Vielfaltsicherung.[168]

2. Sendezeit für Dritte, § 42 RStV

§ 42 RStV regelt die sog. Sendezeit für Dritte in bundesweit verbreiteten, vgl. § 42 Abs. 3 RStV, privaten Rundfunkprogrammen.

a) Die Regelung des § 42 RStV

§ 42 Abs. 1 RStV sieht vor, dass der Evangelischen wie auch der Katholischen Kirche und den Jüdischen Gemeinden auf deren Wunsch hin angemessene Sendezeiten zur Übertragung religiöser Sendungen einzuräumen sind. Die betroffenen Rundfunkveranstalter sind dabei jedoch berechtigt, Erstattung ihrer Selbstkosten zu verlangen.

Nach § 42 Abs. 2 Satz 1 RStV haben auch Parteien während ihrer Beteiligung an Bundestags-Wahlen einen Anspruch auf Einräumung angemessener Sendezeit, wenn mindestens eine Landesliste für sie zugelassen wurde. Gemäß § 42 Abs. 2 Satz 2 RStV besteht dieser Anspruch auch zugunsten von Parteien und sonstigen politischen Vereinigungen während ihrer Beteiligung an den Wahlen für das Eu-

---

164 Dies entspricht jedenfalls der Beurteilung durch die Verantwortlichen des Senders RTL. Vgl. insofern auch *Beucher/Leyendecker/von Rosenberg*, § 25 RStV Rn. 3.

165 Vgl. insofern die amtliche Begründung zu § 33 RStV, abgedruckt bei *Hartstein/Ring/Kreile/Dörr/Stettner*, § 33 RStV.

166 Vgl. dazu nachstehend unter C.II.1.c).

167 So die Einschätzung der Verantwortlichen des Senders RTL.

168 Dies entspricht der von den Verantwortlichen des Senders RTL vertretenen Auffassung. Vgl. insofern auch *Beucher/Leyendecker/von Rosenberg*, § 25 RStV Rn. 3.

ropäische Parlament, sofern jeweils mindestens ein Wahlvorschlag für sie zugelassen wurde. In beiden Fällen sind die Begünstigten dem Wortlaut der Vorschrift nach – „gegen Erstattung der Selbstkosten“ – verpflichtet, die für den betroffenen Rundfunkveranstalter anfallenden Selbstkosten zu tragen.

§ 42 RStV stellt damit eine Ausnahme von dem in § 7 Abs. 8 RStV normierten grundsätzlichen Verbot politischer, weltanschaulicher oder religiöser Werbung dar.[169] Eine Anknüpfung an regionale Inhalte besteht bei der Sendezeit für Dritte nach § 42 RStV allerdings ebenso wenig wie eine örtliche Beschränkung auf ein bestimmtes regionales Sendegebiet, vielmehr gilt die Vorschrift gemäß § 42 Abs. 3 RStV ausdrücklich nur für *bundesweit* verbreiteten privaten Rundfunk.

b) Die Sendezeit für Dritte nach § 42 RStV als Sonderfall des Satellitenfensterprogramms, § 2 Abs. 2 Nr. 3 RStV

Die Sendezeit für Dritte nach § 42 RStV stellt einen besonderen Programmteil dar, der im Rahmen eines weiterreichenden privaten Rundfunkprogramms ausgestrahlt wird und in seinem zeitlichen Umfang begrenzt ist.

Abhängig von dem jeweils durch die Einräumung der Sendezeit Begünstigten – Religionsgemeinschaft oder politische Vereinigung – hat dieser Programmteil religiöse oder politische Inhalte zum Gegenstand, und setzt sich damit auch inhaltlich von dem ihn umgebenden umfassenderen[170] privaten Rundfunkprogramm ab.

Nach § 42 RStV besteht für den Veranstalter des betroffenen privaten Rundfunkprogramms lediglich eine Verpflichtung zu der Einräumung *angemessener* Sendezeiten. Was darunter im Einzelnen zu verstehen ist, kann im Rahmen der vorliegenden Untersuchung dahingestellt bleiben. Denn jedenfalls folgt aus der Formulierung *„angemessen“*, dass die Sendezeit für Dritte nur einen vergleichsweise geringeren Teil der Sendezeit des Hauptprogramms für sich in Anspruch nehmen darf. Das private Rundfunkprogramm, in welches die Sendezeit für Dritte eingefügt ist, muss in Relation zu dieser zeitlich immer noch den größeren Umfang einnehmen.

---

169 § 7 Abs. 7 Satz 2 RStV verweist daher auf § 42 RStV.

170 Im deutschen Privatrundfunk gibt es derzeit (nach dem Kenntnisstand der Verfasserin) weder rein auf religiöse Themen, noch rein auf Wahlwerbung bezogene bundesweite Rundfunkprogramme.

Damit aber lässt sich auch die Sendezeit für Dritte anhand der oben erläuterten Maßstäbe[171] als Fensterprogramm qualifizieren.[172]

Da Sendezeit für Dritte nach § 42 Abs. 3 RStV zudem nur in *bundesweit* verbreiteten privaten Rundfunkprogrammen – umfasst werden hier also auch Programme des Hörfunks – eingeräumt werden muss,[173] kann die Sendezeit für Dritte nach § 42 RStV als Satellitenfensterprogramm i.S.v. § 2 Abs. 2 Nr. 3 RStV qualifiziert werden.

c) Fensterprogramme nach § 42 RStV als vielfaltsfördernde Maßnahme?

Sendezeit für Dritte nach § 42 RStV stellt nach der Intention des Gesetzgebers keine originär vielfaltsfördernde Maßnahme i.S.d. §§ 25 ff. RStV dar. Dies ergibt sich bereits aus der systematischen Stellung der Vorschrift im Vierten Unterabschnitt des Dritten Abschnitts des Rundfunkstaatvertrages: „Programmgrundsätze, Sendezeit für Dritte".

Die Regelung – die bereits in Art. 9 Abs. 5 RStV 1987 und § 24 RStV 1991 enthalten war – wurde vielmehr in Fortführung entsprechender gesetzlicher Bestimmungen, die die Länder ab Mitte der 1980er Jahre in ihre Landesmediengesetze für den Privatrundfunk aufgenommen hatten[174], im Rundfunkstaatsvertrag implementiert. Da die Kirchen die Einführung des Privatrundfunks in der Bundesrepublik Deutschland scharf kritisiert hatten, hatten die Länder ihnen mit der Einräumung von Sendezeit in privaten Rundfunkprogrammen quasi ein Zugeständnis machen wollen. Zugleich war dann auch den politischen Parteien Sendezeit für Wahlwerbesendungen eingeräumt worden.[175]

Letztlich leisten aber auch die Fensterprogramme nach § 42 RStV einen Beitrag zur Förderung der Meinungsvielfalt im Sinne einer *positiven* Vielfaltsicherung:[176] sie sorgen für eine Erweiterung des Programmangebots in den gesell-

---

171 Vgl. dazu unter A.I.1.

172 Vgl. auch *Schlette*, ZUM 1999, 802, 806; vgl. insofern auch *Bornemann*, MMR 2006, 275, 277, der die Sendezeit für Dritte nach § 42 RStV – ebenso wie die Regionalfensterprogramme nach § 25 Abs. 4 RStV – als „Plattformen für Inhalte Dritter" bezeichnet.

173 Soweit privater Rundfunk nicht bundesweit verbreitet wird, richtet sich die Einräumung von Sendezeit für religiöse Sendungen oder Wahlsendezeiten nach den jeweils maßgeblichen Landesmediengesetzen, vgl. *Hartstein/Ring/Kreile/Dörr/Stettner*, § 42 RStV Rn. 2.

174 Die Landesrundfunkgesetze regelten schon zuvor entsprechende programmliche Verpflichtungen des öffentlich-rechtlichen Rundfunks, vgl. *Hartstein/Ring/Kreile/Dörr/Stettner*, § 42 RStV Rn. 1.

175 Vgl. dazu *Hartstein/Ring/Kreile/Dörr/Stettner*, § 42 RStV Rn. 1.

176 Vgl. dazu oben unter A.II.1.c).

schaftspolitisch und staatsrechtlich besonders sensiblen Themenbereichen Religion und Politik und bieten den Religionsgemeinschaften und Parteien – als Teilmenge der „bedeutsamen, politischen, weltanschaulichen und gesellschaftlichen Kräfte und Gruppen" – das von § 25 Abs. 1 Satz 2 RStV geforderte Forum im privaten Rundfunk.[177]

d) Verfassungsrechtliche Rechtfertigung der Sendezeit für Dritte nach § 42 RStV

Die Verpflichtung zur Einräumung der Drittsendezeiten nach § 42 RStV berührt damit zwar den Schutzbereich der durch Art. 5 Abs. 1 Satz 2 GG geschützten Rundfunkfreiheit – und insbesondere der Programmgestaltungsfreiheit – der Veranstalter privater Rundfunkprogramme.[178]

Diese Beschränkung ist aber jedenfalls zum Schutze der Religionsfreiheit – die ihrerseits verfassungsrechtlichen Schutz genießt aufgrund Art. 4 Abs. 1 und Abs. 2 GG sowie Art. 140 GG i.V.m. Art. 136 bis 141 WRV – und zur effektiven Ermöglichung von Wahlen als unverzichtbarem Bestandteil der freiheitlich demokratischen Grundordnung, Art. 20 Abs. 2 i.V.m. Art. 38 Abs. 1 Satz 1 GG, gerechtfertigt. § 42 RStV stellt insofern keine bloße Ausgestaltung der Rundfunkfreiheit, sondern ein „allgemeines Gesetz" i.S.v. Art. 5 Abs. 2 GG dar.[179]

Dies folgt schon daraus, dass die Vorschrift der Verwirklichung übergeordneter, und *außerhalb* der Rundfunkfreiheit liegender Interessen Dritter dient. Anders könnte dies hingegen bei den Regionalfensterprogrammen zu beurteilen sein: sie dienen – jedenfalls nach Auffassung des Gesetzgebers – vorrangig der Verwirklichung von Meinungsvielfalt und damit der Rundfunkfreiheit „an sich". Hierauf wird in Teil D noch einzugehen sein.

---

177 Vgl. dazu *Hartstein/Ring/Kreile/Dörr/Stettner*, § 42 Rn. 9, sowie die amtliche Begründung zu § 24 RStV 1991 (nunmehr § 42), abgedruckt bei *Hartstein/Ring/Kreile/Dörr/Stettner*, § 42 RStV, in der es in Bezug auf § 42 Abs. 1 RStV u.a. heißt: „Unter religiösen Sendungen sind Übertragungen zu verstehen, die in unmittelbarem Zusammenhang mit der *Ausübung* des jeweiligen Bekenntnisses oder mit dem *Verkündungsauftrag* stehen" und in Bezug auf § 42 Abs. 2 RStV: „Damit soll politischen Parteien und politischen Vereinigungen *zur Vorbereitung dieser Wahlen* die Möglichkeit eingeräumt werden, sich angemessen dem Wähler *vorzustellen*."

178 So auch *Hartstein/Ring/Kreile/Dörr/Stettner*, § 42 RStV Rn. 3.

179 Vgl. *Hartstein/Ring/Kreile/Dörr/Stettner*, § 42 RStV Rn. 4 ff.

B. Entwicklung der Regionalfensterprogramme im Bereich des Privaten Rundfunks und die jeweils zugrunde liegenden Vorgaben durch den Gesetzgeber

Für die Einordnung und Bewertung der Neuregelung der Regionalfensterprogramme durch den Achten Rundfunkänderungsstaatsvertrag ist es erforderlich, die Entwicklung von Fensterprogrammen – und vor allem Regionalfensterprogrammen – seit den Anfängen des Privatrundfunks in der Bundesrepublik Deutschland in den 1980er Jahren, sowie die dieser Entwicklung zugrunde liegenden gesetzlichen Vorgaben für die Ausstrahlung von Fensterprogrammen zu betrachten.

I. Die Ausgangslage vor dem Rundfunkstaatsvertrag 1991 und die Regelung durch den Rundfunkstaatsvertrag 1987

Regionale Fensterprogramme werden – auch in *privaten* Rundfunkprogrammen – schon seit Mitte der 1980er Jahre ausgestrahlt.[180] So sendete z.B. die „Erste private Fernsehgesellschaft mbH“ ab dem 1. Januar 1984 in dem damaligen Kabelpilotprojekt Ludwigshafen täglich ein zweistündiges Regionalfensterprogramm.[181] Seit 1986 veranstaltet die Rhein-Neckar-Fernsehen GmbH das Regionalfenster „RNF LIFE“ im Programm von RTL.[182] Ab 1988 wurden dann auch auf SAT.1 Regionalfenster ausgestrahlt.[183]

1. Die Ausstrahlung regionaler Fensterprogramme als Voraussetzung für die Zuteilung terrestrischer Frequenzen

Der Grund für die Aufnahme von Regionalfensterprogrammen in das Programm privater Rundfunkveranstalter Ende der 1980er Jahre lag darin, dass die Aus-

180 Vgl. *Kümmel/Meyer-Burckhardt,* MMR 2005, 288, 288; vgl. dazu auch *Ebsen,* S. 28 f.

181 Dieses Regionalfenster wurde zunächst auf 3.Sat ausgestrahlt, vgl. *Wiegand,* S. 174; vgl. dazu auch *Ebsen,* S. 29.

182 Vgl. dazu unter *http://www.rnf.de* und die Pressemitteilung 09/06 der KEK unter *http://www.kek-online.de/cgi-bin/resi/i-presse/401.html*; vgl. dazu auch *Wiegand,* S. 175.

183 Vgl. *Kümmel/Meyer-Burckhardt,* MMR 2005, 288, 288. Das SAT.1-Regionalfensterprogramm für Rheinland-Pfalz und Hessen („Wir im Südwesten“) wurde bereits von der TV IIIa gestaltet, die damals noch eine Tochtergesellschaft von SAT.1 war und erst 1997 in eine selbständige Fernsehproduktionsgesellschaft umgewandelt wurde, vgl. dazu *Wiegand,* S.175.

strahlung regionaler Fensterprogramme in einigen Bundesländern – insbesondere in Nordrhein-Westfalen – nach den damals jeweils geltenden Landesrundfunkgesetzen die Voraussetzung für die Zuteilung von Lizenzen zur Nutzung terrestrischer Frequenzen darstellte.[184]

Ein großer Teil der bundesdeutschen Fernsehhaushalte konnte zum damaligen Zeitpunkt das Fernsehprogramm noch nicht über Kabel oder Satellit empfangen, sondern war gerade auf den Empfang über die „traditionelle Dachantenne“[185] angewiesen. So konnten beispielsweise selbst im Jahr 1990 nur 50 % der deutschen Fernsehhaushalte das Programm SAT.1 bereits über Kabel *oder* Satellit empfangen.[186]

Die terrestrischen Frequenzen besaßen daher für die privaten Rundfunkveranstalter eine enorme wirtschaftliche Bedeutung, denn sie benötigten diese Frequenzen, um ihre technische Sendereichweite steigern zu können und so ihren Zuschaueranteil zu vergrößern. Die mit der Zuteilung der Lizenzen für die Nutzung terrestrischer Frequenzen nach landesrechtlichen Vorschriften verbundene Verpflichtung zur Ausstrahlung von regionalen Fensterprogrammen nahmen die privaten Rundfunkveranstalter somit aus ökonomischen Gründen in Kauf.[187]

2. Der Rundfunkstaatsvertrag 1987

Neben den angesprochenen Regelungen in den einzelnen Landesrundfunkgesetzen gab es ab 1. Dezember 1987 mit Inkrafttreten des „Staatsvertrages zur Neuordnung des Rundfunkwesens (Rundfunkstaatsvertrag)“ vom 3. April 1987 in Gestalt von Art. 8 Abs. 5 Satz 2 dieses Staatsvertrages auch eine *bundesweit* geltende Regelung bezüglich der Ausstrahlung von Regionalfensterprogrammen.

Art. 8 Abs. 5 Satz 2 RStV 1987 stellte allerdings lediglich die *Zulässigkeit* der Ausstrahlung „regionaler Programmteile“ – diese wurden legaldefiniert als sog. Fensterprogramme – in bundesweit verbreiteten privaten Rundfunkprogrammen nach Maßgabe des jeweiligen Landesrechts fest, ohne dabei selbst kon-

---

184 Vgl. *Kümmel/Meyer-Burckhardt*, MMR 2005, 288, 288. So sah das Landesrundfunkgesetz Nordrhein-Westfalen (LRG NW) in der Fassung vom 11. Januar 1988 bereits in § 6 Abs. 4 und Abs. 5 LRG NW – aufgrund der damaligen Frequenzknappheit – die „Aufteilung“ *einer* Sendelizenz auf *mehrere* Bewerber und die entsprechende Verteilung der Sendezeit auf diese – also Frequenzsplitting, s.o. – vor. 1992 wurde dann in § 6 Abs. 6 und § 6a Abs. 5 LRG NW eine *Verpflichtung* für bundesweit terrestrisch empfangbare Fernsehprogramme zur Ausstrahlung eines landesweiten Fensterprogramm eingeführt, vgl. dazu *Ebsen*, S. 28 ff. m.w.N.

185 *Kümmel/Meyer-Burckhardt*, MMR 2005, 288, 288.

186 Vgl. *Kümmel/Meyer-Burckhardt*, MMR 2005, 288, 288.

187 Vgl. dazu *Kümmel/Meyer-Burckhardt*, MMR 2005, 288, 288; *Ebsen*, S. 29 m.w.N.

krete Anforderungen an die Ausstrahlung derartiger regionaler Fensterprogramme zu normieren.

Obwohl Art. 8 RStV 1987 bereits Vorschriften zur Sicherung der Meinungsvielfalt im bundesweit verbreiteten privaten Rundfunk enthielt,[188] spielten Regionalfensterprogramme jedenfalls noch keine eigenständige Rolle als Mittel der Vielfaltsicherung. Die Regelung in Art. 8 Abs. 5 Satz 2 RStV 1991 trug vielmehr dem Umstand Rechnung, dass die oben angesprochenen landesrechtlichen Vorschriften – und die dadurch begründeten Verpflichtungen – zur Ausstrahlung regionaler Fensterprogramme bereits existierten.

II. Der Rundfunkstaatsvertrag 1991

Nach der Wiedervereinigung Deutschlands erfolgte im Jahr 1991 durch den „Staatsvertrag über den Rundfunk im vereinten Deutschland" eine umfassende Neuordnung des Rundfunkwesens in der Bundesrepublik Deutschland. Als Art. 1 dieses Staatvertrages trat zum 1. Januar 1992 der Rundfunkstaatsvertrag vom 18. Dezember 1991 in Kraft.[189]

Eine Regelung hinsichtlich der Ausstrahlung regionaler Fensterprogramme in privaten Rundfunkprogrammen enthielt § 20 Abs. 6 RStV 1991, der die zuvor in Art. 8 Abs. 5 RStV 1987 enthaltene Regelung zu den „regionalen Programmteilen" aufgriff und konkretisierte.[190]

§ 20 Abs. 6 Satz 1 RStV 1991 legte fest: „In bundesweit verbreiteten Fernsehvollprogrammen *sollen bei terrestrischer Verbreitung* nach Maßgabe des jeweiligen Landesrechts Fensterprogramme aufgenommen werden."

Dabei wurde die bereits in Art. 8 Abs. 5 Satz 2 RStV 1987 enthaltene Legaldefinition der Fensterprogramme in den in § 2 RStV 1991 unter der Überschrift „Begriffsbestimmungen" neu geschaffenen Definitionenkatalog aufgenommen und dabei in § 2 Abs. 2 Nr. 3 RStV 1991 weiter präzisiert. Bei einem „Fensterprogramm" handelte es sich fortan um ein *„zeitlich begrenztes* Rundfunkprogramm, das *für ein regionales Verbreitungsgebiet* im Rahmen eines weiterreichenden Rundfunkprogramms verbreitet wird." Wie sich aus dieser Definition ergibt, verwendete der Rundfunkstaatsvertrag 1991 in § 20 Abs. 6 RStV 1991

---

188 Vgl. die Überschrift zu Art. 8 RStV 1987, „Vorschriften zur Sicherung der Meinungsvielfalt im bundesweit verbreiteten privaten Rundfunk".

189 Soweit in der vorliegenden Untersuchung der Begriff Rundfunkstaatsvertrag ohne weitere Erläuterung verwendet wird, ist damit stets der Rundfunkstaatsvertrag als Teil des „Staatsvertrages über den Rundfunk im vereinten Deutschland" gemeint.

190 Vgl. auch *Hartstein/Ring/Kreile/Dörr/Stettner,* § 25 RStV Rn. 3.

den allgemeinen Begriff des „Fensterprogramms“ immer noch als Synonym für ein *regionales* Fensterprogramm.

Weitergehende Vorgaben für inhaltliche Gestaltung, Produktion oder Ausstrahlung der Regionalfensterprogramme – oder gar eine selektive Ausstrahlungsverpflichtung zu Lasten einzelner privater Hauptprogrammveranstalter – kannte diese Regelung nicht. In § 20 Abs. 6 Satz 2 RStV 1991 war jedoch bereits festgelegt, dass „mit der Organisation der Fensterprogramme (...) zugleich deren *Finanzierung* durch *die Veranstalter* sicherzustellen“ sei.

Die Regelung des § 20 Abs. 6 Satz 3 RStV 1991 – die Verpflichtung der Landesmedienanstalten zur Abstimmung der Organisation der Regionalfensterprogramme in zeitlicher und technischer Hinsicht unter Berücksichtigung der Interessen der betroffenen Veranstalter – findet sich noch in der aktuellen Fassung des Rundfunkstaatsvertrages wortgleich in § 25 Abs. 4 Satz 6 RStV. Die Landesmedienanstalten kamen dieser Verpflichtung erstmals durch einen entsprechenden Beschluss in Bezug auf „regionale TV-Fensterprogramme“ vom 25. Mai 1993 nach, in dem sie die damals in den Programmen RTL und SAT.1 ausgestrahlten Regionalfenster koordinierten und genaue Sendezeiten für die Ausstrahlung festlegten.[191]

III. Der Dritte Rundfunkänderungsstaatsvertrag

Am 11. September 1996 wurde der „Dritte Staatsvertrag zur Änderung rundfunkrechtlicher Staatsverträge (Dritter Rundfunkänderungsstaatsvertrag)“ unterzeichnet, der am 1. Januar 1997 in Kraft trat.

Durch diesen Staatsvertrag wurde der Schutz der Meinungsvielfalt im Bereich des privaten Rundfunks durch die Aufnahme zusätzlicher medienkonzentrationsrechtlicher Vorschriften in den neu eingefügten §§ 25 ff. RStV verbessert. Insbesondere die Umstellung von der zuvor bestehenden rein numerischen Begrenzung von Beteiligungsmöglichkeiten privater Rundfunkveranstalter – die sich als nicht praktikabel erwiesen hatte – auf das sog. Zuschaueranteilsmodell[192] sollte es er-

---

191 Dieser Beschluss der DLM ist abgedruckt bei *Hartstein/Ring/Kreile/Dörr/Stettner*, § 25 RStV Rn. 21; vgl. dazu auch *Ebsen*, S. 30 und S. 146.

192 Nach § 21 RStV 1991 waren die privaten Rundfunkveranstalter einer absoluten Beschränkung hinsichtlich der *Anzahl* der von ihnen veranstalteten Programme unterworfen gewesen. Diese Beschränkung hatte sich aufgrund der rasanten Entwicklungen im Privatrundfunk in Deutschland und der damit einhergehenden Programm-Vermehrung jedoch als „antiquiert“ erwiesen, vgl. *Kreile*, NJW 1997, 1329, 1329; *Schlette*, ZUM 1999, 802, 804 f.; *Kuch*, ZUM 1997, 12, 13.

möglichen, künftig den Einfluss von privaten Fernsehprogrammen auf die öffentliche Meinungsbildung sachgerecht zu bewerten.[193]

Einigkeit über einen Novellierungsbedarf im Bereich der Konzentrationsvorschriften des Rundfunkstaatsvertrages hatte zwar bereits seit dem Jahr 1994 bestanden.[194] Da aber zwischen SPD- und CDU/CSU-regierten Bundesländern tief greifende Meinungsverschiedenheiten über Art und Ausmaß einer möglichen Neuregelung bestanden hatten, war eine Reform lange Zeit nicht absehbar gewesen.[195] Die Neuregelungen waren dann letztlich das Ergebnis einer Medienklausurtagung der Ministerpräsidenten der Bundesländer im Oktober 1995 in Bad Neuenahr – die sog. Beschlüsse von Bad Neuenahr[196] –, auf der insbesondere auch der Beschluss über die Schaffung der KEK als für die Konzentrationskontrolle bundesweiter Rundfunkanbieter notwendiges Organ der Landesmedienanstalten gefällt wurde.[197]

Die umfassende Novellierung der Bestimmungen zur Sicherung der Meinungsvielfalt erfolgte damals vor allem auch durch die Aufnahme der Drittsendezeitregelung in § 31 RStV und die Schaffung des Programmbeirats, § 32 RStV, als „vielfaltsichernde Maßnahmen" i.S.v. § 30 RStV. Dabei war insbesondere die Einführung der Drittsendezeitregelung der von den SPD-regierten Bundesländern

---

Seit der Neufassung durch den Dritten Rundfunkänderungsstaatsvertrag steht es den privaten Rundfunkveranstaltern hingegen grundsätzlich frei, *beliebig viele* Fernsehprogramme zu veranstalten.

Entscheidend für das Vorliegen vorherrschender Meinungsmacht ist nunmehr – in erster Linie, aber nicht ausschließlich –, ob ein privates Rundfunkunternehmen mit den ihm jeweils zurechenbaren Programmen die in § 26 Abs. 2 RStV festgelegten Zuschaueranteilsgrenzen überschreitet, vgl. dazu nachfolgend unter C.III.3.a).

Der Dritte Rundfunkänderungsstaatsvertrag hatte dabei zunächst die aktuell in § 26 Abs. 2 Satz 1 RStV festgelegte 30 % - Grenze eingeführt, ab deren Überschreitung vorherrschende Meinungsmacht vermutet wird. Vgl. dazu *Kreile,* NJW 1997, 1329, 1330.

193 Vgl. dazu *Hartstein/Ring/Kreile/Dörr/Stettner,* § 25 RStV Rn.1, 4; *Kreile,* NJW 1997, 1329, 1329 f., 1334; *Neft,* ZUM 458, 459.

194 Vgl. dazu *Kuch,* ZUM 1997, 12, 12; *Schlette,* ZUM 1999, 802, 805.

195 Vgl. z.B. *Dörr,* NJW 1995, 2263, 2267; zum Inhalt der Auseinandersetzungen – v.a. über die Höhe des Zuschaueranteils – vgl. *Hartstein/Ring/Kreile/Dörr/Stettner,* § 26 RStV Rn. 1.

196 Aufgrund der vorausgehenden, langwierigen Verhandlungen zwischen den Bundesländern über die konkrete Ausgestaltung der neuen Medienkonzentrationsvorschriften werden diese Beschlüsse auch als Kompromiss, teilweise sogar als „Wunder" von Bad Neuenahr bezeichnet, vgl. *Hartstein/Ring/Kreile/Dörr/Stettner,* § 25 RStV Rn. 1, sowie *Dörr,* ZWeR 2004, 159, 166.

197 Vgl. dazu *Dörr,* Media Perspektiven 1996, 621, 621; sowie *Dörr,* ZWeR 2004, 159, 181; vgl. auch *Hartstein/Ring/Kreile/Dörr/Stettner,* § 25 RStV Rn. 1, 4 und § 31 RStV Rn. 1; *Kreile,* NJW 1997, 1329, 1330.

geforderte „Preis“, den die CDU/CSU-regierten Bundesländer „zahlen mussten“, um das Zuschaueranteilsmodell durchzusetzen.[198]

Regionale Fensterprogramme waren zum damaligen Zeitpunkt zwar speziell als Maßnahme der Vielfaltsicherung noch nicht ausdrücklich im Gespräch,[199] allerdings übernahm die Regelung des neu eingeführten § 25 RStV in Abs. 4 wortgleich die Regelung des § 20 Abs. 6 RStV in der Fassung des Rundfunkstaatsvertrags 1991.[200]

Die Einführung der Fensterprogramme für unabhängige Dritte nach § 31 RStV erforderte auch eine Überarbeitung des in § 2 Abs. 2 RStV enthaltenen Definitionen-Katalogs, da die Definition des „Fensterprogramms“ in § 2 Abs. 2 Nr. 3 RStV 1991 sich ausschließlich auf *regionale* Fensterprogramme bezogen hatte. In § 2 Abs. 2 Nr. 3 und Nr. 4 RStV wurde deshalb – und wird seitdem – unterschieden zwischen *bundesweit* verbreiteten Satellitenfensterprogrammen einerseits und *Regional*fensterprogrammen andererseits.

Dabei wurde der Wortlaut der alten Definition der regionalen Fensterprogramme in § 2 Abs. 2 Nr. 3 RStV 1991 mit der Neuregelung in § 2 Abs. 2 Nr. 4 RStV dahingehend erweitert, dass das Erfordernis der Ausstrahlung von „*im wesentlichen regionalen Inhalten*“ in die Legaldefinition des Regionalfensterprogramms aufgenommen wurde. Schon damals wurde also Wert darauf gelegt, dass die regionalen Fensterprogramme sich in ihrer inhaltlichen Gestaltung schwerpunktmäßig auch tatsächlich mit regionalen Themen auseinandersetzen sollten.[201]

Die oben angesprochene, nach landesrechtlichen Vorschriften – teilweise – bereits bestehende *Verpflichtung* privater Rundfunkveranstalter zur Ausstrahlung von Regionalfensterprogrammen[202] wurde bei der Neufassung ebenfalls berücksichtigt durch die in § 31 Abs. 2 Satz 2 bis Satz 4 RStV geregelte Möglichkeit,

---

198 Vgl. dazu *Hartstein/Ring/Kreile/Dörr/Stettner,* § 31 RStV Rn. 1, und § 25 RStV Rn. 1.

199 So *Kümmel/Meyer-Burckhardt,* MMR 2005, 288, 288.

200 Vgl. auch die amtliche Begründung zum Dritten Rundfunkänderungsstaatsvertrag zu § 25 RStV, abgedruckt bei *Hartstein/Ring/Kreile/Dörr/Stettner,* § 25 RStV.

201 Ein Umstand, der – wie die Entwicklung der Programme gezeigt hat – nicht selbstverständlich ist. Vgl. dazu *Volpers/Salwiczek/Schnier 2000,* S. 273 ff. und S. 323 ff., sowie *Volpers/Salwiczek/Schnier,* „Inhaltsanalyse landesweit ausgestrahlter Regionalfenster im Programm privater Fernsehveranstalter 2003. Abschlussbericht zum Forschungsbericht für die BLM, HAM, LPR Hessen, NLM, LfM, LPR Rheinland-Pfalz und ULR, Institut für Medienforschung Göttingen & Köln (IM.GÖ) 2003, zitiert bei *Kümmel/Meyer-Burckhardt,* MMR 2005, 288, 289.

202 So bestand z.B. in Nordrhein-Westfalen seit 1992 gemäß § 6 Abs. 6 i.V.m. § 6a Abs. 5 LRG NW eine Verpflichtung für bundesweite terrestrisch empfangbare Fernsehprogramme zur Aufnahme eines landesweiten Fensterprogramms, vgl. dazu *Ebsen,* S. 31.

die Regionalfensterprogramme auf den zeitlichen Umfang der Verpflichtung zur Aufnahme – und damit auch zur Finanzierung – der Drittsendezeiten nach § 31 RStV anzurechnen.[203]

Zur näheren Ausgestaltung der Sendezeit für unabhängige Dritte nach § 31 RStV erließen die Landesmedienanstalten aufgrund der Ermächtigung in § 33 RStV schließlich am 16. Dezember 1997 die sog. Drittsendezeitrichtlinie (DSZR),[204] die am 14. Juli 1998 in Kraft trat.

IV. Die Entwicklungen vor Inkrafttreten des Fünften Rundfunkänderungsstaatsvertrages

Im Jahr 2000 hatten die terrestrischen Frequenzen im Bereich des Privatrundfunks weitgehend an Bedeutung verloren, da nur noch etwa 12 % der bundesdeutschen Fernsehhaushalte tatsächlich auf diese Übertragungsart angewiesen waren.[205] Die mit der terrestrischen Verbreitung des Programms verbundenen Kosten – und somit auch die Kosten für die damit zwangsweise verbundene Veranstaltung der Regionalfensterprogramme – wurden von den privaten Fernsehveranstaltern daher zunehmend kritisch gesehen.[206]

Von Seiten des Senders SAT.1 wurde zum damaligen Zeitpunkt deshalb die Auffassung vertreten, dass – wenn die Sendelizenzen für terrestrische Frequenzen, die im Jahr 2004 auslaufen würden, danach nicht weiter in Anspruch genommen würden – damit auch die mit diesen Lizenzen verbundene landesrechtliche Verpflichtung zur Ausstrahlung von Regionalfensterprogrammen entfallen würde.[207] Denn für die privaten Rundfunkveranstalter erschien es finanziell lukrativer, ggf. in größerem Umfang Sendezeit für unabhängige Dritte nach § 31 RStV zur Verfügung stellen und diese finanzieren zu müssen – als Konsequenz

---

203 Vgl. *Kümmel/Meyer-Burckhardt*, MMR 2005, 288, 288.

204 „Gemeinsame Richtlinie der Landesmedienanstalten über die Sendezeit für unabhängige Dritte nach § 31 RStV (Drittsendezeitrichtlinie – DSZR)“, abgedruckt bei *Ring*, Medienrecht, D.II., Loseblatt Stand März 2007.

205 Vgl. *Kümmel/Meyer-Burckhardt*, MMR 2005, 288, 288; bis zum Frühjahr 2002 sank dieser Wert sogar auf nur noch ca. 11 %, vgl. *Hahn/Vesting – Hahn*, RStV Präambel Rn. 22.

206 Vgl. dazu *Kümmel/Meyer-Burckhardt*, MMR 2005, 288, 288.

207 Vgl. hierzu *Kümmel/Meyer-Burckhardt*, MMR 2005, 288, 288, unter Verweis auf den Verschmelzungsbericht bzgl. der Verschmelzung der ProSieben Media AG und der SAT.1 Holding GmbH auf die ProSiebenSAT.1 Media AG. Dieser Verschmelzungsbericht wurde zum damaligen Zeitpunkt veröffentlicht, so dass die darin niedergelegte Auffassung von SAT.1 auch für die Staatskanzleien der Bundesländer und Landesmedienanstalten publik wurde.

aus dem Verzicht auf „anrechenbare“ Regionalfensterprogramme –, als an einem aus ihrer Sicht zunehmend unbedeutenden und zugleich durch die Verpflichtung zur Ausstrahlung von Regionalfensterprogrammen kostenintensiven Übertragungsweg festzuhalten.[208] Teilweise wurden daher sogar Lizenzen für die Nutzung terrestrischer Frequenzen von privaten Rundfunkveranstaltern zurückgegeben.[209] Ab dem Jahr 2002 wurde SAT.1 in Baden-Württemberg und Sachsen dann nicht mehr terrestrisch verbreitet, im Saarland war die terrestrische Verbreitung dieses Programms bereits 1999 eingestellt worden.[210]

Am 1. Januar 2001 trat der Fünfte Rundfunkänderungsstaatsvertrag in Kraft, der – trotz der geschilderten Entwicklungen – im Bereich der Regionalfensterprogramme noch keine Veränderungen mit sich brachte: die in § 25 Abs. 4 RStV enthaltene Regelung blieb – ebenso wie die Definition der Regionalfensterprogramme in § 2 Abs. 2 Nr. 4 RStV – unangetastet.

V. Der Sechste Rundfunkänderungsstaatsvertrag

Dies änderte sich jedoch mit dem Sechsten Rundfunkänderungsstaatsvertrag, der bereits im Dezember 2001 unterzeichnet wurde und zum 1. Juli 2002 in Kraft trat: dieser Rundfunkänderungsstaatsvertrag nahm – vor dem Hintergrund der eben dargestellten Entwicklung im Bereich des Privatrundfunks und der nach wie vor bestehenden Ambitionen der privaten Rundfunkveranstalter, sich sowohl von ihren terrestrischen Frequenzen, als auch von den damit verbundenen „ungeliebten“ Regionalfensterprogrammen zu trennen – in mehrfacher Hinsicht eine Stärkung der Regionalfensterprogramme vor. Die entsprechenden Regelungen waren also vorrangig wohl nicht durch Erwägungen der Vielfaltsicherung, sondern eher durch solche des „Bestandsschutzes“ motiviert.[211]

1. Die Einführung der Bonusregelung

Zum einen wurde die – nach der aktuellen Fassung des Rundfunkstaatsvertrages in § 26 Abs. 2 Satz 3 RStV verankerte – Bonusregelung in die Medienkonzentrationsvorschriften des Rundfunkstaatsvertrages eingefügt. Nach dieser Bonusre-

---

208 Vgl. *Hahn/Vesting – Hahn,* RStV Präambel Rn. 7; *Kümmel/Meyer-Burckhardt,* MMR 2005, 288, 288.

209 Vgl. *Hahn/Vesting – Hahn,* RStV Präambel Rn. 7 m.w.N.

210 Vgl. dazu *Kümmel/Meyer-Burckhardt,* MMR 2005, 288, 288; *Bornemann,* K&R 2002, 301, 302.

211 So auch *Kümmel/Meyer-Burckhardt,* MMR 2005, 288, 288.

gelung wurden – und werden[212] – Regionalfensterprogramme und Sendezeit für unabhängige Dritte nach § 31 RStV im Rahmen der medienkonzentrationsrechtlich relevanten Schwellenwerte des § 26 RStV durch eine entsprechende Anrechnung zugunsten der Veranstalter berücksichtigt.

Die Länderparlamente verfolgten mit dieser Regelung das Ziel, private Fernsehveranstalter zu der weiteren Verbreitung von Regionalfensterprogrammen anzuhalten und dadurch auch bereits bestehende Regionalfenster in ihrer Existenz zu sichern.[213] Die Bonusregelung wurde daher so ausgestaltet, dass sie die Verbreitung von Regionalfensterprogrammen gleich in *zweifacher* Hinsicht honorierte: zum einen wurde durch die „Anrechnung" der Regionalfenster – durch „Herabsetzen des tatsächlichen Marktanteils in der medienkonzentrationsrechtlichen Bewertung der Gesamtaktivitäten"[214] – eine „Erweiterung der Marktaktivitäten"[215] der privaten Rundfunkunternehmen ermöglicht, zum anderen wurde die zusätzliche Berücksichtigung von Drittsendezeiten bei der Bonusberechnung zwingend an die Veranstaltung von Regionalfensterprogrammen im *„angemessenen, mindestens im bisherigen Umfang*" geknüpft.[216]

Der Bonusregelung des § 26 Abs. 2 Satz 3 RStV in ihrer aktuell geltenden Fassung liegt diese Gestaltung strukturell nach wie vor zugrunde.

2. *Die Aufhebung der Verknüpfung zwischen der Ausstrahlung von Regionalfensterprogrammen und der terrestrischen Übertragung*

Zugleich wurde der Zusammenhang zwischen der Ausstrahlung von Regionalfensterprogrammen und der terrestrischen Übertragung des Programms durch die

---

212 Vgl. dazu nachstehend unter C.III.4.

213 Vgl. dazu *Hartstein/Ring/Kreile/Dörr/Stettner,* Teil B1 Rn. 246; *Kümmel/Meyer-Burckhardt,* MMR 2005, 288, 289; *Scheuer,* EMR 2004, Heft 6 S. X; *Dörr,* NJW 2003, 3020, 3023. Die Bonusregelung des § 26 Abs. 2 Satz 3 RStV sollte zusätzlich aber auch einen Ausgleich dafür schaffen, dass mit dem Sechsten Rundfunkänderungsstaatsvertrag die seit dem Dritten Rundfunkänderungsstaatsvertrag bestehende Zuschaueranteilsgrenze des § 26 Abs. 2 RStV von 30 % in der neu eingeführten Regelung des § 26 Abs. 2 Satz 2 RStV in bestimmten Fällen auf 25 % abgesenkt wurde, vgl. dazu *Hartstein/Ring/Kreile/Dörr/Stettner,* § 25 RStV Rn. 4 und § 26 RStV Rn. 1, 11; *Hess,* AfP 2002, 398, 399; *Dörr,* ZWeR 2004, 159, 169.

214 *Kümmel/Meyer-Burckhardt,* MMR 2005, 288, 289.

215 *Kümmel/Meyer-Burckhardt,* MMR 2005, 288, 289.

216 *Bornemann,* K&R 2002, 301, 302, weist insofern auf die „beeindruckenden Bemühungen" einzelner Veranstalter hin, den „bisherigen Umfang" noch bis zum Inkrafttreten des Sechsten Rundfunkänderungsstaatsvertrages durch Reduzierungen bei der Ausstrahlung regionaler Fenster zu beeinflussen.

Streichung der Worte „bei terrestrischer Verbreitung“ in § 25 Abs. 4 Satz 1 RStV beseitigt.

Nach der amtlichen Begründung zum Sechsten Rundfunkänderungsstaatsvertrag[217] sollte die damit einhergehende Ausweitung der Regelung auf sämtliche Übertragungswege die Regionalfensterprogramme – im Hinblick auf die mittlerweile veränderte Gewichtung der unterschiedlichen Verbreitungswege von Fernsehprogrammen zugunsten von Kabel und Satellit – stärken.[218]

Durch die Neufassung unberührt blieb jedoch der Charakter der Regelung als „soll“-Vorschrift. Zusätzliche Verpflichtungen zur Ausstrahlung von Regionalfenstern sollten nach dem Willen des Gesetzgebers durch die Novellierung – noch – nicht begründet werden. Vielmehr sollte es den Hauptprogrammveranstaltern ermöglicht werden, z.B. auch über die Einspeisung von Regionalfensterprogrammen in Kabelanlagen in den Genuss der medienkonzentrationsrechtlichen Vorteile der in § 26 RStV neu eingeführten Bonusregelung zu kommen.[219]

VI. Der Siebte Rundfunkänderungsstaatsvertrag

Der Siebte Rundfunkänderungsstaatsvertrag, der am 1. April 2004 in Kraft trat, brachte für die betroffenen Privatsender bedeutsame Änderungen im Bereich der Regionalfensterprogramme mit sich. Diese Änderungen waren davon motiviert, die Regionalfensterprogramme noch stärker im Rundfunkstaatsvertrag zu verankern.[220]

---

217 Abgedruckt bei *Hartstein/Ring/Kreile/Dörr/Stettner*, § 25 RStV.

218 Vgl. dazu auch *Hartstein/Ring/Kreile/Dörr/Stettner*, § 25 RStV Rn. 4.

219 Vgl. dazu die amtliche Begründung zum Sechsten Rundfunkänderungsstaatsvertrag, abgedruckt bei *Hartstein/Ring/Kreile/Dörr/Stettner*, § 25 RStV, und § 25 RStV Rn. 4; ebenso *Hahn/Vesting – Rossen-Stadtfeld*, § 25 Rn. 65.

220 Vgl. auch *Hartstein/Ring/Kreile/Dörr/Stettner*, § 25 RStV Rn. 16; die DLM hatte bereits im Vorfeld der Novellierung die Bedeutung der Regionalfensterprogramme in den Programmen RTL und SAT.1 betont und daher eine stärkere Verankerung der Regionalfenster-Verpflichtung im Rundfunkstaatsvertrag gefordert. In einem Gespräch mit dem Hessischen Ministerpräsidenten Roland Koch am 19. Mai 2003 hatte auch dieser sich für eine „Beibehaltung und eine tatsächliche Regionalisierung der Regionalfensterprogramme“ ausgesprochen. Vgl. dazu die Pressemitteilung 06/2003 der ALM/DLM vom 20.5.2003, abzurufen unter *http://www.alm.de*.

1. Einführung der unbedingten Verpflichtung zur Ausstrahlung von Regionalfensterprogrammen

Hatte § 25 Abs. 4 Satz 1 RStV in der Fassung des Sechsten Rundfunkänderungsstaatsvertrages die Aufnahme von Regionalfenstern noch als bloße „soll"-Vorschrift für *alle* bundesweit verbreiteten privaten Fernsehvollprogramme geregelt, so wurde nun in § 25 Abs. 4 Satz 1 RStV für *die beiden reichweitenstärksten* bundesweiten privaten Fernsehvollprogramme – damals wie heute RTL und SAT.1 – die *unbedingte Verpflichtung* eingeführt, Regionalfensterprogramme in ihr Programm zu integrieren.[221]

2. Normierung konkreter Mindestbedingungen für die Ausstrahlung von Regionalfensterprogrammen

Gleichzeitig wurde durch konkrete Mindestbedingungen für die Ausstrahlung von Regionalfenstern der „Bestandsschutz" für die bestehenden Regionalfensterprogramme verstärkt: der *zeitliche und regional differenzierte Umfang* der Regionalberichterstattung muss seit der Novellierung durch den Siebten Rundfunkänderungsstaatsvertrag *mindestens* dem *Umfang der Programmaktivitäten zum 1. Juli 2002* entsprechen.

Nach der amtlichen Begründung zum Siebten Rundfunkänderungsstaatsvertrag[222] diente die Einführung dieser Verpflichtung dazu, eine möglichst hohe Anzahl verschiedener Regionalfensterprogramme mit unterschiedlichen regionalen Inhalten auf Dauer zu gewährleisten. Die betroffenen Rundfunksender RTL und SAT.1 sollten somit keine Möglichkeit mehr haben, ihre Programmaktivitäten im Bereich der Regionalfenster – also insbesondere die jeweiligen Sendezeiten, Inhalte und Verbreitungsgebiete – unter dasjenige Maß zu verringern, welches zum Stichtag 1. Juli 2002 – und damit zum Zeitpunkt des Inkrafttretens des Sechsten Rundfunkänderungsstaatsvertrages – bestanden hatte.

Durch die Einführung dieser Konkretisierung in § 25 Abs. 4 Satz 1 RStV wurde zugleich Rechtssicherheit für die Anwendung der Bonusregelung in § 26 Abs. 2 Satz 3 RStV geschaffen, über deren Auslegung KEK und Landesmedienanstalten sich seit ihrer Einführung durch den Sechsten Rundfunkänderungsstaatsvertrag nicht hatten einigen können. Denn § 26 Abs. 2 Satz 3 RStV hatte – wie oben bereits angesprochen – in seiner alten Fassung die Bonusgewährung an

221 Vgl. dazu auch *Hartstein/Ring/Kreile/Dörr/Stettner*, § 25 RStV Rn. 16; *Kümmel/Meyer-Burckhardt*, MMR 2005, 288, 289, bezeichnen die Regelung daher auch als „lex RTL und SAT.1".

222 Abgedruckt bei *Hartstein/Ring/Kreile/Dörr/Stettner*, § 25 RStV.

die Ausstrahlung von Regionalfensterprogrammen im *„angemessenen, mindestens im bisherigen Umfang“* geknüpft. Uneinigkeit hatte zwischen KEK und Landesmedienanstalten aber darüber bestanden, was überhaupt unter dem angesprochenen „Umfang“ und v.a. unter einer Ausstrahlung in *„angemessenem“* Umfang zu verstehen sei, und wer über das Vorliegen dieser Voraussetzung zu entscheiden habe.[223] Letzteres wurde dadurch geklärt, dass der Gesetzgeber in § 36 Abs. 2 Satz 2 RStV die Kompetenz zur Feststellung der Voraussetzungen des § 25 Abs. 4 Satz 1 RStV ausdrücklich den Landesmedienanstalten übertrug, die darüber mit einer Drei-Viertel Mehrheit zu entscheiden haben.

Anderseits war aber durch die Festschreibung des Ausstrahlungsumfangs in § 25 Abs. 4 Satz 1 RStV eine Neustrukturierung der Regionalfenster für die betroffenen Rundfunkveranstalter äußerst erschwert worden, was von den privaten Rundfunkveranstaltern kritisiert wurde und wird.[224] Und auch seitens der KEK wurde und wird Kritik an der Einführung des „Stichtagsprinzips“ geübt.[225]

3. Einführung weitergehender landesrechtlicher Regelungen in Niedersachsen und Schleswig-Holstein

Teilweise noch im Vorfeld der Novellierung durch den Siebten Rundfunkänderungsstaatsvertrag, verschärften auch einzelne Bundesländer – namentlich Niedersachsen und Schleswig-Holstein – den Bestandschutz für die jeweils bereits bestehenden Regionalfenster – und insbesondere die jeweils verantwortlichen Regionalfenster*anbieter* - gegenüber der Regelung des Rundfunkstaatsvertrages, indem sie spezielle Regelungen zur Organisation und vor allem Produktion der Regionalfenster in ihre Landesmediengesetze einfügten. Diese Neuregelung erfolgte vor dem Hintergrund einer offen geführten Diskussion um eine mögliche Zentralisierung der studiotechnischen Abwicklung der SAT.1 Regionalfenster für die norddeutschen Bundesländer in Berlin.[226]

So bestimmte das Landesmediengesetz Niedersachsen bereits ab 1. Januar 2004, dass die Produktion ebenso wie die studiotechnische Abwicklung der Regionalfensterprogramme in Niedersachsen selbst erfolgen müsse.[227] Schleswig-

---

223 Vgl. dazu *Hartstein/Ring/Kreile/Dörr/Stettner,* § 25 RStV Rn. 4; *Hess,* AfP 2002, 398, 399; *ders.,* AfP 2003, 29, 29; *Hepach,* ZUM 2003, 112, 117 f.

224 Vgl. *Kümmel/Meyer-Burckhardt,* MMR 2005, 288, 289.

225 Vgl. nachstehend unter C.II.1.b)aa).

226 Vgl. dazu *Kümmel/Meyer-Burckhardt,* MMR 2005, 288, 289; *n.n.,* textintern Nr. 43 vom 31.5./8.6.2006.

227 Vgl. § 15 Abs. 3 des Landesmediengesetzes Niedersachsen, in Kraft getreten am 1.1.2004.

Holstein hingegen legte im Oktober 2004 fest, dass die Beiträge für eine Sendung im jeweiligen Veranstaltungsgebiet zusammengeführt werden müssten.[228]

Sowohl die RTL Television GmbH, als auch die ProSiebenSAT.1 Media AG bzw. die SAT.1 SatellitenFernsehen GmbH waren – als Muttergesellschaften der Regionalfensteranbieter RTL Nord GmbH und SAT.1 Norddeutschland GmbH – von diesen Regelungen betroffen und wandten sich daher im März 2004 mit einer entsprechenden Beschwerde an die EU-Kommission: derartige Regelungen in Landesgesetzen betrachteten die beiden Unternehmen als Verstoß gegen die Niederlassungsfreiheit, Art. 43 EG, und die Dienstleistungsfreiheit, Art. 49 EG.[229]

4. Die Änderung der Drittsendezeitrichtlinie 2004

Auch innerhalb der DLM wurden im Sommer 2004 verschiedene zusätzliche Regelungen bezüglich der Veranstaltung der Regionalfensterprogramme diskutiert. Das Ergebnis dieser Diskussion fand seine Manifestation in der Drittsendezeitrichtlinie (DSZR) vom 16. Dezember 1997, die am 14. Juli 1998 in Kraft getreten war. Diese Richtlinie legte bereits detaillierte Anforderungen an die Fensterprogramme nach § 31 RStV fest.

In Ziff. 3.5. der Drittsendezeitrichtlinie wurden nun – bezogen auf die Anrechenbarkeit der Regionalfensterprogramme auf die Sendezeit für unabhängige Dritte nach § 31 Abs. 2 RStV – auch die Anforderungen an Regionalfensterprogramme umfang- und detailreich konkretisiert.[230] Diese Erweiterung der Drittsendezeitrichtlinie wurde von Seiten der privaten Rundfunkveranstalter scharf kritisiert: zum einen wurde darauf hingewiesen, dass § 33 RStV in seiner alten Fassung nur eine Ermächtigung zur Ausgestaltung von § 31 RStV, nicht aber § 25 RStV enthielt, zum anderen wurde den Landesmedienanstalten vorgeworfen, die Novellierung sei ausschließlich von standortpolitischen – und nicht konzentrationsrechtlichen – Motiven getragen.[231] Letzteres lag insofern nahe, als die Landesmedienanstalten u.a. auch Regelungen in die Drittsendezeitrichtlinie aufnahmen, die den zuvor in Niedersachsen und Schleswig-Holstein eingeführten Rechtsnormen vergleichbar waren.[232]

---

228 Vgl. dazu *Kümmel/Meyer-Burckhardt*, MMR 2005, 288, 289.

229 Vgl. zu dieser Entwicklung *Kümmel/Meyer-Burckhardt*, MMR 2005, 288, 289; *Scheuer*, MMR 2004, Heft 6 S. X.

230 Vgl. z.B. die Regelungen über die Sendezeit in Ziff. 3.5.1. Satz 7 bis 12 DSZR und über die Finanzierung in Ziff. 3.5.2. Satz 3 und Satz 6 bis 9 DSZR; vgl. dazu auch *Berger*, MMR 2005, Heft 2 S. XII.

231 Vgl. dazu *Kümmel/Meyer-Burckhardt*, MMR 2005, 288, 289 f.

232 So z.B. Ziff. 3.5.1. Satz 12 DSZR; vgl. dazu *Kümmel/Meyer-Burckhardt*, MMR 2005, 288, 290; *Berger*, MMR 2005, Heft 2, XII.

Unabhängig davon stellen die entsprechenden Vorschriften der Drittsendezeitrichtlinie jedoch einen „Vorläufer" der Fernsehfensterrichtlinie (FFR)[233] dar, die – nach dem Inkrafttreten des Achten Rundfunkänderungsstaatsvertrages am 1. April 2005 – von der DLM am 6. Juli 2005 beschlossen und mittlerweile von den Gremien der einzelnen Landesmedienanstalten bestätigt wurde.[234]

C. Die aktuelle Regelung des § 25 Abs. 4 RStV nach der Reform durch den Achten Rundfunkänderungsstaatsvertrag und die Ausgestaltung dieser Vorschrift durch die Fernsehfensterrichtlinie (FFR) der Landesmedienanstalten

Auf der Basis der in Teil B. dargestellten Entwicklung soll im Folgenden ein Überblick über die aktuell geltenden rechtlichen Rahmenbedingungen für die Veranstaltung von Regionalfensterprogrammen in der Bundesrepublik Deutschland gegeben werden. Dabei ist vor allem zu klären, welche Rechtsnatur die von den Landesmedienanstalten erlassene Fernsehfensterrichtlinie (FFR) aufweist (I.). Anschließend soll die Neuregelung der Regionalfensterprogramme durch den Achten Rundfunkänderungsstaatsvertrag in § 25 Abs. 4 RStV und in der Fernsehfensterrichtlinie der Landesmedienanstalten im Detail dargestellt werden (II). Schließlich ist die Bedeutung der Regionalfensterprogramme in der Systematik der vielfaltsichernden Vorschriften der §§ 25 ff. RStV zu untersuchen (III.).

I. Die aktuellen rechtlichen Rahmenbedingungen für die Veranstaltung von Regionalfensterprogrammen in der Bundesrepublik Deutschland

Rundfunk – und damit grundsätzlich auch die Veranstaltung von Regionalfensterprogrammen in privaten Fernsehprogrammen – ist eine Materie, die in der Bundesrepublik Deutschland nach Art. 30 GG i.V.m. Art. 70 GG der Gesetzge-

---

233 „Gemeinsame Richtlinie der Landesmedienanstalten zur Sicherung der Meinungsvielfalt durch regionale Fenster in Fernsehvollprogrammen nach § 25 RStV (Fernsehfensterrichtlinie – FFR)", abgedruckt bei *Hartstein/Ring/Kreile/Dörr/Stettner*, § 33 RStV Rn. 3.

234 Vgl. *Hartstein/Ring/Kreile/Dörr/Stettner*, § 33 RStV Rn. 3.

bungskompetenz der einzelnen Bundesländer unterliegt[235] und daher einer vielschichtigen Regelung unterworfen ist.[236]

Insbesondere die Regelungen des Rundfunkstaatvertrages sind dabei Ausfluss der aus Art. 5 Abs. 1 Satz 2 GG folgenden verfassungsrechtlichen Vorgaben für die Veranstaltung von Rundfunk in einem Dualen Rundfunksystem, wie sie durch die Rechtsprechung des Bundesverfassungsgerichts vor allem in seinem Dritten[237] und Vierten Rundfunkurteil[238] herausgearbeitet wurden.[239] Es handelt sich insofern um die von dem Gesetzgeber zu schaffende „positive Ordnung", um „eine Art Grundgesetz für die Duale Rundfunkordnung in Deutschland"[240].

Auf der Ebene der Landesgesetzgebung spielen für den Privaten Rundfunk neben den Regelungen im Rundfunkstaatsvertrag grundsätzlich auch die Landesmediengesetze[241] der einzelnen Bundesländer eine wichtige Rolle.[242]

Zusätzliche Vorgaben speziell für die Veranstaltung von Regionalfensterprogrammen finden sich neuerdings in der auf Grundlage von § 33 RStV erlassenen Fernsehfensterrichtlinie (FFR) der Landesmedienanstalten.

1. Die Regelung im Rundfunkstaatsvertrag und in den Landesmediengesetzen

a) Der Rundfunkstaatsvertrag in der aktuellen Fassung des Achten Rundfunkänderungsstaatsvertrages

Die aufgrund § 1 RStV bundesweit verbindliche einfachgesetzliche Regelung[243] der Regionalfensterprogramme enthält § 25 Abs. 4 RStV in der aktuellen Fas-

---

235 Die Gesetzgebungskompetenz im Bereich des Rundfunks ist Teil der aus Art. 30, 70 GG resultierenden Kulturhoheit der Länder. Vgl. dazu *Hahn/Vesting – Vesting,* § 1 RStV Rn. 10; *Jarass/Pieroth,* Art. 70 GG Rn. 11; vgl. auch BVerfGE 12, 205 (225, 229); 57, 295 (321); 92, 203 (238).

236 *Hartstein/Ring/Kreile/Dörr/Stettner,* Teil B 3 Vor Rn. 1, sprechen insofern von einer „verwirrenden Vielfalt".

237 BVerfGE 57, 295.

238 BVerfGE 73, 118.

239 Diese Vorgaben – und insbesondere ihre Konkretisierung durch die Rechtsprechung des Bundesverfassungsgerichts – wurden in der Einleitung bereits angesprochen. Sie werden im Folgenden unter C.III.1. näher dargestellt.

240 *Hartstein/Ring/Kreile/Dörr/Stettner,* Teil B 3 Rn.1.

241 Die meisten Bundesländer haben mittlerweile einheitliche Landesmediengesetze verabschiedet, vgl. *Dörr,* NJW 2003, 3020, 3024 f. und NJW 2005, 3114, 3118. Die jeweils aktuellen Fassungen der Landesmediengesetze sind abgedruckt bei *Ring,* Medienrecht, D.II., Loseblatt Stand März 2007.

242 Vgl. *Hartstein/Ring/Kreile/Dörr/Stettner,* § 1 RStV Rn. 3; vgl. dazu auch die Darstellung bei *Fechner,* Rn. 837.

243 Der Rundfunkstaatsvertrag der Bundesländer wird – nach allgemeinen staatsvertraglichen Grundsätzen – durch die Zustimmung der einzelnen Länderparlamente in

sung durch den Achten Rundfunkänderungsstaatsvertrag, welcher am 1. April 2005 in Kraft getreten ist. Nach dieser Vorschrift sind in den beiden reichweitenstärksten bundesweit verbreiteten Fernsehvollprogrammen zwingend regionale Fensterprogramme aufzunehmen. Zudem werden in § 25 Abs. 4 RStV wichtige Vorgaben für die Veranstaltung der Regionalfensterprogramme festgelegt.

- Durch den Achten Rundfunkänderungsstaatsvertrag wurden dabei in § 25 Abs. 4 Satz 1 RStV erstmals auf konkrete Themengebiete – es handelt sich um die Bereiche Politik, Wirtschaft, Soziales und Kultur – bezogene *inhaltliche* Anforderungen für die Regionalfensterprogramme aufgestellt.[244]
- Auch das Erfordernis der *redaktionellen* und *gesellschaftsrechtlichen Unabhängigkeit* der Regionalfensteranbieter von dem jeweiligen Hauptprogrammveranstalter, § 25 Abs. 4 Satz 2 und 4 RStV, wurde erstmalig in die in § 25 Abs. 4 RStV verankerte Regelung der regionalen Fensterprogramme eingeführt.[245]

Form von Zustimmungsgesetzen – bzw. durch parlamentarischen Zustimmungsbeschluss, BVerfGE 37, 191 (191 ff.) – in das jeweilige Landesrecht transformiert und ist somit gleichrangig zu anderen einfachgesetzlichen Landesvorschriften, vgl. *Hahn/Vesting – Vesting,* § 1 Rn. 36; *Bornemann/Lörz,* Art. 25 BayMG Rn. 116; *Hartstein/Ring/Kreile/Dörr/Stettner,* § 1 RStV Rn. 4 ff.; BVerfGE 37, 191 (191 ff.). Er stellt jedoch das einzige länderübergreifende Gesetz dar, das für alle Bereiche des Rundfunks grundsätzliche Regelungen schafft. *Hartstein/Ring/Kreile/Dörr/Stettner,* Teil B 3 Rn. 2, bezeichnen ihn daher als „Grundgesetz für den Rundfunk". Vgl. auch *Degenhart,* Rn. 157.

§ 1 Abs. 2 RStV stellt eine deklaratorische Wiederholung der allgemeinen Kollisionsregel dar, wonach die durch das Zustimmungsgesetz in einfaches Landesrecht transformierten Vorschriften des Rundfunkstaatsvertrages bestehendes Landesrecht als lex posterior bzw. als lex specialis verdrängen, vgl. *Hahn/Vesting – Vesting,* § 1 RStV Rn. 37; *Hartstein/Ring/Kreile/Dörr/Stettner,* § 1 RStV Rn. 4, 9, 12. Auch eine nachfolgende staatsvertragswidrige Landesgesetzgebung in einem Bundesland berührt die Wirksamkeit des Rundfunkstaatsvertrages im *zwischenstaatlichen* Verhältnis nicht. Darüber hinaus wird teilweise befürwortet, auch *landesintern* der staatsvertraglichen Regelung einen generellen Vorrang einzuräumen, da andernfalls die praktische Bedeutung des Rundfunkstaatsvertrages für ein funktionsfähiges Rundfunksystem in der Bundesrepublik massiv geschmälert würde, vgl. dazu *Hahn/Vesting – Vesting,* § 1 RStV Rn. 38 ff. m.w.N. Dabei ist insbesondere zu beachten, dass späteres *allgemeines* Recht nicht das frühere *speziellere* Recht verdrängt (lex posterior generalis non derogat legi priori speciali), vgl. dazu *Hartstein/Ring/Kreile/Dörr/Stettner,* § 1 RStV Rn. 11.

Speziell für die Regelung in § 25 RStV ist aber § 39 Satz 2 RStV zu beachten. Danach ist eine von den Vorgaben der §§ 21 bis 38 RStV – und somit auch § 25 Abs. 4 RStV – abweichende Regelung durch Landesrecht nicht zulässig. Vgl. dazu *Hartstein/Ring/Kreile/Dörr/Stettner,* § 39 RStV.

244 Vgl. dazu nachstehend C.II.1.

245 Vgl. dazu nachstehend C.II.2.

- Gleiches gilt für die *eigenständige Zulassung* der Regionalfensteranbieter, § 25 Abs. 4 Satz 3 RStV.[246]
- Die in § 25 Abs. 4 Satz 5 RStV enthaltene *Finanzierungsverpflichtung* war zwar in der Fassung des Rundfunkstaatsvertrages 1991[247] bis einschließlich seiner Novellierung durch den Siebten Rundfunkänderungsstaatsvertrag[248] bereits enthalten. Die Verpflichtung zur Sicherstellung der Finanzierung der Regionalfensterprogramme hatte nach der alten Fassung jedoch den Hauptprogrammveranstalter nicht allein, sondern Haupt- und Fensterprogrammveranstalter gemeinsam getroffen.[249] Im Übrigen wurde die Finanzierungsverpflichtung vor dem Hintergrund der redaktionellen Trennung und vor allem der vorgesehenen gesellschaftsrechtlichen Entflechtung von Haupt- und Fensterprogrammveranstalter durch die Novellierung in ein völlig neues Licht gerückt.
- Einzig § 25 Abs. 4 Satz 6 RStV ist seinem Wortlaut nach identisch mit § 25 Abs. 4 Satz 3 RStV a.F. und enthält die dort bereits zuvor normierte Aufgabe der Landesmedienanstalten, die Organisation der Regionalfensterprogramme in zeitlicher und technischer Hinsicht abzustimmen.

Die Regionalfensterprogramme sind – wie oben bereits angesprochen[250] – auch Gegenstand der Regelung in § 31 Abs. 2 Satz 2 bis Satz 4 RStV, die unter bestimmten Umständen eine zeitliche Anrechnung ausgestrahlter Regionalfensterprogramme auf die Verpflichtung zur Einräumung von Sendezeit für unabhängige Dritte nach § 31 RStV erlaubt.[251]

Schließlich finden Regionalfensterprogramme nach der Bonusregelung des § 26 Abs. 2 Satz 3 RStV Berücksichtigung bei der Berechnung des nach § 26 Abs. 2 Satz 2 RStV für das Bestehen vorherrschender Meinungsmacht maßgeblichen Zuschaueranteils.[252]

b) Die Landesmediengesetze

Die Zulassung und Organisation der Regionalfensterprogramme erfolgt nach Maßgabe des jeweiligen Landesrechts.[253] Damit sind in erster Linie die Landes-

---

246 Vgl. dazu nachstehend C.II.3.
247 Vgl. § 20 Abs. 6 Satz 2 RStV 1991.
248 Vgl. § 25 Abs. 4 Satz 2 RStV in der Fassung durch den Siebten Rundfunkänderungsstaatsvertrag.
249 Vgl. dazu nachstehend unter C.II.5.b).
250 Vgl. dazu oben A.II.1.b).
251 Vgl. dazu nachstehend C.III.5.
252 Vgl. dazu nachstehend C.III.4.
253 Vgl. auch die Präambel zu der „Gemeinsamen Richtlinie der Landesmedienanstalten zur Sicherung der Meinungsvielfalt durch regionale Fenster in Fernsehvollpro-

mediengesetze[254] der einzelnen Bundesländer gemeint, daneben aber auch die auf Grundlage der Landesmediengesetze erlassenen untergesetzlichen Normen wie z.B. Satzungen.[255]

Wie sich aus der Kollisionsvorschrift des § 1 Abs. 2 RStV ergibt, sind Vorschriften des jeweiligen Landesrechts im Verhältnis zum Rundfunkstaatsvertrag generell anwendbar, soweit sie nicht in Widerspruch zu Regelungen des Rundfunkstaatsvertrages selbst oder der durch ihn zugelassenen Regelungen stehen.[256]

Was die Ausstrahlung von Regionalfensterprogrammen betrifft, so verweisen die Landesmediengesetze meist auf die Vorschrift des § 25 Abs. 4 RStV oder wiederholen deren Wortlaut.[257] Dies erklärt sich aus der bundesweiten Wirkung der Regionalfensterprogramme im Rahmen der Vielfaltsicherung.[258]

Landesrechtliche Regelungen bezüglich der Veranstaltung von Regionalfensterprogrammen finden sich allerdings auch in Satzungen, die in den einzelnen

---

grammen nach § 25 RStV (Fernsehfensterrichtlinie - FFR)", abgedruckt bei *Hartstein/Ring/Kreile/Dörr/Stettner,* § 33 RStV Rn. 3. Vgl. zu der Zulassung nachfolgend unter C.II.3.a).

254 Die meisten Bundesländer haben mittlerweile einheitliche Landesmediengesetze verabschiedet, vgl. auch *Dörr,* NJW 2003, 3020, 3024 f. und NJW 2005, 3114, 3118.
Die jeweils aktuellen Fassungen sind abgedruckt bei *Ring,* Medienrecht, D.II., Loseblatt Stand März 2007.

255 Vgl. *Hahn/Vesting – Vesting,* § 1 RStV Rn. 37; In Bayern z.B. wurde auf Grund des Art. 25 Abs. 15 BayMG die „Satzung über die Nutzung von Fernsehkanälen in Bayern nach dem Bayerischen Mediengesetz (Fernsehsatzung – FSS)", welche in §§ 20 ff. FSS Regelungen über „Bayerische Fensterprogramme in bundesweiten Fernsehprogrammen" enthält, erlassen und auf der Grundlage von Art. 8 Abs. 2 Satz 2 BayMG die „Satzung zur Regelung der Werbung in regionalen und lokalen Fernsehfensterprogrammen (Fernsehfensterwerbesatzung)". In Bayern wird darüber hinaus die – in § 25 Abs. 4 Satz 5 RStV geforderte – Finanzierung der Regionalfensterprogramme durch die Hauptprogrammveranstalter in § 23 FSS i.V.m. der „Richtlinie zur Erhebung und Verteilung des Finanzierungsbeitrags für Fernsehfensterprogramme in Bayern nach der Fernsehsatzung" geregelt.

256 Vgl. dazu oben unter C.I.1.a).

257 Vgl. z.B. in Bayern Art. 3 Abs. 3 BayMG, der in seinem Wortlaut weitgehend § 25 Abs. 4 Satz 1 und Satz 2 RStV in der Fassung des Siebten Rundfunkänderungsstaatsvertrages entspricht.
Vgl. i.Ü. *Beucher/Leyendecker/von Rosenberg,* § 25 RStV Rn. 17, der allerdings zu Unrecht auf Art. 4 Satz 3 BayMG Bezug nimmt, da diese Regelung lediglich auf die §§ 26 bis 34 RStV verweist; vgl. i.Ü. *Ebsen,* S. 144.

258 Diese bundesweite Wirkung wird in der Präambel zu der – auf Grundlage von § 33 RStV erlassenen – Fernsehfensterrichtlinie der Landesmedienanstalten betont, vgl. *Hartstein/Ring/Kreile/Dörr/Stettner,* § 33 RStV Rn. 3. Die in § 25 Abs. 4 RStV normierten Mindestbedingungen sind wegen § 39 Satz 2 RStV daher ohnehin für die Länder bindend.

Bundesländern aufgrund entsprechender Satzungsermächtigungen in den Landesmediengesetzen erlassen wurden.[259]

Die weitere Darstellung konzentriert sich jedoch auf die bundesweit geltenden Regelungen für die Veranstaltung von Regionalfensterprogrammen im Rundfunkstaatsvertrag und in der Fernsehfensterrichtlinie (FFR).

2. Die Fernsehfensterrichtlinie (FFR) der Landesmedienanstalten

Die Landesmedienanstalten haben auf Grundlage der Ermächtigung in § 33 RStV in der Fassung durch den Achten Rundfunkänderungsstaatsvertrag am 6. Juli 2005 in der DLM die „Gemeinsame Richtlinie der Landesmedienanstalten zur Sicherung der Meinungsvielfalt durch regionale Fenster in Fernsehvollprogrammen nach § 25 RStV" zur „näheren Ausgestaltung"[260] von § 25 Abs. 4 RStV beschlossen, die sog. Fernsehfensterrichtlinie (FFR)[261]. Diese wurde mittlerweile von den Gremien der einzelnen Landesmedienanstalten bestätigt.[262]

Da es sich um eine *gemeinsame* Richtlinie handelt, mussten die Landesmedienanstalten sich auf einen gemeinsamen Richtlinientext einigen, der Richtlinientext ist also *bundesweit* identisch.[263]

a) Die Ermächtigung nach § 33 RStV

Bereits nach § 33 RStV a.F. bestand eine Ermächtigung der Landesmedienanstalten zum Erlass gemeinsamer Richtlinien zur näheren Ausgestaltung der Bestimmungen über die Einräumung von Sendezeit für unabhängige Dritte, § 31

---

259 Vgl. z.B. in Bayern die §§ 20 ff. der auf Grund des Art. 25 Abs. 15 BayMG erlassenen „Satzung über die Nutzung von Fernsehkanälen in Bayern nach dem Bayerischen Mediengesetz (Fernsehsatzung – FSS)", und die auf Grund des Art. 8 Abs. 2 Satz 2 BayMG erlassene „Satzung zur Regelung der Werbung in regionalen und lokalen Fernsehfensterprogrammen (Fernsehfensterwerbesatzung)".

260 So der Wortlaut von § 33 RStV.

261 „Gemeinsame Richtlinie der Landesmedienanstalten zur Sicherung der Meinungsvielfalt durch regionale Fenster in Fernsehvollprogrammen nach § 25 RStV (Fernsehfensterrichtlinie – FFR)", abgedruckt bei *Hartstein/Ring/Kreile/Dörr/Stettner*, § 33 RStV Rn. 3.

262 Vgl. *Hartstein/Ring/Kreile/Dörr/Stettner*, § 33 RStV Rn. 3.

263 Vgl. dazu *Bornemann/Lörz*, Art. 12 BayMG Rn. 17; *Oberländer*, ZUM 2001, 487, 488. Dabei darf der Terminus „gemeinsame Richtlinie" nicht dahingehend missverstanden werden, es gäbe nur *eine einzige* Richtlinie für alle Landesmedienanstalten. Vielmehr muss der Richtlinienentwurf von jeder einzelnen Landesmedienanstalt einzeln angenommen und umgesetzt werden, die Landesmedienanstalten müssen sich jedoch *zuvor* auf einen *gemeinsamen* Text verständigen, vgl. dazu auch *Ebsen*, S. 121.

RStV, und über die Einrichtung eines Programmbeirats, § 32 RStV. Im Rahmen der Novellierung durch den Achten Rundfunkänderungsstaatsvertrag wurde diese Ermächtigung explizit auf die Vorschrift des § 25 RStV ausgedehnt.

Ausweislich der amtlichen Begründung zum Achten Rundfunkänderungsstaatsvertrag[264] erfolgte diese Ausdehnung gerade wegen der besonderen Bedeutung der Regionalfenster für die *Angebots- und Meinungsvielfalt.*

b) Die Drittsendezeitrichtlinie als „Vorgänger" der Fernsehfensterrichtlinie

Nach der Präambel der Fernsehfensterrichtlinie[265] ist es ihr Sinn und Zweck, aufgrund der bundesweiten Wirkung der Regionalfensterprogramme im Rahmen der Vielfaltsicherung „einheitliche Maßstäbe für die Ausgestaltung der Regionalprogramme nach den Vorgaben des § 25 Abs. 4 RStV" zu gewährleisten.

Schon die Drittsendezeitrichtlinie hatte – seit ihrer Novellierung im Jahr 2004 und der damit verbundenen Erweiterung der Regelung in Ziff. 3.5. DSZR[266] – detaillierte Vorgaben in Bezug auf die Veranstaltung von Regionalfensterprogrammen enthalten, soweit deren Anrechenbarkeit auf die Sendezeit für unabhängige Dritte nach § 31 Abs. 2 Satz 2 bis Satz 4 RStV in Frage stand.

Die dort geregelten Vorgaben wurden jedoch nicht nur als Vorgaben für die *Anrechnung* der Regionalfensterprogramme im Rahmen von § 31 RStV, sondern darüber hinaus als *generelle* Vorgaben für die Veranstaltung von Regionalfensterprogrammen betrachtet. Dies tangierte auch die Berücksichtigungsfähigkeit von Regionalfensterprogrammen bei der Bonusgewährung nach § 26 Abs. 2 Satz 3 RStV.

Die Rechtmäßigkeit der Drittsendezeitrichtlinie war daher bezüglich ihrer Geltung für Regionalfensterprogramme bezweifelt worden. Denn § 33 RStV a.F. hatte noch keinen Verweis auf § 25 RStV enthalten, so dass von Seiten der privaten Rundfunkveranstalter vermehrt Stimmen laut wurden, es fehle insofern schon an der – aus ihrer Sicht erforderlichen – Ermächtigung zum Richtlinienerlass.[267]

Insofern sorgten die Erweiterung des § 33 RStV auf die Ausgestaltung des § 25 RStV und der darauf basierende Erlass der Fernsehfensterrichtlinie (FFR) für Rechtsklarheit.

---

264 Abgedruckt bei *Hartstein/Ring/Kreile/Dörr/Stettner*, § 33 RStV.
265 Abgedruckt bei *Hartstein/Ring/Kreile/Dörr/Stettner*, § 33 RStV Rn. 3.
266 Vgl. dazu oben unter B.VI.4.
267 Vgl. dazu *Kümmel/Meyer-Burckhardt*, MMR 2005, 288, 290.

c) Die Rechtsnatur und Wirkung der Fernsehfensterrichtlinie

§ 33 RStV enthält seinem Wortlaut nach die Ermächtigung der Landesmedienanstalten zum Erlass von „*Richtlinien* zur näheren *Ausgestaltung* der §§ 25, 31 und 32 RStV". Es ist daher zu untersuchen, welche Rechtsnatur diese Richtlinien aufweisen und welche Bindungswirkung sie demgemäß entfalten.

aa) Die Rechtsnatur und Wirkung von Richtlinien im Allgemeinen Verwaltungsrecht

Richtlinien sind fester Bestandteil des verwaltungsrechtlichen Regelungsinstrumentariums.

(1) Die Richtlinie als Verwaltungsvorschrift

Legt man die Terminologie des allgemeinen Verwaltungsrechts zugrunde, so handelt es sich bei Richtlinien um sog. Verwaltungsvorschriften.[268] Unter Verwaltungsvorschriften wiederum sind „generell-abstrakte Anordnungen einer Behörde an nachgeordnete Behörden oder eines Vorgesetzten an die ihm unterstellten Verwaltungsbediensteten" zu verstehen, die die Organisation oder das sachliche Verwaltungshandeln einer Behörde betreffen.[269] Verwaltungsvorschriften werden also von Organen der Exekutive erlassen.

Grundsätzlich bedarf ihr Erlass keiner spezialgesetzlichen Ermächtigungsgrundlage,[270] denn der Erlass von Verwaltungsvorschriften beruht auf der „Befugnis zur Leitung eines Geschäftsbereichs"[271], aus der sich wiederum die Befugnis zum Erlass sowohl individueller, als auch genereller Weisungen gegen-

---

268 Vgl. *Maurer,* Verwaltungsrecht, § 24 Rn. 1; *Bornemann/Lörz,* Art. 10 BayMG Rn. 23 m.w.N.

269 Vgl. *Maurer,* Verwaltungsrecht, § 24 Rn. 1. Anders wird der Begriff der Richtlinie z.B. im Bereich des Europarechts verwendet: Richtlinien i.S.v. Art. 249 EG sind in ihrer Struktur und Wirkung am ehesten mit einem Rahmengesetz i.S.v. Art. 75 GG zu vergleichen, da sie nur hinsichtlich des zu erreichenden Ziels verbindlich sind, im Übrigen aber der Transformation in das Recht des jeweiligen Mitgliedstaates der EU bedürfen.

270 Insofern unterscheiden sich Verwaltungsvorschriften von Rechtsverordnungen, vgl. z.B. Art. 80 Abs. 1 GG, die zwar ebenfalls von der Exekutive erlassen werden, aber einer spezialgesetzlichen Ermächtigung bedürfen. Vgl. dazu *Maurer,* Verwaltungsrecht, § 24 Rn. 32 f. Vgl. im Übrigen auch *Bornemann/Lörz,* Art. 10 BayMG Rn. 13 ff.

271 BVerwGE 67, 222 (229).

über nachgeordneten Behörden ergibt.[272] Die Verwaltungsvorschrift ist insofern Ausfluss des hierarchischen Behördenaufbaus. Soll eine Verwaltungsvorschrift allerdings eine *nicht* in diesem Sinne *nachgeordnete* Behörde binden, so bedarf es zu ihrem Erlass tatsächlich einer speziellen Rechtsgrundlage.[273]

(2) Arten von Verwaltungsvorschriften

Im Einzelnen sind folgende Arten von Verwaltungsvorschriften zu unterscheiden: Organisations- und Dienstvorschriften, gesetzesauslegende oder norminterpretierende, normkonkretisierende, ermessenslenkende, sowie gesetzesvertretende Verwaltungsvorschriften.[274]

- *Organisations- und Dienstvorschriften* regeln die innere Organisation und den Dienstbetrieb in einer Behörde, soweit diese Umstände nicht bereits durch Gesetz geregelt oder aufgrund eines Gesetzes zu regeln sind.[275]
- *Gesetzesauslegende bzw. norminterpretierende Verwaltungsvorschriften*, sog. Auslegungsrichtlinien, geben Aufschluss über die Auslegung und Anwendung von Rechtsnormen, insbesondere bei unbestimmten Rechtsbegriffen.
  Sie stellen damit eine Interpretationshilfe für die Verwaltung dar, durch die eine einheitliche Anwendung der Gesetze gewährleistet werden soll. Verwaltungsgerichtlich sind sie daher voll überprüfbar.[276]
- Anders ist dies bei *normkonkretisierenden Verwaltungsvorschriften.* Sie konkretisieren aufgrund einer entsprechenden gesetzlichen Ermächtigung unbestimmte Rechtsbegriffe oder sog. offene Tatbestände und können durch die Verwaltungsgerichte daher nur eingeschränkt überprüft werden.[277]
- *Ermessenslenkende Verwaltungsvorschriften,* sog. Ermessensrichtlinien, bestimmen, in welcher Art und Weise die Verwaltung hinsichtlich einer von ihr zu setzenden Rechtsfolge von dem ihr in einer Rechtsnorm eingeräumten Ermessen Gebrauch machen soll. Dadurch soll eine einheitliche und gleichmäßige Ermessensausübung gewährleistet werden.[278]
- Besteht für einen bestimmten Bereich, der einer gesetzlichen Regelung bedarf, eine solche überhaupt nicht oder sind die bestehenden Regelungen zu

---

272 Vgl. *Maurer,* Verwaltungsrecht, § 24 Rn. 33.
273 Vgl. *Maurer,* Verwaltungsrecht, § 24 Rn. 33.
274 Vgl. dazu *Maurer,* Verwaltungsrecht, § 24 Rn. 8 ff.
275 Vgl. *Maurer,* Verwaltungsrecht, § 24 Rn. 8.
276 Vgl. *Maurer,* Verwaltungsrecht, § 24 Rn. 9; *Bornemann/Lörz,* Art. 10 BayMG Rn. 24; *Oberländer,* ZUM 2001, 487, 488 f.
277 Vgl. dazu *Maurer,* Verwaltungsrecht, § 24 Rn. 9, 25a; *Bornemann/Lörz,* Art. 10 BayMG Rn. 25; *Oberländer,* ZUM 2001, 487, 489.
278 Vgl. *Maurer,* Verwaltungsrecht, § 24 Rn. 10.

allgemein und bedürfen einer Konkretisierung, so können *gesetzesvertretende Verwaltungsvorschriften* erlassen werden. Ihr Charakteristikum – und zugleich ihr Unterschied zu den Ermessensrichtlinien – ist es, dass sie nicht nur bereits vorhandene Entscheidungsmaßstäbe konkretisieren, sondern die erforderlichen Entscheidungsmaßstäbe für die Verwaltung überhaupt erst liefern. Diese Art von Verwaltungsvorschriften ist daher einzig und allein im Bereich der Leistungsverwaltung denkbar, z.B. in Form von Subventionsrichtlinien, da ihr im Bereich der Eingriffsverwaltung schon der aus dem Rechtsstaatsprinzip, Art. 20 Abs. 3 GG, resultierende Vorbehalt des Gesetzes entgegensteht.[279]

(3) Rechtswirkung von Verwaltungsvorschriften

Dass Verwaltungsvorschriften als rechtliche Regelungen zu qualifizieren sind, ist mittlerweile anerkannt.[280] Sie wenden sich aber grundsätzlich nicht an den Bürger, sondern – wie oben dargestellt – an die Verwaltung selbst, also an ihre Behörden und deren Bedienstete, und bleiben insofern ein reines *Verwaltungsinternum*.[281]

Allerdings können Verwaltungsvorschriften sich auch auf das Verhältnis zwischen Bürger und Staat auswirken und so zumindest *mittelbar* eine gewisse Außenwirkung erzeugen.[282] Dies gilt jedenfalls bei den sog. *ermessenslenkenden* Verwaltungsvorschriften: macht die Verwaltung bei der Setzung eines Rechtsakts – also dem Erlass eines Verwaltungsakts – von dem ihr eingeräumten Ermessen aufgrund einer Ermessensrichtlinie in bestimmter Art und Weise Gebrauch, so ist sie aufgrund der aus Art. 3 Abs. 1 GG resultierenden *Selbstbindung* der Verwaltung verpflichtet, in vergleichbaren Fällen auch die gleiche Entscheidung zu treffen.[283]

Darüber hinaus wird den *normkonkretisierenden* Verwaltungsvorschriften – innerhalb der gesetzlich gezogenen Grenzen – teilweise sogar eine *unmittelbare* Außenwirkung gegenüber dem Bürger zuerkannt.[284]

---

279 Vgl. dazu *Maurer,* Verwaltungsrecht, § 24 Rn. 11.

280 Vgl. dazu *Maurer,* Verwaltungsrecht, § 24 Rn. 2 f.

281 Vgl. *Maurer,* Verwaltungsrecht, § 24 Rn. 3, 16 f.; *Kopp/Schenke,* § 47 VwGO Rn. 29; vgl. auch *Hartstein/Ring/Kreile/Dörr/Stettner,* § 49 RStV Rn. 128; *Oberländer,* ZUM 2001, 487, 488 f..

282 Vgl. *Maurer,* Verwaltungsrecht, § 24 Rn. 3, 20; *Oberländer,* ZUM 2001, 487, 489.

283 Vgl. dazu *Maurer,* § 24 Rn. 21, 31; *Kopp/Schenke,* § 42 VwGO Rn. 94 und § 114 VwGO Rn. 10a; *Oberländer,* ZUM 2001, 487, 489; *Bornemann/Lörz,* Art. 10 BayMG Rn. 24 m.w.N.

284 Vgl. dazu *Maurer,* § 24 Rn. 9, 25, 25a. Diese Entwicklung geht zurück auf das „Wohl" - Urteil des Bundesverwaltungsgerichts, BVerwGE 72, 300 (320 f.), in dem

bb) Die Fernsehfensterrichtlinie der Landesmedienanstalten als Richtlinie im Sinne des Allgemeinen Verwaltungsrechts?

Grundsätzlich stellen Richtlinien als Verwaltungsvorschriften also ein bloßes Verwaltungsinternum im Sinne einer innerdienstlichen Anordnung einer Behörde an eine ihr im hierarchischen Verwaltungsaufbau nachgeordnete Behörde dar.[285] Fraglich ist aber, ob diese Qualifizierung auch für die FFR ihre Gültigkeit hat, und ob die FFR insofern überhaupt eine klassische Richtlinie darstellt.

Denn bei der Fernsehfensterrichtlinie handelt es sich um eine sog. *gemeinsame Richtlinie der Landesmedienanstalten.* Landesmedienanstalten sind aber – wie nachfolgend auszuführen sein wird – keine Behörden im klassischen Sinn.

Sinn und Zweck der Fernsehfensterrichtlinie ist es, einheitliche Maßstäbe für die Ausgestaltung der Regionalfensterprogramme nach § 25 Abs. 4 RStV zu gewährleisten.[286] Adressaten der in der FFR normierten Vorgaben sind damit in jedem Fall die in Zusammenhang mit der Zulassung und Organisation der Regionalfensterprogramme nach Landesrecht berufenen Entscheidungsträger. Die FFR wendet sich also – unabhängig von der exakten Kompetenzverteilung – zum einen an die Landesmedienanstalten bzw. ihre für die Zulassung von Regionalfensterveranstaltern zuständigen Organe,[287] zum anderen aber auch an die KEK. Letztere wird gemäß § 35 Abs. 2 Satz 1 Nr. 1 RStV i.V.m. § 35 Abs. 1 RStV als Organ der für eine Entscheidung jeweils zuständigen Landesmedienanstalt tätig.[288]

---

das Gericht eine normkonkretisierende Verwaltungsvorschrift erstmals als – innerhalb der gesetzlich gezogenen Grenzen – für die Verwaltungsgerichte verbindlich erklärt hatte und ihr somit rechtliche Außenwirkung zuerkannte. Vgl. dazu auch *Bornemann/Lörz,* Art. 10 BayMG Rn. 25 m.w.N; *Oberländer,* ZUM 2001, 487, 489, 491.

285 So auch *Hartstein/Ring/Kreile/Dörr/Stettner,* § 49 RStV Rn. 128 zum Begriff der „Verwaltungsvorschrift“.

286 Vgl. die Präambel der Fernsehfensterrichtlinie, abgedruckt bei *Hartstein/Ring/Kreile/Dörr/Stettner,* § 33 RStV Rn. 3.

287 In Bayern z.B. werden die nach Art. 25 Abs. 1 Satz BayMG für die Verbreitung von privaten Rundfunkangeboten erforderlichen Genehmigungen nach Art. 12 Abs. 2 Satz 2 Nr. 6 BayMG von dem Medienrat als Organ, Art. 10 Abs. 2 Nr. 1 BayMG, der BLM erteilt. Zwar ist Veranstalter im rundfunkrechtlichen Sinn gemäß Art. 111a Abs. 2 BV und Art. 2 BayMG im Bereich des Privatrundfunks stets die Bayerische Landeszentrale für Neue Medien (BLM) selbst, nach § 55 Satz 2 RStV finden aber die für private Veranstalter geltenden Bestimmungen des Rundfunkstaatsvertrages auf Anbieter nach bayerischem Recht entsprechende Anwendung.

288 Vgl. insofern z.B. auch Art. 10 Abs. 2 BayMG. Vgl. dazu auch *Dörr,* ZWeR 2004, 159, 180 f.

Schließlich ist denkbar, dass die FFR auch unmittelbare Außenwirkung gegenüber den privaten Rundfunkveranstaltern entfaltet. Dies wird im Folgenden noch zu erläutern sein. Insofern wären Adressaten der FFR dann auch (juristische) Personen des Privatrechts.

Zusammenfassend lässt sich also festhalten, dass sowohl in Bezug auf den Erlass der FFR, als auch auf ihre potentiellen Adressaten fraglich ist, inwiefern es sich bei der FFR um ein „Verwaltungsinternum zwischen Behörden" – also eine Verwaltungsvorschrift im klassischen Sinn – handelt.

(1) Die Landesmedienanstalten als unabhängige und staatsferne Kontrollorgane

Denn bei den Landesmedienanstalten handelt es sich nicht um „Behörden im Sinne des Allgemeinen Verwaltungsrechts". Sie sind weder als unmittelbare Staatsbehörden, noch als Teil der mittelbaren Staatsverwaltung zu qualifizieren.

Landesmedienanstalten werden zwar als Anstalten – und damit juristische Personen – des öffentlichen Rechts errichtet.[289] Sie sind aber auch insofern nicht „Teil des Staates", sondern haben eine ganz eigene Rechtsnatur, die aus ihrer besonderen Rolle innerhalb des Dualen Systems resultiert.

Das Bundesverfassungsgericht hat in seinem Vierten Rundfunkurteil[290] klargestellt, dass es im Dualen Rundfunksystem erforderlich ist, die Kontrolle über private Rundfunkanbieter einem *„externen, vom Staat unabhängigen* (...) *Organ*" zu übertragen und „wirksame gesetzliche Vorkehrungen gegen eine Konzentration von Meinungsmacht" zu treffen.[291] Diesen verfassungsrechtlichen Anforderungen haben die Länderparlamente Rechnung getragen durch die Errichtung der Landesmedienanstalten. Ihre Aufgabe ist es, im Sinne der verfassungsrechtlichen Vorgaben die erforderliche Kontrolle über die privaten Rundfunkveranstalter auszuüben.[292] Die Landesmedienanstalten stellen insofern „Instrumente zur Grundrechtssicherung und Organisation gesellschaftlicher Selbst- und Mitverwaltung"[293] im Dualen Rundfunksystem dar.

Um ihre Rolle als Kontroll- und Aufsichtsorgan effektiv erfüllen zu können, sind die Landesmedienanstalten mit Eingriffsbefugnissen – wie z.B. der Zulassung bzw. Verweigerung der Zulassung privater Rundfunkanbieter – ausgestattet.[294] Diese Eingriffsbefugnisse sind grundsätzlich Charakteristikum staatlicher

---

289 Vgl. z.B. für die BLM die Regelung in Art. 10 Abs. 2 BayMG.

290 BVerfGE 73, 118.

291 BVerfGE 73, 118 (119, 172 ff.); vgl. auch BVerfG NJW 1997, 1147 (1147).

292 Vgl. auch *Kreile*, UFITA 2005/I, 109, 162; *Bamberger*, ZUM 2000, 551, 551.

293 *Bumke*, S. 81; vgl. auch *Hoffmann/Riem*, Verfassungsrecht, S. 248, Rn. 92; *Bamberger*, ZUM 2000, 551, 554.

294 Vgl. dazu auch *Bamberger*, ZUM 2000, 551, 551.

Hoheitsgewalt, die Landesmedienanstalten treten den privaten Rundfunkanbietern insofern als Träger von Staatsgewalt gegenüber.[295]

Der Bereich des Rundfunks ist aber generell „staatsfern" zu organisieren. Die Eingriffsbefugnisse der Landesmedienanstalten sind unerlässlich dafür, dass diese die ihnen vom Bundesverfassungsgericht zugewiesene Rolle als „Wächter über den Privatrundfunk" und damit den verfassungsrechtlichen Auftrag zur Umsetzung des Pluralitätsgebots effektiv erfüllen können.[296] Sie ändern jedoch nichts daran, dass die Landesmedienanstalten staatsunabhängige Kontrollorgane darstellen[297] und – nach den Vorgaben des Bundesverfassungsgerichts – auch darstellen müssen. Die Landesmedienanstalten können daher nicht als Teil der staatlichen Verwaltung betrachtet werden. Dies äußert sich deutlich darin, dass den Landesmedienanstalten auch eine – zumindest partielle, für den Bereich des Art. 5 Abs. 1 Satz 2 GG wirkende – Grundrechtsfähigkeit zuerkannt wird.[298]

Dementsprechend wird auch die KEK als *staatsfernes* und standortunabhängiges Organ der jeweils zuständigen Landesmedienanstalt tätig.[299] Sie stellt ein unabhängiges Sachverständigengremium dar,[300] dessen originäre Aufgabe nach § 36 Abs. 1 Satz 1 RStV i.V.m § 37 RStV die abschließende und verbindliche[301] Beurteilung von Fragestellungen der *Sicherung von Meinungsvielfalt* im Zusammenhang mit der bundesweiten Veranstaltung von Fernsehprogrammen ist.[302]

---

295 Vgl. dazu *Kreile,* UFITA 2005/I, 109, 167 f.; vgl. dazu auch *Bumke,* S. 235 ff.

296 Vgl. dazu umfassend *Bumke,* S. 118 ff.; vgl. auch *Bamberger,* ZUM 2000, 551, 551, 554.

297 *Bamberger,* ZUM 2000, 551, 551, bezeichnet die Landesmedienanstalten als „dem Staat gegenüber rechtlich verselbständigte, von ihm unabhängige Organisationseinheiten". Vgl. dort zu der Sonderrolle der BLM in Bayern aufgrund von Art. 111a Abs. 2 BV und Art. 2 BayMG.

298 Vgl. BayVGH BayVBl. 1993, 340, 341; BVerfG NVwZ-RR 1993, 550, 550 f.; ebenso *Wagner,* S. 39; *Bumke,* S. 238; *Kühn,* S. 41.

299 Vgl. dazu unter *http://www.kek-online.de/Inhalte/aufgaben.html.*

300 Vgl. insbesondere § 35 Abs. 3 und Abs. 6 RStV.

301 Will die jeweils zuständige Landesmedienanstalt von einem Beschluss der KEK abweichen, so kann sie dies nur, in dem sie nach Maßgabe des § 37 Abs. 2 RStV die Konferenz der Direktoren der Landesmedienanstalten (KDLM) anruft, welche ebenfalls als Organ der Landesmedienanstalt tätig wird, § 35 Abs. 2 Satz 1 Nr. 2 RStV. Trifft die KDLM innerhalb von drei Monaten nach Anrufung mit Drei-Viertel Mehrheit einen abweichenden Beschluss, so tritt dieser an die Stelle des Beschlusses der KEK, andernfalls verbleibt es bei der Verbindlichkeit des Beschlusses des KEK.

302 Vgl. dazu den *Neunten Jahresbericht der KEK,* S. 10 und unter *http://www.kek-online.de/Inhalte/aufgaben.html.*

(2) Die Fernsehfensterrichtlinie als „Richtlinie sui generis"?

Die Landesmedienanstalten können somit nicht als klassische – in den hierarchischen Aufbau der unmittelbaren Staatsverwaltung einzuordnende – Behörden und ebenso nicht als Teil der mittelbaren Staatsverwaltung qualifiziert werden.

Die von ihnen erlassenen Richtlinien – und somit auch die FFR als gemeinsame Richtlinie der Landesmedienanstalten – stellen daher Vorschriften eines „staatsunabhängigen Kontrollorgans" dar. Es handelt sich also nicht um Verwaltungsvorschriften im oben dargestellten, klassischen Sinn.

Soweit § 33 RStV – ebenso wie einige weitere Vorschriften des Rundfunkstaatsvertrages, z.B. § 46 RStV – den Landesmedienanstalten aber ausdrücklich die Kompetenz zum Erlass gemeinsamer *Richtlinien* zuweist, ergeben sich aus der besonderen Rechtsnatur der Landesmedienanstalten inhaltlich keine grundsätzlichen Abweichungen zu dem „Normalfall" einer Verwaltungsvorschrift: Auch die Landesmedienanstalten erlassen diese Richtlinien – zunächst einmal – zur Regelung von Materien, die ihren Geschäfts- bzw. Tätigkeitsbereich betreffen.

Die für Verwaltungsvorschriften oben allgemein dargestellten Kategorien können damit auch für die Beurteilung der Richtlinien der Landesmedienanstalten angewendet werden.[303] Ob und ggf. inwieweit die Richtlinien unmittelbare Außenwirkung entfalten, beurteilt sich damit ebenfalls nach den für Verwaltungsvorschriften geltenden Kriterien.

cc) Die Fernsehfensterrichtlinie als norminterpretierende Richtlinie?

Es stellt sich jedoch weiterhin die Frage, um welche Art von Verwaltungsvorschrift bzw. Richtlinie es sich bei der Fernsehfensterrichtlinie konkret handelt. Diese Qualifizierung hat unmittelbare Auswirkung auf die Frage der Außenwirkung und der gerichtlichen Überprüfbarkeit der Richtlinie.[304]

Nach der Auffassung von *Hartstein/Ring/Kreile/Dörr/Stettner* sind die auf der Grundlage der in § 33 RStV geregelten Ermächtigung erlassenen Richtlinien Grundsätze für die *Auslegung* der jeweiligen Bestimmung des Rundfunkstaatsvertrages – §§ 25, 31 oder 32 RStV – und dienen so deren Vollzug,[305] also deren

---

303 Vgl. dazu auch *Bornemann/Lörz*, Art. 10 BayMG Rn. 23, der – unter Verweis auf *Beucher/Leyendecker/von Rosenberg*, § 46 RStV Rn. 3 und *Oberländer*, ZUM 2001, 487, 488 ff. – ausführt, dass es sich bei den gemeinsamen Richtlinien um Verwaltungsvorschriften handelt, sei „unstreitig". So in der Tat *Oberländer*, ZUM 2001, 487, 492.

304 Vgl. auch *Bornemann/Lörz*, Art. 10 BayMG Rn. 25.

305 Vgl. *Hartstein/Ring/Kreile/Dörr/Stettner*, § 33 RStV Rn. 1.

praktischer Anwendung. Einschränkungen, die über die gesetzlichen Bestimmungen des Rundfunkstaatsvertrages hinausgehen, können in den Richtlinien dabei nicht festgesetzt werden.[306]

Da *Hartstein/Ring/Kreile/Dörr/Stettner* primär auf die *Auslegung* abstellen, handelt es sich bei den Richtlinien nach § 33 RStV – und somit auch der FFR – nach dieser Auffassung also jedenfalls um *norminterpretierende* Richtlinien.

Als unbestritten festzuhalten ist damit, dass die Richtlinien nach § 33 RStV – und somit auch die FFR – Aufschluss über Auslegung und Anwendung der jeweiligen Rechtsnormen des Rundfunkstaatsvertrages geben.

Fraglich ist aber, ob ihre Funktion insofern tatsächlich nur eine rein interpretierende – also auslegende – ist. Denn sowohl § 33 RStV, als auch die Präambel der FFR sprechen von einer „*Ausgestaltung*" des § 25 RStV. Der Terminus „Ausgestaltung" lässt sich aber nicht einfach mit „Auslegung" übersetzen. Vielmehr beinhaltet die Ausgestaltung über die bloße Interpretation hinaus grundsätzlich ein zusätzliches „schöpferisches Element".[307]

dd) Keine gesetzesvertretende Wirkung der Fernsehfensterrichtlinie

Dieses „schöpferische Element" geht dabei keinesfalls so weit, dass die FFR als gesetzesvertretende Richtlinie zu qualifizieren wäre. Zwar heißt es in der Präambel,[308] die FFR diene dazu, „einheitliche *Maßstäbe* für die Ausgestaltung der Regionalprogramme nach den Vorgaben des § 25 Abs. 4 RStV" zu gewährleisten.

Der Rückschluss, es handle sich daher bei der FFR um eine – im Sinne der oben dargestellten Beurteilungen des Allgemeinen Verwaltungsrechts – gesetzesvertretende Richtlinie, deren Wirkung darin besteht, Entscheidungsmaßstäbe, die das Gesetz im konkreten Fall nicht zu liefern vermag, erst zu schaffen, wäre jedoch verfehlt.

Denn die FFR dient nicht dazu, *neue* Entscheidungsmaßstäbe zu schaffen. Ihre Wirkung beschränkt sich vielmehr darauf, die in § 25 Abs. 4 RStV bereits enthaltenen Maßstäbe, die der Gesetzgeber als Rahmenbedingungen für die Veranstaltung von Regionalfensterprogrammen normiert hat, zu konkretisieren.

ee) Normkonkretisierende Wirkung der FFR?

Fraglich ist damit aber, ob den Richtlinien der Landesmedienanstalten – und namentlich den auf Grundlage von § 33 RStV erlassenen gemeinsamen Richtlinien

306 Vgl. *Hartstein/Ring/Kreile/Dörr/Stettner*, § 33 RStV Rn. 1.
307 Vgl. dazu *Ladeur/Gostomzyk*, JuS 2002, 1145, 1146.
308 Abgedruckt bei *Hartstein/Ring/Kreile/Dörr/Stettner*, § 33 RStV Rn. 3.

– über die *norminterpretierende* Wirkung hinaus tatsächlich auch eine *normkonkretisierende* Wirkung zukommt. Dies würde im Ergebnis bedeuten, dass diese Richtlinien – und damit auch die FFR – nur einer eingeschränkten gerichtlichen Überprüfbarkeit unterliegen und – als Folge daraus – unmittelbare Außenwirkung gegenüber den privaten Rundfunkveranstaltern entfalten würden.

Über die Qualifizierung der gemeinsamen Richtlinien der Landesmedienanstalten als bloß *norminterpretierend* oder auch *normkonkretisierend* herrscht in der Literatur Uneinigkeit.[309]

Hartstein/Ring/Kreile/Dörr/Stettner gehen in ihrer Kommentierung zu § 33 RStV davon aus, dass die Frage, ob die Landesmedienanstalten in ihren Richtlinien nach § 33 RStV eine gesetzeskonforme *Auslegung* der jeweiligen Bestimmung des Rundfunkstaatsvertrages gewählt haben, gerichtlich voll nachprüfbar sei und verweisen insofern auf einen Unterschied zu den Richtlinien im Bereich der öffentlich-rechtlichen Rundfunkanstalten nach § 16 RStV.[310] Rechtliche Außenwirkung komme den Richtlinien nach § 33 RStV nur insofern zu, als ihre Anwendung zu einer *Selbstbindung der Verwaltung* führe. Vergleichbare Sachverhalte dürften auf der Grundlage einer Richtlinie nach § 33 RStV gegenüber verschiedenen privaten Rundfunkveranstaltern daher nur einheitlich gewürdigt werden. Erfolge eine unterschiedliche Beurteilung, so stelle dies für den benachteiligten Rundfunkveranstalter eine Verletzung des allgemeinen Gleichheitssatzes – Art. 3 Abs. 1 GG – i.V.m. dem Grundsatz der Selbstbindung der Verwaltung dar.[311] Nach dieser Auffassung stellen die Richtlinien nach § 33 RStV – und damit auch die FFR – als rein *norminterpretierende* Richtlinien bloße Innenrechtssätze dar.[312]

Auch die KEK bezeichnet die Regelungen der FFR als „Auslegungsgrundsätze" und scheint diesen daher nur eine *norminterpretierende* Wirkung zubilligen zu wollen.[313]

---

309 Für eine lediglich *norminterpretierende* Wirkung sprechen sich u.a. aus *Hartstein/Ring/Kreile/Dörr/Stettner,* § 33 RStV Rn. 1 und § 46 RStV Rn. 2, und *Beucher/Leyendecker/von Rosenberg,* § 46 RStV Rn. 2. Eine *normkonkretisierende* Wirkung wird hingegen bejaht von *Bornemann/Lörz,* Art. 10 BayMG Rn. 23 ff., insb. Rn. 33 ff., und Art. 12 BayMG Rn. 17; *Ladeur,* ZUM 2002, 859, 867; *Oberländer,* ZUM 2001, 487, 499. Vgl. zum Ganzen – und insbesondere zu der insofern nicht eindeutigen Rechtsprechung – *Oberländer,* ZUM 2001, 487, 488 ff.; *Bornemann/Lörz,* Art. 10 BayMG Rn. 26.

310 Vgl. *Hartstein/Ring/Kreile/Dörr/Stettner,* § 33 RStV Rn. 1.

311 Vgl. *Hartstein/Ring/Kreile/Dörr/Stettner,* § 33 RStV Rn. 1.

312 *Hartstein/Ring/Kreile/Dörr/Stettner,* § 33 RStV Rn. 1, qualifizieren die Richtlinien der Landesmedienanstalten ausdrücklich als „Verwaltungsinternum".

313 Vgl. z.B. Az. KEK 294, S. 14.

Die Gegenansicht – insbesondere vertreten von *Bornemann/Lörz*[314] und *Oberländer*[315] – geht hingegen davon aus, dass es sich um *normkonkretisierende* Richtlinien mit unmittelbarer Außenwirkung gegenüber den betroffenen Rundfunkveranstaltern handelt.[316]

Die Anerkennung normkonkretisierender Richtlinien resultiert aus der sog. Lehre vom Beurteilungsspielraum: Danach wird – soweit einem öffentlich-rechtlichen Handlungsträger bei der Auslegung und Anwendung unbestimmter Rechtsbegriffe im *Tatbestand* einer Rechtsnorm eine gewisse Einschätzungsprärogative zuerkannt wird – die gerichtliche Kontrollbefugnis entsprechend eingeschränkt. Normkonkretisierende Richtlinien dienen insofern der Ausfüllung des bestehenden Beurteilungsspielraums.[317] Konsequenz aus der Einschränkung der gerichtlichen Überprüfbarkeit ist, dass diese Richtlinien unmittelbare Außenwirkung entfalten.[318]

Damit eine Richtlinie als normkonkretisierend qualifiziert werden kann und die beschriebenen Rechtsfolgen entfaltet, muss sie bestimmte Anforderungen erfüllen. Diese Anforderungen erfüllen die gemeinsamen Richtlinien der Landesmedienanstalten im Ergebnis.

§ 33 RStV enthält eine Ermächtigungsgrundlage für den Erlass gemeinsamer Richtlinien. „Nähere Ausgestaltung" kann dabei sehr wohl im Sinne von Konkretisierung, und nicht bloß im Sinne von Interpretation verstanden werden. Daher kann man § 33 RStV als „besondere Beurteilungsermächtigung" für den Erlass normkonkretisierender Richtlinien qualifizieren.[319]

Dies allein ist jedoch nicht ausreichend, vielmehr muss zusätzlich eine der von Rechtsprechung und Literatur entwickelten Fallgestaltungen vorliegen, in denen einem Entscheidungsträger ein besonderer Beurteilungsspielraum aus-

314 Vgl. *Bornemann/Lörz,* Art. 10 BayMG Rn. 23 ff.

315 Vgl. *Oberländer,* ZUM 2001, 487 ff.

316 Vgl. *Borneman/Lörz,* Art. 10 BayMG Rn. 33 f.; *Oberländer,* ZUM 2001, 487, 499.

317 Vgl. dazu *Oberländer,* ZUM 2001, 487, 489 m.w.N.

318 Vgl. dazu *Bornemann/Lörz,* Art. 10 BayMG Rn. 25 m.w.N; *Oberländer,* ZUM 2001, 487, 489; zu diesem Rückschluss a.A. ist *Maurer,* § 24 Rn. 25a.

319 Vgl. *Bornemann/Lörz,* Art. 10 BayMG Rn. 27; vgl. zu diesem Begriff auch *Oberländer,* ZUM 2001, 487, 491, speziell für § 33 RStV: 494 f., mit dem zutreffenden Hinweis darauf, dass gerade auch die Existenz der speziellen Ermächtigungen zum Erlass gemeinsamer Richtlinien ein Indiz für den normkonkretisierenden Charakter dieser Richtlinien sind. Denn als verselbständigte, öffentlich-rechtliche Rechtsträger sind die Landesmedienanstalten zu untergesetzlicher Rechtsetzung ohnehin befugt. Vgl. – allerdings für den „Sonderfall" der BLM – auch *Bornemann/Lörz,* Art. 10 BayMG Rn. 13 ff. m.w.N.

drücklich zugestanden wird.[320] Gerade im Bereich des Rundfunks bieten sich aufgrund der verfassungsrechtlich vorgegebenen Staatsferne hierfür Ansatzpunkte. Den Landesmedienanstalten wird ein gerichtlich nur eingeschränkt überprüfbarer Beurteilungsspielraum in bestimmten Bereichen ihrer Tätigkeit durchaus zugebilligt.[321]

Die Vorschriften, die gemäß § 33 RStV durch Richtlinien auszugestalten sind, enthalten auch konkretisierungsbedürftige – und zugleich konkretisierungsfähige – Tatbestandsmerkmale.[322] Sowohl die Regelungen des § 31 RStV als auch des § 25 Abs. 4 RStV erweisen sich zudem als relevant für die Programmgestaltung der jeweils betroffenen Rundfunkveranstalter. Die Annahme einer normkonkretisierenden Wirkung der auf Grund von § 33 RStV erlassenen Richtlinien – und somit auch der FFR – erscheint daher vor dem Hintergrund der verfassungsrechtlichen Vorgaben durchaus gerechtfertigt: Dem Gesetzgeber – also dem Staat – ist es aufgrund des Gebots der Staatsferne des Rundfunks verwehrt, allzu detaillierte Anforderungen an die inhaltliche Ausgestaltung des Rundfunks aufzustellen. Der Staat darf insbesondere nicht in die Programmgestaltung der Rundfunkveranstalter als solche „hineinregieren".[323] Die Landesmedienanstalten stellen hingegen – wie eben dargelegt – staatsferne Kontrollinstanzen für den privaten Rundfunk dar. Ihnen ist es daher erlaubt, in ihren gemeinsamen Richtlinien konkrete Anforderungen auch für die inhaltliche Gestaltung der Rundfunkprogramme festzulegen.[324]

Diese Anforderungen dürfen qualitativ freilich nicht über dasjenige hinausgehen, was der Rundfunkstaatsvertrag vorgibt, insofern ist *Hartstein/Ring/Kreile/Dörr/Stettner* zuzustimmen. Eine Konkretisierung *innerhalb* des vom Gesetzgeber vorgegeben Konkretisierungsrahmens ist aber möglich.[325]

---

320 Vgl. *Bornemann/Lörz,* Art. 10 BayMG Rn. 28; zu den einzelnen Fallgruppen ausführlich *Oberländer,* ZUM 2001, 487, 489 f.; gl. auch *Maurer,* § 24 Rn. 25a.

321 Vgl. *Bumke,* S. 216 ff. und S. 267 ff.; ebenso *Bornemann/Lörz,* Art. 10 BayMG Rn. 30 m.w.N; vgl. dazu ausführlich *Oberländer,* ZUM 2001, 487, 495 ff.

322 Dies wird besonders deutlich, wenn man die detaillierten Vorgaben in Ziff. 1 Abs. 2 FFR und Ziff. 3 Abs. 2 FFR hinsichtlich der für ein Regionalfensterprogramm erforderlichen inhaltlichen Gestaltung und den Anforderungen an die „redaktionelle Unabhängigkeit" betrachtet.

323 Vgl. *Bornemann/Lörz,* Art. 10 BayMG Rn. 32; *Oberländer,* ZUM 2001, 487, 495, 497; Regelungen, wie jedenfalls Ziff. 1 Abs. 2 Satz 5 bis 7 FFR und Ziff. 3 Satz 4 und 5 FFR sie enthalten, dürfte der Gesetzgeber im Rundfunkstaatsvertrag nicht erlassen.

324 Vgl. *Bornemann/Lörz,* Art. 10 BayMG Rn. 32.

325 Vgl. dazu ausführlich *Oberländer,* ZUM 2001, 487, 492 f. m.w.N.; vgl. auch *Kopp/Ramsauer,* § 24 VwVfG Rn. 25, § 40 VwVfG Rn. 26 m.w.N.

Nur vor diesem Hintergrund sind auch die in der FFR festgelegten detaillierten Vorgaben für die inhaltliche Gestaltung der Regionalfensterprogramme und für die redaktionelle Unabhängigkeit der Regionalfensterprogrammanbieter erklärbar – diese gehen über eine bloße Auslegung der im Rundfunkstaatsvertrag verankerten Begriffe hinaus.

Sie machen zudem letztlich nur Sinn, wenn sie *unmittelbar* Rechtswirkung nach außen gegenüber den privaten Rundfunkveranstaltern entfalten und für diese verbindliche Vorgaben enthalten.[326] Insofern ist anzumerken, dass eine *mittelbare* Außenwirkung der FFR über den Grundsatz der Selbstbindung der Verwaltung, wie *Hartstein/Ring/Kreile/Dörr/Stettner* sie annehmen, nach der hier vertretenen Auffassung insofern systemwidrig ist, als sich die Vorgaben der FFR auf die Ausgestaltung von *Tatbestandsmerkmalen* und gerade nicht die Lenkung eines bestimmten *Ermessens* beziehen.[327]

Im Übrigen gehen zumindest die privaten Rundfunkveranstalter selbst davon aus, dass sie *unmittelbare Adressaten* der auf Grundlage von § 33 RStV erlassenen Richtlinien sind und betrachten diese folglich als Eingriff.[328]

Im Ergebnis spricht damit viel dafür, die Fernsehfensterrichtlinie der Landesmedienanstalten – ebenso wie die anderen gemeinsamen Richtlinien der Landesmedienanstalten – als *normkonkretisierende* Richtlinie zu qualifizieren.

Selbst wenn man ihr lediglich eine *norminterpretierende* Wirkung zubilligen wollte, bestünde für die betroffenen Rundfunkveranstalter dennoch ein faktischer Zwang zur Beachtung der in der FFR niedergelegten Vorgaben. Denn diese Vorgaben werden dann – im Regelfall – zumindest *intern* den Entscheidungen der Landesmedienanstalten – z.B. über die Zulassung eines Regionalfensterprogrammveranstalters – ebenso wie den Entscheidungen der KEK im Rahmen der Benehmensherstellung nach § 36 Abs. 2 RStV oder der Bonusgewährung nach § 26 Abs. 2 Satz 3 RStV zu Grunde gelegt. Missachten die Rundfunkveranstalter die Vorgaben in der FFR, müssen sie also damit rechnen, entsprechend abschlägige Entscheidungen zu erhalten.

---

326 Vgl. dazu *Oberländer,* ZUM 2001, 487, 491 f., 494, 497 f.

327 Vgl. dazu *Oberländer,* ZUM 2001, 487, 491, die allerdings zu Recht darauf hinweist, dass der Grundsatz der Selbstbindung der Verwaltung z.B. von *Maurer,* § 24 Rn. 21 und Rn. 26, zur Begründung einer Außenwirkung auch in Bezug auf *normkonkretisierende* Verwaltungsvorschriften herangezogen wird. Ebenso *Kopp/Ramsauer,* § 40 VwVfG Rn. 26. Vgl. aber auch *Kopp/Schenke,* § 42 VwGO Rn. 94, § 47 VwGO Rn. 29, und § 114 VwGO Rn. 10a, die den Grundsatz der Selbstbindung der Verwaltung ebenfalls nur in Bezug auf *Ermessensrichtlinien* anwenden.

328 Vgl. *Kümmel/Meyer-Burckhardt,* MMR 2005, 288, 290.

II. Die Regelungsbestandteile des § 25 Abs. 4 RStV in der Fassung durch den Achten Rundfunkänderungsstaatsvertrag und ihre jeweilige Konkretisierung durch die Fernsehfensterrichtlinie

Ziel der Neufassung des § 25 Abs. 4 RStV durch den Achten Rundfunkänderungsstaatsvertrag ist es nach seiner amtlichen Begründung[329], die *Regionalfensterprogramme zu stärken* und *in ihrem Bestand abzusichern*. Daher wurden die in § 25 Abs. 4 RStV bereits zuvor normierten „Mindestbedingungen" für die Veranstaltung von Regionalfensterprogrammen deutlich erweitert.

Der Gesetzgeber reagierte damit unmittelbar auf die immer deutlicher zu Tage tretenden Bestrebungen der beiden Hauptprogrammveranstalter RTL Television GmbH und SAT.1 SatellitenFernsehen GmbH,[330] bzw. der hinter diesen stehenden Rundfunkunternehmen RTL Group und ProSiebenSat.1 Media AG, die seit dem Siebten Rundfunkänderungsstaatsvertrag auch staatsvertraglich bestehende *Verpflichtung* zur Ausstrahlung von Regionalfensterprogrammen wegen der Kostenintensität dieser Fensterprogramme – durch Einschränkungen bei deren Ausstrahlung zu unterlaufen.[331] Die Unabhängigkeit der Regionalfenster – und vor allem auch der *Anbieter* von Regionalfensterprogrammen – sollte aber wohl auch deswegen gefestigt werden, weil die ProSiebenSAT.1 Media AG geplant hatte, die Sendeabwicklung ihrer norddeutschen SAT.1-Regionalfensterprogramme komplett in Berlin zu zentralisieren.[332]

Die Regelung in § 25 Abs. 4 RStV und in der FFR – bezogen auf die einzelnen Sätze des § 25 Abs. 4 RStV – soll im Folgenden dargestellt und erläutert werden, wobei jeweils auch ein Überblick über die aus der Regelung für die privaten Rundfunkveranstalter konkret resultierenden Auswirkungen und Probleme gegeben wird.[333]

1. § 25 Abs. 4 Satz 1 RStV: Die Verpflichtung zur Aufnahme von Regionalfenstern

§ 25 Abs. 4 Satz 1 RStV statuiert für die beiden bundesweit verbreiteten reichweitenstärksten Fernsehvollprogramme im Bereich des Privatrundfunks die un-

---

329 Abgedruckt bei *Hartstein/Ring/Kreile/Dörr/Stettner*, A 2.6. und § 25 RStV.

330 Vgl. dazu oben unter B.IV.

331 Vgl. *Hartstein/Ring/Kreile/Dörr/Stettner*, § 25 RStV Rn. 4; vgl. auch *Wagner*, ProMedia 2/05, 16, 16.

332 Vgl. dazu *n.n.*, textintern Nr. 43 vom 31.5./8.6.2006; *Kümmel/Meyer-Burckhardt*, MMR 2005, 288, 289.

333 Vgl. zur verfassungsrechtlichen Bewertung dieser Auswirkungen und Probleme nachstehend unter D.

bedingte Verpflichtung – „sind (...) aufzunehmen“[334] – zur Aufnahme von Fensterprogrammen, welche der aktuellen und authentischen Darstellung der Ereignisse des politischen, wirtschaftlichen, sozialen und kulturellen Lebens in dem jeweiligen Bundesland dienen. Die Regelung konkretisiert damit erstmals auch die inhaltlichen Anforderungen an die Regionalfensterprogramme.[335]

a) Betroffene Fernsehprogramme

Adressaten der Regelung in § 25 Abs. 4 RStV sind die beiden bundesweit verbreiteten reichweitenstärksten Fernsehvollprogramme bzw. deren Veranstalter im rundfunkrechtlichen Sinn.[336]

aa) Fernsehvollprogramm

Von der Verpflichtung betroffen sind nur die Veranstalter sog. Fernsehvollprogramme. Nach der Definition des § 2 Abs. 2 Nr. 1 RStV sind darunter Rundfunkprogramme mit *vielfältigen* Inhalten – in Abgrenzung zu sog. Spartenprogrammen, § 2 Abs. 2 Nr. 2 RStV, welche im Wesentlichen *gleichartige* Inhalte zeigen – zu verstehen, in welchen Information, Bildung, Beratung und Unterhaltung einen *wesentlichen* Teil des Gesamtprogramms bilden.

Der Wortlaut dieser Definition erlaubt dabei jedoch keinen Aufschluss darüber, ob es erforderlich ist, dass *jeder* der genannten Bereiche *für sich* einen wesentlichen Teil des Gesamtprogramms ausmacht – dies würde dann wohl bedeuten, dass auf jeden der genannten Bereiche ein etwa gleich großer Anteil am Gesamtprogramm entfallen müsste –, oder ob es ausreichend ist, dass alle aufgeführten Bereiche *zusammen* einen „wesentlichen“ Teil des Programmangebots ausmachen.[337]

Nach der amtlichen Begründung[338] soll es genügen, wenn die in § 2 Abs. 2 Nr. 1 RStV im Einzelnen aufgeführten Inhalte *zusammen* einen wesentlichen Teil des Gesamtprogramms bilden. Das soll nach der Rechtsprechung jedenfalls dann

---

334 Vgl. zu der indikativischen Formulierung des § 25 Abs. 4 Satz 1 RStV seit dem Siebten Rundfunkänderungsstaatsvertrag und der daraus resultierenden unbedingten Verpflichtung *Hartstein/Ring/Kreile/Dörr/Stettner*, § 25 RStV Rn. 16; *Dörr*, ZWeR 2004, 159, 169.

335 Vgl. dazu die amtliche Begründung zum Achten Rundfunkänderungsstaatsvertrag, abgedruckt bei *Hartstein/Ring/Kreile/Dörr/Stettner*, § 25 RStV und § 25 RStV Rn. 15.

336 Zum Begriff des Veranstalters vgl. oben unter A.I.4.

337 Vgl. *Hartstein/Ring/Kreile/Dörr/Stettner*, § 2 RStV Rn. 27.

338 Abgedruckt bei *Hartstein/Ring/Kreile/Dörr/Stettner*, § 2 RStV.

der Fall sein, wenn der gemeinsame Anteil der Inhalte *mehr als 50 %* des Gesamtprogramms ausmacht. Immer „unwesentlich" sei hingegen ein Anteil von unter 10 %.[339]

Dies würde aber bedeuten, dass auch ein Anteil zwischen 10 % und 50 % u.U. ausreichend wäre. Es erscheint aber nicht sachgerecht, einen gemeinsamen Anteil von *unter 50 %* für ein Vollprogramm genügen zu lassen, da eine sinnvolle Abgrenzung zu einem Spartenprogramm nach § 2 Abs. 2 Nr. 2 RStV – mit „im wesentlichen" *gleichartigen* Inhalten – dann nicht mehr rechtssicher möglich ist.[340] Denn wenn der gemeinsame Anteil der Bereiche Information, Bildung, Beratung und Unterhaltung am Gesamtprogramm weniger als 50 % beträgt, folgt daraus als zwingende Konsequenz, dass es andere Themenbereiche geben muss, die über 50 % des Gesamtprogrammangebots für sich in Anspruch nehmen und damit dominant sind.

Jedenfalls müssen alle vier genannten Bereiche in dem konkreten Programmangebot vertreten sein. Auch innerhalb der einzelnen Bereiche sollte möglichst keine inhaltliche Schwerpunktbildung stattfinden, da es sich ansonsten bereits um ein Spartenprogramm handeln könnte. Denn ein Spartenprogramm kann auch dann vorliegen, wenn zwar nicht nur eine, sondern mehrere Angebotsgruppen gegeben sind, die gesamte Breite des Programmspektrums – bestehend aus Information, Bildung, Beratung und Unterhaltung – aber dennoch nicht abgebildet wird und deswegen eine starke inhaltliche Fokussierung innerhalb der Angebotsgruppen besteht.[341]

Als klassische Fernsehvollprogramme i.S.v. § 2 Abs. 2 Nr. 3 RStV sind im Bereich des privaten Rundfunks z.B. die Programme ProSieben, SAT.1 und RTL zu qualifizieren, um klassische Spartenprogramme handelt es sich hingegen bei reinen Musiksendern[342], Sport-[343] oder Nachrichtenkanälen[344].

bb) Bundesweite Ausstrahlung und erforderliche Reichweitenstärke

(1) Bundesweite Verbreitung

Eine Verpflichtung zur Ausstrahlung von Regionalfenstern kann nach § 25 Abs. 4 Satz 1 RStV nur *bundesweit* verbreitete Sender treffen: nur dann ist die

339 Vgl. *Hartstein/Ring/Kreile/Dörr/Stettner*, § 2 RStV Rn. 27 m.w.N.
340 Vgl. *Hartstein/Ring/Kreile/Dörr/Stettner*, § 2 RStV Rn. 27.
341 Vgl. dazu *Hartstein/Ring/Kreile/Dörr/Stettner*, § 2 RStV Rn. 27 f.
342 Z.B. MTV, VIVA.
343 Z.B. DSF, Eurosport.
344 Z.B. N24.

Aufnahme spezieller regionaler Fenster in das konkrete Programmangebot überhaupt sinnvoll.

Die *bundesweite Verbreitung* eines Programms ist jedenfalls dann gegeben, wenn ein Programm tatsächlich in allen Bundesländern empfangbar ist, wenn also die technische Möglichkeit besteht, das Programm zu empfangen und der Veranstalter dies auch beabsichtigt. Die Begriffe „bundesweit verbreitet“ und „bundesweit empfangbar“ sind insoweit gleichzusetzen.[345]

Dabei ist maßgeblich auf die Einspeisung des jeweiligen Programms in die Kabelanlagen der Bundesländer abzustellen.[346] Wird ein Programm in einem Bundesland (noch) nicht in das Kabelnetz eingespeist, so ist dies für die „bundesweite Verbreitung“ des Programms unschädlich, wenn der Veranstalter zumindest durch einen entsprechenden Antrag zu erkennen gibt, dass er die bundesweit flächendeckende Verbreitung seines Programms im Kabelnetz *anstrebt*.[347]

Wird ein Programm *nicht* in die Kabelnetze aller Bundesländer eingespeist, obwohl dies technisch möglich wäre, so kommt es für die Frage der bundesweiten Verbreitung darauf an, ob das Programm tatsächlich nur für einen bestimmten Teil des Bundesgebiets bestimmt ist,[348] oder ob der jeweilige Veranstalter gezielt die mit der bundesweiten Verbreitung von Programmen verbundenen Verpflichtungen unterlaufen will.[349]

(2) Die beiden reichweitenstärksten bundesweit ausgestrahlten Fernsehvollprogramme

Regionalfensterprogramme sind in den beiden bundesweit ausgestrahlten Fernsehvollprogrammen aufzunehmen, die im Bundesgebiet die *größte Reichweitenstärke* haben.

Ziff. 1 Abs. 2 Satz 1 FFR bestimmt hierzu, dass Grundlage für die Feststellung der beiden bundesweit verbreiteten reichweitenstärksten privaten Fernsehvollprogramme die jährlich von der KEK festgestellten *Zuschaueranteile* sind.

---

345 Vgl. *Hartstein/Ring/Kreile/Dörr/Stettner*, § 20 RStV Rn. 11a, und § 26 RStV Rn. 3; *Ebsen*, S. 141.

346 Vgl. *Hartstein/Ring/Kreile/Dörr/Stettner*, § 20 RStV Rn. 11a.

347 Vgl. dazu *Hartstein/Ring/Kreile/Dörr/Stettner*, § 20 RStV Rn. 11a; *Ebsen*, S. 142.

348 Z.B. weil es sich um ein Programm in einer Mundart handelt, vgl. *Ebsen*, S. 142.

349 Vgl. dazu *Hartstein/Ring/Kreile/Dörr/Stettner*, § 20 RStV Rn. 11a; vgl. auch *Ebsen*, S. 142, der zu Recht darauf hinweist, dass immer mehr Fernsehhaushalte ihr Fernsehprogramm ohnehin direkt über Satellit empfangen. Wird ein Fernsehprogramm also über Satellit ausgestrahlt, so sind sicherlich nur extreme Sonderfälle denkbar, in denen eine bundesweite Verbreitung abzulehnen wäre. *Ebsen* nennt als Beispiel insofern ein Mundart-Programm auf Plattdeutsch.

Diese Feststellung erfolgt nach § 27 RStV bzw. aufgrund der Übergangsregelung in § 34 RStV.[350]

Die in diesem Sinne reichweitenstärksten bundesweit verbreiteten privaten Fernsehvollprogramme sind danach RTL und SAT.1: Im Jahr 2005 konnte das Programm RTL durchschnittlich einen Zuschaueranteil von 13,2 %, das Programm SAT.1 einen Zuschaueranteil von 10,9 % erzielen. Im Jahr 2006 kam RTL durchschnittlich auf einen Zuschaueranteil von ca. 12,8 %, SAT. 1 auf einen Zuschaueranteil von ca. 9,8 %.[351] Die Verpflichtung aus § 25 Abs. 4 Satz 1 RStV trifft damit die RTL Television GmbH und die SAT.1 SatellitenFernsehen GmbH als Veranstalter dieser beiden bundesweiten Fernsehvollprogramme.

Dass Regionalfensterprogramme mittlerweile gerade in den beiden *reichweitenstärksten* bundesweit ausgestrahlten Fernsehvollprogrammen aufzunehmen sind, dürfte mehrere Gründe haben. Zum einen wird auf diese Weise eine möglichst lückenlose Verbreitung der Regionalfensterprogramme durch eine – im Vergleich zu der alten Fassung der Regelung[352] – geringe Zahl von betroffenen Sendern gewährleistet. Zum anderen trägt diese Regelung aber auch auf längere Sicht zum Erhalt der Regionalfensterprogramme bei. Die beiden bundesweit verbreiteten reichweitenstärksten privaten Fernsehvollprogramme werden – im Regelfall – im Vergleich zu anderen „kleineren" Sendern auch langfristig gesehen über die höchsten Werbeeinnahmen und damit die umfangreichsten finanziellen Mittel verfügen. Bei diesen beiden Programmen kann daher grundsätzlich auch von einer „langen Lebensdauer" ausgegangen werden.[353] Regionalfensterprogramme gerade in den beiden reichweitenstärksten bundesweiten Fernsehvollprogrammen zu implementieren, bedeutet also zum einen eine „stabile Präsentationsplattform", zum anderen aber auch einen grundsätzlich geeigneten Anknüp-

---

350 Vgl. dazu nachstehend unter C.III.3.a)dd).

351 Die jeweils maßgeblichen Zuschauer- bzw. „Marktanteile", welche von der AGF/GfK-Fernsehforschung ermittelt werden, sind im Internet abrufbar unter http:*//www.kek-online.de/cgi-bin/esc/zuschauer.html*. Derzeit liegen für das Jahr 2006 bereits offizielle Jahresdurchschnittswerte vor. Im September 2007 – *http://www.kek-online.de/kek/medien/zuschauer/2007.pdf* - kam RTL auf einen Zuschaueranteil von 13,2 %, SAT. 1 auf einen Zuschaueranteil von 9,7 %.

352 § 25 Abs. 4 Satz 1 RStV hatte sich in der Fassung bis zum Siebten Rundfunkänderungsstaatsvertrag – also als „soll"-Vorschrift – noch auf *alle* privaten bundesweit verbreiteten Fernsehvollprogramme bezogen.

353 Zwar hat die Insolvenz der „Kirch-Gruppe" bewiesen, dass hohe Zuschauerzahlen im bundesweiten Privatfernsehen allein noch keine wirtschaftliche „Bestandsgarantie" für ein Fernsehunternehmen bedeuten, vgl. dazu *von Danwitz*, ZUM 2002, 769, 769. Dennoch ist davon auszugehen, dass sich die beiden reichweitenstärksten Fernsehvollprogramme im Vergleich zu kleineren Konkurrenten – insbesondere im Vergleich zu regionalen und lokalen Fernsehveranstaltern – längerfristig auf dem Privatfernsehmarkt halten werden.

fungspunkt für die Finanzierungsverpflichtung nach § 25 Abs. 4 Satz 5 RStV. Dadurch wird im Endeffekt eine „verlängerte Lebensdauer" der Regionalfensterprogramme im Vergleich zu kleinen regionalen und lokalen Sendern erreicht.

cc) Art und Weise der Programmverbreitung

Seit der Neuregelung des § 25 Abs. 4 Satz 1 RStV durch den Sechsten Rundfunkänderungsstaatsvertrag besteht die Verpflichtung der Hauptprogrammveranstalter zur Ausstrahlung von Regionalfensterprogrammen unabhängig von der konkreten Art der Programm-Übertragung. Erfasst wird neben der terrestrischen Übertragung also auch die – mittlerweile vorherrschende – Verbreitung durch Einspeisung in das Kabelnetz und – theoretisch – auch die Verbreitung über Satellitendirektempfang.[354] Ob die Verbreitung der Programme analog oder digital erfolgt, ist dabei irrelevant. [355]

b) Der erforderliche zeitliche und regional differenzierte Umfang der Programmaktivitäten

Seit dem Siebten Rundfunkänderungsstaatsvertrag müssen die Regionalfenster nach § 25 Abs. 4 Satz 1 RStV „mindestens im zeitlichen und regional differenzierten Umfang der Programmaktivitäten zum 1. Juli 2002" ausgestrahlt werden.

Der Umfang der Programmaktivitäten zu diesem Stichtag wurde von den Landesmedienanstalten in Ziff. 1 Abs. 1 Satz 1 und 2 FFR festgehalten. Danach wurden im Programm des Senders RTL zum 1. Juli 2002 jeweils Montag bis Freitag Regionalfensterprogramme mit einer Dauer von jeweils 30 Minuten für die Bundesländer bzw. Regionen Bayern[356], Hamburg und Schleswig-Hol-

---

354 So auch *Hartstein/Ring/Kreile/Dörr/Stettner*, § 26 RStV Rn. 14. Die Regionalfensterprogramme werden derzeit in ihrem jeweiligen Verbreitungsgebiet über terrestrische Frequenzen verbreitet und/oder in die jeweiligen Kabelanlagen eingespeist.

355 Vgl. dazu *Janik*, AfP 2002, 104, 109; die digitale Übertragung von Fernsehprogrammen kann grundsätzlich erfolgen über Digital Video Broadcasting - Terrestrial (DVB-T), Digital Video Broadcasting - Satellite (DVB-S) oder Digital Video Broadcasting - Cable (DVB-C).

356 Es handelt sich in Bayern um insgesamt 15 lokale Fenster unterschiedlicher Lokalfensteranbieter, vgl. dazu den *Neunten Jahresbericht der KEK*, S. 228.

stein[357], Hessen[358], Niedersachsen und Bremen[359], Nordrhein-Westfalen[360] und Rhein-Neckar[361] ausgestrahlt.[362]

Im Programm des Senders SAT.1 waren es im selben zeitlichen Rahmen insgesamt fünf Regionalfensterprogramme für die Bundesländer bzw. Regionen Bayern[363], Hamburg und Schleswig-Holstein[364], Rheinland-Pfalz und Hessen[365], Niedersachsen und Bremen[366] sowie Nordrhein-Westfalen[367].

Hinzu kommt für das Bundesland Bayern jeweils ein 60-minütiges Regionalprogramm im Programm von SAT.1 am Samstag, im Programm von RTL am Sonntag.[368]

aa) Kritik der KEK an dem sog. Stichtagsprinzip

Diese Gestaltung – die bereits mit dem Siebten Rundfunkänderungsstaatsvertrag in den Rundfunkstaatsvertrag eingeführt wurde – ist insbesondere aus Sicht der KEK problematisch, die das „Stichtagsprinzip"[369] als Hemmnis für eine Weiterentwicklung der Regionalfensterprogramme betrachtet.[370]

Seitens der KEK besteht die Befürchtung, dass diese Regelung auf Dauer zu einer „Zementierung" des zeitlichen und regional differenzierten Umfangs der Regionalfenster führen könnte, da die privaten Hauptprogrammveranstalter – so lange sie den Mindestbedingungen zum Stichtag genügen – keinen Anreiz hätten, weitere Regionalfensterprogramme anzubieten. Dies gelte insbesondere für die

---

357 „Guten Abend RTL – Hamburg und Schleswig-Holstein".
358 „Guten Abend RTL – Hessenmagazin".
359 „Guten Abend RTL – Niedersachsen und Bremen".
360 „Guten Abend RTL – Das NRW-Magazin".
361 „RNF LIFE".
362 Zusätzlich strahlt RTL in Berlin/Brandenburg ausschließlich in der Uckermark das Regionalfenster „TV Angermünde Lokal" aus.
363 „17:30 live für Bayern".
364 „17:30 Live".
365 „17:30 Live".
366 „17:30 Live".
367 „17:30 Live – das Regionalmagazin für Nordrhein-Westfalen".
368 Es handelt sich um das „Bayern Journal", welches auch auf RTL *landesweit* ausgestrahlt wird.
369 *Hartstein/Ring/Kreile/Dörr/Stettner*, § 25 RStV Rn. 17.
370 Vgl. zum Ganzen den *Konzentrationsbericht der KEK 2003*, S. 373 f.; *Hartstein/Ring/Kreile/Dörr/Stettner*, § 25 RStV Rn. 17; *Dörr*, ZWeR 2004, 159, 170.

„neuen Bundesländer", in denen es zum Stichtag 1. Juli 2002 praktisch gar keine regionalen Fensterprogramme gegeben hatte.[371]

Eine solche Entwicklung ist aber aus Sicht der KEK nicht wünschenswert. Vielmehr befürwortet sie die Ausstrahlung von Regionalfenstern auch in anderen als den zum Stichtag bereits abgedeckten Regionen – also z.B. im Saarland oder in den „Neuen Bundesländern". Nach Auffassung der KEK wäre es daher besser gewesen, inhaltlich die Regelung des § 26 Abs. 2 Satz 3 RStV in seiner Fassung durch den Sechsten Rundfunkänderungsstaatsvertrag beizubehalten, die eine Ausstrahlung von Regionalfensterprogrammen im *„angemessenen (...) Umfang"* vorgesehen hatte.[372]

bb) Befürchtungen der privaten Rundfunkveranstalter RTL und SAT.1

Zu berücksichtigen ist dabei allerdings, dass das Gesetz nach seinem Wortlaut gerade keine starre Grenze bestimmt. Vielmehr handelt es sich bei dem in § 25 Abs. 4 Satz 1 RStV festgelegten zeitlichen und regional differenzierten Umfang der Programmaktivitäten ausdrücklich nur um einen *Mindest*umfang.[373]

Eine Ausdehnung der Programmaktivitäten ist somit in zeitlicher, insbesondere aber auch *räumlicher* Hinsicht denkbar: die in § 25 Abs. 4 Satz 1 RStV enthaltene Regelung schließt nicht aus, dass eine Erweiterung der diesbezüglichen Programmaktivitäten von RTL und SAT.1 auf derzeit noch nicht mit Regionalfensterprogrammen „versorgte" Bundesländer stattfindet.[374]

Auch unter Geltung der Stichtagsregelung könnten die Landesregierungen durch entsprechende gesetzliche Vorgaben somit eine Verpflichtung zur Ausstrahlung von Regionalfensterprogrammen für bisher noch nicht „abgedeckte" Bundesländer oder Regionen – also z.B. für das Saarland oder die „Neuen Bundesländer" – begründen. Schließlich weist auch Ziff. 1 Abs. 1 Satz 3 FFR ausdrücklich darauf hin, dass *„weitergehende"* landesrechtliche Regelungen unberührt bleiben.

---

371 Mit Ausnahme des ausschließlich in der Uckermark/Brandenburg ausgestrahlten RTL-Regionalfensters „TV Angermünde Lokal"; vgl. dazu auch *Dörr,* ZWeR 2004, 159, 170.

372 Vgl. zu dieser Regelung oben B.V.1.; vgl. i.Ü. den *Konzentrationsbericht der KEK 2003,* S. 373 f.; *Hartstein/Ring/Kreile/Dörr/Stettner,* § 25 RStV Rn. 17; *Dörr,* ZWeR 2004, 159, 170.

373 So auch *Kümmel/Meyer-Burckhardt,* MMR 2005, 288, 290.

374 Eine solche Erweiterung wird auch seitens der DLM ausdrücklich befürwortet, vgl. dazu die Pressemitteilung 01/2005 der ALM/DLM vom 5.1.2005, abzurufen unter *http://www.alm.de.* Vgl. auch *ps,* Kontakter 01/2005.

Im Fall des Saarlandes hat sich diese Befürchtung der privaten Hauptprogrammveranstalter bereits konkretisiert: der Medienrat der Landesmedienanstalt Saarland (LMS) hat in seiner 91. Sitzung am 1. Dezember 2005 eine Satzung der LMS über saarländische Fensterprogramme in bundesweiten Fernsehprogrammen – die sog. „Fensterprogramm-Satzung“ – beschlossen.[375]

Darüber hinaus wäre auch eine Erweiterung des *zeitlichen* Umfangs der Regionalfenster von der Regelung des § 25 Abs. 4 Satz 1 RStV gedeckt.

In diesem Fall wären die privaten Rundfunkveranstalter RTL und SAT.1 gezwungen, in weiteren Verbreitungsgebieten und/oder in größerem Umfang als bisher Sendezeit in ihren Programmen für die Ausstrahlung von Regionalfensterprogrammen zur Verfügung zu stellen. Dies stößt bei den betroffenen privaten Rundfunkveranstaltern RTL Television GmbH und SAT.1 SatellitenFernsehen GmbH jedoch auf Ablehnung, da diese vielmehr beabsichtigen, im Zuge der Digitalisierung ihre regional differenzierten Angebote – zumindest teilweise – zusammenzufassen.[376]

cc) Vorgaben für die zeitliche Gestaltung nach Ziff. 1 Abs. 2 Satz 2 bis Satz 4 FFR

Der Rundfunkstaatsvertrag geht also in § 25 Abs. 4 Satz 1 RStV sehr wohl davon aus, dass eine Erweiterung des zeitlichen wie auch des regional differenzierten Umfangs der Regionalfensterprogramme möglich sein soll.

Dementsprechend haben die Landesmedienanstalten in Ziff. 1 Abs. 2 Satz 2 FFR als zeitlichen Mindestumfang für jedes Regionalfensterprogramm – also auch etwaige „neue“ Fensterprogramme – eine Bruttosendezeit von 30 Minuten werktäglich außer an Samstagen festgelegt.

Da nach § 45 Abs. 2 RStV in den Programmen privater Rundfunkveranstalter pro Stunde jeweils maximal 12 Minuten der Sendezeit auf Werbe- und Teleshopping-Spots entfallen dürfen, werden nach Ziff. 1 Abs. 2 Satz 3 FFR sechs Minuten maximale Werbedauer von der Bruttosendezeit nach Ziff. 1 Abs. 2 Satz 2

---

375 Vgl. dazu die entsprechende Pressemitteilung 2005-40 der LMS, im Internet abrufbar unter *http://www.lmsaar.de*. Zwischen der LMS und der RTL Television GmbH besteht derzeit ein Rechtsstreit bzgl. der Umsetzung der Fensterprogrammsatzung, vgl. dazu *Lilienthal*, epd medien Nr. 95 vom 2.12.2006, S. 13 f.

376 Vgl. dazu *Hartstein/Ring/Kreile/Dörr/Stettner*, § 25 RStV Rn. 17; vgl. auch *Kümmel/Meyer-Burckhardt*, MMR 2005, 288, 288, 290; *Wagner*, ProMedia 2/05, 16, 16; vgl. insb. zu der Planung eines digitalen Spartenprogramms durch die RTL Television GmbH nachstehend unter Teil 3 I.2.

RStV abgezogen.[377] Es verbleibt danach eine zwingende „Nettosendezeit" von 24 Minuten, die nach Ziff. 1 Abs. 2 Satz 5 FFR für die inhaltliche Gestaltung der Regionalfenster[378] relevant ist.

Ob ein Regionalfensterprogramm diesen zeitlichen Vorgaben tatsächlich genügt, wird nach Ziff. 1 Abs. 3 FFR von den Landesmedienanstalten zum 1. Oktober jedes Jahres erneut festgestellt.[379]

dd) „Ausnahmen" nach Ziff. 5 Abs. 2 bis 4 FFR

Ausnahmen zu diesen zeitlichen Vorgaben enthält die Regelung in Ziff. 5 FFR, welche die von § 25 Abs. 4 Satz 6 RStV geforderte Abstimmung der Landesmedienanstalten hinsichtlich der zeitlichen und technischen Organisation der Regionalfensterprogramme zum Gegenstand hat.

Nach Ziff. 5 Abs. 2 bis 4 FFR kann unter bestimmten Voraussetzungen die Verpflichtung des Hauptprogrammveranstalters zur Aufnahme von Regionalfensterprogrammen an einzelnen Tagen gänzlich entfallen oder zumindest der Ausstrahlungszeitpunkt oder der zeitliche Umfang der Ausstrahlung modifiziert werden.[380]

Diese Ausnahmen ermöglichen – wenn auch nur in gewissem Umfang – eine Berücksichtigung der Interessen der betroffenen Hauptprogrammveranstalter RTL Television GmbH und SAT.1 SatellitenFernsehen GmbH.

c) Inhaltliche Anforderungen an das Regionalfensterprogramm

aa) „Eckpunkte" gemäß § 25 Abs. 4 Satz 1 RStV

§ 25 Abs. 4 Satz 1 RStV nennt neuerdings zusätzliche inhaltliche Anforderungen, denen die regionalen Fensterprogramme genügen müssen. Sie sollen danach der aktuellen und authentischen Darstellung der Ereignisse des politischen, wirtschaftlichen, sozialen und kulturellen Lebens in dem jeweiligen Land dienen.

Im Jahr 2003 war anhand der sog. Volpers-Studie[381] deutlich geworden, dass die Regionalfensterprogramme in ihrer programmlichen Qualität spürbar nach-

---

377 Wobei regionale Ausnahmeregelungen gemäß § 46a RStV nach Ziff. 1 Abs. 2 Satz 4 RStV unberührt bleiben.

378 Vgl. dazu sogleich unter C.II.1.c).

379 Diese Regelung bezieht sich auf die Beschlussfassung der DLM gemäß § 36 Abs. 2 Satz 2 RStV, vgl. dazu nachfolgend unter C.II.3.c)bb).

380 Vgl. dazu nachstehend unter C.II.6.b).

381 *Volpers/Salwiczek/Schnier*, „Inhaltsanalyse landesweit ausgestrahlter Regionalfenster im Programm privater Fernsehveranstalter 2003. Abschlussbericht zum For-

gelassen hatten.[382] Ein wichtiger Grund für die in dieser Studie aufgezeigten Fehlentwicklungen dürfte der Versuch der Regionalprogrammfensteranbieter gewesen sein, auch bei der programmlichen Gestaltung von Regionalfenstern Kosteneinsparungen zu erzielen. Die Regionalfenster wurden bis zum Inkrafttreten des Achten Rundfunkänderungsstaatsvertrages in den meisten Fällen von 100 %igen Tochtergesellschaften der Hauptprogrammveranstalter RTL Television GmbH und SAT.1 SatellitenFernsehen GmbH produziert – und werden es immer noch[383] –, diese Entwicklung war also letztlich auf den „Spar-Kurs" dieser beiden Veranstalter bzw. der hinter ihnen stehenden Fernsehunternehmen, der RTL Group und der ProSiebenSAT.1 Media AG, zurückzuführen. Da – wie oben ausgeführt – durch den Siebten Rundfunkänderungsstaatsvertrag zumindest der zeitliche und regional differenzierte Umfang der Regionalfenster auf den Stichtag des 1. Juli 2002 festgeschrieben und eine Neustrukturierung der Regionalfenster für die betroffenen Sender RTL und SAT.1 damit deutlich erschwert worden war, bestand Anlass zu der Besorgnis, die Sender könnten eine Steigerung der ökonomischen Effizienz der Regionalfenster nun über zusätzliche Sparmaßnahmen und damit auch weitere Abstriche bei der *inhaltlichen* programmlichen Gestaltung anstreben.[384] Dies dürfte den Gesetzgeber dazu veranlasst haben, die zu-

---

schungsbericht für die BLM, HAM, LPR Hessen, NLM, LfM, LPR Rheinland-Pfalz und ULR, Institut für Medienforschung Göttingen & Köln (IM.GÖ) 2003, zitiert bei *Kümmel/Meyer-Burckhardt,* MMR 2005, 288, 289.

382 So kam die Studie z.B. zu dem Ergebnis, dass in dem - von der Privatfernsehen in Bayern GmbH & Co. KG gestalteten und verbreiteten - bayerischen Regionalfensterprogramm „17.30 live für Bayern" im Programm SAT.1 die Regionalberichterstattung von 60 % auf 46 % der Gesamtsendezeit gesunken sei und die Sendezeit mit Bezug zum Land Bayern damit nur noch ca. 14 Minuten pro Sendung betrage. Im Übrigen wurde auch festgestellt, dass über die verschiedenen bayerischen Regierungsbezirke nicht gleichmäßig berichtet werde.
Eine ähnliche Studie, die BLM, HAM, LPR Hessen, NLM, LfM, LPR Rheinland-Pfalz und ULR bei dem Institut für Medienforschung Göttingen & Köln (IM.GÖ) in Auftrag gegeben hatten, hatte auch schon im Jahr 2000 die Erkenntnis gebracht, dass sämtliche untersuchten Regionalfenster eine starke Fokussierung auf „Human Touch" Berichterstattung erkennen ließen und v.a. die RTL-Regionalfenster eine stark auf Unterhaltungspublizistik ausgelegte Programmkonzeption auswiesen; Politikberichterstattung und tagesaktuelle Berichterstattung kamen hingegen zu kurz. Vgl. dazu *Volpers/Salwiczek/Schnier 2000,* S. 273 ff. und S. 323 ff.
Vgl. zur Informationsleistung regionaler Fensterprogramme auch schon die Untersuchung von *Brosius/Fahr,* hier insb. S. 103 ff., aus dem Jahr 1996.

383 Vgl. dazu nachstehend unter C.II.4.a), d) und f).

384 Vgl. dazu aber auch die Ausführungen bei *Kümmel/Meyer-Burckhardt,* MMR 2005, 288, 289, die derartige Pläne zur „Effizienzsteigerung" der Produktion der Regionalfensterprogramme bestreiten.

sätzlichen Eckpunkte der inhaltlichen Programmgestaltung in § 25 Abs. 4 Satz 1 RStV ausdrücklich aufzunehmen.

bb) Konkretisierung der inhaltlichen Anforderungen durch Ziff. 1 Abs. 2 Satz 5 bis 7 FFR

Ziff. 1 Abs. 2 Satz 5 FFR konkretisiert die inhaltlichen Vorgaben nach § 25 Abs. 4 Satz 1 RStV: mindestens 20 Minuten der Nettosendezeit jedes Regionalfensters – diese beträgt gemäß Ziff. 1 Abs. 2 Satz 2 i.V.m. Satz 3 FFR grundsätzlich 24 Minuten – müssen danach auf redaktionell gestaltete Inhalte zur authentischen Darstellung der Ereignisse des politischen, wirtschaftlichen, sozialen und kulturellen Lebens aus der Region, für die das Regionalfensterprogramm jeweils bestimmt ist, entfallen. Dies bedeutet, dass der Anteil der Regionalberichterstattung sogar deutlich mehr als 60 % der Gesamtsendezeit des Fensterprogramms betragen muss, und bewirkt damit eine Verbesserung gegenüber den von der Volpers-Studie im Jahr 2003 ermittelten Gegebenheiten.[385]

Im Wochendurchschnitt darf dabei der Anteil an *aktuellen* und *konkret ereignisbezogenen* Inhalten nicht unter zehn Minuten liegen, Ziff. 1 Abs. 2 Satz 6 FFR. Diese Regelung soll verhindern, dass das Programm der Regionalfenster ausschließlich aus regional geprägten „Konserven" besteht, also Beiträgen, die zwar Regionalbezug aufweisen, aber zeitlose Themen zum Gegenstand haben und somit die aktuellen Geschehnisse in einer Region gänzlich unberücksichtigt lassen.

Wohl unter dem Eindruck der oben beschriebenen[386] Verschlechterung der inhaltlichen Qualität der Regionalfensterprogramme hielten es die Landesmedienanstalten für erforderlich, mit der in Ziff. 1 Abs. 2 Satz 7 FFR enthaltenen Regelung der Gefahr einer „Beitrags-Tauschbörse" Einhalt zu gebieten:[387] Es wird ausdrücklich klargestellt, dass im Regelfall weder der Austausch von Beiträgen zwischen unterschiedlichen Regionalfensterprogrammen, noch die Übernahme – und damit das „Recycling" – von Beiträgen aus dem Programm des Hauptprogrammveranstalters den inhaltlichen Anforderungen nach § 25 Abs. 4 Satz 1 RStV i.V.m. Ziff. 1 Abs. 2 Satz 5 und Satz 6 FFR entspricht.

---

385 Vgl. dazu oben unter C.II.1.c)aa). Diese Vorgaben waren allerdings auch schon in Ziff. 3.5.1. Satz 9 der DSZR in ihrer Fassung vom 16.12.2004 enthalten.

386 Vgl. dazu oben C.II.1.c)aa).

387 Der Austausch – und damit die Wiederverwertung – von Beiträgen ist ein Phänomen, das gerade im Bereich des Privatfernsehens häufig anzutreffen ist: Unter den Sendern einer Senderfamilie werden aus Gründen der Kostenersparnis Beiträge oft und gerne ausgetauscht.

Gemäß Ziff. 1 Abs. 3 FFR sind die Landesmedienanstalten auch dafür zuständig, zum 1. Oktober jedes Jahres erneut festzustellen, ob die Regionalfensterprogramme diesen inhaltlichen Vorgaben tatsächlich genügen.[388]

d) Problematik der Regelung in § 25 Abs. 4 Satz 1 RStV

Schon die *Ausstrahlungsverpflichtung* an sich ist für die betroffenen Hauptprogrammveranstalter problematisch: Sie führt zu dem *Verlust eigener Sendezeit* und gleichzeitig zu einer *Unterbrechung* des eigenen Programms.

Diese Unterbrechung kann sich – abhängig von der Attraktivität bzw. mangelnden Attraktivität des Regionalfensterprogramms – negativ auf den Audience Flow und somit auf die Zuschaueranteile des Hauptprogrammveranstalters auswirken. Denn Zuschauer, die überhaupt kein Interesse an der regionalen Berichterstattung haben oder denen jedenfalls das konkrete – von dem Regionalfensteranbieter nach der Neufassung des § 25 Abs. 4 RStV völlig unabhängig gestaltete – Regionalfenster nicht gefällt, werden einfach das Programm wechseln.

Damit wird aber das Programm des Hauptprogrammveranstalters – zumindest in der unmittelbaren zeitlichen Umgebung des Regionalfensterprogramms – auch unattraktiv für potentielle oder schon vorhandene Werbekunden. Jedenfalls während der Ausstrahlung des Fensterprogramms kann der Hauptprogrammveranstalter überhaupt *keine Werbeeinahmen* erzielen. Ihm drohen daher durch die Ausstrahlungsverpflichtung auch wirtschaftliche Einbußen.

Wollte der Hauptprogrammveranstalter einer solchen Entwicklung – also der „Abwanderung" von Zuschauern und damit Werbekunden in der zeitlichen Umgebung des Regionalfensterprogramms – aktiv entgegenwirken, so müsste er letztlich sein eigenes Programm auf das Regionalfensterprogramm „abstimmen": sei es, um einen „schleichenden Übergang" zu dem Regionalfensterprogramm zu erzielen, oder auch um durch besonders publikumswirksame Programmteile die an dem Regionalfensterprogramm nicht interessierten Zuschauer zum „dranbleiben" unmittelbar *vor* und/oder „wiedereinschalten" unmittelbar *nach* dem Regionalfensterprogramm zu motivieren. Im Ergebnis würde der Hauptprogrammveranstalter in diesem Fall also infolge der Verpflichtung zu der Ausstrahlung des Regionalfensterprogramms zu einer *Umstrukturierung seines eigenen Programms* gezwungen werden.

Im Übrigen ist es aus Sicht der beiden Hauptprogrammveranstalter RTL Television GmbH und SAT. 1 Satelliten GmbH auch unbefriedigend, dass gerade

388 Diese Regelung bezieht sich auf die Beschlussfassung der DLM gemäß § 36 Abs. 2 Satz 2 RStV, vgl. dazu nachfolgend unter C.II.3.c)bb).

ihre beiden Programme *selektiv* von der Verpflichtung nach § 25 Abs. 4 Satz 1 RStV betroffen sind.

Der *Umfang der Verpflichtung* ist insofern zu problematisieren, als das bereits mit dem Siebten Rundfunkänderungsstaatsvertrag in den Rundfunkstaatsvertrag eingeführte *Stichtagsprinzip* – wie dargestellt – sowohl von den betroffenen Rundfunkveranstaltern, als auch von der KEK kritisiert wird. Auch und gerade der Umstand, dass § 25 Abs. 4 Satz 1 RStV nicht für alle Bundesländer zwingend Regionalfensterprogramme vorschreibt, sorgt für Kritik: insofern werden Zweifel an der Tauglichkeit der Vorschrift zur Vielfaltsicherung erhoben, da nicht nachvollziehbar sei, inwieweit die bereits vorhandenen Regionalfensterprogramme zur Sicherung der Meinungsvielfalt in den bisher unberücksichtigten Bundesländern beitragen können.[389]

In Bezug auf die durch den Achten Rundfunkänderungsstaatsvertrag eingefügten *inhaltlichen Vorgaben* für die Gestaltung der Regionalfensterprogramme erscheint problematisch, dass der Hauptprogrammveranstalter nach der Neufassung aufgrund der Regelung in § 25 Abs. 4 Satz 2 bis 4 RStV den Inhalt des Regionalfensterprogramms überhaupt nicht mehr beeinflussen kann und dies nach der Intention des Gesetzgebers auch nicht können soll: die Länderparlamente wollten ja gerade die Unabhängigkeit der Regionalfensterprogrammveranstalter von den Hauptprogrammveranstaltern bei der Gestaltung des Programms stärken. Auf den ersten Blick tangiert dies die Hauptprogrammveranstalter nur mittelbar, denn die inhaltlichen Vorgaben richten sich an den – nach dem Willen des Gesetzgebers unabhängigen – Veranstalter des Regionalfensterprogramms. Wie noch zu zeigen sein wird, muss ein Regionalfensterprogramm aber auch den inhaltlichen Vorgaben nach § 25 Abs. 4 Satz 1 RStV genügen, um im Rahmen der für den Hauptprogrammveranstalter bedeutsamen Bonusgewährung nach § 26 Abs. 2 Satz 3 RStV und bei der Anrechnung auf Sendezeit für unabhängige Dritte nach § 31 Abs. 2 Satz 2 bis 4 RStV Berücksichtigung zu finden. Der Hauptprogrammveranstalter ist nach der aktuellen Regelung aber hinsichtlich der inhaltlichen Gestaltung – und damit auch hinsichtlich der eben genannten medienkonzentrationsrechtlichen Problempunkte – dann aber dem „good will" des unabhängigen Fensterprogrammanbieters unterworfen.

Aus Sicht der RTL Television GmbH erscheint es zudem bemerkenswert, dass den RTL-Regionalfensterprogrammen noch kurz *vor* Inkrafttreten des Achten Rundfunkänderungsstaatsvertrages von der DLM im Rahmen der Feststellung nach § 36 Abs. 2 Satz 2 RStV eine Berücksichtigungsfähigkeit für die Bonusge-

389 Vg. dazu *Wagner*, ProMedia 2/05, 16,16 f.

währung nach § 26 Abs. 2 Satz 3 RStV attestiert wurde.[390] Sie zieht daraus den Schluss, die Fensterprogramme hätten den Anforderungen an eine ausreichende Vielfaltsicherung damals bereits genügt. Insofern stellt sich natürlich die Frage, warum es dann einer Neuregelung und „Verschärfung" des § 25 Abs. 4 RStV unter dem Gesichtspunkt der Meinungsvielfalt überhaupt bedurfte und ob hierfür möglicherweise andere Motive als das der Vielfaltsicherung ausschlaggebend waren.

2. § 25 Abs. 4 Satz 2 RStV: Redaktionelle Unabhängigkeit des Regionalfensterprogrammveranstalters

Nach § 25 Abs. 4 Satz 2 RStV ist der Hauptprogrammveranstalter – also die RTL Television GmbH und die SAT.1 SatellitenFernsehen GmbH – dazu verpflichtet, organisatorisch sicherzustellen, dass die redaktionelle Unabhängigkeit des Fensterprogrammveranstalters gewährleistet ist.

Diese Verpflichtung gilt – da der Achte Rundfunkänderungsstaatsvertrag keinerlei Übergangsvorschriften bezüglich der durch ihn verursachten Gesetzesänderungen enthält[391] – für die RTL Television GmbH und die SAT.1 Satelliten-Fernsehen GmbH bereits seit dem Zeitpunkt des Inkrafttretens am 1. April 2005.

a) Die Betonung der redaktionellen Unabhängigkeit in § 25 Abs. 4 Satz 2 RStV und die Vermutung nach Ziff. 3 Abs. 1 FFR

§ 25 Abs. 4 RStV postuliert in seiner Neufassung eine gesellschaftsrechtliche Entflechtung von Haupt- und Fensterprogrammveranstalter, § 25 Abs. 4 Satz 4 RStV, sowie die Erteilung einer gesonderten rundfunkrechtlichen Zulassung an den Fensterprogrammanbieter, § 25 Abs. 4 Satz 3 RStV.[392] Daraus könnte man nun folgern, dass – quasi als logische Folge der gesellschaftsrechtlichen Unabhängigkeit – die Trennung der beiden unabhängigen Veranstalter auch bereits eine inhaltliche Gestaltung des regionalen Programms durch unabhängige Redaktionen indiziert.

Um insoweit aber keinerlei Zweifel aufkommen zu lassen, hat der Gesetzgeber die redaktionelle Unabhängigkeit des Fensterprogrammveranstalters – als

---

390 Vgl. dazu die Pressemitteilung Nr. 01/2005 der ALM/DLM vom 5.1.2005, abzurufen unter *http://www.alm.de*.

391 Art. 9 des Achten Rundfunkänderungsstaatsvertrages enthält zwar Schlussbestimmungen, diese umfassen aber lediglich Regelungen zur Kündigung der geänderten Staatsverträge, den Zeitpunkt des Inkrafttretens am 1. April 2005, sowie eine Regelung zur Neubekanntmachung der geänderten Staatsverträge.

392 Zu diesen Voraussetzungen sogleich unter C.II.3.

letztlich wichtigste Voraussetzung unabhängiger und damit vielfaltsfördernder Regionalberichterstattung[393] – in § 25 Abs. 4 Satz 2 RStV ausdrücklich festgeschrieben.

Die eben angedeutete Indizwirkung[394] greift allerdings Ziff. 3 Abs. 1 FFR auf: Danach wird die redaktionelle Unabhängigkeit des Regionalfensterprogrammveranstalters *vermutet*, wenn ihm eine eigenständige Zulassung erteilt ist und er zum Hauptprogrammveranstalter *nicht* im Verhältnis eines verbundenen Unternehmens nach § 28 RStV steht. Dies entspricht den in § 25 Abs. 4 Satz 3 und Satz 4 RStV festgelegten Anforderungen.

b) Die Voraussetzungen redaktioneller Unabhängigkeit nach Ziff. 3 Abs. 2 FFR

„In anderen Fällen" ist nach Ziff. 3 Abs. 2 Satz 1 FFR Voraussetzung für die redaktionelle Unabhängigkeit, „dass die Programmverantwortlichen des Regionalprogramms im Rahmen einer für die Dauer der Lizenz vorgegebenen finanziellen Ausstattung ihre *Entscheidungen ohne Mitwirkungs- oder Zustimmungsbefugnisse des Hauptprogrammveranstalters* treffen können."

Gemeint sind damit die Fälle einer gesellschaftsrechtlichen Verflechtung von Haupt- und Fensterprogrammveranstalter i.S.v. § 28 RStV, denn die in Ziff. 3 Abs. 1 FFR gleichfalls angeführte Erteilung einer gesonderten Zulassung für den Fensterprogrammanbieter ist nach § 25 Abs. 4 Satz 3 RStV ohnehin zwingend und steht daher nicht zur Disposition.[395]

Gemäß Ziff. 3 Abs. 2 Satz 2 FFR schließt die Entscheidungsbefugnis der Regionalprogrammverantwortlichen nach Ziff. 3 Abs. 2 Satz 1 FFR ausdrücklich das Recht ein, *eigenverantwortlich* redaktionelles Personal einzustellen und studiotechnische Dienstleister zu bestimmen. Dadurch wird gewährleistet, dass die redaktionelle Gestaltung des Regionalprogramms durch Personen erfolgt, die unabhängig von dem Hauptprogrammveranstalter agieren.

Weiterhin ist nach Ziff. 3 Abs. 2 Satz 3 FFR erforderlich, dass die Berufung der Programmverantwortlichen für die gesamte Dauer der Zulassung des Regionalfensterprogrammveranstalters erfolgt und diese gegenüber der jeweils zuständigen Landesmedienanstalt auch namentlich benannt werden.

---

393 Vgl. *Hartstein/Ring/Kreile/Dörr/Stettner,* § 25 RStV Rn. 18.

394 Die KEK kritisiert Ziff.3 Abs. 1 FFR als „zu formalistisch" und fordert in jedem Fall eine materielle Prüfung der redaktionellen Unabhängigkeit, vgl. Az. KEK 314, S. 9.

395 Oder anders ausgedrückt: Fehlt es schon an den Voraussetzungen, um die redaktionelle Unabhängigkeit bejahen zu können, so wird dem jeweiligen Bewerber um die Veranstaltung eines Regionalfensterprogramms sowieso keine gesonderte Zulassung erteilt werden.

Darüber hinaus dürfen die Dienst- oder Arbeitsverträge des Geschäftsführers des Regionalprogrammveranstalters und des Programmverantwortlichen für das Regionalprogramm kein Recht zur ordentlichen Kündigung vorsehen, so dass eine Kündigung dieser Verträge nur aus wichtigem Grund möglich ist, Ziff. 3 Abs. 2 Satz 4 FFR.

Abweichend von § 38 Abs. 1 GmbHG darf auch der programmverantwortliche Geschäftsführer nur aus wichtigem Grund abberufen werden, Ziff. 3 Abs. 2 Satz 5 FFR. Das Risiko einer redaktionellen Beeinflussung des Fensterprogramms durch den Hauptprogrammveranstalter soll damit in den Fällen, in denen entgegen § 25 Abs. 4 Satz 4 RStV Haupt- und Regionalfensterveranstalter im Verhältnis eines verbundenen Unternehmens nach § 28 RStV stehen, auf ein Minimum beschränkt werden.

c) Die Regelung in Ziff. 3 Abs. 3 FFR

Nach Ziff. 3 Abs. 3 FFR spricht es „zusätzlich" für die redaktionelle Unabhängigkeit, wenn ein vom Hauptprogrammveranstalter unabhängiger Programmbeirat nach § 32 RStV für das Regionalprogramm besteht oder wenn die redaktionelle Unabhängigkeit durch ein sog. Redaktionsstatut[396] abgesichert ist.

Insbesondere letzteres wird vom Deutschen Journalisten-Verband (DJV)[397] als zwingende Voraussetzung gefordert: Der DJV fordert die Verpflichtung des jeweiligen Programmveranstalters zur Verabschiedung eines Redaktionsstatuts mit den redaktionellen Mitarbeitern. Denn nach Auffassung des DJV kann nur ein Redaktionsstatut einen wirklichen Beitrag zur Wahrung der redaktionellen Unabhängigkeit leisten, da es mit den jeweiligen „Programmmachern" zu vereinbaren ist. Ein unabhängiger Programmbeirat könne dieser Aufgabe nicht in gleichem Maß gerecht werden, da er nicht in die redaktionelle Arbeit eingebunden ist. Die zwingende Verpflichtung der Fensterprogrammveranstalter zur Verabschiedung eines Redaktionsstatuts möchte der DJV in der FFR geregelt sehen – ein Umstand, der dafür spricht, dass auch der DJV von einer unmittelbaren Außenwirkung der FFR als insoweit normenkonkretisierender Richtlinie ausgeht.

Ziff. 3 Abs. 3 RStV gilt dabei ebenfalls nur für den Fall, dass – entgegen § 25 Abs. 4 Satz 4 RStV – Haupt- und Regionalfensterveranstalter im Verhältnis eines verbundenen Unternehmens stehen. Denn tun sie dies nicht, so greift bereits die Vermutungsregelung aus Ziff. 3 Abs. 1 FFR.

---

396 Unter einem Redaktionsstatut ist ein allgemeines Regelwerk für die redaktionelle Tätigkeit und deren Anforderungen – insb. die Zusammenarbeit – zu verstehen, welches zwischen dem Programmveranstalter und den redaktionellen Mitarbeitern vereinbart wird.

397 Im Folgenden nur: DJV.

d) Problematik der Regelung in § 25 Abs. 4 Satz 2 RStV

Die redaktionell unabhängige Gestaltung des Regionalfensterprogramms macht dieses – aus Sicht der betroffenen Hauptprogrammveranstalter – zu einem *„fremden"* Programmbestandteil im Gefüge ihres Hauptprogramms, also RTL bzw. SAT. 1. Da § 25 Abs. 4 RStV – anders als § 31 Abs. 1 Satz 1 RStV – auch kein Gebot an die Regionalfensterveranstalter beinhaltet, die Programmautonomie der Hauptprogrammveranstalter zu wahren, besteht zumindest theoretisch die Möglichkeit, dass die Regionalfensterprogramme eine Gestaltung aufweisen, die einen groben Bruch in der Programmstruktur und „Programmfarbe" der Hauptprogrammveranstalter bedeuten. Dadurch würde auch der aus § 25 Abs. 4 Satz 1 RStV resultierenden „Unterbrechungseffekt" verstärkt.

Allerdings bestand auch schon vor Inkrafttreten des Achten Rundfunkänderungsstaatsvertrages bereits eine faktische Verpflichtung der RTL Television GmbH und der SAT.1 SatellitenFernsehen GmbH, für eine redaktionell unabhängige Gestaltung der Regionalfensterprogramme zu sorgen. Denn die redaktionelle Unabhängigkeit war und ist nach § 31 Abs. 2 Satz 3 RStV unverzichtbare Voraussetzung einer Anrechnung der Regionalfensterprogramme auf die gemäß § 26 Abs. 5 RStV von diesen beiden Veranstaltern auszustrahlende Sendezeit für unabhängige Dritte nach § 31 RStV.[398]

3. § 25 Abs. 4 Satz 3 RStV: Erfordernis der gesonderten Zulassung des Regionalfensterprogrammveranstalters

§ 25 Abs. 4 Satz 3 RStV schreibt vor, dass dem Anbieter des Regionalfensterprogramms eine gesonderte rundfunkrechtliche Zulassung zu erteilen ist.

Die Anbieter von Regionalfensterprogrammen hatten zwar teilweise schon vor dem Achten Rundfunkänderungsstaatsvertrag eine eigene Zulassung gehalten.[399]

Teilweise waren die Regionalfenster allerdings auch nur von der jeweiligen Zulassung des Hauptprogrammveranstalters „mit umfasst" gewesen; die meisten

398 Vgl. dazu oben unter A.II.1.b)bb).

399 Vgl. den *Neunten Jahresbericht der KEK,* S. 263. Zum Begriff des „Veranstalters" vgl. oben unter A.I.4.
So hatte z.B. die Privatfernsehen in Bayern GmbH & Co. KG das bayerische Regionalfenster auf SAT.1 – „17.30 live für Bayern" – aufgrund einer ursprünglich bis zum 31.12.2009 befristeten Genehmigung der BLM veranstaltet, vgl. dazu Az. KEK 294, S. 2. Auch die Rhein-Neckar Fernsehen GmbH war als selbständiger Programmveranstalter aufgrund von Zulassungen durch die LMK und LFK tätig gewesen, vgl. Az. KEK 329-1 und 329-2, S. 2.

Fensterprogrammanbieter sendeten ihr Programm auf der Grundlage einer regionalen Zweitzulassung des Hauptprogrammveranstalters RTL Television GmbH bzw. SAT. 1 SatellitenFernsehen GmbH für die *terrestrische* Verbreitung des jeweiligen Hauptprogramms in dem Bundesland oder sogar ganz ohne spezielle Rechtsgrundlage.[400] Konsequenz der Neuregelung ist, dass auch in diesen Fällen jetzt gesonderte Zulassungen zu erteilen sind. Denn die Regelung in § 25 Abs. 4 Satz 2 bis 4 RStV führt dazu, dass auch diese Fensterprogrammanbieter nicht mehr – wie bisher – als bloße Produzenten und Zulieferer des Regionalfensterprogramms zu qualifizieren sind. Durch ihre eigene rundfunkrechtliche Zulassung wird auch diesen Regionalfensterprogrammanbietern der Status eines selbständigen und verantwortlichen Programmveranstalters formal zuerkannt.[401]

Nach der amtlichen Begründung zum Achten Rundfunkänderungsstaatsvertrag[402] soll die eigenständige Zulassung des Fensterprogrammveranstalters zur Stärkung der Unabhängigkeit der Berichterstattung in den Regionalfensterprogrammen beitragen. Daraus lässt sich folgern, dass der Gesetzgeber die durch § 25 Abs. 4 Satz 2 RStV ohnehin angeordnete redaktionelle Unabhängigkeit des Regionalfensteranbieters zusätzlich absichern wollte.[403] Denn das Zulassungserfordernis ermöglicht die separate Ausschreibung der Veranstaltung eines Regionalfensterprogramms durch die jeweils zuständige Landesmedienanstalt.[404] Diese Ausschreibung erfolgt nach den landesrechtlichen Vorschriften. Zusätzliche Vorgaben für die Ausschreibung, wie § 31 Abs. 4 RStV sie für die Ausschreibung des bundesweiten Fensterprogramms nach § 31 RStV enthält, kennt § 25 Abs. 4 RStV dabei nicht.

Auch die Regelung des § 25 Abs. 4 Satz 3 RStV gilt – mangels entsprechender Übergangsvorschriften im Achten Rundfunkänderungsstaatsvertrag[405] – be-

---

400 Vgl. den *Neunten Jahresbericht der KEK*, S. 263. So war z.B. das RTL-Regionalfenster „Guten Abend RTL - Niedersachsen und Bremen", das von der RTL Nord GmbH produziert wurde und wird, im Jahr 1989 ohne eigenständige Zulassung in das Programm von RTL aufgenommen worden, vgl. Az. KEK 306-1 und 306-2, S. 3.

401 So bereits *Dörr*, ZWeR 2004, 159, 180, zu dem sog. nordrhein-westfälischen Modell.

402 Abgedruckt bei *Hartstein/Ring/Kreile/Dörr/Stettner*, A 2.6. und § 25 RStV.

403 Vgl. *Hartstein/Ring/Kreile/Dörr/Stettner*, § 25 RStV Rn. 18; vgl. dazu auch die Pressemitteilung der HAM vom 1.2.2007 zu der Zulassung des SAT.1 Regionalfensters „17.30 LIVE", abzurufen unter *http://www.ham-online.de/presse_publika/pressemeldungen.html*.

404 Auf diesen Aspekt weist auch die amtliche Begründung zum Achten Rundfunkänderungsstaatsvertrag, abgedruckt bei *Hartstein/Ring/Kreile/Dörr/Stettner*, § 25 RStV, ausdrücklich hin.

405 Art. 9 des Achten Rundfunkänderungsstaatsvertrages enthält zwar Schlussbestimmungen. Diese umfassen aber lediglich Regelungen zur Kündigung der geänderten

reits ab dem Zeitpunkt ihres Inkrafttretens am 1. April 2005. Der damalige DLM-Vorsitzende Wolfgang Thaenert hatte sich Anfang des Jahres 2005 – und damit vor Inkrafttreten der Neuregelung – zwar noch dahingehend geäußert, dass es in einigen Bundesländern noch gar nicht möglich sei, die Zeitschienen für die Regionalfensterprogramme separat auszuschreiben.[406]

Mittlerweile haben jedoch alle privaten Regionalfensterprogrammanbieter, die bisher lediglich als Produzenten regionale Fensterprogramme für die Programme RTL und SAT.1 der beiden Hauptprogrammveranstalter RTL Television GmbH und SAT.1 SatellitenFernsehen GmbH zugeliefert hatten, bei den zuständigen Landesmedienanstalten eine eigene Zulassung als Regionalfensterveranstalter beantragt.[407] Dementsprechend hatte bzw. hat[408] – wie im Folgenden noch näher darzustellen sein wird – auch die KEK im Rahmen der nach § 36 Abs. 2 Satz 3 RStV erforderlichen Benehmensherstellung die Gelegenheit, sich mit den jeweiligen Regionalfensterprogrammen auseinanderzusetzen.[409]

a) Die Zulassung des Regionalfensterprogrammveranstalters durch die zuständige Landesmedienanstalt, § 36 Abs. 2 Satz 1 RStV

Die rundfunkrechtliche Zulassung von Fensterprogrammveranstaltern ist geregelt in § 36 Abs. 2 Satz 1 RStV. Ursprünglich hatte sich diese Vorschrift nur auf die Auswahl und Zulassung von Drittfensterveranstaltern im Sinne von § 26 Abs. 4 Satz 1 Nr. 3 RStV bzw. § 26 Abs. 5 RStV i.V.m. § 31 RStV bezogen.[410]

Mit der Einführung des § 25 Abs. 4 Satz 3 RStV ist seit dem 1. April 2005 jedoch auch die rundfunkrechtliche Zulassung der Anbieter von Regionalfensterprogrammen in den beiden reichweitenstärksten bundesweiten Fernsehvollpro-

---

Staatsverträge, den Zeitpunkt des Inkrafttretens am 1. April 2005, sowie eine Regelung zur Neubekanntmachung der geänderten Staatsverträge.

406 Vgl. *ps*, Kontakter 10/2005, S. 30.

407 Daneben haben auch schon bisher selbständige Veranstalter – wie die Rhein-Neckar Fernsehen GmbH – ihre erneute Zulassung beantragt.

408 Die angesprochenen Verfahren sind teilweise noch nicht abgeschlossen, vgl. auch den *Neunten Jahresbericht der KEK*, S. 53 ff., 73 ff.

409 Im Einzelnen handelt es sich dabei bisher um die folgenden Entscheidungen bzw. Verfahren der KEK: Az. KEK 294, 306-1 bis -4, 308-1 bis -4, 313, 314, 328, 329-1 und 329-2 sowie 393-1 und 393-2.

410 Da es sich bei diesen Fensterprogrammen um bundesweite Satellitenfensterprogramme i.S.v. § 2 Abs. 2 Nr. 3 RStV handelt, vgl. dazu oben unter A.II.1.a)bb)(1), und damit um „bundesweit verbreitetes Fernsehen“, ergab sich bis zu der Novellierung durch den Achten Rundfunkänderungsstaatsvertrag auch noch kein Widerspruch zwischen § 36 Abs. 2 RStV und § 39 Satz 1 RStV. Zu diesem Widerspruch, der seit dem 1.4.2005 besteht, vgl. nachfolgend unter C.II.3.a)bb)(1).

grammen RTL und SAT.1 verbindlich vorgeschrieben. Da der Begriff „Fensterprogrammveranstalter“ im Sinne von § 36 Abs. 2 RStV als Oberbegriff für die Veranstalter von Satellitenfensterprogrammen und Regionalfensterprogrammen verstanden werden kann,[411] gilt § 36 Abs. 2 RStV seit dem 1. April 2005 also auch für die Auswahl und Zulassung von Regionalfensterveranstaltern.[412]

Nach § 36 Abs. 2 Satz 1 RStV obliegen Auswahl und Zulassung des Veranstalters – ebenso wie die Aufsicht über das Programm – alleine dem für die Zulassung zuständigen Organ der jeweiligen Landesmedienanstalt.

aa) Die zuständige Landesmedienanstalt

Der Rundfunkstaatsvertrag selbst enthält keine weitere Aussage darüber, welche Landesmedienanstalt für die Zulassung eines Regionalfensterprogrammveranstalters konkret zuständig sein soll.

(1) Die Regelung in Ziff. 2 Satz 1 FFR

Diese Frage ist jedoch geregelt in Ziff. 2 Satz 1 FFR: Die Zulassung ist demnach von der für *das jeweilige Verbreitungsgebiet des Regionalprogramms* zuständigen Landesmedienanstalt nach Maßgabe des Landesrechts zu erteilen.[413]

Das bedeutet, dass z.B. die Bayerische Landeszentrale für neue Medien (BLM) zuständig ist für die rundfunkrechtliche Zulassung – die nach dem Bayerischen Mediengesetz als Genehmigung bezeichnet wird, vgl. Art. 25 Abs. 1 Satz 1 BayMG – eines Fensterprogrammanbieters, der ein regionales Fensterprogramm im Gebiet des Bundeslandes Bayern anbieten möchte. Dazu ist zu erläutern, dass Veranstalter im rundfunkrechtlichen Sinn in Bayern zwar gemäß Art. 111a Abs. 2 BV und Art. 2 BayMG im Bereich des Privatrundfunks stets die Bayerische Landeszentrale für Neue Medien (BLM) selbst ist, denn privater Rundfunk wird in Bayern in öffentlich-rechtlicher Trägerschaft und öffentlicher Verantwortung der BLM betrieben. Das BayMG regelt daher nicht die „Zulassung privater Rundfunkveranstalter“ – denn Veranstalter ist die BLM[414] –, son-

411 Vgl. dazu oben unter A.I.1.: „Fensterprogramm“ ist vom Wortsinn her der Oberbegriff für Satellitenfenster- und Regionalfensterprogramme.

412 Vgl. dazu z.B. die Entscheidungen der KEK Az. KEK 294, S. 10; KEK 306-1 und 306-2, S. 12; KEK 314, S. 6; KEK 328, S. 10; KEK 329-1 und 329-2, S. 7.

413 Insofern besteht ein Unterschied zu der Zulassung des Hauptprogrammveranstalters, denn dieser kann die Zulassung bei jeder Landesmedienanstalt beantragen, vgl. auch Ziff. 1 DSZR.

414 Vgl. insofern die Ausführungen zu den Anforderungen an einen Veranstalter von Rundfunk oben unter A.I.4.. Die bayerischen Anbieter sind nicht als Veranstalter in

dem lediglich die „Genehmigung von Angeboten privater Anbieter".[415] Nach § 55 Satz 2 RStV finden aber die für private *Veranstalter* geltenden Bestimmungen des Rundfunkstaatsvertrages auf die sog. *Anbieter* nach bayerischem Recht entsprechende Anwendung.[416] Das „für die Zulassung zuständige Organ" der BLM i.S.v. § 36 Abs. 2 Satz 1 RStV ist somit der nach Art. 12 Abs. 2 Satz 2 Nr. 6 BayMG für die Genehmigung eines Angebots zuständige Medienrat der BLM.

(2) Ziff. 2 Abs. 1 FFR als durch § 33 RStV legitimierte Ausgestaltung der §§ 25 und 31 RStV

Die Regelung in Ziff. 2 Satz 1 FFR ist dabei auch von der Ermächtigungsgrundlage in § 33 RStV gedeckt. Zwar stellt Ziff. 2 Satz 1 FFR – formal gesehen – eine Konkretisierung des § 36 Abs. 2 Satz 1 RStV dar und somit nicht eine „Ausgestaltung der §§ 25, 31 und 32" RStV.

§ 36 Abs. 2 Satz 1 RStV regelt jedoch selbst nur die *Zuständigkeit* in Bezug auf Auswahl und Zulassung von Fensterprogrammveranstaltern. Dass dem Anbieter eines Regionalfensterprogramms überhaupt eine Zulassung zu erteilen ist, ergibt sich wiederum aus der zwingenden Bestimmung des § 25 Abs. 4 Satz 3 RStV. Ziff. 2 Satz 1 FFR dient also im Ergebnis der Konkretisierung der in § 25 Abs. 4 Satz 3 RStV angeordneten Zulassung von Regionalfensterprogrammanbietern.

bb) Das Zulassungsverfahren

(1) Die Durchführung des Zulassungsverfahrens nach Landesrecht

Das konkrete Zulassungsverfahren richtet sich nach dem jeweils maßgeblichen Landesrecht. Dies ordnet Ziff. 2 Satz 1 FFR ausdrücklich an, wobei diese Anordnung an sich nicht notwendig wäre. Denn Rundfunk ist nach Art. 30 und Art. 70 GG ohnehin Sache der einzelnen Bundesländer. Die von den Ländern in Ausübung ihrer Gesetzgebungskompetenz im Rundfunkstaatsvertrag für die Veranstaltung und Verbreitung von Rundfunk vereinbarten Rechtsnormen beanspruchen zwar nach § 1 Abs. 1 RStV bundesweite Geltung. Dies gilt jedoch nur, soweit der Rundfunkstaatsvertrag überhaupt Regelungen zu einer bestimmten re-

---

diesem Sinne zu qualifizieren, vgl. dazu auch *Hartstein/Ring/Kreile/Dörr/Stettner*, § 20 RStV Rn. 10.

415 Vgl. zu der „Rundfunkgestaltung durch Rundfunkanbieter" in Bayern auch *Bornemann/Lörz*, Art. 2 BayMG Rn. 21.

416 Vgl. dazu *Hartstein/Ring/Kreile/Dörr/Stettner*, § 55 RStV Rn. 4.

gelungsbedürftigen Frage enthält. Andernfalls verbleibt es nach der Kollisionsnorm des § 1 Abs. 2 RStV bei der Anwendung des jeweiligen Landesrechts.[417]

Hinsichtlich des Verfahrens der Auswahl und Zulassung von Regionalfensterprogrammveranstaltern enthält der Rundfunkstaatsvertrag spezielle Bestimmungen nur in § 36 Abs. 2 RStV. Zusätzliche Vorgaben für das Zulassungsverfahren, wie sie etwa § 31 Abs. 4 bis Abs. 6 RStV für die Ausschreibung des bundesweiten Fensterprogramms nach § 26 Abs. 4 Satz 1 Nr. 3 RStV bzw. § 26 Abs. 5 RStV i.V.m. § 31 RStV und die Zulassung des jeweiligen Fensterprogrammveranstalters enthält, kennt § 25 Abs. 4 RStV nicht.

Das für die Zulassung von privaten Rundfunkveranstaltern jeweils maßgebliche Landesrecht wird also auch nur insofern überlagert bzw. ergänzt.

Insbesondere finden auch die §§ 21 ff. RStV auf die Zulassung von *regionalen* Fensterprogrammveranstaltern i.S.v. § 25 Abs. 4 RStV wegen § 39 Abs. 1 RStV keine Anwendung, da es sich insoweit nicht um *bundesweites* Fernsehen, sondern um räumlich auf jeweils *regionale* Verbreitungsgebiete beschränkte Fensterprogramme handelt.[418] Die Verbreitung von Regionalfensterprogrammen in ihrem jeweiligen Sendegebiet stellt gerade kein bundesweites Fernsehen i.S.v. § 39 Satz 1 RStV, sondern *regionales* Fernsehen dar.[419]

Allerdings ist § 39 Satz 1 RStV insofern widersprüchlich, als er seinem Wortlaut nach auch § 36 RStV von der Anwendung auf Regionalfensterprogramme ausschließen würde. Denn wie oben dargestellt gilt jedenfalls § 36 Abs. 2 RStV seit dem 1. April 2005 *gerade auch* für die Zulassung *regionaler* Fensterprogrammveranstalter.

Dieser Widerspruch resultiert wohl daraus, dass die zwingende eigenständige Zulassung von Regionalfensterprogrammanbietern in § 25 Abs. 4 Satz 3 RStV erst mit dem Achten Rundfunkänderungsstaatsvertrag zum 1. April 2005 eingeführt wurde. Die Regelung in § 36 Abs. 2 RStV hatte sich zuvor nur auf *bundesweite* Satellitenfensterprogrammveranstalter i.S.v. § 31 RStV bezogen.[420] Bei diesen bundesweiten Fensterprogrammen hatte es sich letztlich um „bundesweit

---

417 Vgl. die Erläuterungen zu der Verbindlichkeit des Rundfunkstaatsvertrages und der Kollisionsnorm des § 1 Abs. 2 RStV oben unter C.I.1.a).

418 Vgl. dazu die Definition des Regionalfensterprogramms in § 2 Abs. 2 Nr. 4 RStV sowie die entsprechenden Erläuterungen unter A.I.2.b).

419 Denn bundesweite Verbreitung i.S.v. § 39 Satz 1 RStV bedeutet bundesweite Empfangbarkeit, vgl. dazu *Hartstein/Ring/Kreile/Dörr/Stettner*, § 39 RStV.

420 Vgl. *Hahn/Vesting – Flechsig*, § 33 RStV Rn. 16; auch die Regelung in § 36 Abs. 2 Satz 2 RStV – die bereits mit dem Siebten Rundfunkänderungsstaatsvertrag in § 36 Abs. 2 RStV eingefügt worden war – war insofern nur relevant gewesen bei der Frage der Anrechenbarkeit von Regionalfensterprogrammen auf die Sendezeit für unabhängige Dritte nach § 31 Abs. 2 Satz 2 bis 4 RStV und der Bonusgewährung nach § 26 Abs. 2 Satz 3 RStV, vgl. dazu *Dörr*, ZWeR 2004, 159, 183 ff..

verbreitetes Fernsehen“ gehandelt, so dass die Aussage in § 39 Satz 1 RStV insofern stimmig war. Es ergab sich bis zu der Novellierung durch den Achten Rundfunkänderungsstaatsvertrag damit auch kein Widerspruch zwischen § 36 Abs. 2 RStV und § 39 Satz 1 RStV.

Da seit dem 1. April 2005 aber auch *regionale* Fensterprogrammveranstalter nach § 25 Abs. 4 Satz 3 RStV einer gesonderten Zulassung bedürfen, ist die pauschale Aussage des § 39 Satz 1 RStV in Bezug auf § 36 RStV nicht mehr zutreffend. Denn die in § 25 Abs. 4 RStV geregelten Anforderungen betreffen zwar die Veranstaltung von Regionalfensterprogrammen als Bestandteil der bundesweiten Hauptprogramme und somit *bundesweites Fernsehen* i.S.v. § 39 Satz 1 RStV, weshalb § 39 Satz 1 RStV auch *nicht* die Anwendung von § 25 Abs. 4 RStV ausschließt. § 36 Abs. 2 RStV regelt jedoch die konkrete *Zulassung* des einzelnen Veranstalters, der – auf sein Verbreitungsgebiet bezogen – *regionales* Fernsehen veranstaltet.

(2) Die gesonderte Zulassung als Mittel zur Absicherung unabhängiger Regionalberichterstattung

Die eigenständige Zulassung des Regionalfensterprogrammanbieters soll dabei insofern der Unabhängigkeit der regionalen Berichterstattung dienen,[421] als es damit nicht mehr Sache des jeweiligen Hauptprogrammveranstalters – also der RTL Television GmbH bzw. der SAT.1 SatellitenFernsehen GmbH – ist, zu entscheiden, welches Fernsehunternehmen er mit der Produktion des Regionalfensterprogramms beauftragt.

Vielmehr findet ein rundfunkrechtliches Zulassungsverfahren statt, bei dem sich im Rahmen der separaten Ausschreibung der Regionalfensterprogramme unterschiedliche Anbieter beteiligen können. Die Auswahl des Anbieters – und seine Zulassung – obliegen alleine der jeweils zuständigen Landesmedienanstalt als unabhängigem Kontrollorgan[422] und nicht mehr dem – als Wirtschaftsunternehmen auch in erster Linie wirtschaftlichen Erwägungen unterworfenen – Hauptprogrammveranstalter.

Insofern hat sich der Gesetzgeber bei § 25 Abs. 4 Satz 3 RStV von den gleichen Erwägungen leiten lassen, die auch der eigenständigen Zulassung von „unabhängigen“ Fensterprogrammveranstaltern nach § 31 RStV zu Grunde liegen. Denn auch dort soll die Ausschreibung des Fensterprogramms zur Erteilung der

---

421 Vgl. die Begründung zum Achten Rundfunkänderungsstaatsvertrag, abgedruckt bei *Hartstein/Ring/Kreile/Dörr/Stettner*, § 25 RStV.

422 Vgl. zur Rolle der Landesmedienanstalten oben unter C.I.2.c)bb)(1).

Zulassung eine möglichst breit diversifizierte Grundlage für die endgültige Auswahl des Fensterprogrammveranstalters gewährleisten.[423]

(3) Abgrenzung zu dem Zulassungsverfahren für „unabhängige Dritte" nach § 31 Abs. 4 RStV

Die eigenständige Zulassung der Regionalfensteranbieter bedeutet damit eine gewisse Annäherung des § 25 Abs. 4 RStV an die Regelung der Sendezeit für unabhängige Dritte nach § 31 RStV, denn auch § 31 Abs. 4 Satz 1 RStV normiert eine zwingende gesonderte Zulassung des „unabhängigen" Fensterprogrammveranstalters.

Allerdings weist die konkrete Gestaltung des Zulassungsverfahrens einen bedeutenden Unterschied auf: während im Fall des § 25 Abs. 4 Satz 3 RStV *ausschließlich* die Landesmedienanstalt zur Auswahl des Regionalfensteranbieters berufen ist, besteht nach § 31 Abs. 4 RStV grundsätzlich eine gewisse „Mitwirkungsbefugnis" des Hauptprogrammveranstalters bei der Auswahl des Fensterprogrammanbieters, die eine zwischen Landesmedienanstalt und Hauptprogrammveranstalter einvernehmliche Auswahl des Fensterprogrammanbieters zum Ziel hat.[424] Diese Mitwirkungsbefugnis wurde durch die Novellierung des Rundfunkstaatsvertrages durch den Neunten Rundfunkänderungsstaatsvertrag, der zum 1. März 2007 in Kraft getreten ist, sogar noch ausgebaut, zugleich aber auch die Befugnisse der Landesmedienanstalten erweitert.[425]

Auf den ersten Blick ist damit erstaunlich, dass der Gesetzgeber im Fall des § 31 RStV eine derartige Mitwirkungsbefugnis des Hauptprogrammveranstalters vorgesehen hat, im Fall des § 25 Abs. 4 Satz 3 RStV jedoch nicht.

Allerdings darf man dabei nicht vergessen, dass Fensterprogramme nach § 31 RStV – im Gegensatz zu Regionalfensterprogrammen – als Satellitenfensterprogramme *bundesweit* ausgestrahlt werden. Auch der durch § 31 Abs. 2 Satz 1 RStV vorgegebene *zeitliche* Rahmen für die Aufnahme von Sendezeit für unabhängige Dritte von *mindestens 260 Minuten wöchentlich*, davon 75 Minuten in der Kernzeit zwischen 19.30 Uhr und 23.30 Uhr, ist im Vergleich zu den zeitlichen Vorgaben für die Ausstrahlung von Regionalfensterprogrammen deutlich umfangreicher. Denn Regionalfensterprogramme müssen – sieht man von der „Bayerischen Sonderregelung" in Ziff. 1 Abs. 1 Satz 2 FFR ab – nach § 25 Abs. 4 Satz 1 RStV i.V.m. Ziff. 1 Satz 1 FFR nur in einem zeitlichen Rahmen

---

423 Vgl. insofern die amtliche Begründung zu § 31 RStV, abgedruckt bei *Hartstein/Ring/Kreile/Dörr/Stettner*, § 31 RStV.

424 Vgl. dazu oben unter A.II.1.a)bb)(4)(a).

425 Vgl. dazu oben unter A.II.1.a)bb)(4)(a)(bb).

von mindesten 30 Minuten, jeweils an den Wochentagen Montag bis Freitag, ausgestrahlt werden. Dies entspricht einer wöchentlichen Mindestsendezeit von *insgesamt 150 Minuten.*

Daraus folgt, dass die Fensterprogramme nach § 31 RStV das konkrete Programm der Hauptprogrammveranstalter – und damit ihr Profil im Sinne ihrer Wirkung auf den Zuschauer ebenso wie auf potentielle Werbekunden – in weitaus größerem Maße prägen, als die Regionalfensterprogramme. Dies ist ja auch gerade die Aufgabe der Drittsendezeiten nach § 31 RStV als Maßnahme der „negativen" Vielfaltsicherung.[426]

Insofern ist – vor allem vor dem Hintergrund der verfassungsrechtlich garantierten Programmfreiheit privater Rundfunkveranstalter[427] – nachvollziehbar, dass der Gesetzgeber den Hauptprogrammveranstaltern in § 31 Abs. 4 RStV erweiterte Mitwirkungsbefugnisse zugesteht. Allerdings verbleibt auch dort – kommt es zu keiner einvernehmlichen Auswahl – die Letztentscheidungsbefugnis bei der Landesmedienanstalt.

cc) Die gesellschaftsrechtliche Entflechtung von Hauptprogrammveranstalter und Regionalfensterprogrammanbieter als zulässiges Auswahlkriterium für die Zulassung

Zu berücksichtigen ist bei der Zulassung eines Regionalfensterprogrammanbieters insbesondere, dass gemäß § 25 Abs. 4 Satz 4 RStV keine gesellschaftsrechtliche Verflechtung nach § 28 RStV zwischen dem Veranstalter des Regionalfensterprogramms und dem des jeweiligen Hauptprogramms bestehen soll.

Sind daher bei einer Auswahlentscheidung für die Zulassung eines Regionalfensterprogrammveranstalters Bewerber nach den sonstigen Kriterien des maßgeblichen Landesrechts im Wesentlichen gleich zu bewerten, so ist nach Ziff. 2 Satz 4 FFR dem Bewerber der Vorrang zu geben, welcher zu dem Hauptprogrammveranstalter *nicht* im Verhältnis eines verbundenen Unternehmens nach § 28 RStV steht.

b) Auswirkungen der Regelung des § 25 Abs. 4 Satz 3 RStV auf die Hauptprogrammveranstalter

Die Regionalfensterveranstalter hielten schon vor Inkrafttreten des Achten Rundfunkänderungsstaatsvertrages teilweise auf landesrechtlicher Grundlage eigenständige Zulassungen. Überwiegend sendeten sie ihr Programm allerdings auf-

---

426 Vgl. dazu oben unter A.II.1.c).

427 Vgl. dazu nachfolgend unter D.I.1.a)bb)(2).

grund regionaler Zweitzulassungen der Hauptprogrammveranstalter für die terrestrische Verbreitung des Hauptprogramms in einem Bundesland oder sogar ganz ohne spezielle Rechtsgrundlage.[428] § 25 Abs. 4 Satz 3 RStV schreibt nun vor, dass dem Anbieter des Regionalfensterprogramms eine gesonderte rundfunkrechtliche Zulassung zu erteilen ist.

aa) Der Regionalfensterprogrammanbieter als Veranstalter im rundfunkrechtlichen Sinn

Dies ist insofern konsequent, als die Novellierung des § 25 Abs. 4 RStV in Satz 2 und Satz 4 der Neuregelung auch das Erfordernis *redaktioneller* Trennung und *gesellschaftsrechtlicher* Entflechtung von Haupt- und Fensterprogrammanbieter mit sich gebracht hat. Der Anbieter eines Regionalfensterprogramms gestaltet nach der gesetzlichen Konzeption sein Programm redaktionell unabhängig, d.h. er legt eigenverantwortlich die Struktur und die Inhalte des Programms fest, stellt die einzelnen Bestandteile zusammen und plant ihre Abfolge.[429] Zudem ist er – jedenfalls im Regelfall – von dem Veranstalter des Hauptprogramms auch gesellschaftsrechtlich unabhängig und damit unbeeinflusst. Der Regionalfensteranbieter wird damit aber nicht mehr als bloßes Produktionsunternehmen tätig, sondern als derjenige, der das konkrete Fensterprogramm auch rundfunkrechtlich zu verantworten hat. Der unabhängige Regionalfensterprogrammanbieter – wie ihn sich der Gesetzgeber nach § 25 Abs. 4 Satz 2 bis Satz 5 RStV vorstellt – ist im Sinne der oben dargestellten Definition des Bundesverfassungsgerichts damit aber selbst als Veranstalter im rundfunkrechtlichen Sinn zu qualifizieren, der schon aufgrund § 20 Abs. 1 Satz 1 RStV einer eigenständigen Zulassung bedarf.

bb) Teilweiser Widerruf der bestehenden Zulassungen der Hauptprogrammveranstalter?

Zu klären ist nun aber, wie sich die gesonderte Zulassung der Regionalfensterprogrammanbieter auf die bestehenden Zulassungen der Hauptprogrammveran-

428 Vgl. dazu den *Neunten Jahresbericht der KEK*, S. 263, sowie oben unter C.II.3.

429 Vgl. insofern z.B. auch die Regelung in Ziff. 5 Abs. 4 Satz 2 FFR: Den Interessen des Hauptprogrammveranstalters wird in Ziff. 5 Abs. 4 Satz 1 RStV dadurch Rechnung getragen, dass auf seinen Wunsch hin Regionalfensterprogramme an zehn Tagen pro Jahr entfallen können. Weil dies aber die Interessen der eigenständigen Regionalfensterveranstalter – und ihre Programmplanung – tangiert, bedarf es insofern einer frühzeitigen Abstimmung und einer entsprechenden Mitteilung an die Landesmedienanstalten.

stalter auswirkt. Dabei ist zu beachten, dass der Achte Rundfunkänderungsstaatsvertrag auch insofern *keine Übergangsfristen* geregelt hat.

Anders als § 31 Abs. 6 RStV – der in Satz 2 ausdrücklich von einem teilweisen Widerruf der Zulassung des Hauptprogrammveranstalters spricht – trifft § 25 Abs. 4 Satz 3 RStV zu diesem Problem *keine ausdrückliche Aussage*.

Daraus könnte man schließen, dass der Gesetzgeber davon ausgegangen ist, dass die gesonderte Zulassung der Regionalfensterprogrammanbieter nach § 25 Abs. 4 Satz 3 RStV keine Auswirkungen auf die bestehenden Lizenzen der Hauptprogrammveranstalter haben soll.

Allerdings ist zu bedenken, dass § 31 Abs. 6 RStV – wie oben dargestellt[430] – eine *andere Situation* zu Grunde liegt: Denn § 31 Abs. 6 RStV regelt *nicht nur* die gesonderte Zulassung des Fensterprogrammveranstalters i.S.v. § 31 RStV, sondern *darüber hinaus* die Implementierung von *zusätzlichen* Verpflichtungen aus der nach § 31 Abs. 5 RStV abzuschließenden Vereinbarung in der Zulassung des Hauptprogrammveranstalters. Damit verbunden ist einerseits ein teilweiser Widerruf der Zulassung des Hauptprogrammveranstalters, anderseits insoweit auch die Neuerteilung seiner Zulassung mit geändertem Inhalt – insofern dürfte es sich um Auflagen zu der Zulassung handeln.[431] § 31 Abs. 6 Satz 2 RStV stellt hierfür die entsprechende gesetzliche Ermächtigungsgrundlage dar.[432]

Was nun das Verhältnis der Zulassungen von Haupt- und Regionalfensterprogrammveranstaltern betrifft, so muss unterschieden werden zwischen den unterschiedlichen *bis zum Inkrafttreten des Achten Rundfunkänderungsstaatsvertrages bestehenden* Ausgestaltungen der Zulassung bzw. „Nicht-Zulassung" von Regionalfensterprogrammanbietern.

(1) Eigenständige Zulassung des Regionalfensterprogrammveranstalters

In einigen Fällen hielten die Regionalfensterprogrammanbieter schon vor dem 1. April 2005 eigenständige Zulassungen aufgrund Landesrechts.[433]

---

430 Vgl. dazu oben unter A.II.1.a)bb)(4)(c).

431 Vgl. dazu oben unter A.II.1.a)bb)(4)(c). Vgl. auch *Ebsen*, S. 157; *Hartstein/Ring/Kreile/Dörr/Stettner*, § 31 RStV Rn. 17.

432 Vgl. *Ebsen*, S. 157.

433 So z.B. die Privatfernsehen in Bayern GmbH & Co. KG, die das bayerische Regionalfenster auf SAT.1 – „17.30 live für Bayern" – aufgrund einer ursprünglich bis zum 31.12.2009 befristeten Genehmigung der BLM veranstaltete, vgl. dazu Az. KEK 294, S. 2.
Gleiches gilt für die Rhein-Neckar Fernsehen GmbH, die das RTL-Regionalfenster „RNF LIFE" aufgrund entsprechender Zulassungen der LFK und der LMK veranstaltete und immer noch veranstaltet, vgl. dazu den *Neunten Jahresbericht der KEK*,

In diesen Fällen ändert sich durch § 25 Abs. 4 Satz 3 RStV für die jeweiligen Hauptprogrammveranstalter RTL Television GmbH und SAT.1 SatellitenFernsehen GmbH an der bestehenden Rechtslage *in Bezug auf ihre eigenen Zulassungen* nichts: die Regionalfensterprogramme wurden in diesen Fällen bereits *vor* dem 1. April 2005 von dem jeweiligen Regionalfensterprogrammanbieter aufgrund seiner eigenständigen Zulassung veranstaltet und werden es *nach* dem 1. April 2005 weiterhin.

(2) Verbreitung des Regionalfensterprogramms „aufgrund der Zulassung des Hauptprogrammveranstalters"

Anders stellt sich die Lage hingegen in den Fällen dar, in denen die Regionalfensterprogramme bis zum 1. April 2005 von der Zulassung des jeweiligen Hauptprogrammveranstalters „mit umfasst" waren. Dies betrifft zum einen die Fälle, in denen die Regionalfensterprogramme aufgrund einer entsprechenden Auflage zu einer Lizenz für die terrestrische Verbreitung des Hauptprogramms SAT.1 oder RTL in einem Bundesland ausgestrahlt wurden,[434] zum anderen aber

---

S. 73, und die Pressemitteilung 09/06 der KEK, abzurufen unter *http://www.kek-online.de/cgi-bin/resi/i-presse/401.html*.

434 Dies gilt z.B. für das SAT.1-Regionalfenster „17.30 live – das Regionalmagazin für Nordrhein-Westfalen", das bisher auf der Grundlage einer bis zum 21.7.2010 befristeten Zulassung von SAT.1 durch die LfM zur terrestrischen Verbreitung des Programms SAT.1 in Nordrhein-Westfalen „einschließlich der Veranstaltung eines 30-minütigen Regionalfensters" veranstaltet wird, vgl. dazu den *Neunten Jahresbericht der KEK*, S. 57, und Az. KEK 314, S. 2.
Ebenso verhält es sich bei dem RTL-Regionalfenster „Guten Abend RTL – Hamburg und SchleswigHolstein". Dieses Fenster wurde in Hamburg aufgrund einer Zulassung der HAM vom 25.7.2002 zugunsten von RTL zur terrestrischen Verbreitung des Programms RTL „einschließlich eines Regionalfensterprogramms für Hamburg" verbreitet, welche eine Laufzeit bis 29.2.2008 hatte, vgl. dazu den *Neunten Jahresbericht der KEK*, S. 57, und Az. KEK 306-3, S. 3. In Schleswig-Holstein gab es eine entsprechende terrestrische Zulassung der ULR, die bis September 2014 befristet war und unter einem *Widerrufsvorbehalt* stand für den Fall, dass eine Anpassung an die jeweils geltenden rundfunkrechtlichen Vorgaben für die Gestaltung des Regionalfensters erforderlich ist, vgl. dazu den *Neunten Jahresbericht der KEK*, S. 60 f.
Gleiches gilt für das RTL-Regionalfenster „Guten Abend RTL – Hessenmagazin", das auf Grundlage einer bis zum 6.12.2014 befristeten Zulassung der LPR Hessen zugunsten von RTL zur terrestrischen Verbreitung des Programms RTL in Hessen „einschließlich eines 30-minütigen Regionalfensterprogramms" veranstaltet wurde, vgl. den *Neunten Jahresbericht der KEK*, S. 59 f., und Az. KEK 328, S. 2 f.
Auch das SAT.1-Regionalfenster „17.30 live" für Hamburg und Schleswig-Holstein wurde aufgrund regionaler Zweitzulassungen der HAM und der ULR zur terrestri-

auch die Fälle, in denen überhaupt keine „spezielle Rechtsgrundlage" für die Ausstrahlung des Regionalfensterprogramms bestand.[435]

In den Fällen, in denen eine *Auflage bezüglich der Veranstaltung eines Regionalfensterprogramms durch den jeweiligen Hauptprogrammveranstalter* bestanden hat, wird diese Auflage durch die gesonderte Zulassung eines Regionalfensterprogrammanbieters für das jeweilige Regionalfenster obsolet. Denn Veranstalter i.S.v. § 20 Abs. 1 Satz 1 RStV ist – wie eben dargelegt – der Regionalfensterprogrammanbieter dann selbst. Dem Hauptprogrammveranstalter obliegt es hingegen nur noch, entsprechende programmliche Schnittstellen für die Aufnahme der Regionalfensterprogramme in sein Programm bereitzuhalten. Dies ergibt sich auch aus Ziff. 5 Abs. 1 Satz 2 FFR.[436]

Durch die gesonderte Zulassung des Regionalfensterprogrammveranstalters wird in diesen Fällen also eine Auflage zur *Veranstaltung* des Regionalfensterprogramms in der „regionalen Zweitzulassung" des Hauptprogrammanbieters konkludent widerrufen. Fraglich ist die Rechtsgrundlage für diesen Widerruf.

Die Auflage zur Veranstaltung eines Regionalfensterprogramms könnte man als für den Hauptprogrammveranstalter ausschließlich *belastend* ansehen und ihren Widerruf daher – soweit keine speziellen landesrechtlichen Regelungen den Widerruf regeln – auf § 49 Abs. 1 VwVfG bzw. die entsprechenden Regelungen in den Verwaltungsverfahrensgesetzen der Länder stützen.

Dies würde aber gedanklich zu kurz greifen. Denn die in Frage stehenden terrestrischen Zulassungen berechtigen die Hauptprogrammveranstalter zur Gestaltung der ihnen zur Verfügung stehenden Sendezeit – im Fall der Hauptprogrammveranstalter RTL Television GmbH und SAT.1 SatellitenFernsehen GmbH bzw. der Programme RTL und SAT.1 also grundsätzlich 24 Stunden pro

---

schen Verbreitung des Hauptprogramms SAT.1 „einschließlich eines Regionalfensterprogramms für Hamburg bzw. Schleswig-Holstein" verbreitet, vgl. den *Neunten Jahresbericht der KEK,* S. 72 f.

Das RTL-Regionalfenster „Guten Abend RTL – Das NRW-Magazin" wurde aufgrund einer bis zum 21.7.2008 befristeten Zulassung der LfM zugunsten von RTL zur terrestrischen Veranstaltung und Verbreitung eines Regionalfensterprogramms auf der ersten terrestrischen Frequenzkette Nordrhein-Westfalen ausgestrahlt, vgl. den *Neunten Jahresbericht der KEK,* S. 58, und Az. KEK 313, S. 3.

435 Dies gilt z.B. für das RTL-Regionalfenster „Guten Abend RTL – Niedersachsen und Bremen", das seit 1989 ohne eigenständige Zulassung im Rahmen des Hauptprogramms RTL verbreitet wird, vgl. den *Neunten Jahresbericht der KEK,* S. 55, und Az. KEK 306-1 und 306-2, S. 3.

Genauso verhält es sich bei dem SAT.1-Regionalfenster „17.30 live" für Niedersachsen und Bremen, welches bislang ohne eigenständige Zulassung veranstaltet wird, vgl. den *Neunten Jahresbericht der KEK,* S. 72, und die Entscheidung Az. KEK 308-1 und 308-2.

436 Vgl. i.Ü. die landesrechtlichen Reglungen, in Bayern z.B. § 20 Abs. 1 Satz 2 FSS.

Tag. Die Auflage zur Veranstaltung eines Regionalfensterprogramms „bindet" zwar den entsprechenden Zeitraum von 30 Minuten für die Ausstrahlung des jeweiligen Fensters. Sie trifft aber noch keine Aussage darüber, *wer* diese Sendezeit zu gestalten hat. Bis zum 1. April 2005 stand es den Hauptprogrammveranstaltern also frei, zu entscheiden, *wie* sie die Auflage zur Ausstrahlung eines Regionalfensterprogramms in ihrem bundesweiten Programm jeweils erfüllten. Teilweise wurde dabei auf unabhängige Rundfunkveranstalter zurückgegriffen, teilweise aber auch die Produktion einer 100 %igen Tochtergesellschaft übertragen. Beide Konstruktionen waren bis zum 1. April 2005 geeignet, die Auflage in den terrestrischen Lizenzen zu erfüllen.

Dies ändert sich durch § 25 Abs. 4 Satz 3 RStV. Denn die gesonderte Zulassung aufgrund eines separaten Ausschreibungsverfahrens für das Regionalfensterprogramm bedeutet, dass die Hauptprogrammveranstalter es „nicht mehr in der Hand haben", wer Veranstalter des Regionalfensterprogramms wird und damit einen Teil der ihnen aufgrund ihrer bestehenden Lizenzen grundsätzlich zur Verfügung stehenden Sendezeit gestaltet.

§ 25 Abs. 4 Satz 3 RStV beseitigt daher nicht nur eine – ggf. belastende – Auflage, sondern verändert den Gehalt der begünstigenden Zulassung selbst. Es handelt sich somit um einen teilweisen Widerruf der begünstigenden Zulassung.

Soweit die terrestrischen Zulassungen der Hauptprogrammveranstalter mit einem entsprechenden Widerrufsvorbehalt versehen sind, der eine Anpassung an die jeweils geltenden rundfunkrechtlichen Vorgaben für die Gestaltung des Regionalfensters vorsieht, kann dieser Widerrufsvorbehalt als Rechtsgrundlage für den Widerruf herangezogen werden.[437] Dies dürfte jedoch nur in einem einzigen Fall zutreffen.[438]

In allen anderen Fällen wird man – parallel zum Fall des § 31 Abs. 6 Satz 2 RStV[439] – § 25 Abs. 4 Satz 3 RStV als Ermächtigungsgrundlage für den teilweisen Widerruf heranziehen müssen.[440] Denn für die Qualifizierung einer Vor-

---

437 Vgl. § 49 Abs. 2 Satz 1 Nr. 1 Alt. 2 VwVfG.

438 Nämlich im Fall des RTL-Regionalfensters „Guten Abend RTL – Hamburg und Schleswig-Holstein". Die terrestrische Zulassung der ULR für Schleswig-Holstein war bis September 2014 befristet, stand aber unter einem *Widerrufsvorbehalt* für den Fall, dass eine Anpassung an die jeweils geltenden rundfunkrechtlichen Vorgaben für die Gestaltung des Regionalfensters erforderlich ist, vgl. dazu den *Neunten Jahresbericht der KEK*, S. 60 f.

439 Vgl. dazu *Ebsen*, S. 157 und oben unter A.II.1.a)bb)(4)(c).

440 § 49 Abs. 2 Satz 1 *Nr. 3* VwVfG kommt insofern nicht in Betracht, als es sich bei der Gesetzesänderung durch den Achten Rundfunkänderungsstaatsvertrag schon nicht um „nachträglich eingetretene *Tatsachen*" handelt.

schrift als entsprechende Aufhebungsmöglichkeit kommt es nicht auf die Bezeichnung als „Widerrufsvorbehalt“ an: Ausschlaggebend ist einzig und allein, dass es sich „in der Sache um eine Ermächtigung zur nachträglichen Aufhebung oder Abänderung ohne Rücksicht auf Rechtswidrigkeit handelt“.[441] Nicht anders kann die Vorschrift des § 25 Abs. 4 Satz 3 RStV aufgrund der dargestellten Auswirkungen der gesonderten Zulassung der Regionalfensterprogrammanbieter auf die Zulassungen der Hauptprogrammveranstalter verstanden werden. Es handelt sich somit – ebenso wie bei § 31 Abs. 6 Satz 2 RStV – um einen Widerruf aufgrund gesetzlicher Regelung i.S.v. § 49 Abs. 2 Satz 1 Nr. 1 Alt. 1 RStV.

Soweit überhaupt keine „spezielle Rechtsgrundlage“ für die Ausstrahlung des Regionalfensterprogramms bestand, gilt das Gleiche. In diesem Fall umfasste die jeweilige Zulassung des Hauptprogrammveranstalters ebenfalls die Gestaltung des kompletten Sendezeitraums von 24 Stunden.[442]

Zwar traf den Hauptprogrammveranstalter die Verpflichtung zur Aufnahme bzw. Veranstaltung eines Regionalfensterprogramms dann jedenfalls aufgrund von § 25 Abs. 4 Satz 1 RStV – ggf. i.V.m. den entsprechenden Bestimmungen der jeweiligen Landesmediengesetze – direkt.[443] Unter diesem „gesetzlichen Vorbehalt“ standen somit auch alle *ohne* spezielle Auflage erteilten Sendelizenzen.

Auch in diesem Fall bewirkt die gesonderte Zulassung nach § 25 Abs. 4 Satz 3 RStV aber, dass die Hauptprogrammveranstalter einen Teil ihrer aus der Zulassung resultierenden „Gestaltungsbefugnis“ verlieren. Es handelt sich somit ebenfalls um einen teilweisen Widerruf der begünstigenden Zulassung,[444] der – eben-

§ 49 Abs. 2 Satz 1 *Nr. 4* VwVfG würde voraussetzen, dass die Hauptprogrammveranstalter von ihren Zulassungen noch keinen Gebrauch gemacht haben, was jedoch nicht der Fall ist.

441 *Kopp/Ramsauer,* § 49 VwVfG Rn. 32.

442 Vgl. insofern auch Az. KEK 306-1 und 306-2, S. 7, sowie KEK 308-1 und 308-2, S.6.

443 So auch die KEK im Verfahren Az. KEK 308-1 und 308-2, S. 15.

444 Anderer Ansicht ist die KEK in ihrem Beschluss vom 8.8.2006, Az. KEK 308-1 und 308-2. Dieses Verfahren betraf die Zulassung der SAT.1 Norddeutschland GmbH in Niedersachsen und Bremen. Das Hauptprogramm SAT.1 wird in diesen beiden Bundesländern aufgrund der bundesweiten Satellitenzulassung der LMK verbreitet. Insofern geht die KEK davon aus, dass die gesonderte Zulassung nach § 25 Abs. 4 Satz 3 RStV keinen Teilwiderruf der bundesweiten Zulassung darstelle, weil der Regelungsgehalt der Zulassung des Hauptprogramms unverändert bestehen bleibe. Diese Ansicht wird damit begründet, dass die Sendezeiten des Regionalfensterprogramms „nicht von der Sendezeit für das Hauptprogramm ausgenommen“ würden. Dies ändert jedoch nichts daran, dass die Hauptprogrammveranstalter dennoch einen Teil der aus ihrer unbeschränkten Zulassung resultierenden „Gestaltungsbefugnis“ verlieren.

so wie bei § 31 Abs. 6 Satz 2 RStV[445] – nur auf § 25 Abs. 4 Satz 3 RStV als Ermächtigungsgrundlage gestützt werden kann.[446]

Da § 25 Abs. 4 Satz 3 RStV keine Übergangsregelung kennt, fordert er die gesonderte Zulassung von Regionalfensterprogrammanbietern ab dem 1. April 2005 und damit noch während der Laufzeit der Zulassungen der Hauptprogrammveranstalter, welche damit *teilweise widerrufen* werden. Die Regelung greift also in bestehende Rechtspositionen der RTL Television GmbH und der SAT.1 SatellitenFernsehen GmbH ein, die bereits in der Vergangenheit begründet wurden und noch in die Zukunft fortwirken. Es handelt sich somit um einen Fall *unechter Rückwirkung*, so dass den betroffenen Hauptprogrammveranstaltern ggf. Bestandschutz in Bezug auf ihre bestehenden Zulassungen zu gewähren ist.[447]

Die Rundfunkkommission der Länder fasste daher in ihrer Sitzung am 2. Februar 2006 einen Beschluss zu der Umsetzung der Neuregelung von § 25 Abs. 4 RStV durch den Achten Rundfunkänderungsstaatsvertrag, mit dem „bekräftigt" wurde, dass „bestehende Lizenzen" durch die Neuregelungen zur Ausgestaltung der Regionalfenster nicht berührt werden sollten. Die Landesmedienanstalten werden um entsprechende Berücksichtigung gebeten und es wird ausdrücklich klargestellt, dass auch „entsprechende staatsvertragliche Klarstellungen" in Zukunft nicht ausgeschlossen sind. Diesen Beschluss teilte der Chef der Staatskanzlei von Rheinland-Pfalz Martin Stadelmaier am 6. Februar 2006 dem Vorsitzenden der DLM Reinhold Albert mit, wobei er ihn um entsprechende Übermittlung an alle Landesmedienanstalten bat.[448]

In der Praxis wurde die geschilderte Problematik bisher insofern nicht relevant, als die betroffenen Hauptprogrammveranstalter sich im Rahmen der neu durchgeführten Zulassungsverfahren jeweils bereit erklärt haben, zugunsten ihrer *bisherigen* Regionalfensterprogrammanbieter im Umfang der neu zu erteilenden Zulassung auf ihre eigene Zulassung zu verzichten bzw. diese „inaktiv" zu stellen.[449]

---

445 Vgl. dazu *Ebsen*, S. 157 und oben unter A.II.1.a)bb)(4)(c).

446 § 49 Abs. 2 Satz 1 *Nr. 3* VwVfG und § 49 Abs. 2 Satz 1 *Nr. 4* VwVfG kommen nicht in Betracht, vgl. soeben Fn. 440.

447 Vgl. dazu nachstehend unter D.I.3.b)dd)(1)(c). Generell gilt, dass ein Widerruf aufgrund einer gesetzlichen Ermächtigung eine Abwägung zwischen den in Frage stehenden öffentlichen Interessen und den Vertrauensschutzinteressen des Betroffenen voraussetzt, vgl. *Kopp/Ramsauer*, § 49 VwVfG Rn. 34.

448 Vgl. dazu die Pressemitteilung der BLM 39/2006 vom 9.2.2006, im Internet abrufbar unter *http://www.blm.de*.

449 Vgl. dazu den *Neunten Jahresbericht der KEK*, S. 57, S. 59, S. 61 sowie z.B. Az. KEK 314, S. 3; KEK 313, S. 4; KEK 306-3, S. 4; KEK 328, S. 3.

c) Die Benehmensherstellung mit der Kommission zur Ermittlung der Konzentration im Medienbereich (KEK) und die jeweilige Entscheidungskompetenz von Landesmedienanstalt und KEK gemäß § 36 Abs. 2 Satz 1 bis 3 und § 36 Abs. 1 RStV

aa) Die Benehmensherstellung nach § 36 Abs. 2 Satz 3 RStV

Nach § 36 Abs. 2 Satz 1 RStV obliegen zwar Auswahl und Zulassung des Fensterprogrammveranstalters der jeweils zuständigen Landesmedienanstalt. § 36 Abs. 2 Satz 3 RStV ordnet aber an, dass bei der Auswahl und Zulassung von Fensterprogrammveranstaltern – und damit auch Regionalfensterprogrammveranstaltern[450] – durch die zuständige Landesmedienanstalt „*zuvor das Benehmen mit der KEK herzustellen*" ist.[451]

(1) Die Regelung in Ziff. 2 Satz 3 FFR

Diese Anforderung findet sich auch in Ziff. 2 Satz 3 FFR wieder. Nach dem Wortlaut dieser Vorschrift scheint sich die Benehmensherstellung zunächst auf diejenigen Fälle zu beschränken, in denen der jeweils zuzulassende Regionalfensterprogrammveranstalter zu dem Hauptprogrammveranstalter – entgegen § 25 Abs. 4 Satz 4 RStV – im Verhältnis eines verbundenen Unternehmens nach § 28 RStV steht.

Diese Lesart stünde jedoch im Widerspruch zu § 36 Abs. 2 Satz 3 RStV, der vor *jeder* Auswahl und Zulassung eines Regionalfensterprogrammveranstalters generell eine Benehmensherstellung zwischen zuständiger Landesmedienanstalt und KEK vorsieht. Da die Fernsehfensterrichtlinie nach den allgemeinen verwaltungsrechtlichen Grundsätzen jedenfalls keine Einschränkungen gegenüber der gesetzlichen Regelung im Rundfunkstaatsvertrag enthalten darf,[452] ist Ziff. 2 Satz 3 FFR richtigerweise so zu verstehen, dass sich die Benehmensherstellung mit der KEK in diesem speziellen Fall ausdrücklich auch darauf beziehen muss, ob ein begründeter Ausnahmefall vorliegt, der – im Rahmen der Soll-Vorschrift des § 25 Abs. 4 Satz 4 RStV – die Zulassung des jeweiligen Regionalfensterprogrammveranstalters *trotz* seiner rechtlichen Abhängigkeit von dem Hauptprogrammveranstalter rechtfertigt.

---

450 Vgl. zur Geltung von § 36 Abs. 2 RStV für die Zulassung von Regionalfensterveranstaltern die Ausführungen oben unter C.II.3.a).

451 Vgl. z.B. die Entscheidungen der KEK Az. KEK 294, S. 10; KEK 306-1 und 306-2, S. 12; KEK 314, S. 6; KEK 329-1 und 329-2, S. 7; vgl. auch den *Neunten Jahresbericht der KEK*, S. 10, S. 53 und S. 263.

452 Vgl. dazu oben unter C.I.2.c)ee).

(2) Anforderungen an das Benehmen

Klärungsbedürftig ist nun, was konkret unter „Benehmensherstellung" i.S.v. § 36 Abs. 2 Satz 3 RStV zu verstehen ist: Genügt hierfür eine bloße „Anhörung" der KEK oder muss ihr Votum bei der Entscheidung über die Zulassung des Regionalfensterprogrammveranstalters zwingend berücksichtigt werden?

Die Formulierung des § 36 Abs. 2 Satz 3 RStV ist missverständlich. Gemeint ist damit *nicht*, dass zwischen der KEK und der jeweils zuständigen Landesmedienanstalt Einvernehmen bestehen muss in dem Sinne, dass ohne Zustimmung der KEK eine Zulassung des Regionalfensterprogrammveranstalters nicht möglich wäre.[453]

Denn § 36 Abs. 2 Satz 3 RStV meint nur, dass die Landesmedienanstalt sich mit der KEK „ins Benehmen setzen muss". Benehmen in diesem Sinn ist als terminus technicus aber gerade ein „minus" zu dem Begriff des „Einvernehmens".[454] § 36 Abs. 2 Satz 3 RStV erfordert also gerade *keine* Zustimmung der KEK zu Auswahl und Zulassung des Regionalfensterprogrammveranstalters.[455]

Dennoch geht das „ins Benehmen setzen" über eine bloße Anhörung hinaus. Denn während eine Anhörung „lediglich auf eine gutachtliche oder interessenwahrende Einflussnahme auf die Entscheidung zielt"[456], dient das Benehmen ausweislich der amtlichen Begründung zu § 36 Abs. 2 RStV auch einer begrenzten Einbindung der KEK in die *Verantwortung* der jeweils zu treffenden Entscheidung. Die amtliche Begründung spricht davon, dass die Herstellung des Benehmens „im Interesse eines möglichst hohen Maßes an Standortunabhängigkeit bei der Entscheidungsfindung" zu erfolgen habe.[457]

Es genügt also und ist zugleich erforderlich, dass die jeweilige Landesmedienanstalt der KEK alle für deren Entscheidungsfindung notwendigen Tatsachen mitteilt und die von der KEK vertretenen Positionen „zur Kenntnis nimmt und sich mit ihnen sachlich auseinandersetzt"[458], sie also in ihre Überlegungen mit

---

453 Vgl. *Hartstein/Ring/Kreile/Dörr/Stettner,* § 36 RStV Rn. 5; *Dörr,* Media Perspektiven 1998, 54, 58; zum Begriff des „Einvernehmens" vgl. *Creifelds,* S. 392.

454 Zum Begriff des „Einvernehmens" in Abgrenzung zu dem des „Benehmens" vgl. *Creifelds,* S. 392.

455 Vgl. dazu *Dörr,* ZWeR 2004, 159, 186; vgl. auch *Hartstein/Ring/Kreile/Dörr/Stettner,* § 31 RStV Rn. 19, und § 36 RStV Rn. 5; *Dörr,* Media Perspektiven 1998, 54, 58.

456 Az. KEK 294, S. 11; KEK 306-1 und 306-2, S. 12; so z.B. auch Az. KEK 329-1 und 329-2, S. 7.

457 So die amtliche Begründung zu § 36 Abs. 2 RStV, abgedruckt bei *Hartstein/Ring/Kreile/Dörr/Stettner,* § 36 RStV; vgl. dazu auch z.B. die Entscheidungen der KEK Az. KEK 294, S. 11; KEK 306-1 und 306-2, S.12; KEK 329-1 und 329-2, S. 7.

458 *Dörr,* ZWeR 2004, 159, 186.

einbezieht.[459] Die Landesmedienanstalt muss eine diesbezügliche Stellungnahme der KEK daher in jedem Fall *vor*[460] einer abschließenden Entscheidung über Auswahl und Zulassung des Regionalfensterprogrammveranstalters einholen.[461]

Dies hindert sie jedoch nicht daran, sich mit dieser Entscheidung über eventuell bestehende Bedenken der KEK hinwegzusetzen.[462]

bb) Die Regelung des § 36 Abs. 2 Satz 2 RStV

Wichtig ist dabei vor allem, dass mit dem Siebten Rundfunkänderungsstaatsvertrag die Feststellung des Vorliegens der Voraussetzungen des § 25 Abs. 4 *Satz 1* RStV nach § 36 Abs. 2 Satz 2 RStV abschließend den Landesmedienanstalten übertragen wurde, die darüber mit einer Mehrheit von drei Vierteln zu befinden haben.[463] Da diese Feststellung sich auf alle Landesmedienanstalten auswirkt, wird sie von der DLM getroffen. Zum Zeitpunkt der Einführung der Regelung war die entsprechende Feststellung der Landesmedienanstalten nur für die Frage der Anrechenbarkeit von Regionalfensterprogrammen auf die Sendezeit für unabhängige Dritte nach § 31 Abs. 2 Satz 2 bis 4 RStV und die Bonusvergabe nach § 26 Abs. 2 Satz 3 RStV relevant gewesen.[464]

---

459 Vgl. *Hartstein/Ring/Kreile/Dörr/Stettner,* § 36 RStV Rn. 5; *Dörr,* Media Perspektiven 1998, 54, 58; vgl. dazu auch *Creifelds,* S. 392

460 Dies wurde missachtet in dem Verfahren Az. KEK 329-1 und 329-2: in diesem Fall haben die LFK und die LMK der Rhein-Neckar Fernsehen GmbH die beantragte Zulassung für das RTL-Regionalfenster „RNF LIFE“ bereits erteilt und erst *nachträglich, nach Aufforderung durch die KEK* die Benehmensherstellung beantragt. Dies war rechtswidrig, konnte aber im Ergebnis geheilt werden, vgl. dazu Az. KEK 329-1 und 329-2, S. 3 und S. 7 sowie den *Neunten Jahresbericht der KEK,* S. 73.

461 Wobei das von *Dörr,* ZWR 2004, 159, 186, beschriebene *mehrstufige* Verfahren nur für den dort dargestellten Fall der Auswahl und Zulassung eines *Drittfensterveranstalters* relevant ist, denn § 25 Abs. 4 RStV kennt keine dem § 31 Abs. 4 bis Abs. 6 RStV vergleichbare Regelung und daher insbesondere keine Erörterung mit dem Hauptprogrammveranstalter.

462 Vgl. dazu den *Neunten Jahresbericht der KEK,* S. 265; vgl. auch *Hartstein/Ring/Kreile/Dörr/Stettner,* § 31 RStV Rn. 20, und § 36 RStV, Rn. 5; *Dörr,* Media Perspektiven 1998, 54, 58.

463 Vgl. dazu auch die Regelung in Ziff. 1 Abs. 3 FFR. Die Landesmedienanstalten haben in der DLM seit Inkrafttreten des Achten Rundfunkänderungsstaatsvertrages entsprechende Beschlüsse bisher am 7.6.2005 (vgl. die Pressemitteilung 09/2005 der ALM/DLM vom 8.6.2005, abzurufen unter *http://www.alm.de*), am 25.10.2005 und am 24.1.2007 (vgl. die Pressemitteilung 02/2007 der ALM/DLM vom 24.1.2007, abzurufen unter *http://www.alm.de*) gefasst.

464 Vgl. dazu *Dörr,* ZWeR 2004, 159, 183 ff. In diesem Zusammenhang hatte die DLM in ihrer 165. Sitzung am 5.1.2005 z.B. noch festgestellt, dass die regionalen Fensterprogramme bei RTL die gesetzlichen Voraussetzungen für eine Anrechnung

Inzwischen findet § 36 Abs. 2 Satz 2 RStV nun auch bei der Zulassung der Regionalfensteranbieter Anwendung. Das bedeutet aber, dass die Feststellungen der Landesmedienanstalten in der DLM zu § 25 Abs. 4 *Satz 1* RStV die KEK im Rahmen der Benehmensherstellung nach § 36 Abs. 2 Satz 3 RStV bis zu der durch das Willkürverbot gesetzten Grenze binden.[465] Eine Stellungnahme der KEK im Rahmen der Benehmensherstellung kommt somit nur noch zu den Anforderungen des § 25 Abs. 4 *Satz 2 bis Satz 5* RStV in Betracht.

cc) Problematik der Kompetenzverteilung in § 36 Abs. 2 und Abs. 1 RStV, insbesondere § 36 Abs. 2 Satz 2 RStV

Betrachtet man die Regelung des § 36 Abs. 2 RStV zu Auswahl und Zulassung von Fensterprogrammveranstaltern in ihrem Gesamtzusammenhang, so zeichnet sich aktuell folgende Kompetenzverteilung zwischen den Landesmedienanstalten und der KEK ab: Auswahl und Zulassung der Fensterprogrammveranstalter sind Sache der jeweils zuständigen Landesmedienanstalt, § 36 Abs. 2 Satz 1 RStV. Diese muss sich vor ihrer Entscheidung mit der KEK ins Benehmen setzen und sich mit der Auffassung der KEK auch auseinandersetzen, § 36 Abs. 2 Satz 3 RStV.

Jedenfalls die Entscheidung über das Vorliegen der in § 25 Abs. 4 *Satz 1* RStV genannten Voraussetzungen treffen die Landesmedienanstalten durch einen entsprechenden Beschluss der DLM mit Drei-Viertel-Mehrheit alleine und abschließend, § 36 Abs. 2 Satz 2 RStV. Dieser Beschluss ist damit auch bindend für die im konkreten Zulassungsverfahren jeweils zuständige Landesmedienanstalt.

E contrario ergibt sich aber, dass die KEK im Rahmen der Benehmensherstellung jedenfalls diejenigen in § 25 Abs. 4 RStV geregelten normativen Voraussetzungen für die Zulassungsfähigkeit eines Bewerbers um die Zulassung als Regionalfensterveranstalter prüft, die *nicht* nach § 36 Abs. 2 Satz 2 RStV den Landesmedienanstalten zur Feststellung übertragen sind: dies sind die Vorausset-

---

erfüllen. Zu den Regionalfensterprogrammen bei SAT.1 konnte damals noch keine Entscheidung getroffen werden, eine entsprechende – positive – Feststellung erfolgte dann aber durch Beschlussfassung in der 169. Sitzung am 7.6.2005. Vgl. dazu die entsprechenden Pressemitteilungen 01/2005 und 09/2005 der ALM/DLM vom 5.1.2005 und 8.6.2005, abzurufen unter *http://www.alm.de*. Vgl. dazu auch *Wagner*, ProMedia 2/05, 16 ff.

465 Vgl. dazu den *Neunten Jahresbericht der KEK*, S. 46, S. 56. Vgl. z.B. auch Az. KEK 306-1 und 306-2, S. 13; KEK 314, S. 7; KEK 329-1 und 329-2, S. 8. Die KEK formuliert dies i.d.R. dahingehend, dass sie die „aktuellen Feststellungen der Landesmedienanstalten nach §§ 36 Abs. 2 Satz 2, 25 Abs. 4 Satz 1 RStV entsprechend berücksichtigt“. Vgl. dazu Az. KEK 294, S. 11; vgl. auch Az. KEK 306-1 und 306-2, S. 13.

zungen des § 25 Abs. 4 *Satz 2 bis Satz 5 RStV*. Über ggf. bestehende Bedenken der KEK hinsichtlich der Vorgaben des § 25 Abs. 4 Satz 2 bis Satz 5 RStV kann sich die Landesmedienanstalt bei ihrer Zulassungsentscheidung jedoch hinwegsetzen.[466]

Das bedeutet, dass bei *Auswahl und Zulassung* eines Regionalfensterprogrammveranstalters den Landesmedienanstalten im Ergebnis eine „Letztentscheidungsbefugnis" in Bezug auf *sämtliche* in § 25 Abs. 4 RStV geregelten Vorgaben für die Regionalfensterprogramme zukommt.[467]

Dieses Ergebnis ist insofern unbefriedigend, als die KEK nach § 36 Abs. 1 RStV grundsätzlich zuständig ist für die *abschließende* Beurteilung *medienkonzentrationsrechtlicher* Fragestellungen im Zusammenhang mit der bundesweiten Veranstaltung von Fernsehprogrammen, hier insbesondere auch bei der Entscheidung über eine Zulassung, § 36 Abs. 1 Satz 1 und Satz 2 RStV. Die entsprechenden Beschlüsse der KEK sind daher grundsätzlich auch bindend gegenüber den anderen Organen der zuständigen Landesmedienanstalt, § 37 Abs. 1 Satz 5 RStV.

Dass der Gesetzgeber die Auswahl und Zulassung von Fensterprogrammveranstaltern – und damit auch Regionalfensterprogrammveranstaltern – davon nach § 36 Abs. 2 RStV ausgenommen hat, ist aus Sicht der KEK „keine glückliche Regelung."[468] Sie ist auch insofern nicht nachvollziehbar, als die Kompetenz der KEK zwar nach § 36 Abs. 1 Satz 1 RStV nur konzentrationsrechtliche Fragestellungen in Zusammenhang mit der *bundesweiten* Veranstaltung von Fernsehprogrammen umfasst. Um eine solche Fragestellung handelt es sich im Ergebnis jedoch auch bei der konkreten *Ausgestaltung* der Regionalfensterprogramme, also bei der Frage, ob die Voraussetzungen des § 25 Abs. 4 RStV erfüllt sind. Dies gilt jedenfalls, soweit man Regionalfensterprogramme auch als Mittel zur Sicherung der Meinungsvielfalt in den jeweiligen bundesweit ausgestrahlten Hauptprogrammen begreift, da dann ein so enger „Funktionszusammenhang" zwischen der Veranstaltung des bundesweiten Hauptprogramms und der des Regionalfensterprogramms besteht, dass jedenfalls die in § 25 Abs. 4 RStV normierten Vorgaben sich letztlich auf die Veranstaltung *bundesweiten* Fernsehens beziehen.

---

466 Vgl. dazu *Hartstein/Ring/Kreile/Dörr/Stettner*, § 36 RStV Rn. 7, die daher formulieren, „die zulassende Landesmedienanstalt" sei „auch dafür verantwortlich, im Rahmen der Zulassung die gesetzlichen Voraussetzungen insgesamt zu prüfen." Das schließt – wie dargestellt – eine Überprüfung dieser Voraussetzungen durch die KEK zwar nicht aus, diese ist im Rahmen des *Benehmens* aber für die zulassende Landesmedienanstalt unverbindlich.

467 So auch *Hartstein/Ring/Kreile/Dörr/Stettner*, § 36 RStV Rn. 7.

468 Vgl. den *Neunten Jahresbericht der KEK*, S. 265.

Da – wie noch zu zeigen sein wird[469] – im Rahmen der Bonusgewährung nach § 26 Abs. 2 Satz 3 RStV die Entscheidung über das Vorliegen der Voraussetzungen des § 25 Abs. 4 *Satz 2 bis Satz 5* RStV ausschließlich bei der KEK liegt, kann es insofern zu der fragwürdigen Situation kommen, dass sich die jeweils zuständige Landesmedienanstalt im Rahmen der Zulassung eines Regionalfensterprogrammveranstalters über Bedenken der KEK hinwegsetzt, die KEK aber im Rahmen der Bonusgewährung bei ihrer ursprünglichen Bewertung bleibt und das Regionalfensterprogramm *nicht* als vielfaltstärkend anerkennen kann.[470]

Nach Auffassung der KEK sollte daher die Zulassungsentscheidung der Landesmedienanstalten bzgl. der Veranstalter von Regionalfensterprogrammen nicht nur an das „Benehmen", sondern an ein *echtes Einvernehmen mit der KEK* gebunden werden.[471] Soweit man die Regionalfensterprogramme als Instrument der Vielfaltsicherung ansieht, ist diese Auffassung aufgrund der originären Aufgabe der KEK zur Vielfaltsicherung[472], wie § 36 Abs. 1 RStV sie formuliert, auch konsequent.

Insofern ist aber auch die Regelung in § 36 Abs. 2 *Satz 2* RStV zu problematisieren. Der Gesetzgeber ging ausweislich der amtlichen Begründung davon aus, dass es sich bei der Frage, ob ein Regionalfensterprogramm die Voraussetzungen des § 25 Abs. 4 *Satz 1* RStV erfüllt, *nicht* um eine medienkonzentrationsrechtliche Frage handle. Deswegen könnten die Landesmedienanstalten hierüber gemeinsam eine abschließende Entscheidung treffen.[473]

Diese Begründung ist jedoch problematisch. Denn der Gesetzgeber will und muss den bereits in der Verpflichtung zur Veranstaltung von Regionalfenstern liegenden Eingriff in verfassungsrechtlich geschützte Positionen der Hauptprogrammveranstalter mit dem Erfordernis der Sicherung von Meinungsvielfalt rechtfertigen.[474]

Die gleichzeitige Aussage, es handle sich bei § 25 Abs. 4 Satz 1 RStV *nicht* um eine Fragestellung der Medienkonzentration, ist daher perplex. Denn der Inhalt und Umfang der regionalen Berichterstattung sind ganz entscheidende Faktoren für die Beurteilung der Frage, ob Regionalfenster einer Aufgabe als Instrument zur Sicherung der regionalen Vielfalt wie auch der Meinungsvielfalt tat-

---

469 Vgl. dazu nachfolgend unter C.III.4.b)bb).

470 Vgl. dazu den *Neunten Jahresbericht der KEK,* S . 265; vgl. auch *Hartstein/Ring/Kreile/Dörr/Stettner,* § 36 RStV Rn. 7.

471 Vgl. den *Neunten Jahresbericht der KEK,* S. 265.

472 Vgl. dazu *Bornemann/Lörz,* Art. 25 BayMG Rn. 141.

473 Vgl. die amtliche Begründung zum Siebten Rundfunkänderungsstaatsvertrag, abgedruckt bei *Hartstein/Ring/Kreile/Dörr/Stettner,* § 36 RStV.

474 Vgl. dazu die nachstehend Ausführungen in Teil D; vgl. auch *Hartstein/Ring/Kreile/Dörr/Stettner,* § 36 RStV Rn. 6.

sächlich gerecht werden. Misst man den Regionalfensterprogrammen diese Bedeutung bei, so kommt man notwendigerweise zu dem Ergebnis, dass sich die Regelung des § 36 Abs. 2 Satz 2 RStV als systemwidrig erweist. Denn Fragen der Meinungsvielfalt sind konzentrationsrechtliche Fragen, über die die KEK als staatsfernes, standortunabhängiges Organ grundsätzlich abschließend zu entscheiden hat. Dies gilt umso mehr, soweit die Bonusgewährung nach § 26 Abs. 2 Satz 3 RStV und – in diesem Kontext – auch die Anrechnung auf Drittsendezeiten nach § 31 Abs. 2 Satz 2 bis Satz 4 RStV in Frage stehen.[475] Fordert man – wie eben dargestellt – auch eine Verknüpfung der Zulassungsentscheidung mit einem echten Einvernehmen der KEK, so muss sich dieses Einvernehmen konsequenterweise auch auf die Feststellungen zu § 25 Abs. 4 Satz 1 RStV beziehen.

Das Land Baden-Württemberg hatte bereits mit seiner Protokollerklärung zu § 36 Abs. 2 RStV[476] im Rahmen der Novellierung des Rundfunkstaatsvertrages durch den Siebten Rundfunkänderungsstaatsvertrag darauf aufmerksam gemacht, dass seine Vertreter die intendierte Beschränkung der Kompetenzen der KEK bei der Beurteilung der Regionalfenster für problematisch hielten. Dazu lässt sich ergänzend anmerken, dass die aus § 36 Abs. 2 Satz 2 RStV resultierende Kompetenzbeschränkung der KEK zum damaligen Zeitpunkt weniger schwer wog als heute: denn § 25 Abs. 4 Satz 1 RStV hat durch den Achten Rundfunkänderungsstaatsvertrag eine deutliche Erweiterung erfahren.[477] Diese Erweiterung, die die inhaltliche Gestaltung der Regionalfensterprogramme zu Gegenstand hat, hätte der Gesetzgeber nicht vorgenommen, wenn er ihr nicht – zumindest auch – Relevanz für die Vielfaltsicherung beigemessen hätte.[478]

In der Praxis soll der bestehende Kompetenzkonflikt zwischen KEK und Landesmedienanstalten derzeit dadurch gemildert werden, dass die Landesmedienanstalten die KEK im Rahmen des jeweiligen Zulassungsverfahrens „informell einbinden", um zu einer einheitlichen Bewertung über das Vorliegen der Voraussetzungen des § 25 Abs. 4 *Satz 2 bis 5* RStV zu kommen.[479] Dies ändert jedoch nichts an der systemwidrigen Kompetenzbeschränkung der KEK bezüglich der Voraussetzungen des § 25 Abs. 4 *Satz 1* RStV.[480]

---

475 Vgl. dazu nachfolgend unter C.III.5.c).

476 Die Protokollerklärung ist abgedruckt bei *Hartstein/Ring/Kreile/Dörr/Stettner,* Teil A 1.9.4. und § 36 RStV.

477 Vgl. dazu oben unter C.II.1.

478 In Bezug auf die *inhaltliche* Gestaltung ist insbesondere eine Motivation durch bloße Standortpolitik schwer vorstellbar. Die inhaltliche Erweiterung betrifft in erster Linie die Sicherung *regionaler* Vielfalt. Auch regionale Vielfalt ist aber ein Aspekt der Meinungsvielfalt, vgl. nachfolgend unter C.III.3.b) und C.III.6.c).

479 Vgl. dazu *Hartstein/Ring/Kreile/Dörr/Stettner,* § 36 RStV Rn. 7.

480 Vgl. dazu auch die Kritik der KEK in dem *Konzentrationsbericht der KEK 2003,* S. 373 f.

Es wäre daher dringend wünschenswert, dieses Problem im Rahmen einer Novellierung des Rundfunkstaatsvertrages zu beheben. Dabei sollte daran gedacht werden, die Zulassungsentscheidung der Landesmedienanstalten bzgl. der Veranstalter von Regionalfensterprogrammen nicht nur an das „Benehmen", sondern an ein *echtes Einvernehmen mit der KEK* zu binden. Insbesondere die Entscheidungskompetenz bzgl. der in § 25 Abs. 4 Satz 1 RStV geregelten Voraussetzungen sollte in jedem Fall der KEK übertragen werden.

4. § 25 Abs. 4 Satz 4 RStV: Gebot der gesellschaftsrechtlichen Entflechtung von Hauptprogramm- und Regionalfensterprogrammveranstalter

§ 25 Abs. 4 Satz 4 RStV bestimmt, dass Hauptprogramm- und Regionalfensterprogrammveranstalter zueinander nicht im Verhältnis eines verbundenen Unternehmens nach § 28 RStV stehen sollen. Neben der *redaktionellen* Unabhängigkeit des Regionalfensterprogramms von dem Hauptprogramm wird damit auch die *rechtliche* Unabhängigkeit des Regionalfensterveranstalters von dem Hauptprogrammveranstalter in § 25 Abs. 4 RStV verankert.

Nach der amtlichen Begründung zum Achten Rundfunkänderungsstaatsvertrag[481] basiert diese Regelung auf der Überlegung, dass die gesellschaftsrechtliche Entflechtung von Hauptprogramm- und Regionalfensterprogrammveranstalter ein „Element zur Gewährleistung der Unabhängigkeit" sein kann.

Die Regelung trat – da der Achte Rundfunkänderungsstaatsvertrag keinerlei Übergangsvorschriften enthält[482] – für die betroffenen Hauptprogrammveranstalter RTL Television GmbH und SAT.1 SatellitenFernsehen GmbH ebenfalls grundsätzlich ab dem 1. April 2005 in Kraft.

---

481 Abgedruckt bei *Hartstein/Ring/Kreile/Dörr/Stettner,* A 2.6. und § 25 RStV.

482 Art. 9 des Achten Rundfunkänderungsstaatsvertrages enthält zwar Schlussbestimmungen, diese umfassen aber lediglich Regelungen zur Kündigung der geänderten Staatsverträge, den Zeitpunkt des Inkrafttretens am 1. April 2005, sowie eine Regelung zur Neubekanntmachung der geänderten Staatsverträge.
Eine Übergangsregelung zu § 25 Abs. 4 Satz 4 RStV wird allerdings durch den Zehnten Rundfunkänderungsstaatsvertrag, der – vorbehaltlich der Ratifikation durch die Länderparlamente - zum 1. September 2008 in Kraft treten wird, in den RStV eingefügt werden: Nach der neuen Vorschrift des § 53b Abs. 1 Satz 2 RStV sollen „bestehende Zulassungen und Zuweisungen für Fensterprogrammveranstalter (...) bis zum 31. Dezember 2009 unbeschadet von Vorgaben des § 25 Abs. 4 Satz 4 RStV verlängert werden." Nach der amtlichen Begründung zum Zehnten Rundfunkänderungsstaatsvertrag bedeutet dies, dass „die Bestimung in § 25 Abs. 4 Satz 4, wonach der Fensterprogrammveranstalter vom Hauptprogrammveranstalter unabhängig sein soll, bei der ins Auge gefassten Verlängerung von Zulassungen und Zuweisungen bis zum 31. Dezember 2009 außer Betracht bleiben" soll.

a) Verbundene Unternehmen i.S.v. § 28 RStV

§ 28 RStV enthält Tatbestände, nach denen Programme – und damit deren Zuschaueranteile – einem Unternehmen zugerechnet werden können.[483] Unter einem Unternehmen ist nach § 26 Abs. 1 RStV jede „natürliche oder juristische Person oder Personenvereinigung“ zu verstehen. Bei den beiden Hauptprogrammveranstaltern RTL Television GmbH und SAT.1 SatellitenFernsehen GmbH handelt es sich um Unternehmen i.S.v. § 26 Abs. 1 RStV und somit auch i.S.v. § 28 RStV.

aa) Unmittelbare Beteiligung, § 28 Abs. 1 Satz 1 RStV

Nach § 28 Abs. 1 Satz 1 RStV sind einem privaten Rundfunkunternehmen alle Programme zuzurechnen, die es selbst veranstaltet oder die von einem anderen Unternehmen veranstaltet werden, an dem es unmittelbar mit mindestens 25 % des Kapitals oder der Stimmrechte beteiligt ist.[484] Der Gesetzgeber trug mit der Festsetzung einer 25 %-Grenze dem Umstand Rechnung, dass erst Beteiligungen ab 25 % der Kapitalanteile bzw. Stimmrechte eine Sperrminorität begründen, die es erlaubt, bestimmte gesellschaftsrechtliche Grundlagen- und Strukturentscheidungen zu verhindern.[485]

Soweit es sich bei den Regionalfensteranbietern bisher um 100 %ige Tochtergesellschaften der Hauptprogrammveranstalter handelt, sind sie diesen also nach § 28 Abs. 1 Satz 1 RStV zuzurechnen. Haupt- und Regionalfensterprogrammveranstalter sind somit als verbundene Unternehmen i.S.v. § 28 RStV zu qualifizieren.[486] Konkret betrifft dies derzeit die folgenden Anbieter von Regionalfensterprogrammen:[487] bei SAT.1 die SAT.1 Norddeutschland GmbH[488], die

---

483 So die amtliche Begründung zu § 28 RStV, abgedruckt bei *Hartstein/Ring/Kreile/Dörr/Stettner*, § 28 RStV.

484 Zu den aktuellen Beteiligungsverhältnissen aller privaten Fernsehsender, deren Programme in Deutschland veranstaltet werden und die bundesweit zu empfangen sind, vgl. die Darstellungen im *Neunten Jahresbericht der KEK*, S. 78 ff. sowie online unter *http://www.kek-online.de/cgi-bin/esc/beteiligung.html.*

485 Vgl. dazu *Hartstein/Ring/Kreile/Dörr/Stettner*, § 28 RStV Rn. 4; *Neft*, ZUM 1998, 458, 460. Dass das GmbH-Recht darüber hinaus auf Grundlage entsprechender Satzungsregelungen eine Einflussnahme auch *unterhalb* der 25 %-Grenze gestattet, wurde in § 28 Abs. 2 Satz 2 Nr. 2 RStV berücksichtigt.

486 So auch *Hartstein/Ring/Kreile/Dörr/Stettner*, § 25 RStV Rn. 19.

487 Vgl. zu den Beteiligungsverhältnissen den *Neunten Jahresbericht der KEK*, S. 228 ff.

488 „17.30 live“ für Hamburg und Schleswig-Holstein sowie Niedersachsen und Bremen.

zu 100 % im Anteilsbesitz der SAT.1 SatellitenFernsehen GmbH steht, sowie bei RTL die RTL Nord GmbH[489] und die Tele West Rheinisch-Westfälische Fernsehgesellschaft mbH & Co. KG[490], die in 100 %igem Anteilsbesitz der RTL Television GmbH stehen.

Auch die RTL Hessen Programmfenster GmbH[491] stellt ein mit der RTL Television GmbH nach § 28 Abs. 1 Satz 1 RStV verbundenes Unternehmen dar: Die RTL Television GmbH hält 60 % der Anteile an der RTL Hessen Programmfenster GmbH.[492]

bb) Mittelbare Beteiligung, § 28 Abs. 1 Satz 2 RStV

Einem Unternehmen sind daneben aber auch die Zuschaueranteile anderer Unternehmen zuzurechnen, an denen es *mittelbar* beteiligt ist. Eine solche mittelbare Beteiligung liegt vor, wenn das Ausgangsunternehmen und ein anderes Unternehmen im Verhältnis eines verbundenen Unternehmens nach § 15 AktG stehen[493] und das andere Unternehmen *seinerseits* am Kapital oder an den Stimmrechten eines Veranstalters mit mindestens 25 % beteiligt ist, § 28 Abs. 1 Satz 2 RStV.

An der Privatfernsehen in Bayern GmbH & Co. KG[494], hält die tv-weiss-blau Rundfunkprogrammanbieter GmbH & Co. KG 49,9 % der Anteile. Letztere steht – als lizenzierter Veranstalter – wiederum zu 100 % im Anteilsbesitz der SAT.1 SatellitenFernsehen GmbH.[495] Demnach sind die Privatfernsehen in Bayern GmbH & Co. KG und die tv-weiss-blau Rundfunkprogrammanbieter GmbH & Co. KG bereits als verbundene Unternehmen i.S.v. § 28 Abs. 1 Satz 1 RStV zu qualifizieren. Die Privatfernsehen in Bayern GmbH & Co. KG und die SAT.1 SatellitenFernsehen GmbH stellen dann gemäß § 28 Abs. 1 Satz 2 RStV i.V.m.

489 „Guten Abend RTL – Hamburg und Schleswig-Holstein" sowie „Guten Abend RTL – Niedersachsen und Bremen".

490 „Guten Abend RTL – Das NRW-Magazin".

491 „Guten Abend RTL – Hessenmagazin".

492 Vgl. dazu den *Neunten Jahresbericht der KEK,* S. 59 sowie Az. KEK 328, S. 12. Vgl. dazu auch sogleich unter C.II.4.a)cc).

493 Nach § 15 AktG handelt es sich bei verbundenen Unternehmen um rechtlich selbständige Unternehmen, die im Verhältnis zueinander in Mehrheitsbesitz stehende und mit Mehrheit beteiligte Unternehmen nach § 16 AktG, abhängige und herrschende Unternehmen nach § 17 AktG, Konzernunternehmen nach § 18 AktG, wechselseitig beteiligte Unternehmen nach § 19 AktG oder Vertragsteile eines Unternehmensvertrags nach §§ 291 f. AktG, sind.

494 „17.30 live für Bayern".

495 Vgl. zu den Beteiligungsverhältnissen den *Neunten Jahresbericht der KEK,* S. 228 ff.

§§ 15, 16 und 17 AktG ebenfalls verbundene Unternehmen dar, es handelt sich also insofern um eine mittelbare Beteiligung.[496]

Schließlich folgt aus der Regelung in § 28 Abs. 1 Satz 3 RStV i.V.m. § 29 Satz 2 RStV e contrario, dass einem zu beurteilenden Unternehmen auch die Zuschaueranteile der Unternehmen zuzurechnen sind, die *an ihm* im Sinne von § 28 Abs. 1 Satz 1 und Satz 2 RStV beteiligt sind.[497]

Keine mit der RTL Television GmbH bzw. der SAT. 1 SatellitenFernsehen GmbH i.S.v. § 28 Abs. 1 oder Abs. 2 RStV verbundenen Unternehmen stellen momentan die folgenden Regionalfensterprogrammveranstalter dar:[498] die C.A.M.P. TV Fernsehgesellschaft mbH[499], die WestCom Medien GmbH[500], die TV IIIa GmbH[501], die Rhein-Neckar Fernsehen GmbH[502], die Sende-, Studiotechnik und Werbe GmbH[503], sowie die insgesamt 15 Unternehmen, welche die bayerischen RTL-Lokalfenster veranstalten.[504]

cc) Vergleichbare Einflussmöglichkeit, § 28 Abs. 2 RStV

Gemäß § 28 Abs. 2 Satz 1 RStV steht es einer Beteiligung nach § 28 Abs. 1 RStV gleich, wenn ein Unternehmer – allein oder gemeinsam mit anderen Unternehmern – auf einen Veranstalter einen „vergleichbaren" Einfluss ausüben kann. Das bedeutet, dass der jeweils ausübbare Einfluss dem eines Gesellschafters mit einer Beteiligung von 25 % oder mehr entsprechen muss.[505] Die Regelung trägt damit dem Umstand Rechnung, dass die Fixierung von bestimmten Beteiligungsgrenzen in § 28 Abs. 1 RStV Umgehungsversuche provozieren könnte.[506]

Dabei fingiert[507] § 28 Abs. 2 Satz 2 RStV, dass es als vergleichbarer Einfluss gilt, wenn ein Unternehmen – oder ein ihm wiederum nach § 28 Abs. 1 oder

---

496 Vgl. Az. KEK 294, S. 12.

497 Vgl. dazu unter *http://www.kek-online.de/Inhalte/bedeutung_beteiligungsverhaeltnisse.html.*

498 Vgl. zu den jeweiligen Gesellschaftern und Beteiligungsverhältnissen den *Neunten Jahresbericht der KEK,* S. 228 ff.; vgl. auch die Aufstellung bei *Hartstein/Ring/Kreile/Dörr/Stettner,* § 26 RStV Rn. 14.

499 „Bayern Journal" auf RTL und SAT.1.

500 „17.30 live – das Regionalmagazin für Nordrhein-Westfalen", SAT.1.

501 „17.30 live" für Rheinland-Pfalz und Hessen, SAT.1.

502 „RNF LIFE", RTL.

503 „TV Angermünde Lokal", RTL.

504 Vgl. dazu im Einzelnen den *Neunten Jahresbericht der KEK,* S. 230 ff.

505 Vgl. *Kreile,* NJW 1997, 1329, 1332; vgl. dazu ausführlich *Hartstein/Ring/Kreile/Dörr/Stettner,* § 28 RStV Rn. 7.

506 Vgl. *Neft,* ZUM 1998, 458, 460.

507 So auch *Hartstein/Ring/Kreile/Dörr/Stettner,* § 28 RStV Rn. 6, die aus der gesetzlichen Fiktion den Rückschluss ziehen, dass § 28 Abs. 2 RStV insgesamt drei ge-

Abs. 2 Satz 1 RStV zurechenbares Unternehmen – regelmäßig einen wesentlichen Teil der Sendezeit eines Veranstalters durch Zulieferungen gestaltet, § 28 Abs. 2 Satz 2 Nr. 1 RStV, oder – auf vertraglicher, satzungsrechtlicher oder sonstiger Grundlage – eine Stellung inne hat, die wesentliche Entscheidungen des Veranstalters über die Programmgestaltung, den Programmeinkauf oder die Programmproduktion jeweils von seiner Zustimmung abhängig macht, § 28 Abs. 2 Satz 2 Nr. 2 RStV.[508]

Selbst wenn sich die Hauptprogrammveranstalter RTL Television GmbH und SAT.1 SatellitenFernsehen GmbH von ihren Anteilen an den betroffenen Regionalfensterveranstaltern soweit trennen, dass der Tatbestand des § 28 Abs. 1 Satz 1 RStV nicht mehr erfüllt ist, folgt daraus, dass Haupt- und Fensterprogrammveranstalter somit immer noch als verbundene Unternehmen i.S.v. § 28 Abs. 2 Satz 2 Nr. 2 RStV zu qualifizieren wären, wenn die Regionalfensterprogramme zu einem wesentlichen Anteil mit zugelieferten Programmteilen des jeweiligen Hauptprogrammveranstalters gestaltet würden. In diesem Fall würden allerdings auch die inhaltlichen Anforderungen an das Regionalfenster nach § 25 Abs. 4 Satz 1 RStV wegen fehlenden Regionalbezugs nicht erfüllt werden.[509]

Einschlägig ist der Zurechnungstatbestand des § 28 Abs. 2 Satz 2 Nr. 1 RStV i.V.m. § 28 Abs. 1 Satz 1 RStV derzeit bei der RTL Hessen Programmfenster GmbH[510]: die RTL Hessen Programmfenster GmbH ist zwar schon nach § 28 Abs. 1 Satz 1 RStV als verbundenes Unternehmen der RTL Television GmbH zu qualifizieren. Sie lässt aber zusätzlich das Regionalfensterprogramm im Wege der Auftragsproduktion von der RTL Hessen GmbH erstellen. Die RTL Hessen GmbH – eine 100 %ige Tochtergesellschaft der RTL Television GmbH – gestaltet somit einen „wesentlichen Teil“ des Regionalfensterprogramms der RTL Hessen Programmfenster GmbH.[511]

dd) § 28 Abs. 3 und Abs. 4 RStV

Nach § 28 Abs. 4 RStV sind bestehende Angehörigenverhältnisse bei der Prüfung und Bewertung der „vergleichbaren“ Einflüsse einzubeziehen; hierbei fin-

---

trennte Untertatbestände – § 28 Abs. 2 Satz 1, Satz 2 Nr. 1 und Satz 2 Nr. 2 RStV – enthält.

508 Nach dieser Vorschrift wurde z.B. im Verfahren Az. KEK 086 die Beate Uhse TV GmbH der KirchGruppe zugerechnet, vgl. *http://www.kek-online.de/Inhalte/bedeutung_beteiligungsverhaeltnisse.html.*

509 Vgl. insofern v.a. auch die Reglung in Ziff. 1 Abs. 2 Satz 7 FFR.

510 „Guten Abend RTL – Hessenmagazin“.

511 Vgl. dazu Az. KEK 328, S. 12, sowie den *Neunten Jahresbericht der KEK,* S. 60 f.

den die Grundsätze des Wirtschafts- und vor allem des Steuerrechts[512] Anwendung. Dies bedeutet, dass auch im Rahmen der medienrechtlichen Konzentrationskontrolle beispielsweise eine von der Verwandtschaftsbeziehung geprägte koordinierte Interessenwahrnehmung zwischen Rundfunkunternehmern zu berücksichtigen ist.[513]

Ob ein Unternehmen seinen Sitz innerhalb der Bundesrepublik Deutschland oder im Ausland hat, spielt gemäß § 28 Abs. 3 RStV für die Zurechnung nach § 28 Abs. 1 und Abs. 2 RStV keine Rolle. Dies erklärt sich aus der fortschreitenden Globalisierung, die längst auch den Bereich des Privatfernsehens erfasst hat.[514]

b) § 25 Abs. 4 Satz 4 RStV als „soll"-Vorschrift

Anders als bei der Einräumung von Sendezeit für Dritte nach § 31 Abs. 3 RStV – „darf nicht" – wurde die gesellschaftsrechtliche Trennung von Haupt- und Regionalfensterprogrammveranstalter in § 25 Abs. 4 Satz 4 RStV nicht zwingend vorgeschrieben. Die Regelung wurde vielmehr als „soll"-Vorschrift ausgestaltet.

Nach der amtlichen Begründung zum Achten Rundfunkänderungsstaatsvertrag[515] beruht diese Differenzierung auf der Annahme des Gesetzgebers, dass im Bereich der Regionalberichterstattung eine unabhängige Berichterstattung durch verbundene Unternehmen nicht ausgeschlossen ist.[516]

---

512 Vgl. insofern z.B. auch die Regelungen in § 15 AO und § 1 AStG.

513 Vgl. dazu unter *http://www.kek-online.de/Inhalte/bedeutung_beteiligungsverhaeltnisse.html*; vgl. auch *Hartstein/Ring/Kreile/Dörr/Stettner*, § 28 RStV Rn. 11; vgl. dazu auch *Bornemann/Lörz*, Art. 25 BayMG Rn. 125; *Neft*, ZUM 1998, 458, 461.

514 Jüngstes Beispiel hierfür ist die von den Finanzinvestoren Permira und KKR geplante Verschmelzung der ProSiebenSat1 Media AG und des Luxemburger TV-Konzerns SBS, der vor allem in Skandinavien, den Benelux-Ländern und Osteuropa tätig ist. Vgl. hierzu *Busse*, Süddeutsche Zeitung vom 15.12.2006, S. 1, und *ders.*, Süddeutsche Zeitung vom 31.1.2007, S. 21.
Vgl. i.Ü. auch die unter *http://www.kek-online.de/cgi-bin/esc/beteiligung.html#Sendergruppierungen* hinterlegte Auflistung von – auch – internationalen Sendergruppierungen, die an Veranstaltern von Programmen im bundesweiten Privatfernsehen beteiligt sind, so z.B. NBC Universal, The Walt Disney Company oder auch Time Warner, Inc.

515 Abgedruckt bei *Hartstein/Ring/Kreile/Dörr/Stettner*, § 25 RStV.

516 Dass hier eine Differenzierung erforderlich ist, ergibt sich letztlich schon aus der Bezeichnung der Fensterprogramme nach § 31 RStV als „Sendezeit für *unabhängige* Dritte".

aa) Die grundsätzliche Bedeutung von „soll"-Vorschriften im Verwaltungsrecht

Die Ausgestaltung einer Vorschrift als „soll"-Vorschrift spricht im Verwaltungsrecht in der Regel dafür, dass der jeweils zu einer Entscheidung berufenen Behörde – denn Adressat der Vorschrift ist im Regelfall ein Verwaltungsträger[517] – ein gewisser Spielraum eingeräumt wird, innerhalb dessen sie ihre Entscheidung nach pflichtgemäßem Ermessen zu treffen hat.[518] Es handelt sich daher auch bei einer „soll"-Vorschrift grundsätzlich um eine Form der Ermessensermächtigung.

Allerdings kann sich bei jeder Art von Ermessensermächtigung aus dem Zweck der jeweiligen Regelung oder aus ihrem Zusammenhang mit anderen – insbesondere verfassungsrechtlichen – Vorschriften auch eine strikte Verbindlichkeit der jeweils angeordneten Rechtsfolge ergeben.

Speziell im Fall einer „soll"-Vorschrift ist nach allgemeinen verwaltungsrechtlichen Grundsätzen davon auszugehen, dass bei Vorliegen eines *Regelfalls* eine *strikte Bindung* an die angeordnete Rechtsfolge besteht und ein *Abweichen* von der jeweils angeordneten Rechtsfolge nur dann gerechtfertigt ist, wenn es sich um einen *atypischen Fall* handelt.[519] Letzteres setzt voraus, dass aufgrund überwiegender Gründe – die nicht von der Behörde selbst zu vertreten sind – die für den Normalfall geltende Regelung von der ratio legis offenbar nicht mehr gefordert wird.[520]

bb) Übertragung dieser Bedeutung auf § 25 Abs. 4 Satz 4 RStV

Will man die dargestellten verwaltungsrechtlichen Grundsätze auf § 25 Abs. 4 Satz 4 RStV übertragen, so fällt zunächst auf, dass Adressat der Regelung hier – anders als bei den eben in Bezug genommenen „soll"-Vorschriften – keine Behörde bzw. kein Verwaltungsträger zu sein scheint. Denn § 25 Abs. 4 Satz 4 RStV legt fest, was Hauptprogrammveranstalter und Regionalfensterprogrammveranstalter – und damit zwei juristische Personen des Privatrechts[521] – „sollen" bzw. „nicht sollen".

In Bezug auf die an Privatrechtssubjekte – nämlich die Beteiligten in einem Verwaltungsverfahren – adressierte Vorschrift des § 26 Abs. 2 Satz 1 und Satz 2

517 Vgl. *Maurer,* Verwaltungsrecht, § 7 Rn. 11.

518 Vgl. *Kopp/Ramsauer,* § 40 VwVfG Rn. 41 m.w.N.

519 Vgl. *Stelkens/Bonk/Sachs,* § 40 VwVfG Rn. 13; *Maurer,* Verwaltungsrecht, § 7 Rn. 11 f.; *Kopp/Schenke,* § 114 VwGO Rn. 21.

520 Vgl. BVerwG NJW 1990, 1377; *Kopp/Ramsauer,* § 40 VwGO Rn. 44; *Kopp/Schenke,* § 114 VwGO Rn. 21; *Holznagel/Krone,* MMR 2005, 666, 673.

521 Die überwiegende Zahl der privaten Rundfunkveranstalter ist in der Rechtsform einer GmbH oder AG organisiert.

VwVfG, die ebenfalls als „soll“-Vorschrift ausgestaltet ist, führt *Maurer* aus, dies sei – anders als bei den an die Behörden gerichteten „soll“-Vorschriften – *nicht* als „Muss mit Ausnahmen in atypischen Fällen“ zu verstehen. Vielmehr handle es sich für den Bürger in diesem Fall um eine „Last oder Obliegenheit“, denn der Bürger könne nicht zu einem erzwingbaren Verhalten verpflichtet werden. Schließlich kommt aber auch *Maurer* zu dem Ergebnis, dass der Bürger natürlich die Nachteile hinnehmen müsse, die sich aus einer Nichtbeachtung der an ihn adressierten „soll“-Vorschrift ergeben.[522]

Vorliegend ist zu berücksichtigen, dass die in § 25 Abs. 4 RStV geregelten Voraussetzungen – und somit auch § 25 Abs. 4 Satz 4 RStV – zugleich Maßstab für die zu Entscheidungen berufenen Stellen – also die Landesmedienanstalten und/oder die KEK als Organ der Landesmedienanstalten, § 35 Abs. 2 Satz 1 Nr. 1, Satz 2 i.V.m. Abs. 1 RStV – sind. Ob eine Verflechtung von Haupt- und Regionalfensterprogrammveranstalter nach § 28 RStV vorliegt oder nicht, kann z.B. im Rahmen der Zulassung des Regionalfensterprogrammveranstalters nach Ziff. 2 Satz 4 FFR entscheidend berücksichtigt werden.

Maurer ist also zwar insofern Recht zu geben, als aus § 25 Abs. 4 Satz 4 RStV auch für den „Regelfall“ keine – isoliert mit Zwangsmitteln durchsetzbare – „Verpflichtung“ der Hauptprogrammveranstalter resultiert, sich von ihren Tochtergesellschaften bzw. Anteilen an diesen zu trennen.

Allerdings findet das „Regel-Ausnahme-Verhältnis“ auf die Konstellation des § 25 Abs. 4 Satz 4 RStV insofern Anwendung, als es im Rahmen der von den Landesmedienanstalten und/oder der KEK zu treffenden Entscheidungen – also insbesondere über die Zulassung des Regionalfensterprogrammveranstalters, die Anrechnung der Regionalfensterprogramme auf die Drittsendezeit nach § 31 RStV und die Bonusgewährung nach § 26 Abs. 2 Satz 3 RStV – zu Lasten i.S.v. § 28 RStV verbundener Veranstalter durchschlägt, wenn ein atypischer Ausnahmefall für ihre fortbestehende gesellschaftsrechtliche Verflechtung nicht vorliegt.

Im Ergebnis bedeutet dies, dass nach dem Regel-Ausnahme-Verhältnis die gesellschaftsrechtliche *Entflechtung* von Regionalfensterprogramm- und Hauptprogrammveranstalter die *Regel* sein soll, eine fortbestehende *„Beherrschung“* hingegen die *Ausnahme* bleiben muss.[523]

---

522 Vgl. dazu *Maurer*, Verwaltungsrecht, § 19 Rn. 25.

523 So auch *Hartstein/Ring/Kreile/Dörr/Stettner*, § 25 RStV Rn. 19; vgl. auch die Entscheidungen der KEK Az. KEK 294, S. 12.

c) Die Regelung in Ziff. 2 Satz 2 FFR

Dieses Ergebnis wird gestützt durch die Regelung in Ziff. 2 Satz 2 FFR: danach ist die Zulassung eines Regionalfensterprogrammveranstalters, der zu dem Hauptprogrammveranstalter im Verhältnis eines verbundenen Unternehmens nach § 28 RStV steht, nur zulässig, wenn ein *begründeter Ausnahmefall* vorliegt.

d) Die derzeitige Umsetzung dieser Vorgaben durch die KEK

Da also gemäß § 25 Abs. 4 Satz 4 RStV keine gesellschaftsrechtliche Verflechtung nach § 28 RStV zwischen Regionalfenster- und Hauptprogrammveranstalter bestehen soll, haben die Landesmedienanstalten bei einer Auswahlentscheidung für die Zulassung eines Regionalfensterprogrammveranstalters nach Ziff. 2 Satz 4 FFR demjenigen Bewerber den Vorrang zu geben, welcher zu dem Hauptprogrammveranstalter *nicht* im Verhältnis eines verbundenen Unternehmens nach § 28 RStV steht.

Steht jedoch die Zulassung eines Regionalfensterprogrammveranstalters in Frage, der zu dem Hauptprogrammveranstalter im Verhältnis eines verbundenen Unternehmens nach § 28 RStV steht, so hat die jeweils zuständige Landesmedienanstalt nach § 36 Abs. 2 Satz 3 RStV i.V.m. Ziff. 2 Satz 3 FFR insbesondere auch zu der Frage, ob es sich um einen begründeten Ausnahmefall i.S.v. Ziff. 2 Satz 2 FFR handelt, zuvor das Benehmen mit der KEK herzustellen.

Dementsprechend hatte die KEK nun schon in mehreren Verfahren – im Rahmen der Benehmensherstellung nach § 36 Abs. 2 Satz 3 RStV – darüber zu befinden, ob die Regionalfensterprogrammanbieter den Anforderungen des § 25 Abs. 4 Satz 4 RStV genügen.

aa) Az. KEK 294 – Privatfernsehen in Bayern GmbH & Co. KG

Dabei verweigerte die KEK die Benehmensherstellung bisher nur einmal – nämlich im Fall der Privatfernsehen in Bayern GmbH & Co. KG (PfB)[524].[525] Die PfB stellt – wie oben dargelegt – ein mit der SAT.1 SatellitenFernsehen GmbH gemäß § 28 Abs. 1 Satz 2 RStV i.V.m. §§ 15, 16 und 17 AktG verbundenes Unternehmen dar.[526] Für diese Abweichung von § 25 Abs. 4 Satz 4 RStV hätte somit ein begründeter Ausnahmefall i.S.v. Ziff. 2 Satz 2 FFR vorliegen müssen. Die BLM – als insoweit zuständige Landesmedienanstalt – hatte sich insofern auf ei-

524 Im Folgenden nur: PfB.
525 Vgl. den Beschluss der KEK vom 8.11.2005, Az. KEK 294, S. 11.
526 Vgl. Az. KEK 294, S. 12.

nen Bestandsschutz aufgrund einer Alt-Zulassung der Rechtsvorgängerin der PfB berufen, was von der KEK aber nicht anerkannt worden war, da sich das konkrete Verfahren just auf die „Neugenehmigung“ nach Widerruf der „Alt-Zulassung“ durch die BLM bezog.[527] Andere Gründe, die einen Ausnahmefall hätten begründen können, waren nicht ersichtlich.

Da § 25 Abs. 4 Satz 4 RStV nach der amtlichen Begründung von der Überlegung getragen ist, dass die gesellschaftsrechtliche Entflechtung von Hauptprogramm- und Regionalfensterprogrammveranstalter ein „Element zur Gewährleistung der Unabhängigkeit“ – nämlich der unabhängigen Berichterstattung – sein kann,[528] geht die KEK in ihrem Beschluss davon aus, dass auch ein „begründeter Ausnahmefall“ jedenfalls nur dann anerkannt werden kann, wenn „Mindestvoraussetzungen erfüllt werden, die sicherstellen, dass das Regionalfenster einen effektiven Beitrag zur Vielfalt im bundesweiten Fernsehen leistet“.[529] Dies erfordert die Darlegung konkreter Umstände, die belegen, dass die Unabhängigkeit der Berichterstattung *trotz* einer rechtlichen Abhängigkeit gewahrt ist.[530] Letzteres ist aber jedenfalls dann nicht der Fall, wenn schon die aus § 25 Abs. 4 Satz 2 RStV folgenden Anforderungen nicht erfüllt werden, was die KEK in Bezug auf die PfB annahm. Denn besteht ein rechtliches Abhängigkeitsverhältnis zwischen Haupt- und Regionalfensterprogrammveranstalter, so greift die Vermutung der Ziff. 3 Abs. 1 FFR nicht ein, so dass die in Ziff. 3 Abs. 2 FFR niedergelegten Kriterien herangezogen werden müssen. Diese waren nach Auffassung der KEK nicht erfüllt, da die tv weiß-blau Rundfunkprogrammanbieter GmbH – als 100 %ige Tochtergesellschaft der SAT. 1 SatellitenFernsehen GmbH – aufgrund ihrer 49,9 %igen Beteiligung an den Anteilen und Stimmrechten der PfB in der Gesellschafterversammlung der PfB über alle wichtigen Angelegenheiten entscheiden kann und somit – entgegen Ziff. 2 Satz 2 FFR – sogar gravierende Mitwirkungsbefugnisse hat.[531]

bb) Az. KEK 306-1 und 306-2 – RTL Nord GmbH

Der Zulassung der RTL Nord GmbH für die Veranstaltung der RTL-Regionalfensterprogramme in Niedersachsen und Bremen widersprach die KEK mit Beschluss vom 7. März 2006[532] im Rahmen der Benehmensherstellung nicht, ob-

527 Vgl. dazu Az. KEK 294, S. 13.
528 Vgl. dazu oben unter C.II.4.
529 Az. KEK 294, S. 13.
530 Vgl. Az. KEK 294, S. 13.
531 Vgl. dazu Az. KEK 294, S. 14 f.
532 Az. KEK 306-1 und 306-2.

wohl es sich bei der RTL Nord GmbH um eine 100 %ige Tochtergesellschaft der RTL Television GmbH handelt.

Allerdings stellte die KEK in diesem Beschluss verschiedene Bedingungen an die Gestaltung der *Satzung* der RTL Nord GmbH sowie an die Gestaltung des *Anstellungsverhältnisses des programmverantwortlichen Geschäftsführers*, die der Gewährleistung der redaktionellen Unabhängigkeit der RTL Nord GmbH – trotz ihrer rechtlichen Abhängigkeit – dienen sollen.

Die KEK befand in diesem Verfahren, dass ein atypischer Ausnahmefall, der ein Abweichen von dem Regel-Ausnahme-Verhältnis des § 25 Abs. 4 Satz 4 RStV rechtfertigt, nur dann angenommen werden kann, „wenn die sofortige Anwendung der Vorschrift *im konkreten Fall unverhältnismäßig* ist, weil dem betroffenen Haupt- und Fensterprogrammveranstalter *unzumutbare Verluste* drohen, wenn er vor Inkrafttreten des Erfordernisses rechtlicher Unabhängigkeit im *Vertrauen* auf den Fortbestand der alten Rechtslage erhebliche Investitionen getätigt hat, die noch nicht vollständig amortisiert sind."[533] Dies hatte die RTL Television GmbH in dem fraglichen Verfahren in Bezug auf die vorgesehene Laufzeit der Zulassung bis zum 21. Juli 2008 belegen können, dieser Zeitraum wurde von der KEK daher als erforderlicher Amortisationszeitraum anerkannt.

Die KEK qualifiziert § 25 Abs. 4 Satz 4 RStV als Fall der unechten Rückwirkung. Ein Vertrauensschutz zugunsten der RTL Television GmbH sei hier insofern geboten, als diese – im Vertrauen darauf, dass die RTL Nord GmbH bis zum Ablauf der bundesweiten Satellitenzulassung von RTL am 21. Juli 2008 weiter Regionalfensterprogramme werde zuliefern können – vor Inkrafttreten des § 25 Abs. 4 Satz 4 RStV erhebliche Investitionen getätigt habe.[534]

Die KEK bekräftigte in diesem Verfahren, dass auch bei Anerkennung eines „begründeten Ausnahmefalls" eine besondere Absicherung der redaktionellen Unabhängigkeit des Fensterveranstalters erforderlich sei. Denn Schutzzweck der Norm ist nach Auffassung der KEK nicht nur die Absicherung größtmöglicher inhaltlicher Vielfalt und des Regionalbezugs des Programms, sondern vor allem auch die Sicherung der Meinungsvielfalt.[535]

Dies wurde im Fall der RTL Nord GmbH dadurch gewährleistet, dass die RTL Television GmbH zugesichert hatte, die Satzung der RTL Nord GmbH dahingehend abzuändern, dass die Unabhängigkeit des programmverantwortlichen Geschäftsführers – den Vorgaben in Ziff. 3 Abs. 2 Satz 4 und 5 FFR entsprechend – gewährleistet wird und der RTL Television GmbH als Gesellschafterin –

533 *Neunter Jahresbericht der KEK*, S. 56; vgl. auch Az. KEK 306-1 und 306-2, S.15.

534 Vgl. Az. KEK 306-1 und 306-2, S. 14.

535 So die Pressemitteilung 05/06 zu den Verfahren Az. KEK 306-1 und 306-2, abzurufen unter *http://www.kek-online.de/cgi-bin/resi/i-presse/381.html*; vgl. auch den *Neunten Jahresbericht der KEK*, S. 56.

entsprechend den Vorgaben in Ziff. 3 Abs. 2 Satz 1 und 2 FFR – keine Mitwirkungs- und Zustimmungsbefugnisse bei programmbezogenen Entscheidungen zustehen. Zudem muss der programmverantwortliche Geschäftsführer der RTL Nord GmbH auch einen Anstellungsvertrag unmittelbar mit dieser, und nicht mit der RTL Television GmbH haben.[536]

cc) Az. KEK 314 – WestCom Medien GmbH

Auch im Fall der WestCom Medien GmbH gab die KEK mit Beschluss vom 7. März 2006[537] „grünes Licht" für die gesonderte Zulassung der Antragstellerin zur Veranstaltung des SAT.1-Regionalfensters Nordrhein-Westfalen bis 31. Mai 2010. Da die WestCom Medien GmbH von der Hauptprogrammveranstalterin SAT.1 SatellitenFernsehen GmbH rechtlich unabhängig ist, lag insoweit keine Abweichung von § 25 Abs. 4 Satz 4 RStV vor.[538]

dd) Az. KEK 306-3 und 306-4 – RTL Nord GmbH

In den Verfahren Az. KEK 306-3 und 306-4 setzte die KEK sich mit der Zulassung der RTL Nord GmbH zu der Veranstaltung des RTL-Regionalfensterprogramms für Hamburg und Schleswig-Holstein auseinander. In beiden Verfahren hatte die KEK im Rahmen der Benehmensherstellung zu der jeweiligen Zulassung keine Bedenken aus Gründen der Sicherung der Meinungsvielfalt, da sie der RTL Television GmbH auch hier aus den oben dargestellten Gründen Vertrauensschutz gewährte: die RTL Nord GmbH hatte die fraglichen Regionalfensterprogramme bereits zuvor hergestellt und die RTL Television GmbH hatte belegen können, dass sie – im Vertrauen darauf, dass dies bis zum Ablauf ihrer eigenen Zulassungen im Jahr 2008[539] auch weiterhin möglich sei – vor dem Inkrafttreten der Neuregelung erhebliche Investitionen in die Regionalfenster getätigt hatte, die sich noch nicht amortisiert hatten. Gegen eine Zulassung der RTL Nord GmbH bis zum 21. Juli 2008 in Schleswig-Holstein bzw. 29. Februar 2008

536 Vgl. dazu Az. KEK 306-1 und 306-2, S. 10 f.

537 Az. KEK 314.

538 Vgl. dazu die Pressemitteilung 05/06 der KEK, abzurufen unter *http://www.kek-online.de/cgi-bin/resi/i-presse/381.html.*

539 Die Satellitenlizenz der NLM für die bundesweite Verbreitung des Programms RTL läuft noch bis zum 21.7.2008, die terrestrische Zweitlizenz der HAM für die RTL Television GmbH in Hamburg läuft bis zum 29.2.2008. In Schleswig-Holstein besteht eine terrestrische Zweitlizenz der ULR, die auf September 2014 befristet ist, aber unter Widerrufsvorbehalt steht. Vgl. dazu den *Neunten Jahresbericht der KEK*, S. 57, 60.

in Hamburg – und damit bis zum Ende der Laufzeit der Satellitenlizenz der RTL Television GmbH bzw. der terrestrischen Zulassung der RTL Television GmbH in Hamburg – bestanden in den Verfahren Az. KEK 306-3[540] und 306-4[541] nach Auffassung der KEK daher keine Bedenken aus Gründen der Sicherung der Meinungsvielfalt, da auch „besondere Vorkehrungen zum Schutz der redaktionellen Unabhängigkeit" – wie die KEK sie bereits seit dem Verfahren Az. KEK 294 forderte – sichergestellt waren.[542] In beiden Verfahren forderte die KEK insofern allerdings – wie auch schon in den Verfahren Az. 306-1 und 306-2 – eine Satzungsänderung der RTL Nord GmbH.[543]

ee) Az. KEK 313 – TELE WEST Rheinisch-Westfälische Fernsehgesellschaft GmbH und Co. KG

Auch zu der Zulassung der TELE WEST Rheinisch-Westfälische Fernsehgesellschaft GmbH und Co. KG, einer 100 %igen Tochtergesellschaft der RTL Television GmbH, als Veranstalterin für das RTL-Regionalfenster in Nordrhein-Westfalen bis zum 21. Juli 2008 äußerte die KEK mit Beschluss vom 30. März 2006[544] mit dem Argument des Vertrauensschutzes keine Bedenken. Die KEK stellte auch in diesem Verfahren allerdings ausdrücklich klar, dass *allein* der Umstand, dass die Antragstellerin das fragliche Regionalfenster bereits vor dem 1. April 2005 für das Programm der RTL Television GmbH produziert hatte, *keinen wichtigen Grund* für eine Abweichung von § 25 Abs. 4 Satz 4 RStV darstellt.[545]

Zur besonderen Sicherung der redaktionellen Unabhängigkeit der Regionalfensterveranstalterin forderte sie in diesem Verfahren eine Änderung des Gesellschaftsvertrages und der Satzung der Komplementärin, wodurch insbesondere die Unabhängigkeit des programmverantwortlichen Geschäftsführers sichergestellt werden soll.[546]

---

540 Beschluss vom 30. März 2006.

541 Beschluss vom 13. Juni 2006, vgl. dazu den *Neunten Jahresbericht der KEK,* S. 60 f.

542 Vgl. zu dem Verfahren Az. KEK 306-4 die Pressemitteilung 08/06 der KEK, abzurufen unter *http://www.kek-online.de/cgi-bin/resi/i-presse/398.html.*

543 Vgl. Az. KEK 306-3, S. 15 f. sowie den *Neunten Jahresbericht der KEK,* S. 60 f.; vgl. dazu auch die Pressemitteilung 06/06 der KEK, abzurufen unter *http://www.kek-online.de/cgi-bin/resi/i-presse/396.html.*

544 Az. KEK 313.

545 Vgl. Az. KEK 313, S. 12.

546 Vgl. Az. KEK 313, S. 14 f.; vgl. dazu auch die Pressemitteilung 06/06 der KEK, abzurufen unter *http://www.kek-online.de/cgi-bin/resi/i-presse/396.html.*

ff) Az. KEK 328 – RTL Hessen Programmfenster GmbH

Mit Beschluss vom 8. Mai 2006[547] gab die KEK zu der Zulassung der RTL Hessen Programmfenster GmbH für die Veranstaltung des RTL-Programmfensters Hessen bis zum 21. Juli 2008 ein positives Votum ab.

Das Abweichen von der Regelung des § 25 Abs. 4 Satz 4 RStV wurde auch hier – wie in den Vergleichsfällen – mit dem Vertrauensschutz begründet.[548]

Die Absicherung der redaktionellen Unabhängigkeit der RTL Hessen Programmfenster GmbH als Fensterprogrammveranstalterin – sowie der RTL Hessen GmbH als Auftragsproduzentin des Regionalfensterprogramms – wurde durch entsprechende satzungs- und dienstvertragliche Regelungen sichergestellt.[549]

gg) Az. KEK 308-1 und 308-2 bzw. Az. KEK 393-1 und 393-2 – SAT.1 Norddeutschland GmbH

Gegen die Zulassung der SAT.1 Norddeutschland GmbH, einer 100 %igen Tochtergesellschaft der SAT.1 SatellitenFernsehen GmbH, als Regionalfensterprogrammveranstalterin für Niedersachsen und Bremen bestanden – im Ergebnis – aus Sicht der KEK ebenfalls keine Bedenken aus Gründen der Sicherung der Meinungsvielfalt: Eine Abweichung von § 25 Abs. 4 Satz 4 RStV war aufgrund entsprechender Investitionen der ProSiebenSAT.1 Media AG aus Gründen des Vertrauensschutzes gerechtfertigt, insbesondere, da besondere Vorkehrungen zum Schutz der redaktionellen Unabhängigkeit der SAT.1 Norddeutschland GmbH getroffen worden waren.

Problematisch war in diesem Verfahren allerdings, dass die SAT.1 Norddeutschland GmbH zunächst eine Zulassung bis 31. Mai 2010 beantragt hatte, da zu diesem Termin die Satellitenzulassung der LMK für das Hauptprogramm SAT.1 ausläuft. Die KEK hatte diese Zeitdauer jedoch als *für die Amortisation* der getätigten Investitionen *unangemessen*, da zu lang, angesehen und daher zunächst *keinen Ausnahmefall* anerkannt.[550] Nachdem die SAT.1 Norddeutschland GmbH ihren Zulassungsantrag abgeändert hatte und nur noch eine Zulassung bis

547 Az. KEK 328.
548 Vgl. Az. KEK 328, S. 12 ff.
549 Vgl. Az. KEK 328, S. 14 ff.
550 Vgl. Az. KEK 308-1 und 308-2, S. 14 ff.

30. Juni 2008 beantragt hatte, gab die KEK schließlich ein positives Votum ab.[551]

hh) Az. KEK 308-3 und 308-4 – SAT. 1 Norddeutschland GmbH

In den Parallelverfahren für Hamburg und Schleswig-Holstein[552] hatte die SAT.1 Norddeutschland GmbH zwar ebenfalls zunächst eine Zulassung bis 31. Mai 2010 beantragt, diesen Antrag aber dann auf eine Befristung bis zum 30. Juni 2008 abgeändert. Dementsprechend trat die KEK auch hier der beabsichtigten Zulassung im Ergebnis nicht entgegen.[553]

ii) Az. KEK 329-1 und 329-2 – Rhein-Neckar Fernsehen GmbH

Die Rhein-Neckar Fernsehen GmbH hatte bereits vor dem 1. April 2005 gesonderte Zulassungen der LFK und LMK für die Veranstaltung des RTL-Regionalfensters „RNF LIFE" gehalten. Da die Rhein-Neckar Fernsehen GmbH von dem Hauptprogrammveranstalter, der RTL Television GmbH, rechtlich unabhängig ist und somit auch keine Abweichung von § 25 Abs. 4 Satz 4 RStV vorlag, hatte die KEK ausweislich ihres Beschlusses vom 11. Juli 2006[554] auch in diesem Verfahren keine Bedenken aus Gründen der Sicherung der Meinungsvielfalt.[555]

jj) Fazit aus den Entscheidungen der KEK

Als Fazit aus den Entscheidungen der KEK ist festzuhalten, dass das *bloße* Interesse des Hauptprogrammveranstalters daran, seine Tochtergesellschaften zu behalten – und insbesondere auch der Umstand, dass der jeweilige Anbieter schon bisher das Regionalfensterprogramm gestaltet hat – für den erforderlichen „atypischen Ausnahmefall" jedenfalls *nicht genügt*.[556] Vielmehr bedarf es für die Abweichung von dem gesetzlich in § 25 Abs. 4 Satz 4 RStV festgeschriebenen Regelfall eines *wichtigen Grundes im Einzelfall*, wie ihn die KEK in den Verfah-

---

551 Vgl. dazu die Pressemitteilung 10/06 der KEK, abzurufen unter *http://www.kek-online.de/cgi-bin/resi/i-presse/404.html* sowie die Pressemitteilung 02/07 der KEK, abzurufen unter *http://www.kek-online.de/cgi-bin/resi/i-presse/451.html*

552 Az. KEK 308-3 und 308-4.

553 Vgl. dazu auch die Pressemitteilung 01/07 der KEK, abzurufen unter *http://www.kek-online.de/cgi-bin/resi/i-presse/444.html.*

554 Az. KEK 329-1 und 329-2

555 Vgl. Az. KEK 329-1 und 329-2, S. 8 und S. 10; vgl. dazu auch die Pressemitteilung 09/06 der KEK, abzurufen unter *http://www.kek-online.de/cgi-bin/resi/i-presse/401.html.*

556 Vgl. z.B. Az. KEK 306-1 und 306-2, S. 14; KEK 306-3, S. 13; vgl. v.a. KEK 308-1 und 308-2, S. 15; so auch *Hartstein/Ring/Kreile/Dörr/Stettner*, § 25 RStV Rn. 19.

ren Az. KEK 306-1 und 306-2 erstmals herausgearbeitet hat. Dieser ist dann gegeben, wenn die sofortige Anwendung der Vorschrift *im konkreten Fall unverhältnismäßig* ist, weil dem betroffenen Haupt- und Fensterprogrammveranstalter *unzumutbare Verluste* drohen, wenn er vor Inkrafttreten des Erfordernisses rechtlicher Unabhängigkeit im *Vertrauen* auf den Fortbestand der alten Rechtslage erhebliche Investitionen getätigt hat, die noch nicht vollständig amortisiert sind. Der Umstand, dass es sich bei § 25 Abs. 4 Satz 4 RStV um einen Fall der unechten Rückwirkung handelt, gebietet in derartigen Fällen einen Vertrauensschutz zugunsten der Rundfunkveranstalter.

Dieser Vertrauensschutz wird von der KEK jedoch nur für den im Einzelfall anzuerkennenden *Amortisationszeitrahmen* gewährt. Diesen begrenzte die KEK in den ihr vorliegenden Verfahren jeweils auf das Jahr 2008. Da die Zulassungen für die rechtlich abhängigen Regionalfensteranbieter im Ergebnis auch nur mit einer Befristung auf das Jahr 2008 beantragt wurden, fiel das Votum der KEK insofern positiv aus.[557]

Auch bei Anerkennung eines atypischen Ausnahmefalls muss jedenfalls die *redaktionelle* Unabhängigkeit des Fensterveranstalters besonders abgesichert werden. Dies gebietet der Schutzzweck der Norm, der nach Auffassung der KEK sowohl in der Absicherung größtmöglicher regionaler Vielfalt, als auch in der Sicherung der Meinungsvielfalt liegt. Dafür bedarf es im Einzelfall einer entsprechenden Gestaltung der Gesellschaftsverträge bzw. Satzungen der Regionalfensteranbieter, die sich an den in Ziff. 3 Abs. 2 FFR niedergelegten Vorgaben orientiert.

e) Kritik der Freien Hansestadt Hamburg und des Landes Nordrhein-Westfalen an der Regelung des § 25 Abs. 4 Satz 4 RStV

Ausweislich der Protokollerklärung der Freien Hansestadt Hamburg und des Landes Nordrhein-Westfalen zu § 25 Abs. 4 RStV in der Fassung durch den Achten Rundfunkänderungsstaatsvertrag[558] stimmten diese beiden Bundesländer der Regelung des § 25 Abs. 4 Satz 4 RStV nur zu, „um die Verabschiedung des Gesamtstaatsvertrages nicht zu gefährden". Denn „die gesellschaftsrechtliche Struktur des Fensterveranstalters steht nicht in direktem Zusammenhang mit der Qualität der regionalen Berichterstattung". Vielmehr bewiesen gerade die Regionalfensterprogramme, „dass eine hochwertige und unabhängige Regionalberichterstattung auch von mit dem Hauptprogrammveranstalter *verbundenen* Unternehmen gewährleistet werden kann". Vor diesem Hintergrund sahen weder Ham-

557 Vgl. z.B. Az. KEK 306-1 und 306-2, S. 15; KEK 306-3, S.14.
558 Abgedruckt bei *Hartstein/Ring/Kreile/Dörr/Stettner*, A 1.9.5. und § 25 RStV.

burg noch Nordrhein-Westfalen die Notwendigkeit, „gesellschaftsrechtliche Veränderungen vorzugeben, wenn die redaktionelle Unabhängigkeit im Übrigen gewährleistet ist".

Diese Kritik dürfte der Grund dafür gewesen sein, dass in der amtlichen Begründung zum Achten Rundfunkänderungsstaatsvertrag explizit betont wird, dass die gesellschaftsrechtliche Entflechtung im Fall des § 25 Abs. 4 Satz 4 RStV – anders als bei der Sendezeit für unabhängige Dritte nach § 31 Abs. 3 RStV – nicht zwingend vorgeschrieben ist, sondern dass es sich um eine „soll"-Vorschrift handelt.

Wie dargestellt, folgt hieraus allerdings nur die Möglichkeit der Berücksichtigung besonders gelagerter Ausnahmefälle und nicht die generelle „Unverbindlichkeit" der gesellschaftsrechtlichen Entflechtung.

f) Problematik der Regelung in § 25 Abs. 4 Satz 4 RStV

Das Gebot der gesellschaftsrechtlichen Entflechtung ist für die betroffenen Rundfunkveranstalter RTL Television GmbH und SAT.1 SatellitenFernsehen GmbH insofern problematisch, als es sich bei den bisher tätigen Regionalfensteranbietern in den meisten Fällen um – häufig 100 %ige – Tochterunternehmen dieser beiden Hauptprogrammveranstalter handelt. Für die beiden Veranstalter bedeutet es damit einen nicht unerheblichen Aufwand, den neuen Anforderungen gerecht zu werden.[559]

Denn grundsätzlich sind beide Unternehmen seit dem 1. April 2005 verpflichtet, sich von ihren entsprechenden Tochtergesellschaften zu trennen, wenn sie den Anforderungen des § 25 Abs. 4 Satz 4 RStV genügen wollen: sie müssen so viele *Anteile an diese Gesellschaften abstoßen*, dass die Zurechnungstatbestände des § 28 RStV, insbesondere des § 28 Abs. 1 Satz 1 RStV, nicht mehr erfüllt sind. Anders liegt es nur, wenn sie für sich das Vorliegen eines besonders gelagerten Ausnahmefalls reklamieren können. Insoweit wirkt sich die Vorschrift des § 25 Abs. 4 Satz 4 RStV auf die *Unternehmensstruktur* und damit sogar auf das *Eigentum* der betroffenen Hauptprogrammveranstalter aus.

Darüber hinaus hat die aus § 25 Abs. 4 Satz 4 RStV grundsätzlich resultierende „Verkaufsverpflichtung" auch *wirtschaftliche Nachteile* zur Folge: Wer dazu gezwungen ist, etwas zu veräußern, wird im Regelfall nicht den Preis erzielen können, den er bekommen könnte, wenn er ohne gesetzliche Verpflichtung verkaufen würde.[560]

---

559 So auch *Hartstein/Ring/Kreile/Dörr/Stettner,* § 25 RStV Rn. 4.

560 So auch *Kreile,* NJW 1997, 1329, 1331, in Bezug auf die aus § 26 Abs. 4 Satz 1 Nr. 1 und Nr. 2 RStV jeweils resultierende Verpflichtung zur Veräußerung von Anteilen an einem anderen zurechenbaren Veranstalter.

Da § 25 Abs. 4 Satz 4 RStV die gesellschaftsrechtliche Umstrukturierung ohne gesetzlich bestimmte Übergangsregelung noch während der Laufzeit der bestehenden Zulassungen der beiden Hauptprogrammveranstalter fordert, handelt es sich um eine *rückwirkende* Vorschrift.

Besonders die Regelung des § 25 Abs. 4 Satz 4 RStV steht daher im Kreuzfeuer der Kritik von RTL und SAT.1. Dabei ist auch zu berücksichtigen, dass selbst die amtliche Begründung zum Achten Rundfunkänderungsstaatsvertrag[561] einräumt, dass ein unmittelbarer Zusammenhang gerade zwischen der gesellschaftsrechtlichen Struktur des Fensterveranstalters und der Qualität der regionalen Berichterstattung nicht besteht. Gerade deswegen wird auch von einzelnen Bundesländern die Relevanz dieser Regelung für die Vielfaltsicherung überhaupt bezweifelt.

Auch von dritter Seite regt sich Kritik an den Vorgaben des § 25 Abs. 4 Satz 4 RStV: so griff der Bundesvorsitzende des DJV Michael Konken die entsprechenden Regelungen der FFR dahingehend an, diese hätten „nicht die Sicherung der Meinungsvielfalt, sondern den Abbau von Stellen und Qualität" zum Ziel.[562] Die gesellschaftsrechtliche Entflechtung von Haupt- und Regionalfensterveranstaltern werde nach seinen Befürchtungen nicht der Meinungsvielfalt dienen, sondern zum Abbau journalistischer Arbeitsplätze führen und damit sowohl die Programmqualität, als auch die Meinungsvielfalt beeinträchtigen. Denn soweit die Hauptprogrammveranstalter sich von ihren Tochtergesellschaften trennen müssten, soweit würden sie die mit ihren Beteiligungen letztlich verbundenen Stellen und Volontariate abbauen. Es sei aber zu befürchten, dass rein auf die Produktion von Regionalfenstern fokussierte selbständige Unternehmen nicht im gleichen Umfang neue Stellen schaffen würden. Dies aber hätte unmittelbare Auswirkungen auf die journalistische Qualität der Programme.

5. § 25 Abs. 4 Satz 5 RStV: Verpflichtung des Hauptprogrammveranstalters zur Finanzierung des Regionalfensterprogramms

Nach § 25 Abs. 4 Satz 5 RStV hat *der Hauptprogrammveranstalter* zugleich mit der Organisation der Regionalfensterprogramme deren Finanzierung sicherzustellen.

Diese Verpflichtung gilt – da der Achte Rundfunkänderungsstaatsvertrag keinerlei Übergangsvorschriften bezüglich der durch ihn geänderten Regelungen

561 Abgedruckt bei *Hartstein/Ring/Kreile/Dörr/Stettner*, § 25 RStV.

562 Vgl. die Pressemitteilung des DJV vom 19.4.2005, abzurufen unter *http://www.djv.de/aktuelles/presse/archiv/2005*.

enthält[563] – für die betroffenen Hauptprogrammveranstalter RTL Television GmbH und SAT.1 SatellitenFernsehen GmbH ebenfalls seit dem Zeitpunkt ihres Inkrafttretens am 1. April 2005.

Die Finanzierung der Regionalfensterprogramme war nicht erst Thema des Achten Rundfunkänderungsstaatsvertrages, sie war vielmehr bereits vor dessen Inkrafttreten in § 25 Abs. 4 Satz 2 RStV a.F. Rundfunkstaatsvertrag enthalten. Die geforderte Finanzierung wurde damals im Wesentlichen über zwei Grundmodelle verwirklicht: entweder wurden die Regionalfensteranbieter an dem Erlös aus Werbeblöcken während der Sendezeit des Fensters oder auch unmittelbar davor und danach beteiligt, oder die Hauptprogrammveranstalter erbrachten direkt finanzielle Leistungen.[564]

a) Die Regelung in Ziff. 4 FFR

Ziff. 4 Abs. 1 Satz 1 FFR konkretisiert die Verpflichtung dahingehend, dass der Hauptprogrammveranstalter dem Veranstalter des Regionalfensterprogramms eine finanzielle Ausstattung zur Verfügung zu stellen hat, die diesen oder das mit der Produktion des Regionalprogramms beauftragte Unternehmen[565] in die Lage versetzen, die programmlichen Anforderungen, die Ziff. 1 FFR an das Regionalfensterprogramm stellt, in eigener Verantwortung zu erfüllen.

Ob die finanzielle Ausstattung in diesem Sinne angemessen ist, unterliegt der Prüfung anhand einer Gesamtbetrachtung. Dabei sind die sonstigen Vertragsverhältnisse zwischen dem zugelassenen Veranstalter des Regionalfensterprogramms – oder dem mit der Produktion des Regionalprogramms beauftragten Unternehmen – und dem Hauptprogrammveranstalter einschließlich der diesem zurechenbaren Unternehmen zu berücksichtigen, Ziff. 4 Abs. 1 Satz 2 FFR.

Die Erfüllung der Voraussetzungen von Ziff. 4 Abs. 1 Satz 1 FFR wird gemäß Ziff. 4 Abs. 2 Satz 1 FFR vermutet, wenn die finanzielle Ausstattung bis zum 31. Dezember 2006 im Volumen *mindestens* dem jeweiligen Finanzbudget zum Zeitpunkt 1. Juli 2002 entspricht. Auch insofern wird als Stichtag also das Datum des Inkrafttretens des Sechsten Rundfunkänderungsstaatsvertrages herangezogen.

563 Art. 9 des Achten Rundfunkänderungsstaatsvertrages enthält zwar Schlussbestimmungen, diese umfassen aber lediglich Regelungen zur Kündigung der geänderten Staatsverträge, den Zeitpunkt des Inkrafttretens am 1. April 2005 sowie eine Regelung zur Neubekanntmachung der geänderten Staatsverträge.

564 Vgl. *Hahn/Vesting – Rossen-Stadtfeld*, § 25 RStV Rn. 68; *Beucher/Leyendecker/von Rosenberg*, § 25 RStV Rn. 19.

565 Denn auch der Regionalfensterveranstalter kann sich zur Produktion des Regionalfensters – in den Grenzen des § 28 Abs. 2 Nr. 1 RStV – eines anderen Unternehmens als Zulieferer bedienen.

Dies ist die logische Konsequenz daraus, dass auch der – zu finanzierende – zeitliche und regional differenzierte Umfang der Regionalfensterprogramme in § 25 Abs. 4 Satz 1 RStV auf diesen Stichtag festgelegt wurde. Wird dieses Volumen nicht erreicht, ist daher der zuständigen Landesmedienanstalt die ausreichende finanzielle Mindestausstattung positiv nachzuweisen, Ziff. 4 Abs. 2 Satz 2 FFR.

Nach Ziff. 4 Abs. 3 FFR bleiben die in Bayern geltenden Regelungen für die sog. Abendwerbeschiene hiervon unberührt. Gemeint ist damit die Regelung in § 21 Abs. 1 Satz 3 ff. FSS. Die Hauptprogrammveranstalter sind nach bayerischem Landesrecht grundsätzlich verpflichtet, den Regionalfensterveranstaltern an einem festen Sendeplatz am Abend in der „Prime Time“ zwischen 20.00 Uhr und 22.30 Uhr drei Minuten Werbezeit im Hauptprogramm zur Verfügung zu stellen, § 21 Abs. 1 Satz 3 FSS. Weil dies allerdings nicht den Interessen der Hauptprogrammveranstalter entspricht, können diese ihre Verpflichtung auch durch Zahlung eines Geldbetrages – vergleichbar einer „Stellplatzablöse“ – erfüllen, § 21 Abs. 1 Satz 4 FSS. Die praktische Abwicklung dieser „Ablöse-Zahlung“ erfolgt bisher dergestalt, dass der Erlös des ersten Abendwerbeblocks nach 20.00 Uhr in den Programmen RTL und SAT.1 den jeweiligen Regionalfensterveranstaltern zu Gute kommt.[566]

b) Problematik der Regelung in § 25 Abs. 4 Satz 5 RStV

Schon vor Inkrafttreten des Achten Rundfunkänderungsstaatsvertrages war die Finanzierung der Regionalfensterprogramme im Rundfunkstaatsvertrag geregelt. So lautete bereits § 20 Abs. 6 Satz 2 des Rundfunkstaatsvertrags 1991: „Mit der Organisation der Fensterprogramme ist zugleich deren Finanzierung durch die Veranstalter sicherzustellen.“ Diese Formulierung findet sich noch in § 25 Abs. 4 Satz 2 RStV a.F. wortgleich.

Die Neuregelung weist jedoch zu der zuvor bestehenden Rechtslage einen qualitativen Unterschied auf. Adressat der Finanzierungsverpflichtung in ihrer Fassung bis zum Inkrafttreten des Achten Rundfunkänderungsstaatsvertrages waren *„die Veranstalter“*. Die Regionalfensterprogramme wurden zumeist von 100 %igen Tochtergesellschaften der Hauptprogrammveranstalter produziert; dies war nach der *vor* Inkrafttreten des Achten Rundfunkänderungsstaatsvertrages bestehenden Rechtslage auch legitim. Diese Tochtergesellschaften waren nicht als „Veranstalter“ im rundfunkrechtlichen Sinne zu qualifizieren, auch eine gesonderte Zulassung war noch nicht verpflichtend. Der Gesetzgeber mag daher mit der Formulierung *„die Veranstalter“* eine Mehrzahl von Hauptprogrammveranstaltern gemeint haben.

566 Vgl. dazu *Wiegand*, S. 199.

Zwingend ist diese Auslegung jedoch nicht, da es auch schon vor dem 1. April 2005 Regionalfensteranbieter gab, die als Veranstalter im rundfunkrechtlichen Sinn zu qualifizieren waren und eine gesonderte Zulassung hielten.[567] Vielmehr wurde zu der früheren Fassung der Finanzierungsverpflichtung in der Literatur auch die Ansicht vertreten, die Pflicht zur Sicherstellung der Finanzierung treffe *kumulativ* sowohl den Veranstalter des jeweiligen Fernsehvollprogramms, als auch die Anbieter der Regionalfensterprogramme selbst.[568] Soweit es sich bei den Fensterprogrammanbietern um 100 %ige Tochtergesellschaften der Hauptprogrammveranstalter handelte, traf die Finanzierung des Regionalfensterprogramms damit zwar mittelbar wiederum den Hauptprogrammveranstalter, der allerdings über das Beteiligungsverhältnis auch wirtschaftlich Einfluss nehmen konnte. In allen anderen Fällen sah § 25 Abs. 4 RStV hingegen eine *echte Kostenteilung* vor, die durch die Neufassung abgeschafft wurde.

Denn die Neuregelung in § 25 Abs. 4 Satz 5 RStV spricht ausdrücklich von einer Sicherstellung der Finanzierung *„durch den Hauptprogrammveranstalter"*,[569] sie hat demnach eine *Verschärfung der Finanzierungsverpflichtung zu Lasten der Hauptprogrammveranstalter* mit sich gebracht.

Diese Verschärfung wird durch die Regelung in § 25 Abs. 4 Satz 4 RStV verstärkt. Denn die konsequente Umsetzung der rundfunkstaatsvertraglichen Vorgaben führt nicht nur dazu, dass die Hauptprogrammveranstalter dazu gezwungen werden, ein Programm zu finanzieren, auf das sie *inhaltlich* keinen Einfluss nehmen können – insofern beschränkt sich der Unterschied zu der alten Rechtslage wegen § 31 Abs. 2 Satz 3 Halbsatz 1 RStV faktisch darauf, dass die Finanzierungsverpflichtung nunmehr zweifelsfrei *alleine* die Hauptprogrammveranstalter trifft. Vielmehr müssen die Hauptprogrammveranstalter darüber hinaus mit den *rechtlich* unabhängigen Regionalfensterveranstaltern Unternehmen finanzieren, auf die – und vor allem auf deren Kostenentwicklung – sie im Fall der gesellschaftsrechtlichen Entflechtung nach § 25 Abs. 4 Satz 4 RStV keinen oder nur noch minimalen Einfluss nehmen können.[570]

---

567 Z.B. die Rhein-Neckar Fernsehen GmbH, vgl. Az. KEK 329-1 und 329-2, S. 2.

568 Vgl. dazu *Hartstein/Ring/Kreile/Dörr/Stettner,* Stand Juli 2004, § 25 RStV Rn. 15; ebenso *Hahn/Vesting – Rossen-Stadtfeld,* § 25 RStV Rn. 68; a.A. z.B. *Beucher/Leyendecker/von Rosenberg,* § 25 RStV Rn. 19.

569 Vgl. *Hartstein/Ring/Kreile/Dörr/Stettner,* § 25 RStV Rn. 21.

570 Die Zahlen, die hierbei im Raum stehen, sind auch nicht gänzlich unbedeutend: im Fall der RTL Television GmbH hat der Gesamtetat für die Regionalfensterprogramme derzeit eine Größenordnung von über 30 Mio. Euro, vgl. *Lilienthal,* epd medien Nr. 93 vom 25.11.2006, S. 10. Allerdings konnte die RTL Group im Jahr 2006 eine im Vergleich zum Vorjahr um 28 % gestiegene Rekordgewinnbeteiligung in Höhe von 9,6 Mio. an die Mitarbeiter ihrer Tochtergesellschaften – darunter die

Die insoweit gebundenen Mittel stehen den Hauptprogrammveranstalter damit nicht mehr zur Verfügung für die Finanzierung ihres *eigenen* Programms, vielmehr müssen sie aus ihrer Sicht „*fremde*" Inhalte finanzieren.

Die Verschärfung der Finanzierungsverpflichtung ist also besonders kritisch zu betrachten, da sich ohnehin die Frage nach ihrer verfassungsrechtlichen Rechtfertigung stellt.[571] Hierauf wird in Teil D. noch einzugehen sein.

6. § 25 Abs. 4 Satz 6 RStV: Abstimmung der Organisation der Regionalfensterprogramme durch die Landesmedienanstalten

Nach § 25 Abs. 4 Satz 6 RStV trifft die Landesmedienanstalten die Verpflichtung, die Organisation der Fensterprogramme in zeitlicher und technischer Hinsicht abzustimmen. Dabei sind die Interessen der betroffenen *Veranstalter* – also sowohl der Hauptprogramm-, als auch der Fensterprogrammveranstalter[572] – zu berücksichtigen.

Die Landesmedienanstalten sind dieser Verpflichtung aktuell im Rahmen der Fernsehfensterrichtlinie (FFR) durch die Regelung in Ziff. 5 FFR nachgekommen.[573]

a) Ziff. 5 Abs. 1 FFR

Danach wird für die Regionalfenster im Programm SAT.1 eine Sendezeit von 17.30 Uhr bis 18.00 Uhr und im Programm RTL eine Sendezeit von 18.00 Uhr bis 18.30 Uhr festgelegt. Die beiden Hauptprogrammveranstalter haben entsprechende programmliche Schnittstellen sicherzustellen, damit diese Sendezeiten gewährleistet sind, Ziff. 5 Abs. 1 Satz 1 und Satz 2 FFR.

Unberührt von dieser Regelung bleiben nach Ziff. 5 Abs. 1 Satz 3 FFR die in Bayern bestehenden Sonderregelungen für ein landesweites Fensterprogramm am Samstag und Sonntag, auf die Ziff. 1 Abs. 1 Satz 2 FFR Bezug nimmt.

RTL Telvision GmbH – ausbezahlen, was auf eine äußerst positive Geschäftsentwicklung hindeutet, vgl. dazu *SZ*, Süddeutsche Zeitung vom 6.3.2007, S. 15.

571 Vgl. auch *Wagner*, ProMedia 2/05, 16, 17; kritisch zu einer Finanzierungsgarantie für Fensterprogramme auch Gernot Lehr in *Simonis*, S. 64 ff, S. 70 f.

572 Vgl. *Hartstein/Ring/Kreile/Dörr/Stettner*, § 25 RStV Rn. 21.

573 Ziff. 5 FFR entspricht inhaltlich weitgehend dem Beschluss der DLM vom 25.5.1993, vgl. dazu oben unter B.II. und *Hartstein/Ring/Kreile/Dörr/Stettner*, § 25 RStV Rn. 21.

b) Ziff. 5 Abs. 2 bis 4 FFR

Ziff. 5 Abs. 2 bis 4 FFR enthält Regelungen, die in gewissem Umfang Ausnahmen von den vorgenannten und den unter Ziff. 1 FFR geregelten zeitlichen Vorgaben vorsehen. Diese Ausnahmen dienen dazu, in den geregelten Fällen das Interesse der betroffenen Hauptprogrammveranstalter RTL Television GmbH und SAT.1 SatellitenFernsehen GmbH an einer bestimmten Programmgestaltung zu berücksichtigen.

Nach Ziff. 5 Abs. 2 FFR entfallen danach die Regionalfensterprogramme an bundeseinheitlichen Feiertagen sowie am 24. und 31. Dezember gänzlich. Grund für diese Ausnahme dürfte sein, dass nicht nur das Abendprogramm ab 20.00 Uhr, sondern auch das Tagesprogramm der großen privaten Fernsehsender – ebenso wie das von ARD und ZDF – an diesen Tagen durch Spielfilme geprägt ist. Spielfilme haben aber in Relation zu denjenigen Formaten, die das „normale" Tagesprogramm der privaten Rundfunkprogramme wie RTL oder SAT.1 prägen – vor allem Serien, Unterhaltungsformate und Magazine – einen größeren zeitlichen Umfang. Deshalb würde es für die Hauptprogrammveranstalter RTL Television GmbH und SAT.1 SatellitenFernsehen GmbH an diesen Tagen einen unangemessenen Nachteil darstellen, wären diese dazu verpflichtet, Regionalfensterprogramme in das Spielfilmangebot zu integrieren.

Darüber hinaus können für Tage, die zwischen mehreren zeitlich eng aufeinander folgenden Feiertagen liegen, mit einzelnen Landesmedienanstalten sog. Durchschaltungen vereinbart werden – also die Ausstrahlung des bundesweit einheitlichen Satellitenprogramms –, wodurch die Regionalfensterprogramme dann entfallen. Wichtig ist dabei, dass diese Regelung auch bei „Brückentagen" anwendbar ist, die aufgrund landesgesetzlicher Feiertage nur in einzelnen Bundesländern entstehen. Die Durchschaltungen dürfen in letzterem Fall allerdings nicht dazu führen, dass für Regionalprogramme in anderen, nicht betroffenen Bundesländern dann keine programmlichen Schnittstellen zur Verfügung stehen, Ziff. 5 Abs. 3 Satz 1 FFR. Einzelne Landesmedienanstalten können einem Ausfall der Regionalfensterprogramme dabei auch widersprechen, Ziff. 5 Abs. 3 Satz 2 FFR.

Ziff. 5 Abs. 4 FFR ermöglicht schließlich eine Berücksichtigung individueller programmlicher Interessen des jeweiligen Hauptprogrammveranstalters: Auf seinen Wunsch hin können an weiteren zehn Tagen pro Kalenderjahr die Regionalfensterprogramme entfallen. Dafür bedarf es der frühzeitigen Abstimmung mit den Regionalfensterprogrammveranstaltern und einer ebenso frühzeitigen Mitteilung an die Landesmedienanstalten, Ziff. 5 Abs. 4 Satz 1 und Satz 2 FFR.

An zusätzlichen zehn Tagen im Jahr können die Regionalfensterprogramme in eine andere – „angemessene" – Sendezeit verlegt werden, wenn dies erforderlich ist, um die Durchschaltung des bundesweit einheitlichen Programms für die

Übertragung von Sportveranstaltungen zu ermöglichen, Ziff. 5 Abs. 4 Satz 3 FFR. Welche Sendezeit in diesem Sinne „angemessen" ist, bestimmt Ziff. 5 Abs. 4 Satz 4 und Satz 5 FFR: Danach steht für die Ausstrahlung des Regionalfensterprogramms ein Zeitraum zur Verfügung, der maximal 30 Minuten *vor* Beginn der regulären Sendezeit beginnt – bei RTL also um 17.30 Uhr, bei SAT.1 bereits um 17.00 Uhr – und der um 22.30 Uhr endet. Eine Verlegung der Sendezeit auf einen Zeitraum vor 17.00 Uhr wird ausdrücklich als *nicht* angemessen bezeichnet. Grund dafür ist, dass eine Verlegung der Regionalfensterprogramme in das Nachmittagsprogramm vor 17.00 Uhr ihre „Bemerkbarkeit" für die Zuschauer zu sehr einschränken würde. Ziff. 5 Abs. 4 Satz 6 FFR bestimmt darüber hinaus, dass auch die Sendedauer des Regionalfensterprogramms „an diesen Tagen" – also bei der Verlegung des Regionalfensters aufgrund einer Sportübertragung – bei programmlicher Notwendigkeit auf bis zu 20 Minuten reduziert werden kann. Ferner gilt als angemessen nach Ziff. 5 Abs. 4 Satz 7 FFR auch die Verkürzung der Sendedauer des Regionalfensterprogramms auf zwölf Minuten in der Halbzeitpause eines Fußballspiels oder bei der Übertragung eines Tennisspiels die flexible Schaltung des Regionalprogramms innerhalb eines einstündigen Zeitraums ab Beginn der jeweils regulären Sendezeit – bei SAT.1 also ab 17.30 Uhr, bei RTL ab 18.00 Uhr, vgl. Ziff. 5 Abs. 1 FFR. Im Rahmen der „flexiblen Schaltung" kann das Regionalfensterprogramm dann z.B. in einzelnen kleinen Abschnitten während der Unterbrechungen und Pausen des Tennisspiels ausgestrahlt werden.

Aus dem Wortlaut „weiteren" und „zusätzlichen" ergibt sich, dass die Gestaltungsmöglichkeiten nach Ziff. 5 Abs. 4 Satz 1 und Satz 3 FFR kumulativ, und auch kumulativ zu den Regelungen nach Ziff. 5 Abs. 3 FFR und Ziff. 5 Abs. 2 FFR, bestehen.

c) Ziff. 5 Abs. 5 FFR

Nach Ziff. 5 Abs. 5 FFR ist für die *bundesweite* Koordinierung einer eventuellen Veränderung der Sendezeiten für die Regionalfensterprogramme diejenige Landesmedienanstalt zuständig, die dem Hauptprogrammveranstalter jeweils die Satellitenzulassung erteilt hat. Im Fall der RTL Television GmbH ist dies die Niedersächsische Landesmedienanstalt (NLM), im Fall der SAT.1 SatellitenFernsehen GmbH die Landeszentrale für Medien und Kommunikation (LMK) Rheinland-Pfalz.[574]

574 Vgl. dazu den *Neunten Jahresbericht der KEK*, S. 223 f.

d) Problematik der Regelung in § 25 Abs. 4 Satz 6 RStV i.V.m. Ziff. 5 FFR

Aus Sicht der Hauptprogrammveranstalter ist unerfreulich, dass sie nicht selbst darüber entscheiden können, zu welchem *Zeitpunkt* sie die Regionalfensterprogramme ausstrahlen, sondern dass diese Entscheidung den Landesmedienanstalten übertragen wurde.

Die von den Landesmedienanstalten insoweit festgelegte Sendezeit stößt bei den Hauptprogrammveranstaltern insofern auf Ablehnung, als sie dazu führt, dass die Regionalfensterprogramme ihren „Unterbrechungseffekt" gerade im ansonsten publikumswirksamen *Vorabendprogramm* entfalten. Gerade in diesem Zeitraum findet in den Konkurrenzprogrammen – insbesondere auch in den Programmen von ARD und ZDF – eine für die Zuschauer und damit auch die Werbewirtschaft attraktive „Gegenprogrammierung" statt.[575] Der Ausstrahlungszeitpunkt wirkt sich daher für die Hauptprogrammveranstalter extrem nachteilig auf ihre Möglichkeit zur Erzielung von *Werbeeinnahmen* aus: schon für den Zeitraum der Ausstrahlung des Fensterprogramms ist ihnen diese verwehrt. Die negativen Auswirkungen der Programmunterbrechung auf die Zuschauerzahlen können schließlich dazu führen, dass das Hauptprogramm – zumindest unmittelbar vor und nach der Ausstrahlung des Regionalfensters – auch für potentielle Werbekunden unattraktiv wird.

Umgekehrt soll aber durch diese Sendezeit gerade eine Stärkung der Wahrnehmbarkeit der Regionalfensterprogramme erreicht werden.

III. Vielfaltsichernde Funktion der Regionalfensterprogramme im System der Medienkonzentrationsvorschriften der §§ 25 ff. RStV

Um die Neuregelung des § 25 Abs. 4 RStV bewerten zu können – und insbesondere, um ihre Zulässigkeit unter verfassungsrechtlichen Gesichtspunkten zu beurteilen[576] – ist es erforderlich, das Gesamtsystem der medienkonzentrationsrechtlichen Vorschriften des Rundfunkstaatsvertrages und die Funktion der Regionalfensterprogramme innerhalb dieses Systems im Blick zu behalten. Denn die in § 25 Abs. 4 RStV enthaltene Regelung steht – dies wurde bereits mehrfach angesprochen[577] – nicht als „Solitär" für sich, sondern ist mit den Vorschriften der §§ 25 ff. – insbesondere den §§ 26 und 31 RStV – eng verflochten.

---

575 Vgl. dazu auch *Lilienthal*, epd medien Nr. 93 vom 25.11.2006, S. 11.
576 Vgl. dazu sogleich unter D.
577 Vgl. oben unter A.II.1.b), B.III. und B.V.

Grundlage der Medienkonzentrationskontrolle sind die entsprechenden Vorgaben durch die Rechtsprechung des Bundesverfassungsgerichts. Die für die vorliegende Untersuchung maßgeblichen Aussagen dieser Rechtsprechung – die in der Einleitung bereits angesprochen wurden – sollen daher vorab ebenfalls dargestellt werden.

1. Verfassungsrechtliche Vorgaben für die Entwicklung der Vielfaltsicherung in den Vorschriften des Rundfunkstaatvertrages

Die Rechtsprechung des Bundesverfassungsgerichts hat für das deutsche Rundfunkrecht überragende Bedeutung, denn die Rundfunkfreiheit – und vor allem der Aspekt der Vielfaltsicherung – wurden und werden maßgeblich durch sie geprägt. Dies resultiert daraus, dass die Anforderungen an die Rundfunkordnung, die das Bundesverfassungsgericht aus Art. 5 Abs. 1 Satz 2 GG entwickelt hat[578], für die gesamte Staatsgewalt – und damit auch den Gesetzgeber – verbindlich sind. Denn „die Entscheidungen des Bundesverfassungsgerichts binden die Verfassungsorgane des Bundes und der Länder sowie alle Gerichte und Behörden", § 31 Abs. 1 BVerfGG.

Die Interpretation der Rundfunkfreiheit durch das Bundesverfassungsgericht bestimmt daher, welcher Spielraum dem Gesetzgeber zur Ausgestaltung einer Rundfunkordnung – und insofern auch zu der Absicherung der Vielfalt des Rundfunkangebots – überhaupt zukommt.[579]

Teilweise wird die Rolle des Bundesverfassungsgerichts dabei unter dem Blickwinkel der Gewaltenteilung, Art. 20 Abs. 2 Satz 2 GG, auch kritisch gesehen und das Bundesverfassungsgericht als „Zwitter" aus Judikative und Legislative kritisiert. Dies ist jedoch unzutreffend, denn die Funktion des Bundesverfassungsgerichts als „Hüter des Grundgesetzes" erfordert es, dass seinen Entscheidungen eine erhöhte Verbindlichkeit im Vergleich zu den Entscheidungen der Fachgerichte zukommt. Anders ist eine effektive Verfassungsrechtsprechung nicht zu gewährleisten.[580]

---

578 *Dörr,* ZWeR 2004, 159, 161 f., bezeichnet das Bundesverfassungsgericht insofern als „authentischen Interpreten des Grundgesetzes".

579 Vgl. *Dörr,* ZWeR 2004, 159, 162; *Hartstein/Ring/Kreile/Dörr/Stettner,* § 25 RStV Rn. 5; *Ladeur/Gostomzyk,* JuS 2002, 1145, 1146, bezeichnen die Rundfunkurteile des Bundesverfassungsgerichts daher auch als echtes „case law".

580 Vgl. zu der Bedeutung der Verfassungsgerichtsbarkeit im Allgemeinen auch *Hartstein/Ring/Kreile/Dörr/Stettner,* § 25 RStV Rn. 5, sowie *Dörr,* ZWeR 2004, 159, 162.

Die Rechtsprechung des Bundesverfassungsgerichts zu Art. 5 Abs. 1 Satz 2 GG[581] bildet daher die Grundlage des deutschen Rundfunkrechts und somit auch die Grundlage für die Sicherung der Meinungsvielfalt. Das Bundesverfassungsgericht geht dabei in ständiger Rechtsprechung davon aus, dass es Aufgabe der Rundfunkfreiheit ist, die freie individuelle und öffentliche Meinungsbildung zu gewährleisten.[582] Das Bundesverfassungsgericht charakterisiert die Rundfunkfreiheit insofern als „dienende Freiheit".[583]

Freie Meinungsbildung vollzieht sich in einem Kommunikationsprozess, in dem der Rundfunk „Medium" und „Faktor" ist, denn es ist seine Aufgabe, dem Bürger eine möglichst umfassende und ausgewogene Information zu sichern.[584] Insofern ist die Rundfunkfreiheit Grundvoraussetzung für eine funktionsfähige Demokratie.[585]

Denn unter den Kommunikationsmedien „kommt dem Rundfunk wegen seiner Breitenwirkung, Aktualität und Suggestivkraft besondere Bedeutung zu."[586] Der Rundfunk darf daher weder einzelnen – oder gar *einer* einzelnen – gesellschaftlichen Gruppen, noch dem Staat ausgeliefert werden. Der „dienende" Charakter der Rundfunkfreiheit hat insofern zur Konsequenz, dass sich ihr Schutz – anders als derjenige anderer Freiheitsgrundrechte – nicht in einer Funktion als subjektives Abwehrrecht erschöpft. Vielmehr bedarf es einer „positiven Ordnung"[587], welche „sicherstellt, dass die Vielfalt der bestehenden Meinungen im Rundfunk in möglichster Breite und Vollständigkeit Ausdruck findet".[588]

---

581 Maßgeblich sind neben den acht sog. Rundfunkurteilen – BVerfGE 12, 205; 31, 315; 57, 295; 73, 118; 74, 297; 83, 238; 87, 181; 90, 60 – v.a. auch die Entscheidungen zum Deutschen Sportfernsehen DSF, BVerfGE 95, 163, und zur Kurzberichterstattung im Fernsehen, BVerfGE 97, 228, sowie die „extra radio" Entscheidung, BVerfGE 97, 298, und das Gebührenurteil des BVerfG vom 11.9.2007, abgedruckt bei epd medien Nr. 74 vom 19.9.2007, S. 3 ff..

582 Vgl. BVerfGE 90, 60 (87); 87, 181 (197 f.); 83, 238 (295); 74, 297 (323 f.); 73, 118 (152); 57, 295 (319 f.); vgl. auch *Bullinger,* Staatsrecht, § 142 Rn. 119; *Badura,* Staatsrecht, C 66 S. 154, C 68 S. 161; *Hesse,* Verfassungsrecht, § 12 I Rn. 387.

583 BVerfGE 87, 181 (197); 83, 238 (295); 74, 297 (323); 57, 295 (320); vgl. auch BVerfGE 90, 60 (87); 73, 118 (152), sowie das Urteil des BVerfG vom 11.9.2007, abgedruckt bei epd medien Nr. 74 vom 19.9.2007, S. 3 ff., S. 17.

584 Vgl. BVerfGE 83, 238 (295); 74, 297 (323); 73, 118 (152); 57, 295 (320); 12, 205 (260).

585 Vgl. insbesondere BVerfGE 90, 60 (87).

586 BVerfGE 90, 60 (87); so auch jüngst das Urteil des BVerfG vom 11.9.2007, abgedruckt bei epd medien Nr. 74 vom 19.9.2007, S. 3 ff., S. 18.

587 BVerfGE 90, 60 (88); 83, 238 (296); 74, 297 (324); 73, 118 (152); 57, 295 (320).

588 BVerfGE 83, 238 (315); 73, 118 (152 f.); 57, 295 (320); 12, 205 (262 f.); vgl. auch BVerfG NVwZ-RR 1993, 550 (551); *Badura,* Staatsrecht, C 69 S. 162; *Hesse,* Verfassungsrecht, § 12 I Rn. 396 .

Die Gestaltung dieser Rundfunkordnung ist dabei grundsätzlich Sache des Gesetzgebers, der aber dafür Sorge zu tragen hat, dass „das Gesamtangebot der inländischen Programme der bestehenden Meinungsvielfalt im wesentlichen entspricht“.[589] Auch die Wahl eines außenpluralistischen Modells macht daher gesetzliche Regelungen zur Sicherung der Rundfunkfreiheit nicht entbehrlich.[590]

Der Gesetzgeber hat sich – in Wahrnehmung seines Gestaltungsspielraums – in der Bundesrepublik Deutschland für ein Duales Rundfunksystem entschieden, in dem die „Grundversorgung“[591] den Anstalten des öffentlich-rechtlichen Rundfunks obliegt.[592] *Solange und soweit* der öffentlich-rechtliche Rundfunk dieser Aufgabe gerecht wird, ist es daher hinnehmbar, an die Breite des Programmangebots und die Sicherung gleichgewichtiger Vielfalt in den Programmen privater Anbieter nicht gleich hohe Anforderungen zu stellen, wie an die öffentlich-rechtlichen Rundfunkanstalten.[593] Dadurch wird dem Umstand Rechnung getragen, dass die reine Werbefinanzierung es dem privaten Rundfunk erschwert, die Anforderungen des Art. 5 Abs. 1 Satz 2 GG im selben Umfang zu erfüllen, wie es dem gebührenfinanzierten öffentlich-rechtlichen Rundfunk möglich ist.[594]

Allerdings ist der Gesetzgeber dennoch dazu verpflichtet, konkrete Vorkehrungen zu treffen, die dazu bestimmt und geeignet sind „ein möglichst hohes Maß gleichgewichtiger Vielfalt im privaten Rundfunk zu erreichen und zu sichern“.[595] Denn auch „die Ungleichgewichtigkeiten im privaten Rundfunk“ dürfen „keinen erheblichen Umfang annehmen“.[596] Dies würde der Rolle des Rundfunks als „Medium und Faktor“ der Willensbildung in der demokratischen Grundordnung widersprechen.[597] Angesichts der von den Anstalten des öffentlich-rechtlichen Rundfunks verlangten Ausgewogenheiten würde jede Verengung oder Einseitig-

589 BVerfGE 73, 118 (153); vgl. auch BVerfGE 57, 295 (323); 74, 297 (324); 83, 238 (296).

590 Vgl. BVerfGE 73, 118 (153); 57, 295 (325); so auch ausdrücklich das Urteil des BVerfG vom 11.9.2007, abgedruckt bei epd medien Nr. 74 vom 19.9.2007, S. 3 ff., S. 18 f..

591 BVerfGE 87, 181 (199); 83, 238 (238, 297 f.); 74, 297 (324); 73, 118 (118, 157); zum Begriff der „Grundversorgung“ vgl. auch *Starck*, NJW 1992, 3257 ff., sowie die Ausführungen in der Einleitung dieser Untersuchung.

592 Vgl. dazu BVerfGE 73, 118 (157).

593 Vgl. BVerfGE 90, 60 (90); 87, 181 (199); 83, 238 (239, 297); 74, 297 (325); 73, 118 (118, 158 f.).

594 Vgl. BVerfGE 87, 181 (199); 83, 238 (297).

595 BVerfGE 74, 297 (325); 73, 118 (159); 57, 295 (320).

596 BVerfGE 87, 181 (199).

597 Vgl. BVerfGE 95, 163 (172 f.).

keit im Privaten Rundfunk zu einer Unausgewogenheit des Gesamtangebots führen und so das Ziel von Art. 5 Abs. 1 GG verfehlen.[598]

Das Bundesverfassungsgericht betont daher, dass es „Aufgabe des Gesetzgebers ist“, „die strikte Durchsetzung“ eines Grundstandards sicherzustellen, der „die wesentlichen Voraussetzungen von Meinungsvielfalt“ umfasst, „namentlich die Verhinderung des Entstehens vorherrschender Meinungsmacht“.[599] Dabei muss Tendenzen zur Konzentration rechtzeitig und so wirksam wie möglich entgegengetreten werden, da diesbezügliche Fehlentwicklungen nur außerordentlich schwer oder gar nicht rückgängig gemacht werden können.[600] Dem Bundesverfassungsgericht kommt es bei der Bekämpfung medialer Konzentration damit vor allem auch auf präventive Maßnahmen an, da ein bloß repressives Vorgehen nicht ausreichend wäre.

Die Informationsfreiheit des Bürgers und letztlich auch die Funktionsfähigkeit der Demokratie kann nur gesichert werden, wenn auch der private Rundfunk einen „Grundstandard gleichgewichtiger Vielfalt“[601] verwirklicht. Nicht nur der öffentlich-rechtliche, sondern vor allem auch der private Rundfunk muss insgesamt ein sowohl ausgewogenes, als auch vielfältiges Programm anbieten und so dem Entstehen vorherrschender Meinungsmacht vorbeugen.[602] Diese Vorgabe für die Veranstaltung privaten Rundfunks ist besonders bedeutsam, da die privaten Rundfunkanbieter zur Finanzierung ihrer Tätigkeit auf die Einnahmen aus Wirtschaftswerbung und daher hinreichend hohe Einschaltquoten angewiesen sind. Daraus ergibt sich die wirtschaftliche Notwendigkeit, möglichst massenattraktive Programme anzubieten, sich an einer Maximierung der Rezipienten-Zahl orientiert sind. Die privaten Rundfunkunternehmen müssen als Wirtschaftsunternehmen vorrangig wirtschaftliche Interessen verfolgen. Daher besteht gerade im Bereich des Privatrundfunks die Gefahr, dass das Interesse der Bevölkerung an einer objektiven und das bestehende Meinungsspektrum umfassend widerspiegelnden Berichterstattung gegenüber den vorrangig kommerziell orientierten Unternehmensinteressen der jeweiligen Anbieter zurücktreten muss.[603] Das Bundesver-

598 Vgl. BVerfGE 83, 238 (297); 57, 295 (324).

599 BVerfGE 73, 118 (160).

600 Vgl. das Urteil des BVerfG vom 11.9.2007, abgedruckt bei epd medien Nr. 74 vom 19.9.2007, S. 3 ff., S. 18 f.; BVerfGE 97, 228 (258 f.); 95, 163 (172 f.); 73, 118 (160, 173); 57, 295 (323); vgl. dazu auch *Hesse,* Rundfunkrecht, 5. Kapitel Rn. 68.

601 BVerfGE 73, 118 (160).

602 Vgl. BVerfGE 90, 60 (90 f.); 87, 181 (199); 83, 238 (297); 74, 297 (324 f.); 73, 118 (160); vgl. dazu – insbesondere zu der Differenzierung von Vielfalt und Ausgewogenheit – auch *Dörr,* Media Perspektiven 1996, 621, 623..

603 Vgl. BVerfGE 90, 60 (88); 87, 181 (199); 73, 118 (158); BVerfG NVwZ-RR 1993, 550, 551; ebenso *Badura,* Staatsrecht, C 66 S. 155; *Bullinger,* Staatsrecht, § 142 Rn. 111 ff.; *Hoffmann-Riem,* Verfassungsrecht, S. 243 f. Rn. 84; *Beucher/Leyen-*

fassungsgericht hat diese Rechtsprechung zuletzt in seinen Entscheidungen zu der Zulassung des Deutschen Sportfernsehens (DSF)[604] und zur Kurzberichterstattung im Fernsehen[605] sowie in seinem Gebührenurteil vom 11. September 2007[606] wieder aufgegriffen und konkretisiert. Es hat dabei insbesondere darauf hingewiesen, dass es zur Verhinderung vorherrschender Meinungsmacht nicht nur wirksamer Vorkehrungen gegen eine Konzentration auf Veranstalterebene bedarf, sondern auch ausreichender Maßnahmen gegen Informationsmonopole.[607]

Auch in seinem jüngsten Gebührenurteil ist das Bundesverfassungsgericht eindringlich auf die „Gefährdungen der Erreichung des der Rundfunkordnung insgesamt verfassungsrechtlich vorgegebenen Vielfaltsziels" durch die Entwicklung der Medienmärkte und durch den erheblichen Konzentrationsdruck im Bereich privatwirtschaftlichen Rundfunks eingegangen: „Rundfunk kann für die Verfolgung nicht nur publizistischer, sondern auch wirtschaftlicher Ziele eingesetzt werden. Der publizistische und ökonomische Wettbewerb führt jedoch nicht automatisch dazu, dass für die Untenehmen publizistische Ziele im Vordergrund stehen oder dass in den Rundfunkprogrammen die Vielfalt der in einer Gesellschaft verfügbaren Informationen, Erfahrungen, Werthaltungen und Verhaltensmuster abgebildet wird. Rundfunkprogramme haben (...) im Vergleich zu anderen Gütern besondere ökonomische Eigenschaften (...). Diese sind mit dafür ursächlich, dass bei einer Steuerung des Verhaltens der Rundfunkveranstalter allein über den Markt das für die Funktionsweise der Demokratie besonders wichtige Ziel der inhaltlichen Vielfalt gefährdet ist. Insbesondere die Werbefinanzierung stärkt den Trend zu Massenattraktivität und zur Standardisierung des Angebots (...) Auch bestehen Risiken einseitiger publizistischer Betätigung und damit Einflussnahme. Der wirtschaftliche Wettbewerbsdruck und das publizistische Bemühen um die immer schwerer zu gewinnende Aufmerksamkeit der Zuschauer führen beispielsweise häufig zu wirklichkeitsverzerrenden Darstellungsweisen, etwa zu der Bevorzugung des Sensationellen und zu dem Bemühen, dem Berichtsgegenstand nur das Besondere, etwa Skandalöse zu entnehmen (...). Auch dies bewirkt Vielfaltsdefizite."[608]

---

decker/von Rosenberg, § 25 RStV Rn. 2; *Kreile*, UFITA 2005/I, 109, 161 f.; *Ebsen*, DVBl. 1997, 1039, 1049.

604 BVerfGE 95, 163 (172 f.).

605 BVerfGE 97, 228 (258, 266 f.).

606 Urteil des BVerfG vom 11.9.2007, abgedruckt bei epd medien Nr. 74 vom 19.9.2007, S. 3 ff.

607 Vgl. BVerfGE 97, 228 (258).

608 Vgl. das Urteil des BVerfG vom 11.9.2007, abgedruckt bei epd medien Nr. 74 vom 19.9.2007, S. 3 ff., S. 18.

Das Gebot der Vielfaltsicherung hat nach der Überzeugung des Bundesverfassungsgerichts auch nicht durch neuere Entwicklungen an Gewicht verloren, vielmehr „machen die im Vergleich zu den Printmedien fortgeschrittene und weiter fortschreitende horizontale Verflechtung auf dem Fernsehmarkt (...), die vertikale Verflechtung von Rundfunkveranstaltern mit Produktionsfirmen (...) sowie die Privatisierung der Übertragungswege eine Berücksichtigung nach wie vor dringlich."[609] Wegen „der mit der Konzentration im Rundfunk verbundenen Risiken einer einseitigen Einflussnahme auf die öffentliche Meinungsbildung" sieht das Bundesverfassungsgericht „Vorkehrungen zum Schutz der publizistischen Vielfalt" daher nach wie vor „als geboten" an.[610]

Der Gesetzgeber hat versucht, die Vorgaben des Bundesverfassungsgerichts zur Sicherung der Meinungsvielfalt im Bereich des privaten Rundfunks im Rundfunkstaatsvertrag in den Regelungen zur Pluralismussicherung und Konzentrationskontrolle, §§ 25 ff. RStV, umzusetzen.[611]

Er besitzt bei der Ausgestaltung der Rundfunkfreiheit auch grundsätzlich einen breiten Gestaltungsspielraum.[612] Da privater Rundfunk grundsätzlich zulässig ist, darf die Veranstaltung privater Rundfunkprogramme allerdings nicht in hohem Maße erschwert oder sogar ausgeschlossen werden.[613] Diese Anforderung wurde auch in der Präambel des Rundfunkstaatsvertrages verankert. Das Bundesverfassungsgericht hat zudem klargestellt, dass die Befugnis des Gesetzgebers zur *Ausgestaltung* der Rundfunkfreiheit *nicht* zu *Beschränkungen* des Grundrechts berechtigt. Solche müssen sich vielmehr am Maßstab des Art. 5 Abs. 2 GG messen lassen.[614]

2. Die Regelung in § 25 Abs. 1 bis Abs. 3 RStV

§ 25 RStV ist die erste der Vorschriften im Dritten Abschnitt, Zweiter Unterabschnitt: „Sicherung der Meinungsvielfalt".

Die Vorschrift trägt die Überschrift „Meinungsvielfalt, regionales Fenster". Diese Überschrift könnte nun aufgrund der inhaltlichen Gestaltung der einzelnen Absätze dahingehend aufgefasst werden, dass *nur* § 25 *Abs. 1 bis Abs. 3* RStV *vielfaltsichernde* Vorschriften enthält, wohingegen § 25 *Abs. 4* RStV *regionale*

---

609 BVerfGE 95, 163 (173); so auch das Urteil des BVerfG vom 11.9.2007, abgedruckt bei epd medien Nr. 74 vom 19.9.2007, S. 3 ff., S. 18..

610 So das Urteil des BVerfG vom 11.9.2007, abgedruckt bei epd medien Nr. 74 vom 19.9.2007, S. 3 ff., S. 18.

611 Vgl. auch *Hartstein/Ring/Kreile/Dörr/Stettner*, § 25 RStV Rn. 1.

612 Vgl. BVerfGE 97, 228 (266 f.); 90, 60 (94).

613 Vgl. BVerfGE 97, 228 (267); 83, 238 (297); 73, 118 (157).

614 Vgl. BVerfGE 57, 295 (321).

Fensterprogramme zum Gegenstand hat. Regionalfensterprogramme wären danach *kein* Bestandteil der Vielfaltsicherung. Diese Interpretation wäre aber zu formalistisch, denn auch § 25 Abs. 4 RStV ist aufgrund seiner systematischen Stellung nach dem Willen des Gesetzgebers Teil der medienkonzentrationsrechtlichen Vorschriften des Zweiten Unterabschnitts. § 25 RStV ist also als *einheitliche* Vorschrift zu verstehen, die eine „Verpflichtung zur angemessenen Berücksichtigung der Vielfalt von Meinungen enthält".[615]

§ 25 RStV verankert die vom Bundesverfassungsgericht geprägten Grundsätze zur Sicherung der Meinungsvielfalt im Rundfunkstaatsvertrag.[616] § 25 Abs. 1 Satz 1 RStV kommt insofern die Funktion eines „Obersatzes"[617] zu: „Im privaten Rundfunk ist inhaltlich die Vielfalt der Meinungen im Wesentlichen zum Ausdruck zu bringen". Konkretisiert wird diese Aussage in § 25 Abs. 1 Satz 2 RStV: Danach müssen die bedeutsamen politischen, weltanschaulichen und gesellschaftlichen Kräfte und Gruppen zumindest in den Vollprogrammen angemessen zu Wort kommen; darüber hinaus sind jedoch auch die Auffassungen von Minderheiten zu berücksichtigen. Dass die Veranstaltung von inhaltlich auf bestimmte Themen fokussierten Spartenprogrammen dennoch möglich sein soll, stellt § 25 Abs. 1 Satz 3 klar.

Nach § 25 Abs. 2 RStV darf auch ein *einzelnes* Rundfunkprogramm die öffentliche Meinungsbildung nicht in hohem Maße ungleichgewichtig beeinflussen. Die Vorschrift ergänzt § 25 Abs. 1 RStV und stellt eine weitere Absicherung der Gewährleistung von Meinungsvielfalt dar, indem sie klarstellt, dass Programminhalte auch unabhängig von den konzentrationsrechtlichen Regelungen in § 26 RStV zu bewerten sind. Die Bestimmung schützt damit zugleich konkurrierende Veranstalter: diese dürfen nicht aus Gründen der Vielfaltsicherung im *Gesamtangebot* des privaten Rundfunks zum Ausgleich völlig *einseitiger* Programme gezwungen werden.[618]

---

615 *Bornemann*, MMR 2006, 275, 277; zur besonderen Bedeutung des § 25 RStV vgl. auch *Hahn/Vesting – Rossen-Stadtfeld*, § 25 RStV Rn. 1 f.

616 Vgl. *Hahn/Vesting – Rossen-Stadtfeld*, § 25 RStV Rn. 2, 7; *Beucher/Leyendecker/von Rosenberg*, § 25 RStV Rn. 2; vgl. auch *Ebsen*, S. 39 ff. und 68 ff. Dem Wortlaut nach beziehen sich die Regelungen auf den Rundfunk insgesamt, also auf Fernsehen *und* Hörfunk. § 39 Satz 1 RStV stellt jedoch klar, dass die Grundsätze des § 25 Abs. 1 bis Abs. 3 RStV nur auf die Programme des bundesweit verbreiteten privaten Fernsehens anwendbar sind.

617 *Bornemann/Lörz*, Art. 25 BayMG Rn. 118.

618 So *Hartstein/Ring/Kreile/Dörr/Stettner*, § 25 RStV Rn. 13; *Beucher/Leyendecker/von Rosenberg*, § 25 RStV Rn. 12.

Da werbefinanzierter privater Rundfunk notwendigerweise immer auch kommerzieller und damit an Einschaltquoten orientierter Rundfunk ist[619], sollen die Landesmedienanstalten bereits im Rahmen des Zulassungsverfahrens darauf hinwirken, dass an einem Veranstalter auch Interessenten mit kulturellen Beiträgen beteiligt werden, § 25 Abs. 3 RStV; dabei wird jedoch klargestellt, dass ein Anspruch auf Beteiligung nicht besteht. Die Vorschrift dient damit ebenfalls der Sicherung der *inhaltlichen* Vielfalt.[620]

3. § 25 Abs. 4 RStV als besondere Maßnahme zur Sicherung der Meinungsvielfalt im System der §§ 25 ff. RStV?

Die Regionalfensterprogramme des § 25 Abs. 4 RStV sind also schon kraft ihrer systematischen Stellung in § 25 RStV Teil des Systems der Vielfaltsicherung.

Die zentrale Vorschrift in diesem System stellt jedoch seit dem Dritten Rundfunkänderungsstaatsvertrag § 26 RStV dar.[621] Mit dieser Vorschrift hat sich der Gesetzgeber dafür entschieden, in Deutschland eine grundsätzlich unbegrenzte Veranstaltung von Rundfunkprogrammen durch ein privates Fernsehunternehmen bis hin zur Grenze vorherrschender Meinungsmacht zuzulassen.

a) Das Vorliegen vorherrschender Meinungsmacht nach § 26 RStV i. V.m. § 27 RStV

Dies ist insofern bemerkenswert, als Meinungsvielfalt grundsätzlich durch zwei unterschiedliche Rundfunkmodelle verwirklicht werden kann:[622] das binnenplurale und das außenplurale Modell. Die *binnenplurale* Struktur erfordert es, dass jeder einzelne Veranstalter selbst durch seine Organisation und durch entsprechende *interne* Vorkehrungen gewährleistet, dass die Vielfalt der Meinungen in seinem Programm zum Ausdruck kommt. In Deutschland ist die Organisation des

---

619 So auch *Hahn/Vesting – Rossen-Stadtfeld,* § 25 RStV Rn. 3, 8; *Beucher/Leyendecker/von Rosenberg,* § 25 RStV Rn. 2; dazu auch *Ebsen,* DVBl. 1997, 1039, 1049; *Lange,* S. 42 ff.

620 Vgl. *Hartstein/Ring/Kreile/Dörr/Stettner,* § 25 RStV Rn. 14; *Hahn/Vesting – Rossen-Stadtfeld,* § 25 RStV Rn. 8, 32.

621 Vgl. auch die amtliche Begründung zu § 25 RStV und zu § 26 RStV, abgedruckt bei *Hartstein/Ring/Kreile/Dörr/Stettner,* § 25 RStV und § 26 RStV. Die KEK bezeichnet § 26 RStV auch als „Mittelpunkt der medienkonzentrationsrechtlichen Vorschriften des Rundfunkstaatsvertrages“, vgl. *http://www.kek.online.de/cgi-bin/esc/zuschauer.html*; vgl. i.Ü. *Hahn/Vesting – Rossen-Stadtfeld,* § 25 RStV Rn. 4.

622 Vgl. dazu eingehend *Mailänder,* S.35 f.

öffentlich-rechtlichen Rundfunks rein binnenplural ausgestaltet.[623] Ein *außenplurales* Modell sieht hingegen vor, dass Meinungsvielfalt durch eine hinreichende Anzahl unterschiedlicher Veranstalter gewährleistet wird, die mit ihren Programmen *insgesamt* zur Ausgewogenheit sämtlicher Meinungen beitragen. Die Vielfalt wird bei einem rein außenpluralen Modell also ausschließlich durch die Vielzahl konkurrierender Veranstalter verwirklicht.[624]

aa) Das außenplurale Modell der §§ 25 ff. RStV

Seit dem Dritten Rundfunkänderungsstaatsvertrag ist in § 25 Abs. 1 Satz 1 RStV i.V.m. § 26 RStV daher ein grundsätzlich außenplurales Modell verankert. Diesem Modell liegt die Vorstellung zu Grunde, dass in Deutschland durch die öffentlich-rechtlichen und bundesweiten privaten Fernsehprogramme *insgesamt* Außenpluraliät besteht und die Meinungsvielfalt dadurch gewährleistet ist.[625]

Jedes private Rundfunkunternehmen darf daher nach § 26 Abs. 1 RStV in der Bundesrepublik Deutschland – selbst oder durch ihm nach § 28 RStV zurechenbare Unternehmen – bundesweit[626] eine unbegrenzte Anzahl von Fernsehprogrammen veranstalten, *solange es dadurch keine vorherrschende Meinungsmacht erlangt.* Wann dies der Fall ist, ergibt sich zunächst – aber nicht ausschließlich – aus § 26 Abs. 2 RStV, der das Bestehen vorherrschender Meinungsmacht jeweils von dem Erreichen eines bestimmten Zuschaueranteils als Schwellenwert abhängig macht – sog. Zuschaueranteilsmodell.[627]

bb) Die Vermutungstatbestände nach § 26 Abs. 2 Satz 1 und Satz 2 RStV

Vorherrschende Meinungsmacht wird nach § 26 Abs. 2 Satz 1 RStV vermutet, wenn die einem Unternehmen nach § 28 RStV zurechenbaren Programme im Jahresdurchschnitt einen Zuschaueranteil von 30 % erreichen. Die Ausgestaltung als Vermutungsregelung bedeutet, dass ein betroffenes Unternehmen auch einen Entlastungsbeweis antreten kann, an den jedoch im Hinblick auf das Schutzgut

623 Vgl. *Hartstein/Ring/Kreile/Dörr/Stettner*, § 25 RStV Rn. 7; *Beucher/Leyendecker/von Rosenberg*, § 25 RStV Rn. 5; vgl. auch *Bornemann/Lörz*, Art. 25 BayMG Rn. 117.

624 Vgl. *Hartstein/Ring/Kreile/Dörr/Stettner*, § 25 RStV Rn. 7; *Beucher/Leyendecker/von Rosenberg*, § 25 RStV Rn. 5.

625 Vgl. dazu *Hartstein/Ring/Kreile/Dörr/Stettner*, § 25 RStV Rn. 10; *Hahn/Vesting – Rossen-Stadtfeld*, § 25 RStV Rn. 7; *Dörr*, ZWeR 2004, 159, 166.

626 Nach § 39 Satz 1 RStV findet § 26 RStV nur für bundesweit verbreitetes Fernsehen Anwendung.

627 Vgl. dazu *Hain*, AfP 2000, 329, 330; *Kuch*, ZUM 1997, 12, 13 ff., *Neft*, ZUM 1998, 458, 459 ff.; vgl. auch *Mailänder*, S. 294 ff.

der Norm – die Verhinderung eines Meinungsmonopols in der Bundesrepublik Deutschland – strenge Anforderungen zu stellen sind.[628]

Erreicht ein Unternehmen mit den ihm zurechenbaren Programmen im Jahresdurchschnitt einen Zuschaueranteil von 25 %, so wird das Bestehen vorherrschender Meinungsmacht nach § 26 Abs. 2 Satz 2 RStV ebenfalls vermutet – „gleiches gilt" – , „sofern das Unternehmen auf einem medienrelevanten verwandten Markt eine marktbeherrschende Stellung hat oder eine Gesamtbeurteilung seiner Aktivitäten im Fernsehen *und* auf medienrelevanten verwandten Märkten ergibt, dass der dadurch erzielte Meinungseinfluss dem eines Unternehmens mit einem Zuschaueranteil von 30 vom Hundert im Fernsehen entspricht."

Was unter „medienrelevanten Märkten" im Einzelnen zu verstehen ist, ergibt sich aus den Vorschriften des Rundfunkstaatsvertrages nicht. Die amtliche Begründung nennt insofern exemplarisch Werbung, Hörfunk, Presse, Rechte und Produktion.

Diese Regelung ist insbesondere seit der „Springer-Entscheidung"[629] der KEK höchst umstritten. Vor allem die Frage, wie die Beurteilung der verwandten Märkte konkret zu erfolgen hat, ist Gegenstand von Meinungsverschiedenheiten zwischen der KEK und den Landesmedienanstalten.[630] Dieser Meinungsstreit kann in der vorliegenden Untersuchung jedoch dahinstehen.

cc) § 26 Abs. 1 RStV als Generalklausel?

Insbesondere zwischen KEK und Landesmedienanstalten ist zudem strittig, ob § 26 Abs. 2 Satz 1 und Satz 2 RStV eine *abschließende* Regelung für die Feststellung vorherrschender Meinungsmacht enthalten, ob also unterhalb der in § 26 Abs. 2 Satz 2 RStV normierten Schwelle eines Zuschaueranteils von 25 % der KEK jegliche Prüfungskompetenz versagt ist.[631]

Die Landesmedienanstalten vertreten den Standpunkt, dass § 26 Abs. 2 RStV abschließende Maßstäbe für die Feststellung vorherrschender Meinungsmacht

---

628 Vgl. dazu *Hartstein/Ring/Kreile/Dörr/Stettner,* § 26 RStV Rn. 9; ebenso *Beucher/Leyendecker/von Rosenberg,* § 26 RStV Rn. 7.

629 Entscheidungen der KEK vom 10.1.2006, Az. KEK 293-1 bis 293-5, im Internet abrufbar unter *http://www.kek-online.de/kek/verfahren/kek293prosieben-sat1.pdf.*

630 Vgl. dazu die Pressemitteilung 39/2006 vom 9.2.2006, im Internet abrufbar unter *http://www.blm.de,* des Medienrats der Bayerischen Landeszentrale für Neue Medien (BLM). Vgl. dazu auch *Scheuer,* MMR 2006, Heft 2, S. XX; *Bornemann,* MMR 2006, 275, 276 ff. m.w.N.

631 Vgl. zu diesem Meinungsstreit jüngst *hen,* epd medien Nr. 4 vom 17.1.2007, S. 12 f.; vgl. z.B. auch *Bornemann,* MMR 2006, 275, 278; *Holznagel/Krone,* MMR 2005, 666, 667 ff. m.w.N.; *Hepach,* ZUM 2003, 112, 113 ff.

enthält.[632] Für diese Auffassung spricht vorrangig der Wortlaut von § 26 Abs. 1 RStV a.E., wo es heißt: „es sei denn, es erlangt dadurch vorherrschende Meinungsmacht *nach Maßgabe der nachfolgenden Bestimmungen.*“ Die Schwellenwerte in § 26 Abs. 2 RStV betrachten die Landesmedienanstalten dementsprechend als „Aufgreifschwellen“, unterhalb derer eine medienkonzentrationsrechtliche Prüfung durch die KEK nicht zulässig sei.[633]

Die KEK jedoch sieht die Vorschrift des § 26 Abs. 2 RStV nur als „Leitbild“.[634] Der Formulierung von § 26 Abs. 1 RStV a.E. misst sie insofern keine entscheidende Bedeutung bei, als § 26 Abs. 2 RStV nur Vermutungen enthält, die den Charakter von Beweislastregeln aufweisen.[635] Sie steht auf dem Standpunkt, dass sich auch aus anderen Indizien als den in § 26 Abs. 2 RStV aufgeführten Zuschaueranteilen das Vorliegen vorherrschender Meinungsmacht ergeben kann, und dass § 26 Abs. 1 RStV insofern eine „Generalklausel“ für derartige Fälle darstellt. Die KEK geht daher in ständiger Spruchpraxis davon aus, dass es sich bei § 26 Abs. 1 RStV um einen Grundtatbestand im Sinne eines materiellen Eingriffstatbestandes handelt[636] und berücksichtigt bei dessen Prüfung insbesondere auch die sog. medienrelevanten verwandten Märkte.[637]

Die Meinung der KEK erscheint insofern vorzugswürdig, als das Bundesverfassungsgericht in seiner Rechtsprechung die Bedeutung der *präventiven* Verhinderung vorherrschender Meinungsmacht betont. Zudem verweist auch die amtli-

---

632 Vgl. dazu *Hartstein/Ring/Kreile/Dörr/Stettner,* § 26 RStV Rn. 8; *Dörr,* ZWeR 2004, 159, 174; vgl. auch *Bornemann,* MMR 2006, 275, 278 m.w.N; *Holnagel/Krone,* MMR 2005, 666, 667.

633 Dies hat die KDLM am 7.11.1998 auch in einem entsprechenden Beschluss festgehalten, vgl. dazu *Hartstein/Ring/Kreile/Dörr/Stettner,* § 26 RStV Rn. 8. So auch *Hepach,* ZUM 2003, 112, 116.

634 Vgl. den *Neunten Jahresbericht der KEK,* S. 46.

635 Vgl. den *Neunten Jahresbericht der KEK,* S. 46; vgl. in diesem Sinn auch die amtliche Begründung zu § 26 RstV, abgedruckt bei *Hartstein/Ring/Kreile/Dörr/Stettner,* § 26 RStV; so i.Ü. auch *Hahn/Vesting – Rossen-Stadtfeld,* § 25 RStV Rn. 25; *Renck-Laufke,* ZUM 2003, 109, 110 f.; *Neft,* ZUM 1998, 458, 460; *Dörr,* Media Perspektiven 1998, 54, 54.

636 Vgl. den *Neunten Jahresbericht der KEK,* S. 10, S. 46; vgl. auch die klarstellende Pressemitteilung 07/05 der KEK, abzurufen unter *http://www.kek-online.de/cgi-bin/resi/i-presse/305.html.* Vgl. i.Ü. *Hartstein/Ring/Kreile/Dörr/Stettner,* § 26 RStV Rn. 8; vgl. dazu auch *Renck-Laufke,* ZUM 2003, 109, 110.

637 Vgl. unter *http://www.kek-online.de/Inhalte/medienrelevante verwandte maerkte.htm*; vgl. auch die klarstellende Pressemitteilung 07/05 der KEK, abzurufen unter *http://www.kek-online.de/cgi-bin/resi/i-presse/305.html.*

che Begründung zu § 26 RStV auf ein Prüfungsrecht der KEK *unterhalb* der Zuschaueranteilsgrenzen des § 26 Abs. 2 RStV.[638]

dd) Ermittlung der maßgeblichen Zuschaueranteile nach § 27 RStV bzw. § 34 RStV

(1) Das Verfahren nach § 27 RStV

Die für die Vermutungstatbestände des § 26 Abs. 2 RStV – und damit für das Zuschaueranteilsmodell – maßgeblichen Zuschaueranteile der jeweiligen Programme ermitteln nach § 27 Abs. 1 Satz 1 RStV die Landesmedienanstalten „durch die KEK". Einbezogen werden dabei alle deutschsprachigen Programme des öffentlich-rechtlichen Rundfunks – einschließlich der regionalen Dritten Programme[639] – und des bundesweit empfangbaren[640] Privatrundfunks. Die Einbeziehung der Programme des öffentlich-rechtlichen Rundfunks in die Ermittlung der Zuschaueranteile hat dabei eine bedeutende Konsequenz: da der öffentlich-rechtliche Rundfunk insgesamt gesehen einen relativ konstanten Zuschaueranteil von um die 40 % erzielt,[641] steht die Regelung in § 26 Abs. 2 *Satz 1* RStV der „Aufteilung" des deutschen Privatfernsehmarktes auf zwei große Rundfunkunternehmen mit einem Zuschaueranteil von jeweils knapp unter 30 % im Ergebnis nicht entgegen.[642] In der Vergangenheit ist die Einbeziehung der öffentlich-rechtlichen Programme daher auch wiederholt kritisiert worden.[643] Sie trägt aber letztlich dem Umstand Rechnung, dass es eben nur *einen gemeinsamen* Zu-

---

638 Vgl. dazu die amtliche Begründung zu § 26 RStV, abgedruckt bei *Hartstein/Ring/Kreile/Dörr/Stettner,* § 26 RStV und ebenda Rn. 8; so auch *Neft,* ZUM 1998, 458, 460; *von Danwitz,* ZUM 2002, 769, 773; vgl. auch *Janik,* AfP 2002, 104, 111.

639 So die amtliche Begründung zu § 27 RStV, abgedruckt bei *Hartstein/Ring/Kreile/Dörr/Stettner,* § 27 RStV. Zum Begriff der Dritten Programme vgl. nachfolgend unter C.III.6.b).

640 Rein regional oder lokal empfangbare Programme werden also nicht in die Ermittlung einbezogen, vgl. auch *Hartstein/Ring/Kreile /Dörr/Stettner,* § 26 RStV Rn. 3.

641 Vgl. dazu die Darstellung unter *http://www.kek-online.de/kek/medien/zuschauer/gruppen.pdf.*

642 Vgl. dazu schon *Dörr,* NJW 1997, 1341, 1345; so auch *Schlette,* ZUM 1999, 802, 805; *Dörr,* Media Perspektiven 1998, 54, 55; vgl. auch *Hartstein/Ring/Kreile/Dörr/Stettner,* § 26 RStV Rn. 9; *Dörr,* ZWeR 2004, 159, 167 f., weist darauf hin, dass mit dieser Regelung letztlich die bereits eingetretene Konzentration auf Bertelsmann/CLT einerseits und die Kirch Gruppe andererseits „abgesegnet" wurde.

643 Vgl. insbesondere *Clausen-Muradian,* ZUM 1996, 934, 944 f.

schauermarkt für öffentlich-rechtliche und private Rundfunkveranstalter gibt, der dann aber auch der Konzentrationskontrolle zugrunde gelegt werden muss.[644]

Nach Maßgabe einer entsprechenden Entscheidung der KEK beauftragen die Landesmedienanstalten ein Unternehmen zur Ermittlung der Zuschaueranteile, § 27 Abs. 2 RStV. Die Ermittlung muss aufgrund repräsentativer Erhebungen bei Zuschauern ab Vollendung des dritten Lebensjahres nach anerkannten wissenschaftlichen Methoden durchgeführt werden.

Die Veranstalter sind nach § 27 Abs. 3 RStV zur Mitwirkung an der Ermittlung der Zuschaueranteile verpflichtet; andernfalls droht ihnen der Widerruf ihrer Zulassung.

Für Entscheidungen maßgeblich ist stets der bei *Einleitung* eines Verfahrens – also z.B. bei Beantragung einer Zulassung – im Durchschnitt der letzten zwölf Monate erreichte Zuschaueranteil eines bestimmten Programms, § 27 Abs. 1 Satz 2 RStV.[645]

(2) Die Übergangsbestimmung des § 34 RStV

Da eine Ermittlung der Zuschaueranteile nach § 27 RStV bisher nicht stattgefunden hat – und wohl auch in nächster Zeit nicht stattfinden wird[646] –, sind der Beurteilung von Fragen der Sicherung der Meinungsvielfalt im Zusammenhang mit der bundesweiten Veranstaltung von Fernsehprogrammen nach § 34 Satz 1 RStV allerdings die bereits vorhandenen Daten über Zuschaueranteile zugrunde zu legen. Dabei handelt es sich um die von der AGF/GfK[647] im Auftrag der öffentlich-

644 Vgl. dazu *Hartstein/Ring/Kreile/Dörr/Stettner,* § 27 RStV Rn. 4; vgl. auch *Bornemann/Lörz,* Art. 25 BayMG Rn. 120.

645 Dazu kritisch *Hartstein/Ring/Kreile/Dörr/Stettner,* § 27 RStV Rn. 5 RStV, die – aufgrund der Dauer eines Verfahrens – ein Abstellen auf den Zeitpunkt der *Entscheidung* befürworten.

646 Vgl. *Dörr,* ZWeR 2004, 159, 182 f.: Die Länder haben der KEK im Mai 2000 mitgeteilt, dass nach Auffassung der Rundfunkkommission die vorhandenen Datenbestände angesichts der aktuellen Konzentrationslage ein weiteres Zurückstellen der Beauftragung eines Unternehmens rechtfertigen. Eine bereits vorbereitete und mit der KEK abgestimmte Ausschreibung wurde daher aufgrund eines entsprechenden Beschlusses der DLM am 26./27.6.2000 gestrichen. Vgl. hierzu auch die amtliche Begründung zu § 27 RStV in der Fassung des Sechsten Rundfunkänderungsstaatsvertrages, abgedruckt bei *Hartstein/Ring/Kreile/Dörr/Stettner,* § 27 RStV und ebenda Rn. 11.

647 Bei der AGF handelt es sich um die „Arbeitsgemeinschaft Fernsehforschung". Die GfK („Gesellschaft für Konsumforschung") ist Auftragnehmer der AGF, vgl. dazu die homepage der AGF unter *http://www.agf.de/kontakt/auftragnehmer.*

rechtlichen Rundfunkanstalten und privater Rundfunkveranstalter erhobenen Daten.[648]

Die Veranstalter sind nach § 34 Satz 2 RStV verpflichtet, die bei ihnen jeweils vorhandenen Daten über Zuschaueranteile der KEK auf deren Anforderung hin zur Verfügung zu stellen.

b) Regionalfensterprogramme als Instrument dieses Systems

Regionalfensterprogramme sind – nach der Intention des Gesetzgebers, aber auch nach ihrer systematischen Stellung innerhalb der §§ 25 ff. RStV – ein besonderes Instrument zur Sicherung der Meinungsvielfalt im Privaten Rundfunk.[649]

Zwar werden sie weder in § 30 RStV, noch in § 26 Abs. 6 RStV ausdrücklich als vielfaltsichernde Maßnahmen genannt. Daraus kann aber nicht gefolgert werden, dass sie *kein* Mittel der Vielfaltsicherung darstellen. Vielmehr handelt es sich bei den Regionalfensterprogrammen um eine besondere Form der Herstellung von Meinungsvielfalt.[650]

Die Sicherung der Meinungsvielfalt ist nach der Rechtsprechung des Bundesverfassungsgerichts die wichtigste Aufgabe der Rundfunkfreiheit. Diese Aufgabe hat *zwei Dimensionen*, die oben bereits angesprochen wurden.[651]

Zum einen muss durch entsprechende Maßnahmen gezielt vorherrschende Meinungsmacht *verhindert* werden. Das bedeutet jedenfalls die repressive Bekämpfung bereits bestehender vorherrschender Meinungsmacht, genauso aber auch – präventiv – die Anwendung vorbeugender Maßnahmen. Diese *„negative"* Dimension der Vielfaltsicherung basiert auf der in § 26 RStV verankerten Konzentrationskontrolle nach dem Zuschaueranteilsmodell. Sie wird verwirklicht durch die Instrumente, die § 26 Abs. 4 RStV und § 26 Abs. 5 RStV zur Verfügung stellen, also insbesondere durch die Drittsendezeitregelung, deren Ausgestaltung § 31 RStV enthält.[652]

---

648 Vgl. insofern auch die amtliche Begründung zu § 27 RStV in der Fassung des Sechsten Rundfunkänderungsstaatsvertrages, abgedruckt bei *Hartstein/Ring/Kreile/Dörr/Stettner*, § 27 RStV und ebenda Rn. 11; *Dörr*, Media Perspektiven 1998, 54, 54.

649 So auch die Präambel zu der „Gemeinsamen Richtlinie der Landesmedienanstalten *zur Sicherung der Meinungsvielfalt* durch regionale Fenster in Fernsehvollprogrammen nach § 25 RStV (Fernsehfensterrichtlinie - FFR)" und schon die Bezeichnung der Richtlinie, abgedruckt bei *Hartstein/Ring/Kreile/Dörr/Stettner*, § 33 Rn. 3.

650 So auch *Beucher/Leyendecker/von Rosenberg*, § 25 RStV Rn. 4.

651 Vgl. dazu unter A.II.1.c).

652 § 30 RStV bezieht sich also mit dem Begriff der „vielfaltsichernden Maßnahmen" nur auf die *negative* Dimension der Meinungsvielfalt, was sich auch aus der amtlichen Begründung zu § 30 RStV, abgedruckt bei *Hartstein/Ring/Kreile/Dörr/Stettner*, § 30 RStV, ergibt. Dort heißt es nämlich: *„Diese vielfaltsichernden Maßnah-*

Daneben gibt es aber auch eine *„positive"* Dimension der Vielfaltsicherung. Diese kommt in den in § 25 RStV niedergelegten Grundsätzen und Forderungen zum Ausdruck.[653] § 25 Abs. 4 RStV dient dabei der gezielten Anreicherung der privaten Rundfunkprogramme mit regionalen Inhalten. Insofern stellt „regionale Vielfalt" eine besondere Facette der Meinungsvielfalt dar.[654]

Dass die negative Dimension der Vielfaltsicherung im Wege der Konzentrationskontrolle alleine nicht ausreichend ist, hat das Bundesverfassungsgericht zuletzt ausdrücklich in seiner Entscheidung zur Kurzberichterstattung im Fernsehen[655] betont und darüber hinausgehende, ausreichende Maßnahmen gegen Informationsmonopole gefordert.[656]

Mit der Novellierung des § 25 Abs. 4 RStV hat der Gesetzgeber die Unabhängigkeit der Regionalfensterprogramme bzw. ihrer Veranstalter von den jeweiligen Hauptprogrammveranstaltern verstärkt. Dadurch – also insbesondere durch § 25 Abs. 4 Satz 2 bis Satz 5 RStV – wird erreicht, dass Regionalfensterprogramme nicht nur der Vermittlung regionaler Inhalte dienen, sondern dass diese Inhalte auch im Wege einer unabhängigen Berichterstattung durch einen selbständigen Veranstalter an die Rezipienten übermittelt werden. Der Gesetzgeber hat damit die Regionalfensterprogramme in ihrer Ausgestaltung an die Sendezeit für Dritte – und damit die „negative" Dimension der Vielfaltsicherung – angenähert. Unter dem Gesichtspunkt der Meinungsvielfalt stellt dies jedenfalls eine geeignete Maßnahme zu deren Förderung dar. Ob diese Erweiterung allerdings in vollem Umfang verfassungsrechtlichen Anforderungen genügt, wird in Teil D. zu klären sein.

Nur die Qualifizierung von Regionalfensterprogrammen als vielfaltfördernde und zugleich vielfaltsichernde Instrumente im System der §§ 25 ff. RStV kann es

---

men kommen in Betracht, wenn ein Unternehmen mit ihm zurechenbaren Programmen die Grenze vorherrschender Meinungsmacht *nach § 26 RStV erreicht". Insofern* ist die Regelung auch *abschließend,* vgl. *Hartstein/Ring/Kreile/Dörr/Stettner,* § 30 RStV Rn. 3. Über die *positive* Dimension der Vielfaltsicherung wird damit hingegen keine Aussage getroffen.

653 Vgl. dazu auch *Beucher/Leyendecker/von Rosenberg,* § 25 RStV Rn. 3.

654 Vgl. dazu den *Neunten Jahresbericht der KEK,* S. 56, S. 253 und S. 265; vgl. auch *Hahn/Vesting - Rossen-Stadtfeld,* § 25 RStV Rn. 9, die § 25 Abs. 4 RStV als „regionale Profilierung des allgemeinen Vielfaltsmaßstabes" aus § 25 Abs. 1 und Abs. 2 RStV qualifizieren, und Rn. 66; vgl. schließlich auch *Hartstein/Ring/Kreile/Dörr/Stettner,* § 25 RStV Rn. 4, die darauf hinweisen, der Gesetzgeber habe durch die Neufassung des § 25 Abs. 4 RStV die Regionalfenster erheblich gestärkt und damit zum Ausdruck gebracht, dass er diese *„als ein besonders wichtiges Instrument der Vielfaltsicherung und Absicherung der Regionalberichterstattung"* ansehe. Vgl. auch *Kümmel/Meyer-Burckhardt,* MMR 2005, 288, 290.

655 BVerfGE 97, 228.

656 Vgl. BVerfGE 97, 228 (258).

rechtfertigen, dass ihre Ausstrahlung sowohl nach der Bonusregelung in § 26 Abs. 2 Satz 3 RStV zu einer Berücksichtigung bei den konzentrationsrechtlich relevanten Zuschaueranteilen privater Fernsehprogramme führt, als auch eine teilweise Anrechnung auf die Drittsendezeiten nach § 31 Abs. 2 Satz 2 bis Satz 4 RStV erlaubt.[657] Denn Sinn und Zweck dieser Regelungen – auf die im Folgenden eingegangen wird – kann es unter Berücksichtigung der verfassungsrechtlichen Vorgaben nicht sein, eine Abschwächung der „negativen" Vielfaltsicherung zu bewirken. Vielmehr kann ein „Minus" bei Maßnahmen der negativen Vielfaltsicherung nur dann in Kauf genommen werden, wenn dieses Defizit durch Maßnahmen der positiven Vielfaltsicherung kompensiert wird. Dies hat der Gesetzgeber auch in der amtlichen Begründung zu der Bonusregelung in § 26 Abs. 2 Satz 3 RStV[658] zum Ausdruck gebracht, wenn er die Bonusgewährung für die kumulative Aufnahme von Regionalfenstern und Sendezeit für Dritte damit rechtfertigt: „in beiden Fällen wird ein *Beitrag zur Meinungsvielfalt* geleistet."

4. Die Bonusregelung des § 26 Abs. 2 Satz 3 RStV

§ 26 Abs. 2 Satz 3 RStV enthält die eben angesprochene Bonusregelung, die mit dem Sechsten Rundfunkänderungsstaatsvertrag in den Rundfunkstaatsvertrag eingefügt worden war.[659] Nach dieser Bonusregelung werden Regionalfensterprogramme und Sendezeit für unabhängige Dritte im Rahmen der medienkonzentrationsrechtlich relevanten Schwellenwerte durch eine entsprechende Anrechnung zugunsten der Veranstalter berücksichtigt.

---

657 Vgl. dazu den *Neunten Jahresbericht der KEK*, S. 253 und S. 265; vgl. auch *Hartstein/Ring/Kreile/Dörr/Stettner*, § 31 RStV Rn. 10 b, sowie *Dörr*, ZWeR 2004, 159, 171 f.; a.A. allerdings wohl *Ricker/Schiwy*, F Rn. 59, der einen *„anders gearteten Status* der Regionalfensterprogramme" im Vergleich zu der Sendezeit für Dritte daraus ableitet, dass erstere „nur zu einem Teil" angerechnet würden. Dieses Argument geht jedoch fehl bzw. kann sich nur auf die positive und negative Dimension der Vielfaltsicherung beziehen, denn entscheidend ist, dass Regionalfensterprogramme *überhaupt* auf eine originäre Maßnahme der Vielfaltsicherung angerechnet werden dürfen.

658 Amtliche Begründung zu § 26 RStV in der Fassung des Sechsten Rundfunkänderungsstaatsvertrages, abgedruckt bei *Hartstein/Ring/Kreile/Dörr/Stettner*, § 26 RStV.

659 Vgl. dazu oben unter B.V.1.

a) Die Bonusgewährung nach § 26 Abs. 2 Satz 3 RStV – Voraussetzungen und Durchführung

§ 26 Abs. 2 Satz 3 RStV ordnet an, dass die Aufnahme von Fensterprogrammen nach § 25 Abs. 4 RStV – sowie kumulativ die Aufnahme von Sendezeit für unabhängige Dritte nach § 26 Abs. 5 RStV i.V.m. § 31 RStV – in das einem Unternehmen zurechenbare Vollprogramm mit dem höchsten Zuschaueranteil bei der Ermittlung des nach § 26 Abs. 2 Satz 2 RStV für das Vorliegen vorherrschender Meinungsmacht maßgeblichen Zuschaueranteils von 25 % zugunsten des jeweiligen Unternehmens berücksichtigt werden.

aa) Anknüpfung an § 26 Abs. 2 Satz 2 RStV

Die Bonusregelung knüpft an die Vermutungsregelung des § 26 Abs. 2 Satz 2 RStV an und damit an einen Zuschaueranteils-Schwellenwert von 25 % im Jahresdurchschnitt. Entfällt auf ein privates Fernsehunternehmen im Jahresdurchschnitt hingegen bereits ein Zuschaueranteil von 30 %, § 26 Abs. 1 Satz 1 RStV, so ist eine Bonusgewährung nicht mehr möglich. § 26 Abs. 1 Satz 1 RStV statuiert insofern eine „absolute" Grenze.[660]

Die Bonusregelung des § 26 Abs. 2 Satz 3 RStV – die, wie nachfolgend zu zeigen sein wird, maximal einen rechnerischen Abzug von 5 % erlaubt – führt jedoch im Ergebnis dazu, dass auch im Fall des § 26 Abs. 2 Satz 2 RStV die Zuschaueranteilsgrenze de facto auf 30 % heraufgesetzt wird.[661]

bb) Art und Weise der Bonusgewährung nach § 26 Abs. 2 Satz 3 RStV

Bei der Berechnung des nach § 26 Abs. 2 Satz 2 RStV maßgeblichen Zuschaueranteils von 25 % werden nach § 26 Abs. 2 Satz 3 Halbsatz 1 RStV zunächst regionale Fensterprogramme gemäß § 25 Abs. 4 RStV berücksichtigt. Kumulativ kann ein Abzug für Fensterprogramme nach § 31 RStV gewährt werden, die aufgrund der Verpflichtung aus § 26 Abs. 5 RStV ausgestrahlt werden, § 26 Abs. 2 Satz 3 Halbsatz 2 RStV.

---

660 Vgl. dazu auch die amtliche Begründung zu § 26 RStV in der Fassung des Sechsten Rundfunkänderungsstaatsvertrages, abgedruckt bei *Hartstein/Ring/Kreile/Dörr/Stettner*, § 26 RStV; vgl. i.Ü. *Dörr*, ZWeR 2004, 159, 167. A.A. allerdings – zu Unrecht – *Bornemann*, K&R 2002, 301, 302; kritisch dazu *Renck-Laufke*, ZUM 2003, 109, 110 f.

661 So auch *Hartstein/Ring/Kreile/Dörr/Stettner*, § 26 RStV Rn. 11, 16; *Dörr*, ZWeR 2004, 159, 169; *Janik*, AfP 2002, 104, 110.

(1) Berücksichtigung von „Fensterprogrammen nach § 25 Abs. 4" RStV

Von dem *tatsächlichen* Zuschaueranteil, den ein Unternehmen mit den ihm zurechenbaren Programmen erreicht, werden nach § 26 Abs. 2 Satz 3 Halbsatz 1 RStV 2 Prozentpunkte abgezogen, wenn in das dem Unternehmen zurechenbare Vollprogramm mit dem jeweils *höchsten* Zuschaueranteil „Fensterprogramme nach § 25 Abs. 4" RStV aufgenommen sind.

Erreicht also das private Rundfunkunternehmen X mit den ihm zurechenbaren Programmen tatsächlich einen Zuschaueranteil von insgesamt 26 % und werden in dem – dem Unternehmen X nach § 28 RStV zurechenbaren – Vollprogramm ABC-TV, welches den höchsten Zuschaueranteil innerhalb der Sendergruppe X aufweist, berücksichtigungsfähige Regionalfensterprogramme ausgestrahlt, so wird für das Unternehmen X ein Zuschaueranteil von insgesamt lediglich 24 % fingiert. § 26 Abs. 2 Satz 2 RStV kommt demnach nicht zur Anwendung, zumindest die *Vermutung* vorherrschender Meinungsmacht nach § 26 Abs. 2 Satz 2 RStV ist daher zugunsten des Unternehmens X widerlegt.

Voraussetzung für diese Bonusgewährung ist aber, dass es sich bei den Regionalfensterprogrammen auch um *berücksichtigungsfähige* Regionalfensterprogramme handelt.[662]

(2) Berücksichtigung von Sendezeit für unabhängige Dritte nach § 31 RStV

Bei gleichzeitiger Aufnahme von Sendezeit für unabhängige Dritte nach Maßgabe von § 26 Abs. 5 RStV kommen für die Berechnung des nach § 26 Abs. 2 Satz 2 RStV maßgeblichen Zuschaueranteils weitere drei Prozentpunkte in Abzug, § 26 Abs. 2 Satz 3 Halbsatz 2 RStV.

Diese Bonusgewährung ist – wie sich bereits aus dem Wortlaut der Regelung „*gleichzeitiger* Aufnahme" und „*weitere*" ergibt – nur *kumulativ* zu der Bonusgewährung nach § 26 Abs. 2 Satz 3 Halbsatz 1 RStV für die Aufnahme von Regionalfensterprogrammen nach § 25 Abs. 4 RStV möglich. Solange in dem reichweitenstärksten Vollprogramm eines Rundfunkunternehmens hingegen *keine* bei der Bonusgewährung berücksichtigungsfähigen Regionalfensterprogramme nach § 25 Abs. 4 RStV ausgestrahlt werden, können also auch eventuelle Drittsendezeiten im Rahmen der Bonusgewährung nach § 26 Abs. 2 Satz 3 RStV *nicht* berücksichtigt werden.[663]

---

662 Vgl. dazu nachfolgend unter C.III.4.a)cc).

663 Vgl. dazu auch *Dörr,* ZWeR 2004, 159, 172. Dies verkennt offenbar *Bornemann,* MMR 2006, 275, 277, der davon auszugehen scheint, die Drittsendezeit nach § 26 Abs. 5 RStV i.V.m. § 31 RStV werde bei Überschreitung eines Zuschaueranteils von 25 % *isoliert* mit einem Abzug von 3 % von dem tatsächlichen Zuschaueranteil

cc) Reichweite der Verweisung von § 26 Abs. 2 Satz 3 RStV auf § 25 Abs. 4 RStV: Welchen Anforderungen müssen die „Fensterprogramme gemäß § 25 Abs. 4“ genügen?

Die Bonusregelung des § 26 Abs. 2 Satz 3 RStV knüpft also *insgesamt* daran an, dass in das Fernsehvollprogramm mit dem höchsten Zuschaueranteil „Fensterprogramme *gemäß § 25 Abs. 4*“ RStV aufgenommen werden. Nur wenn diese Voraussetzung erfüllt ist, kommt gemäß § 26 Abs. 2 Satz 3 Halbsatz 2 RStV auch die *kumulative* Berücksichtigung von Fensterprogrammen für unabhängige Dritte nach § 31 RStV in Betracht.

Die Frage, welchen Anforderungen die „Fensterprogramme gemäß § 25 Abs. 4“ RStV tatsächlich genügen müssen, um berücksichtigungsfähig zu sein, ist somit von *doppelter* Bedeutung für die betroffenen Rundfunkunternehmen.

(1) Wortlaut des § 26 Abs. 2 Satz 3 RStV (grammatische Auslegung)

Anders als die Regelung des § 36 Abs. 2 Satz 2 RStV, die explizit „§ 25 Abs. 4 *Satz 1* RStV“ in Bezug nimmt, spricht § 26 Abs. 2 Satz 3 RStV nur von „Fensterprogrammen gemäß § 25 Abs. 4 RStV“. Schon der Wortlaut der Vorschrift spricht also dafür, dass Regionalfensterprogramme, um eine Bonusgewährung nach § 26 Abs. 2 Satz 3 RStV zu ermöglichen, den Anforderungen nach § 25 Abs. 4 *Satz 1 bis Satz 5* RStV entsprechen müssen.[664]

(2) Entstehungsgeschichte des § 26 Abs. 2 Satz 3 RStV (historische Auslegung)

Allerdings muss auch die Entstehungsgeschichte des § 26 Abs. 2 Satz 3 RStV berücksichtigt werden.

Die Bonusregelung hatte in ihrer Fassung durch den Sechsten Rundfunkänderungsstaatsvertrag noch an die Ausstrahlung von regionalen Fensterprogrammen „in *angemessenem, mindestens im bisherigen Umfang*“ angeknüpft.[665] Mit dem

---

bonifiziert, wenn er ausführt: „Wenn der Rundfunkstaatsvertrag also bei Erreichen von 25 % Zuschaueranteil eine Prüfung unter Einbeziehung von Stellungen auf medienrelevanten verwandten Märkten fordert (§ 26 Abs. 2 Satz 2 RStV), so bedeutet dies tatsächlich das Erreichen von 28 % Zuschaueranteil.“ Die gleiche – in der Sache unzutreffende – Auffassung findet sich in der Kommentierung von *Bornemann/Lörz,* Art. 25 BayMG Rn. 120 und auch schon bei *Bornemann,* K&R 2002, 301, 302.

664 Eine Bezugnahme auf § 25 Abs. 4 Satz 6 RStV ist dabei insofern irrelevant, als es sich hierbei um eine an die *Landesmedienanstalten*, und nicht die *Rundfunkveranstalter* adressierte Regelung handelt.

665 Vgl. dazu oben unter B.V.1.

Siebten Rundfunkänderungsstaatsvertrag war dieses Erfordernis gestrichen worden, da die Mindestvoraussetzungen für den zeitlichen Umfang und die regionale Differenzierung der Regionalfensterprogramme nun in § 25 Abs. 4 Satz 1 RStV a.F. niedergelegt waren.[666] § 26 Abs. 2 Satz 3 RStV hatte sich dementsprechend bereits auf „*Fensterprogramme gemäß § 25 Abs. 4*" RStV bezogen. § 25 Abs. 4 RStV hatte zu diesem Zeitpunkt aber – im Vergleich zu der aktuellen Regelung durch den Achten Rundfunkänderungsstaatsvertrag – deutlich reduzierte Vorgaben für die Veranstaltung von Regionalfensterprogrammen enthalten.[667] Insbesondere gab es die Regelungen zu der redaktionellen und gesellschaftsrechtlichen Trennung von Hauptprogramm- und Regionalfensterprogrammveranstalter und zu der gesonderten Zulassung des Fensterprogrammveranstalters in § 25 Abs. 4 *Satz 2 bis Satz 4* RStV überhaupt noch nicht. § 25 Abs. 4 Satz 1 und Satz 5 RStV weisen in der jetzigen Fassung zudem Verschärfungen gegenüber der Regelung in § 25 Abs. 4 Satz 1 und Satz 3 RStV a.F. auf.[668]

Fraglich ist also, ob der Gesetzgeber bei der Novellierung des Rundfunkstaatsvertrages durch den Achten Rundfunkänderungsstaatsvertrag bedacht hat, dass mit der Verschärfung der in § 25 Abs. 4 RStV geregelten Anforderungen an Regionalfensterprogramme dem Wortlaut nach automatisch eine Erweiterung des Umfangs der Verweisung in § 26 Abs. 2 Satz 3 RStV auf „§ 25 Abs. 4" RStV eintritt.

Betrachtet man die oben dargestellte Entstehungsgeschichte von § 2 Abs. 2 Nr. 3 und Nr. 4 RStV und die dabei entstandenen Redaktionsversehen, so könnte man zunächst auf den Gedanken kommen, dass es sich auch in diesem Fall um ein bloßes Redaktionsversehen handeln könnte, und der Gesetzgeber eine Erweiterung der Verweisung in § 26 Abs. 2 Satz 3 RStV nicht beabsichtigt hatte.

Allerdings wird man den Länderparlamenten bezüglich der §§ 25 und 26 RStV als „Kernnormen" des Medienkonzentrationsrechts ein Redaktionsversehen wohl nicht ohne weiteres unterstellen können. Dies umso mehr, als die Novellierung des § 25 Abs. 4 RStV nach Aussage des Gesetzgebers gerade einer *verbesserten* Vielfaltsicherung dienen sollte. Dann ist es aber nur konsequent, dass auch der Bonus des § 26 Abs. 2 Satz 3 RStV nur noch bei Erfüllung der erhöhten Anforderungen gewährt wird. Die Begleitumstände, die zu der Erweiterung der Verweisung geführt haben, sprechen somit dafür, dass diese beabsichtigt war.

Denn es wäre widersinnig, wenn der Gesetzgeber zum Zwecke der Vielfaltsicherung die Anforderungen an Regionalfensterprogramme verschärfen würde,

---

666 Vgl. dazu oben unter B.VI.2.; vgl. dazu auch *Hartstein/Ring/Kreile/Dörr/Stettner*, § 26 RStV Rn. 12.
667 Vgl. dazu auch den *Neunten Jahresbericht der KEK*, S. 263.
668 Vgl. dazu oben unter C.II.1. und C.II.5.

zugleich aber im Rahmen der konzentrationsrechtlich bedeutenden Bonusgewährung die neu eingeführten vielfaltsichernden Kriterien des § 25 Abs. 4 RStV nicht berücksichtigen würde.

(3) Systematik sowie Sinn und Zweck der Verweisung (systematische und teleologische Auslegung)

Auch eine systematische und teleologische Auslegung kann aufgrund des eben angesprochenen Gedankens zu keinem anderen Ergebnis führen.

Denn das System der §§ 25 ff. RStV sowie die Intention dieses Regelungskomplexes – die Sicherung der Meinungsvielfalt – spricht dafür, dass § 26 Abs. 2 Satz 3 RStV eine Verweisung auf sämtliche in § 25 Abs. 4 Satz 1 bis Satz 5 RStV enthaltenen Voraussetzungen für die Ausstrahlung von Regionalfensterprogrammen enthalten muss:

§ 26 Abs. 2 RStV nennt die für das Vorliegen vorherrschender Meinungsmacht relevanten Schwellenwerte. Der Bonus nach § 26 Abs. 2 Satz 3 RStV führt im konkreten Einzelfall unter Umständen dazu, dass ein Rundfunkunternehmen den nach § 26 Abs. 2 Satz 2 RStV bestimmten Schwellenwert unterschreitet und somit ggf. keine Sanktionen wegen des Bestehens vorherrschender Meinungsmacht zu befürchten hat.[669]

Zwingende Voraussetzung für die Bonusgewährung ist dabei in jedem Fall die Aufnahme von Regionalfensterprogrammen „gemäß § 25 Abs. 4 RStV" in das Fernsehvollprogramm mit dem höchsten Zuschaueranteil. Die Regionalfensterprogramme dienen – wie oben dargestellt – der Sicherung der Meinungsvielfalt im Sinne einer positiven Erweiterung des Programmangebots. Diese Aufgabe wird seit 1. April 2005 durch die unabhängigkeitsfördernden Vorgaben des § 25 Abs. 4 Satz 2 bis Satz 5 RStV abgesichert. Die Regionalfensterprogramme können ihrer Aufgabe damit nach Auffassung der Länderparlamente nur gerecht werden, wenn sie den in § 25 Abs. 4 Satz 1 bis Satz 5 RStV normierten Anforderungen genügen. Nur die Aufnahme von Regionalfensterprogrammen, die die Tatbestandsvoraussetzungen des § 25 Abs. 4 Satz 1 bis Satz 5 RStV in vollem Umfang erfüllen, kann daher geeignet sein, als Mittel der positiven Vielfaltsicherung den Gefahren eines Meinungsmonopols im konkreten Fall tatsächlich entgegenzuwirken.

Die Bonusgewährung nach § 26 Abs. 2 Satz 3 RStV für die Aufnahme von Regionalfensterprogrammen und Drittsendezeit ist gerade deshalb möglich, *weil* es sich in beiden Fällen um *vielfaltstärkende Aspekte* handelt, die zugunsten des

---

669 Zumindest die Vermutung des § 26 Abs. 2 Satz 2 RStV greift dann *nicht* zu ungunsten des betroffenen Unternehmens ein.

betroffenen Rundfunkunternehmens gewertet werden dürfen.[670] Damit kann aber gerade die Bonusgewährung nach § 26 Abs. 2 Satz 3 Halbsatz 1 RStV – welche Anknüpfungspunkt ist für die *zusätzliche* Berücksichtigung der Drittsendezeiten – nur dann gerechtfertigt sein, wenn die in Bezug genommenen Regionalfensterprogramme solche im Sinne von § 25 Abs. 4 *Satz 1 bis Satz 5* RStV sind.[671]

(4) Die Mindestreichweite der Regionalfensterprogramme nach § 31 Abs. 2 Satz 3 Halbsatz 2 RStV als zusätzliche Voraussetzung für die Bonusgewährung nach § 26 Abs. 2 Satz 3 Halbsatz 1 RStV?

Für eine Anrechnung der Regionalfensterprogramme auf die Sendezeit für unabhängige Dritte ist nach § 31 Abs. 2 Satz 3 Halbsatz 2 RStV jedenfalls erforderlich, dass die in dem Programm jeweils ausgestrahlten – und aufgrund ihrer Ausgestaltung für die Anrechnung berücksichtigungsfähigen[672] – Regionalfensterprogramme insgesamt – d.h. zusammengerechnet – bundesweit mindestens 50 % der Fernsehhaushalte erreichen.[673]

Die Frage der Reichweite der Regionalfensterprogramme hat daher jedenfalls Auswirkungen auf die Bonusgewährung in Höhe von 3 % für Drittsendezeiten nach § 26 Abs. 2 Satz 3 *Halbsatz 2* RStV. Denn wenn die – grundsätzlich anrechenbaren[674] –Regionalfensterprogramme die nach § 31 Abs. 2 Satz 3 Halbsatz 2 RStV erforderliche Mindestreichweite unterschreiten, können sie im konkreten Fall nicht angerechnet werden, was dazu führt, dass der jeweilige Hauptprogrammveranstalter in zeitlich größerem Umfang Sendezeit für unabhängige Dritte zur Verfügung stellen müsste. Wird aber die Sendedauer für die Drittsendezeit nach § 31 Abs. 2 Satz 1 RStV nicht erreicht, so kann auch der Bonus nach § 26 Abs. 2 Satz 3 *Halbsatz 2* RStV nicht gewährt werden.[675]

---

670 Vgl. die amtliche Begründung zu § 26 RStV in der Fassung des Sechsten Rundfunkänderungsstaatsvertrages, abgedruckt bei *Hartstein/Ring/Kreile/Dörr/Stettner,* § 26 RStV; vgl auch den *Neunten Jahresbericht der KEK,* S. 253, sowie die Entscheidungen der KEK vom 10.1.2006, Az. KEK 293-1 bis 293-5, S. 100.

671 Im Ergebnis ebenso *Hartstein/Ring/Kreile/Dörr/Stettner,* § 25 RStV Rn. 20, und § 26 RStV Rn. 14; vgl. auch den *Neunten Jahresbericht der KEK,* S. 8, S. 10, S. 253, S. 258, S. 263 und S. 265; vgl. i.Ü. die Entscheidungen der KEK vom 10.1.2006, Az. KEK 293-1 bis 293-5, S. 100 f.

672 Vgl. dazu sogleich unter C.III.5.b): es stellt sich auch hier die Frage, ob die Regionalfensterprogramme den Voraussetzungen des § 25 Abs. 4 Satz 1 bis Satz 5 RStV genügen müssen.

673 Vgl. dazu die Ausführungen oben unter A.II.1.b)dd).

674 Vgl. dazu sogleich unter C.III.5.b).

675 Vgl. dazu *Hartstein/Ring/Kreile/Dörr/Stettner,* § 31 RStV Rn. 10a, und § 26 RStV Rn. 13; vgl. auch *Dörr,* ZWeR 2004, 159, 172.

In der Literatur wird nun teilweise die Auffassung vertreten,[676] dass die Mindestsendereichweite nach § 31 Abs. 2 Satz 3 Halbsatz 2 RStV *zugleich* auch Voraussetzung für die Bonusgewährung *für Regionalfensterprogramme* nach § 26 Abs. 2 Satz 3 *Halbsatz 1* RStV sein soll. Dies ist jedoch abzulehnen. Durch diese Lesart der Vorschrift würde die klare Regelung des § 25 Abs. 4 RStV unterlaufen, die ein derartiges Erfordernis nicht vorsieht.[677]

§ 26 Abs. 2 Satz 3 RStV unterscheidet für die Bonusgewährung *ausdrücklich* zwischen Regionalfensterprogrammen nach § 25 Abs. 4 RStV und Drittsendezeiten nach § 31 RStV i.V.m. § 26 Abs. 5 RStV. § 25 Abs. 4 RStV unterwirft in seiner Neufassung die Regionalfensterprogramme ohnehin verschärften Anforderungen, denen – wie sogleich darzustellen sein wird[678] – Regionalfensterprogramme auch genügen müssen, um auf Drittsendezeiten überhaupt angerechnet zu werden. Die Mindestsendereichweite hingegen ist ein originäres Tatbestandsmerkmal des § 31 Abs. 2 Satz 3 RStV, dessen Übertragung auf § 25 Abs. 4 RStV eine Anwendung contra legem darstellen würde. Der Gesetzgeber hat mit der Novellierung des § 25 Abs. 4 RStV und der Aufnahme weiterer Anforderungen in dieser Vorschrift zum Ausdruck gebracht, wie er sich die Regionalfensterprogramme als Instrument der positiven Vielfaltsicherung vorstellt. § 26 Abs. 2 Satz 3 Halbsatz 1 RStV spricht explizit von Regionalfensterprogrammen nach „§ 25 Abs. 4“ RStV. Einer Entlehnung weiterer Tatbestandsmerkmale aus der Vorschrift des § 31 Abs. 2 RStV bedarf es daher nicht.

Dieses Ergebnis steht auch nicht in Widerspruch zu der oben getroffenen Feststellung, dass zu der Frage der Auslegung des Begriffs der „Erreichbarkeit“ i.S.v. § 31 Abs. 2 Satz 3 RStV der Auffassung der KEK der Vorzug zu geben und damit auf die „funktionale Äquivalenz“ von Regionalfensterprogrammen und Drittsendezeiten abzustellen ist. Denn dort ging es ausschließlich um die *Anrechnung* von Regionalfensterprogrammen auf Drittsendezeiten, also darum, inwieweit Regionalfensterprogramme als Mittel der *positiven* Vielfaltsicherung eine Maßnahme der *negativen* Vielfaltsicherung *ersetzen* können. Vorliegend steht hingegen in Frage, ob Voraussetzungen dieser Anrechnung zusätzlich auch noch auf die *originäre* Bonusgewährung für *Regionalfensterprogramme* übertragen werden können und damit vollständig außerhalb von § 31 RStV Anwendung finden sollen. Dies ist abzulehnen und entspricht auch nicht dem Willen des Gesetzgebers, der die Regionalfensterprogramme durch die Neuregelung des § 25 Abs. 4 RStV gestärkt hat, um zu gewährleisten, dass diese nicht nur regionale Inhalte

676 Vgl. z.B. *Hess*, AfP 2003, 29, 29.
677 Vgl. *Hartstein/Ring/Kreile/Dörr/Stettner*, § 31 RStV Rn. 10a, die diese Frage aber im Ergebnis offenlassen.
678 Vgl. dazu sogleich unter C.III.5.b).

übermitteln, sondern durch eine von dem Hauptprogrammveranstalter unabhängige Berichterstattung auch regionale Vielfalt als Facette der Meinungsvielfalt repräsentieren.

b) Die im Rahmen des § 26 Abs. 2 Satz 3 Halbsatz 1 RStV zur Entscheidung über das Vorliegen der Voraussetzungen des § 25 Abs. 4 RStV berufene Institution

Es stellt sich nun die Frage, welche Institution im Rahmen der Bonusgewährung nach § 26 Abs. 2 Satz 3 *Halbsatz 1* RStV zu der Entscheidung über das Vorliegen der einzelnen Voraussetzungen des § 25 Abs. 4 RStV berufen ist. Dabei ist festzuhalten, dass § 36 Abs. 2 Satz 2 RStV die einzige ausdrückliche Kompetenzzuweisung im Zusammenhang mit Regionalfensterprogrammen enthält.

aa) Die Regelung des § 36 Abs. 2 Satz 2 RStV

§ 36 Abs. 2 Satz 2 RStV sieht eine Zuständigkeit der Landesmedienanstalten hinsichtlich der Feststellung der Voraussetzungen des § 25 Abs. 4 *Satz 1* RStV vor. Es entspricht dem bisher herrschenden Verständnis in der Literatur und auch seitens der KEK, dass § 36 Abs. 2 Satz 2 RStV damit auch im Rahmen der Bonusgewährung Anwendung findet.[679]

Diese Lesart ist allerdings nicht zwingend. Denn § 36 Abs. 2 Satz 2 RStV steht von seinem systematischen Zusammenhang her zwischen § 36 Abs. 2 Satz 1 und Satz 3 RStV. Beide Regelungen beziehen sich allerdings nur auf *Auswahl und Zulassung* von Regionalfensterprogrammveranstaltern, wie sich aus dem Wortlaut des § 36 Abs. 2 Satz 1 RStV ausdrücklich ergibt. Daraus könnte man folgern, dass die von der Gesamtheit der Landesmedienanstalten nach § 36 Abs. 2 Satz 2 RStV zu treffende Feststellung über das Vorliegen der Voraussetzungen des § 25 Abs. 4 Satz 1 RStV bei der Frage der Bonusgewährung nicht anwendbar ist.

Unabhängig davon wurde oben bereits dargestellt, dass § 36 Abs. 2 *Satz 2* RStV insofern systemwidrig ist, als er gerade die Feststellung über Inhalt und Umfang der regionalen Berichterstattung – als wichtige Faktoren für die Beurteilung der Frage, ob Regionalfenster einer Aufgabe als Instrument zur Sicherung der regionalen Vielfalt wie auch der Meinungsvielfalt tatsächlich gerecht werden

679 Vgl. dazu *Hartstein/Ring/Kreile/Dörr/Stettner*, § 25 RStV Rn. 20, und § 26 RStV Rn. 7; *Dörr*, ZWeR 2004, 159, 172; vgl. auch den *Neunten Jahresbericht der KEK*, S. 263, und die Pressemitteilung 03/07 der KEK vom 15.2.2007, abrufbar unter *http://www.kek-online.de/cgi-bin/resi/i-presse/463.html.*

können – von einer Beurteilung durch die KEK ausnimmt.[680] Die amtliche Begründung des Gesetzgebers für diese Vorschrift ist daher nicht tragfähig.[681] Auch die Landesmedienanstalten selbst sprechen in ihren Pressemitteilungen in Zusammenhang mit der Feststellung nach § 36 Abs. 2 Satz 2 RStV von den „gesetzlichen Voraussetzungen für eine *medienkonzentrationsrechtliche* Berücksichtigung" der regionalen Fensterprogramme.[682] Soweit die Voraussetzungen des § 25 Abs. 4 Satz 1 RStV für die Bonusprüfung nach § 26 Abs. 2 Satz 3 RStV relevant sind, ist die Aussage des Gesetzgebers, dies sei keine Frage des Medienkonzentrationsrechts unzutreffend. Denn die Frage der Bonusgewährung ist untrennbar verbunden mit der Frage, ob ein Unternehmen den konzentrationsrechtlichen Schwellenwert des § 26 Abs. 2 Satz 2 RStV überschreitet. Über konzentrationsrechtliche Fragen hat nach § 36 Abs. 1 RStV aber ausschließlich die KEK als staatsfernes, standortunabhängiges Organ zu entscheiden. Die KEK sah sich im Zusammenhang mit den eben angesprochenen Veröffentlichungen der Landesmedienanstalten daher jüngst dazu veranlasst, diese grundsätzliche Kompetenzverteilung klarzustellen.[683]

Tatsächlich wird dieses Problem derzeit so gehandhabt, dass die KEK im Rahmen der Bonusgewährung die Feststellungen der DLM über das Vorliegen der Voraussetzungen des § 25 Abs. 4 Satz 1 RStV als bindend akzeptiert.[684] In ihrer Sitzung am 12. Dezember 2006 kam die DLM dabei zuletzt zu dem Ergebnis, dass die derzeitige inhaltliche Ausgestaltung der Regionalfensterprogramme – insbesondere in den Bereichen Politik und Wirtschaft – Anlass zur Erörterung mit den Programmverantwortlichen gebe und vertagte ihre Entscheidung daher auf die Sitzung am 23./24. Januar 2007.[685] In dieser Sitzung wurde dann allerdings mit der erforderlichen Drei-Viertel-Mehrheit festgestellt, dass die regiona-

---

680 Vgl. dazu oben unter C.II.3.c)cc).

681 Vgl. die amtliche Begründung zum Siebten Rundfunkänderungsstaatsvertrag, abgedruckt bei *Hartstein/Ring/Kreile/Dörr/Stettner,* § 36 RStV und oben unter C.II.3.c)cc).

682 Vgl. dazu die Pressemitteilungen 26/2006 und 02/2007 der ALM/DLM vom 12.12.2006 bzw. 24.1.2007, im Internet abrufbar unter *http://www.alm.de.*

683 Vgl. die Pressemitteilung 03/07 der KEK vom 15.2.2007, abrufbar unter *http://www.kek-online.de/cgi-bin/resi/i-presse/463.html*; vgl. dazu auch *hen,* epd medien Nr. 14 vom 21.2.2007, S. 11.

684 Vgl. die Pressemitteilung 03/07 der KEK vom 15.2.2007, abrufbar unter *http://www.kek-online.de/cgi-bin/resi/i-presse/463.html* und den *Neunten Jahresbericht der KEK,* S. 263.

685 Vgl. dazu die Pressemitteilung 26/2006 der ALM/DLM vom 12.12.2006, im Internet abrufbar unter *http://www.alm.de.* Vgl. zu dieser Problematik auch schon *Lilienthal,* epd medien Nr. 93 vom 25.11.2006, S. 10 f.

len Fensterprogramme bei RTL und SAT.1 die Voraussetzungen nach § 25 Abs. 4 Satz 1 RStV erfüllen.[686]

Nach der grundsätzlichen Kompetenzverteilung zwischen Landesmedienanstalten und KEK, wie sie in § 36 Abs. 1 RStV und § 37 RStV niedergelegt ist, fällt die Feststellung über das Vorliegen der in § 25 Abs. 4 Satz 1 RStV niedergelegten Voraussetzungen für Regionalfensterprogramme – jedenfalls in Zusammenhang mit der Bonusgewährung – in den Zuständigkeitsbereich der KEK.[687] Eine entsprechende Änderung des § 36 Abs. 2 RStV ist daher veranlasst.

bb) Zuständigkeit der Kommission zur Ermittlung der Konzentration im Medienbereich (KEK) nach § 36 Abs. 1 RStV hinsichtlich der Voraussetzungen des § 25 Abs. 4 Satz 2 bis 5 RStV?

Fraglich ist darüber hinaus auch, welche Institution im Rahmen der Bonusgewährung nach § 26 Abs. 2 Satz 3 RStV zu einer Entscheidung über das Vorliegen der übrigen Voraussetzungen des § 25 Abs. 4 RStV – also § 25 Abs. 4 *Satz 2 bis 5* RStV berufen ist. Da das Gesetz hier keine explizite Regelung getroffen hat, kommen nach *Hartstein/Ring/Kreile/Dörr/Stettner* hierfür grundsätzlich die KEK als das in Fragen der Vielfaltsicherung „regelmäßig zuständige" Organ, die Landesmedienanstalten analog § 36 Abs. 2 Satz 2 RStV oder die einzelne, für die Zulassung des Regionalfensterprogrammanbieters zuständige Landesmedienanstalt in Betracht.[688]

Die Lösung für diese Frage liegt jedoch auf der Hand: Aus der Funktion der KEK zur abschließenden Beurteilung von Fragestellungen der Sicherung der Meinungsvielfalt im Zusammenhang mit der bundesweiten Veranstaltung von Fernsehprogrammen nach § 36 Abs. 1 RStV folgt zwingend, dass es auch Aufgabe der KEK sein muss, die in § 25 Abs. 4 RStV neu eingefügten Voraussetzungen zu überprüfen, welche gerade der Vielfaltsicherung dienen sollen.[689]

---

686 Vgl. dazu die Pressemitteilung 02/2007 der ALM/DLM vom 24.1.2007, im Internet abrufbar unter *http://www.alm.de*.

687 Hinzuweisen ist auch auf die amtliche Begründung zu § 26 RStV a.F., abgedruckt bei *Hartstein/Ring/Kreile/Dörr/Stettner*, § 26 RStV, nach der „in allen Fällen des Absatzes 2 (...) das Letztentscheidungsrecht bei der KEK (...)" liegen sollte. Vgl. i.Ü. *Dörr*, ZWeR 2004, 159, 170.

688 Vgl. *Hartstein/Ring/Kreile/Dörr/Stettner*, § 25 RStV Rn. 20, die allerdings insofern nur die Voraussetzungen von § 25 Abs. 4 Satz 2 bis *Satz 4* RStV in Bezug nehmen, und § 36 RStV Rn. 7.

689 So auch die Auffassung der KEK selbst, vgl. die Pressemitteilung 03/07 der KEK vom 15.2.2007, abrufbar unter *http://www.kek-online.de/cgi-bin/resi/i-presse/463.html* und den *Neunten Jahresbericht der KEK*, S. 263.

Im Ergebnis muss daher jedenfalls über das Vorliegen der Voraussetzungen des § 25 Abs. 4 Satz 2 bis Satz 5 RStV im Rahmen der Bonusprüfung abschließend die KEK entscheiden. Eine eindeutige Zuständigkeitsregelung wäre zu Klarstellungszwecken allerdings wünschenswert.[690]

5. Die Anrechenbarkeit von Regionalfensterprogrammen auf die Sendezeit für unabhängige Dritte

Beschäftigt man sich mit der Bonusgewährung nach § 26 Abs. 2 Satz 3 RStV, so stellt sich automatisch eine weitere Frage, die bereits aufgeworfen wurde.[691]

a) Der Zusammenhang zwischen § 31 Abs. 2 Satz 2 bis 4 RStV und § 26 Abs. 2 Satz 3 RStV

Abzüge werden nämlich nicht nur für Regionalfensterprogramme, sondern kumulativ auch für die Aufnahme von Drittsendezeiten nach § 26 Abs. 5 RStV i.V.m. § 31 RStV gewährt. Allerdings müssen diese Drittsendezeiten dann auch den nach § 31 Abs. 2 Satz 1 RStV erforderlichen zeitlichen Umfang aufweisen.

Nach § 31 Abs. 2 Satz 2 bis Satz 4 RStV können hierbei Sendezeiten für Regionalfensterprogramme in bestimmtem Umfang angerechnet werden. Allerdings müssen die Regionalfensterprogramme für eine wirksame Anrechnung auch sämtliche in § 31 Abs. 2 Satz 2 bis Satz 4 RStV normierten Anforderungen erfüllen. Tun sie dies nicht, so bleibt die Verpflichtung zur Aufnahme von Drittsendezeiten nach § 31 Abs. 2 Satz 1 RStV in dem Umfang bestehen, in dem die Regionalfensterprogramme zeitlich nicht berücksichtigungsfähig sind. Da der jeweilige Rundfunkveranstalter dann aber seiner Verpflichtung aus § 26 Abs. 5 RStV i.V.m. § 31 RStV nicht genügt, kann auch der Abzug nach § 26 Abs. 2 Satz 3 Halbsatz 2 RStV in Höhe von 3 % nicht gewährt werden. Dieser Zusammenhang zwischen § 31 Abs. 2 Satz 2 bis Satz 4 RStV und § 26 Abs. 2 Satz 3 RStV wurde oben bereits angesprochen.[692]

Die Frage, ob „Regionalfensterprogramme" i.S.v. § 31 Abs. 2 Satz 2 und Satz 3 RStV auch den Anforderungen des § 25 Abs. 4 RStV genügen müssen, hat insofern unmittelbaren Einfluss auf die Frage, ob eine Bonusgewährung nach § 26 Abs. 2 Satz 3 *Halbsatz 2* RStV erfolgen kann.

---

690 So auch *Hartstein/Ring/Kreile/Dörr/Stettner*, § 36 RStV Rn. 7.

691 Vgl. dazu oben unter A.II.1.b)cc).

692 Vgl. dazu oben unter C.III.4.a)cc)(4), sowie *Hartstein/Ring/Kreile/Dörr/Stettner*, § 31 RStV Rn. 10a.

b) „Regionalfensterprogramme" i.S.v. § 31 Abs. 2 Satz 2 bis Satz 4 RStV als regionale Fensterprogramme i.S.v. § 25 Abs. 4 Satz 1 bis Satz 5 RStV

Wie oben bereits dargestellt, nimmt § 31 Abs. 2 Satz 2 bis Satz 4 RStV mit dem Terminus „Regionalfensterprogramme" nur Bezug auf die in § 2 Abs. 2 Nr. 4 RStV enthaltene Definition, nicht aber auf die Regelung des § 25 Abs. 4 RStV.

Es ist daher zu prüfen, ob die Anrechenbarkeit von Regionalfensterprogrammen auf die Sendezeit für unabhängige Dritte nach § 31 RStV *kumulativ* zu den in § 31 Abs. 2 Satz 3 RStV geregelten Erfordernissen voraussetzt, dass die Regionalfensterprogramme den in § 25 Abs. 4 Satz 1 bis Satz 5 RStV geregelten Anforderungen entsprechen.

Dieses Problem ähnelt einer bereits vor Inkrafttreten des Achten Rundfunkänderungsstaatsvertrages bestehenden Problematik: damals wurde diskutiert, ob „Regionalfensterprogramme" i.S.v § 31 Abs. 2 Satz 2 bis Satz 4 RStV auch den Anforderungen des § 31 Abs. 3 RStV – *zwingende* gesellschaftsrechtliche Entflechtung von Haupt- und Fensterprogrammveranstalter – genügen müssen. Dies wird von *Ebsen* zu Recht verneint unter Hinweis darauf, dass § 31 Abs. 3 RStV nur von einem Fensterprogrammanbieter „nach Absatz 1", also § 31 Abs. 1 RStV, spricht.[693] Jedenfalls die – sogar in Bezug auf die Neuregelung des § 25 Abs. 4 Satz 4 RStV – strengeren Anforderungen nach § 31 Abs. 3 RStV müssen die Regionalfensterprogramme für eine Anrechnung damit nach wie vor *nicht* erfüllen.

Wie aber sieht es mit den in § 25 Abs. 4 Satz 1 bis Satz 5 RStV geregelten Anforderungen aus? Dass der Gesetzgeber die Regelung in § 31 Abs. 2 Satz 3 Halbsatz 1 RStV beibehalten hat, obwohl § 25 Abs. 4 Satz 2 RStV die redaktionelle Unabhängigkeit der Anbieter regionaler Fensterprogramme ohnehin als zwingendes Erfordernis regelt, spricht zunächst dafür, dass sich die Voraussetzungen für die Anrechenbarkeit von Regionalfensterprogrammen nur aus § 31 Abs. 2 RStV selbst ergeben sollen, „Regionalfensterprogramme" i.S.v. § 31 Abs. 2 RStV also nur solche nach der Definition des § 2 Abs. 2 Nr. 4 RStV sind. Denn wären die Voraussetzungen des § 25 Abs. 4 RStV automatisch auch im Anwendungsbereich des § 31 Abs. 2 Satz 2 bis Satz 4 RStV verbindlich, so wäre § 31 Abs. 2 Satz 3 Halbsatz 1 RStV eigentlich überflüssig. Ein Vergleich mit der Regelung in § 26 Abs. 2 Satz 3 RStV, die ausdrücklich auf „Fensterprogramme *nach § 25 Abs. 4*" RStV verweist, scheint dieses Ergebnis zu stützen.

Allerdings könnte es sich insofern tatsächlich um ein Redaktionsversehen gehandelt haben. Hierfür spricht der Umstand, dass der Gesetzgeber die Regionalfensterprogramme nach § 25 Abs. 4 RStV als Maßnahme zur Sicherung der Mei-

693 Vgl. *Ebsen*, S. 151.

nungsvielfalt versteht und dieses Verständnis – jedenfalls nach seinem eigenen Bekunden[694] – auch der Novellierung durch den Achten Rundfunkänderungsstaatsvertrag zu Grunde lag. Damit sind § 31 RStV und § 25 Abs. 4 RStV von ihrer grundlegenden Intention her jedenfalls soweit identisch, als es sich in beiden Fällen um Instrumente der Vielfaltsicherung handelt.

Zwar unterscheiden sich die regionalen Fensterprogramme und die Satellitenfensterprogramme hinsichtlich ihres jeweiligen Verbreitungsgebietes und der inhaltlichen Fokussierung, in beiden Fällen aber soll das Fensterprogramm einen konkreten Beitrag dazu leisten, die bestehende Meinungsvielfalt bestmöglich zum Ausdruck zu bringen. Bei § 31 RStV i.V.m. § 26 Abs. 5 RStV liegt der Schwerpunkt – im Sinne einer „negativen" Vielfaltsicherung – dabei darin, der drohenden Entstehung eines Meinungsmonopols durch Einflussverminderung präventiv entgegenzuwirken. § 25 Abs. 4 RStV bewirkt durch die nicht nur thematische, sondern vor allem auch *regionale* inhaltliche Diversifizierung jedenfalls eine positive Förderung von Meinungsvielfalt, die über § 31 RStV sogar noch hinausgeht.[695]

Das spricht dafür, dass Regionalfensterprogramme – um nach § 31 Abs. 2 Satz 2 bis Satz 4 RStV anrechenbar zu sein – nicht „milderen" Voraussetzungen unterworfen sein dürfen als die jetzige gesetzliche Regelung in § 25 Abs. 4 RStV sie vorsieht, die auch im Rahmen des § 26 Abs. 2 Satz 3 RStV für eine Berücksichtigung maßgeblich ist. Im Gegenteil: Der Gesetzgeber beabsichtigte mit der Verschärfung der Regelungen in § 25 Abs. 4 RStV nach seinem eigenen Bekunden eine Optimierung der Regionalfensterprogramme als Mittel der Vielfaltsicherung. Dann ist es aber nur konsequent, dass – im Zuge der beabsichtigten Optimierung – die Voraussetzungen des § 25 Abs. 4 Satz 1 bis Satz 5 RStV sämtlich vorliegen müssen, damit Regionalfensterprogramme auf die originär als Maßnahme der Vielfaltsicherung in den Rundfunkstaatsvertrag eingeführte Sendezeit für unabhängige Dritte angerechnet werden können. Denn die Berücksichtigung von Regionalfensterprogrammen nach § 31 Abs. 2 Satz 2 bis Satz 4 RStV, die dazu führt, dass diese Sendezeiten für unabhängige Dritte teilweise ersetzen, ist nur dann gerechtfertigt, wenn die Regionalfenster insoweit auch „funktional äquivalent"[696] sind. Insofern wurden die in § 31 Abs. 2 Satz 2 bis Satz 4 RStV geregelten Anforderungen der redaktionellen Unabhängigkeit und der erforderlichen Mindestreichweite vor dem Achten Rundfunkänderungsstaatsvertrag als ab-

---

694 Vgl. die amtliche Begründung zu § 33 RStV, abgedruckt bei *Hartstein/Ring/Kreile/Dörr/Stettner,* § 33 RStV.

695 Vgl. zu dieser Differenzierung oben unter A.II.1.c) und C.III.3.b).

696 *Dörr,* ZWeR 2004, 159, 171.

solute „Mindestanforderungen für Regionalfenster als Mittel der Vielfaltsicherung“[697] empfunden.[698]

Dabei ist auch zu berücksichtigen, dass Regionalfenster- und Drittfensterprogramme nur *gemeinsam* zu einer *maximalen* Begünstigung der privaten Rundfunkveranstalter durch Gewährung eines 5 %-Bonus nach § 26 Abs. 2 Satz 3 RStV führen: Nur wenn Regionalfensterprogramme nach § 25 Abs. 4 *Satz 1 bis Satz 5* RStV in das Vollprogramm mit dem höchsten Zuschaueranteil aufgenommen werden, können *überhaupt* Drittsendezeiten berücksichtigt werden, denn nur solche Regionalfensterprogramme sind im Rahmen der Bonusgewährung nach § 26 Abs. 2 Satz 3 *Halbsatz 1* RStV berücksichtigungsfähig.[699] Unter dieser Prämisse wäre es logisch aber nicht nachvollziehbar, wenn Drittsendezeiten nach § 31 Abs. 2 Satz 2 bis Satz 4 RStV zum Teil durch Regionalfensterprogramme ersetzt werden dürften, die ihrerseits *nicht* den Anforderungen des § 25 Abs. 4 *Satz 1 bis Satz 5* RStV genügen.

Für eine Anrechnung der Regionalfensterprogramme nach § 31 Abs. 2 Satz 2 bis Satz 4 RStV ist also erforderlich, dass es sich um Regionalfensterprogramme handelt, die den Anforderungen des § 25 Abs. 4 RStV in vollem Umfang entsprechen.

c) Die im Rahmen des § 26 Abs. 2 Satz 3 Halbsatz 2 RStV zur Entscheidung über das Vorliegen der Voraussetzungen der §§ 31 Abs. 2 Satz 2 bis Satz 4 und 25 Abs. 4 RStV berufene Institution

Als bisher ungeklärt galt die Frage, ob und inwieweit die KEK im Rahmen der Bonusprüfung nach § 26 Abs. 2 Satz 3 *Halbsatz 2* RStV befugt war, die Voraussetzungen des § 31 Abs. 2 Satz 2 bis Satz 4 RStV – also redaktionelle Unabhängigkeit und Reichweite der Regionalfensterprogramme – zu überprüfen.[700]

Auch diesbezüglich kennt der Rundfunkstaatsvertrag ausdrückliche Zuständigkeitsregelungen nur in Form des – systemwidrigen – § 36 Abs. 2 Satz 2 RStV und § 31 Abs. 2 Satz 4 RStV, der die Frage regelt, unter welchen Voraussetzungen eine Unterschreitung der in § 31 Abs. 2 Satz 3 RStV festgesetzten Mindestreichweite der Regionalfensterprogramme im Zuge der Digitalisierung möglich ist: Dafür ist eine Feststellung der Landesmedienanstalten mit Drei-Viertel Mehrheit analog § 36 Abs. 2 Satz 2 RStV vorgesehen.

---

697 *Dörr*, ZWeR 2004, 159, 171.
698 Vgl. dazu auch *Hartstein/Ring/Kreile/Dörr/Stettner*, § 31 RStV Rn. 10 b.
699 Vgl. dazu soeben unter C.III.4.a)cc).
700 Vgl. dazu *Hartstein/Ring/Kreile/Dörr/Stettner*, § 26 RStV Rn. 14.

Ebsen[701] geht in seiner Untersuchung noch davon aus, dass die jeweils für die Zulassung des Fensterprogrammveranstalters nach § 31 RStV zuständige Landesmedienanstalt die Frage zu überprüfen hat, in welchem Umfang ein Veranstalter Sendezeit für unabhängige Dritte abzugeben hat. In diesem Rahmen sei ihr auch die Prüfung der Anrechenbarkeit von Regionalfensterprogrammen und damit die Prüfung, ob die Regionalfensterprogramme die Anforderungen an die Anrechenbarkeit erfüllen, übertragen.[702] *Ebsen* kommt zu diesem Ergebnis jedoch noch *vor* Einführung der Bonusregelung in § 26 Abs. 2 Satz 3 RStV[703] und stützt seine Auffassung daher auf den Umstand, dass „die Feststellung der Anrechenbarkeit eines Regionalfensters (...) weder verbindlich für noch gegen vorherrschende Meinungsmacht sprechen“[704] würde und es deshalb auch einer verbindlichen Entscheidung der KEK über die Anrechenbarkeit nicht bedürfe. Mit der Bonusregelung in § 26 Abs. 2 Satz 3 RStV hat der Gesetzgeber jedoch eine Regelung geschaffen, die sehr wohl eine klare Feststellung im Rahmen der konzentrationsrechtlichen Prüfung durch die KEK erfordert. Zwar hängt die Prüfungskompetenz der KEK – wie dargelegt – nicht ausschließlich von den in § 26 Abs. 2 RStV festgelegten Vermutungstatbeständen ab. Diese erfüllen aber jedenfalls die Funktion von Beweislastregeln, so dass verbindlich feststehen muss, ob der einem Unternehmen zurechenbare Zuschaueranteil eine dieser Schwellen überschreitet. In Bezug auf § 26 Abs. 2 Satz 2 RStV muss daher auch feststehen, ob und ggf. in welcher Höhe Prozentpunkte von dem Zuschaueranteil in Abzug zu bringen sind.

Anhand der bisherigen Überlegungen lässt sich die Frage nach der Prüfungskompetenz auf Grundlage der aktuell geltenden Regelungen damit wie folgt lösen: Die KEK darf und muss in Zusammenhang mit der Frage, ob im Rahmen des § 26 Abs. 2 Satz 3 *Halbsatz 2* RStV ein *zusätzlicher* Bonus in Höhe von 3 % für die Aufnahme von Drittsendezeiten nach § 26 Abs. 5 RStV gewährt werden kann, über das Vorliegen der Vorgaben für die Drittsendezeiten nach § 31 RStV entscheiden. Dies folgt aus ihrer Zuständigkeit nach § 36 Abs. 1 RStV.[705] Dann darf und muss sie dabei aber auch über die Frage befinden, ob Regionalfensterprogramme auf die Sendezeit für Dritte im konkreten Fall *anrechenbar* sind. Denn diese Frage ist – wegen des nach § 31 Abs. 2 Satz 1 RStV erforderlichen zeitlichen Umfangs der Drittsendezeiten insgesamt – entscheidend dafür, ob die

701 Vgl. *Ebsen,* S. 152 ff.
702 Vgl. *Ebsen,* S. 156.
703 Die Untersuchung von *Ebsen* basiert auf den Regelungen des Rundfunkstaatsvertrages *vor* Inkrafttreten des Sechsten Rundfunkänderungsstaatsvertrages.
704 *Ebsen,* S. 154.
705 So *Dörr,* ZWeR 2004, 159, 185; ebenso *Renck-Laufke,* ZUM 2003, 109, 111; a.A. *Hepach,* ZUM 2003, 112, 119.

Drittsendezeiten den gesetzlichen Vorgaben genügen und daher ein zusätzlicher Bonus gewährt werden kann.[706] In diesem Rahmen hat die KEK aufgrund ihrer umfassenden Kompetenz nach § 36 Abs. 1 RStV jedenfalls darüber zu entscheiden, ob die der Prüfung unterliegenden Regionalfensterprogramme den in § 31 Abs. 2 Satz 3 RStV geregelten Anforderungen entsprechen.[707] Da die Regionalfensterprogramme darüber hinaus den Vorgaben in § 25 Abs. 4 RStV entsprechen müssen, um anrechenbar zu sein, besteht auch in Bezug auf § 25 Abs. 4 *Satz 2 bis Satz 5* RStV ein Prüfungsrecht der KEK nach § 36 Abs. 1 RStV. Für § 25 Abs. 4 *Satz 1* RStV gilt zwar formal die Zuständigkeitsregelung des § 36 Abs. 2 Satz 2 RStV, die aber hier aus den gleichen Gründen, die oben bereits dargelegt wurden,[708] als systemwidrig abzulehnen ist.

6. § 25 Abs. 4 RStV als Ausdruck des in der Bundesrepublik Deutschland herrschenden Föderalismus-Prinzips

Ein weiterer wichtiger Aspekt sollte bei der Untersuchung der Regionalfensterprogramme nicht vergessen werden: Die Bundesrepublik Deutschland ist ein föderalistischer Bundesstaat.

a) „Rundfunkföderalismus" als Ausfluss des Bundesstaatsprinzips, Art. 20 Abs. 1 GG

Das Bundesstaatsprinzip, das in Art. 20 Abs. 1 GG verankert ist, und insbesondere durch die Homogenitätsklausel, Art. 28 Abs. 1 GG, und die Kompetenzklausel, Art. 30 GG konkretisiert wird, ist das zentrale Staatsstrukturprinzip der Bundesrepublik Deutschland.[709] Föderalismus bedeutet, dass die Erfüllung staatlicher Aufgaben und somit auch die zugehörige Regelungskompetenz nach Art. 30 GG und Art. 70 GG vorrangig bei den einzelnen Bundesländern selbst – und nicht beim Bund – liegt.

Die besondere Bedeutung, die dem Föderalismus als Staatsstrukturprinzip in der Bundesrepublik Deutschland beigemessen wird, zeigte sich erst jüngst eindrucksvoll anhand der im Sommer 2006 umgesetzten „Föderalismus-Reform".[710]

---

706 Vgl. dazu oben unter C.II.5.a).

707 So auch schon *Dörr*, ZWeR 2004, 159, 185.

708 Vgl. dazu oben unter C.II.3.c)cc).

709 Vgl. zur Bedeutung des Bundesstaatsprinzips *Jarass/Pieroth*, Art. 20 GG Rn. 16.

710 Seit dem 1.9.2006 gelten die Bestimmungen der Föderalismus-Reform zur Neuordnung der bundesstaatlichen Ordnung. Ziel der Reform war es, die Handlungs- und Entscheidungsfähigkeit von Bund und Ländern zu verbessern und die politischen Verantwortlichkeiten deutlicher zuzuordnen. Die Föderalismus-Reform stellt die

Im Rahmen dieser Reform wurde die Zahl der Bundesgesetze, die der Zustimmung des Bundesrates bedürfen, verringert, und in vielen Fachbereichen die bis dahin bestehende Gesetzgebungskompetenz des Bundes auf die einzelnen Bundesländer übertragen.[711]

Auch die Spezialmaterie „Rundfunk" unterliegt – im Rahmen der aus Art. 30, 70 GG resultierenden Kulturhoheit der Länder – der Kodifizierung durch die einzelnen Bundesländer.[712] Diese zunächst rein formale Kompetenzverteilung hat aber auch Konsequenzen bezüglich der inhaltlichen Ausgestaltung des Rundfunkbereichs. Denn aus ihr folgt das Gebot, Rundfunk in Deutschland nicht zentral zu organisieren, sondern föderative Strukturen im Sinne eines „Rundfunkföderalismus"[713] zu verwirklichen.[714] Das Grundgesetz gibt insofern eine „föderale Medienordnung"[715] in der Bundesrepublik Deutschland vor, in der die Rundfunkorganisation entscheidend durch das föderalistische Prinzip geprägt ist.[716]

b) Die öffentlich-rechtlichen Landesrundfunkanstalten

Im Bereich des öffentlich-rechtlichen Rundfunks wird Rundfunkföderalismus verwirklicht durch das System der Landesrundfunkanstalten.[717]

Die derzeit bestehenden neun Landesrundfunkanstalten[718] sind dabei jeweils für ein oder mehrere Bundesländer zuständig[719] und innerhalb der Arbeitsge-

---

umfassendste Grundgesetzreform seit 1949 dar. Vgl. dazu unter *http://www.bundestag.de/parlament/gremien/foederalismus/index.html.*

711 So z.B. im Besoldungs- und Versorgungsrecht für Landesbeamte, bei der sozialen Wohnraumförderung, dem Strafvollzug und dem Ladenschluss.

712 Vgl. dazu *Hahn/Vesting – Vesting,* § 1 RStV Rn. 10; *Jarass/Pieroth,* Art. 70 GG Rn. 11; vgl. auch BVerfGE 12, 205 (225, 229); 57, 295 (321); 92, 203 (238).

713 *Herrman/Lausen,* § 6 Rn. 45.

714 Vgl. dazu *Kreile,* UFITA 2005/I, 109, 179; *Herrmann/Lausen,* § 6 Rn. 45; die dezentrale Organisation des Rundfunks in Deutschland ist nicht zuletzt auf die negativen Erfahrungen mit dem zentral organisierten Staatsrundfunk in der Weimarer Republik und seinen Missbrauch im Nationalsozialismus zurückzuführen, vgl. dazu *Dörr/Schwartmann,* Rn. 164 ff.; *Kühn,* S. 9 ff.

715 *Dörr,* NJW 1995, 2263, 2263.

716 Vgl. auch *Hoffmann/Riem,* Verfassungsrecht, S. 215 Rn. 36; *Kreile,* UFITA 2005/I, 109, 179; *Dörr,* ZWeR 2004, 159, 188; vgl. dazu auch *Fechner,* Rn. 42 ff.

717 Vgl. insofern auch *Kümmel/Meyer-Burckhardt,* MMR 2005, 288, 290.

718 Aktuell gibt es folgende Landesrundfunkanstalten: den Bayerischen Rundfunk (BR), den Hessischen Rundfunk (HR), den Mitteldeutschen Rundfunk (MDR) für Sachsen, Sachsen-Anhalt und Thüringen, den Norddeutschen Rundfunk (NDR) für Niedersachsen, Schleswig-Holstein, Mecklenburg-Vorpommern und Hamburg, radiobremen für das Bundesland Bremen, den Rundfunk Berlin-Brandenburg (rbb) für Berlin und Brandenburg, den Saarländischen Rundfunk (sr), den Südwestrund-

meinschaft der öffentlich-rechtlichen Rundfunkanstalten der Bundesrepublik Deutschland (ARD)[720] verbunden.

Sie sind insofern sowohl für das bundesweite Programm des Ersten Deutschen Fernsehprogramms der ARD – „Das Erste" –, als auch für die Veranstaltung eigener regionaler Fernsehprogramme – die sog. Dritten Programme[721] verantwortlich.[722] Die ARD bezeichnet sich insofern selbst als „föderales Prinzip".[723]

Bei den Dritten Programmen handelt es sich mittlerweile um Fernsehvollprogramme i.S.v. § 2 Abs. 2 Nr. 1 RStV, die aber jeweils einen hohen regionalen Informationsanteil aufweisen. Aufgrund ihrer regionalen Fokussierung wurden sie ursprünglich – ebenso wie heute die Regionalfensterprogramme bei den privaten Veranstaltern RTL Television GmbH und SAT. 1 SatellitenFernsehen GmbH – auch nur regional ausgestrahlt. Dies hat sich jedoch mittlerweile geändert, fast alle Dritten sind heute bundesweit empfangbar.[724]

Klassische Formate in den Dritten Programmen sind sog. Landesschauen und unterschiedliche Regionalmagazine. Daneben werden aber auch in den Dritten Programmen Serien und Spielfilme gezeigt, häufig als Wiederholungen aus dem

---

funk (SWR) für Rheinland-Pfalz und Baden-Württemberg sowie den Westdeutschen Rundfunk (WDR) für Nordrhein-Westfalen.

719 So ist z.B. der Bayerische Rundfunk (BR) nur für das Bundesland Bayern zuständig.
Der Südwestrundfunk (SWR) hingegen, der aus einem Zusammenschluss von Süddeutschem Rundfunk (SDR) und Südwestfunk (SWF) zum 01.01.1998 hervorging und seitdem die zweitgrößte Landesrundfunkanstalt innerhalb der ARD darstellt, umfasst das Gebiet der Bundesländer Rheinland-Pfalz und Baden-Württemberg.

720 Im Folgenden nur: ARD.

721 Unter dem Begriff der „Dritten Programme" werden die landesspezifischen Programme der einzelnen Landesrundfunkanstalten der ARD verstanden.
Die Bezeichnung als Dritte Programme ist dadurch bedingt, dass es in den 1960er und 70er Jahren in Deutschland mit dem Ersten Deutschen Fernsehen und dem ZDF nur zwei nationale Fernsehprogramme gab. Die regionalen Fernsehprogramme der ARD-Landesrundfunkanstalten waren somit buchstäblich die dritten Programme, die die damaligen Fernsehhaushalte in ihrem jeweiligen Verbreitungsgebiet empfangen konnten.

722 Vgl. insofern § 1 des ARD-Staatsvertrages (abgedruckt bei *Ring*, Medienrecht, Loseblattsammlung, Stand März 2007), der als Art. 2 des „Staatsvertrag über den Rundfunk im vereinten Deutschland" zum 1. Januar 1992 in Kraft trat. Darüber hinaus verbreiten die Landesrundfunkanstalten ein „Morgen"- und ein „Mittagsmagazin" zusammen mit dem ZDF.

723 Vgl. dazu die Homepage der ARD unter *http://www.ard.de/intern/programme*; vgl. auch *Hartstein/Ring/Kreile/Dörr/Stettner*, Vor § 11 RStV Rn. 67.

724 Vgl. dazu beispielsweise die homepage des NDR unter *http://www.1.ndr.de*.

Ersten Programm der ARD. Auch reine Show- und Unterhaltungsformate gehören zum Programm der Dritten, diese haben inhaltlich jedoch häufig regionalen Bezug.[725]

Eine graduelle Abschwächung des regionalen Bezugs ergibt sich allerdings nicht nur aus der Übernahme von Sendungen aus dem Ersten Programm der ARD, sondern auch durch „Zusammenschaltungen" zwischen den einzelnen Dritten. So ist z.B. das Programm von radio bremen TV – bis auf bestimmte Regionalprogramme – inhaltlich identisch mit dem des NDR. Gleiches gilt für die Programme des Saarländischen Rundfunks und des SWR. Im SWR-Fernsehen wiederum gibt es zwar zwei unterschiedliche Regionalversionen für Baden-Württemberg und Rheinland-Pfalz, diese werden jedoch im Rahmen eines einheitlichen Mantelprogramms ausgestrahlt.

Allerdings sind auch gegenläufige Entwicklungen zu beobachten, denn in einigen anderen Dritten Programmen wird wiederum eine sehr starke regionale Diversifizierung praktiziert. So z.B. in den Programmen des MDR und des NDR, wo Auseinanderschaltungen in die drei bzw. vier jeweils bestehenden Landesrundfunkhäuser stattfinden.

Das am stärksten regionalisierte Programm ist das des WDR, der über elf Regionalstudios in Nordrhein-Westfalen verfügt. Im Programm des WDR findet daher – wenn auch nur im wöchentlichen Wechsel – eine Auseinanderschaltung in elf unterschiedlichen Regionen statt.

Insgesamt gesehen zeichnen sich die Dritten Programme also – entgegen den anders lautenden Behauptungen von Seiten der privaten Rundfunkveranstalter[726] – nach wie vor durch eine starke regionale Prägung, die ihr hauptsächliches Unterscheidungsmerkmal zu dem Hauptprogramm der ARD „Das Erste" ist,[727] ebenso wie durch eine hohe Zuschauerakzeptanz aus.[728]

---

725 Ein Beispiel hierfür ist das „20.15 Uhr" – Unterhaltungsformat „Fröhlicher Weinberg" im Programm des SWR.

726 Vgl. *Kümmel/Meyer-Burckhardt*, MMR 2005, 288, 290.

727 Zu der Frage einer verfassungswidrigen Ungleichbehandlung von privaten Rundfunkveranstaltern und ARD/Dritten vgl. nachfolgend unter D.IV.

728 So erreichten die Dritten Programme z.B. im Dezember 2006 mit einem Zuschaueranteil von insgesamt 14,7 % die Marktführerschaft, vgl. *hen*, epd medien Nr. 2 vom 10.1.2007, S. 18.

c) Regionalfensterprogramme nach § 25 Abs. 4 RStV als Mittel zur Verwirklichung föderalistischer Strukturen im Bereich des bundesweiten Privatrundfunks

In dem in der Bundesrepublik Deutschland bestehenden Dualen System ist der Privatrundfunk aber ebenso Bestandteil der „Gesamtveranstaltung Rundfunk" wie die Anstalten des öffentlich-rechtlichen Rundfunks. Das Konzept des Rundfunkföderalismus betrifft dabei das gesamte Rundfunkangebot in Deutschland, also nicht nur die öffentlich-rechtliche Seite des Dualen Systems, sondern daneben auch die privaten Anbieter von Rundfunkprogrammen.

Der Privatrundfunk in Deutschland – insbesondere das Privatfernsehen – weist aufgrund der hohen Wirtschaftskraft des deutschen Sprachraums und der daraus resultierenden Werbeeinnahmen eine – auch im europaweiten Vergleich – beachtliche Anzahl von Programmen auf.[729] So wurden im Juni 2006 bundesweit 112 private Fernsehprogramme angeboten, die Tendenz ist steigend.[730] Darüber hinaus gibt es auch diverse lokale und regionale private Rundfunkprogramme.[731] Die mit Abstand höchsten Zuschaueranteile entfallen jedoch auf die Programme des *bundesweiten* Privatfernsehens,[732] die *keine* regionalen Differenzierungen aufweisen. Ihr fehlender Regionalbezug ist dabei auf ein „Diktat der Einschaltquote"[733] zurückzuführen, denn die Haupteinnahmequelle der bundesweiten privaten Rundfunkveranstalter sind die Einnahmen speziell aus der Werbung für Markenprodukte internationaler Unternehmen, welche eine möglichst flächendeckende und damit bundesweite Verbreitung voraussetzen. Eine Regionalisierung des Programms lässt aus Sicht der privaten Veranstalter Einbußen bei den Einschaltquoten befürchten, die wiederum zu einem Verlust der angesprochenen Werbekunden führen würden.[734]

---

729 Vgl. *Dörr*, ZWeR 2004, 159, 160.

730 Vgl. den *Neunten Jahresbericht der KEK*, S. 5, sowie die aufgrund § 26 Abs. 7 RStV von der KEK unter http://*www.kek-online.de/*Inhalte/programmliste.pdf veröffentlichte Programmliste.

731 Wie z.B. die bereits mehrfach erwähnten Programme münchen.tv und RNFplus.

732 Also in erster Linie die beiden reichweitenstärksten Programme RTL und SAT.1 mit derzeit (Stand September 2007) 13,1 % bzw. 9,7 % Marktanteil, daneben aber auch die Programme ProSieben (6,5 %), VOX (6,0 %), RTL II (3,7 %), Kabel 1 (3,6 %) und Super RTL (2,3 %). Zu den aktuellen Zuschaueranteilen vgl. unter *http://www.kek-online.de/kek/medien/zuschauer/2007.pdf.*

733 *Hahn/Vesting – Rossen-Stadtfeld*, § 25 RStV Rn. 8.

734 Vgl. dazu *Ricker/Schiwy*, F Rn. 60; vgl. auch *Hahn/Vesting – Rossen-Stadtfeld*, § 25 RStV Rn. 66.

Dass diese Programme die meisten Fernsehhaushalte erreichen,[735] kann – und muss – daher *zugunsten* regionaler Berichterstattung und damit zur Verwirklichung einer „programmföderalistischen Dimension“[736] genutzt werden: Werden in den beiden – im Gesamtangebot der bundesweiten Privatfernsehprogramme – reichweitenstärksten Fernsehvollprogrammen Regionalfensterprogramme ausgestrahlt, so erfüllen diese Fensterprogramme die Aufgabe, den verschiedenen Regionen in Deutschland auch im privaten Fernsehen – und für eine möglichst große Zahl von Zuschauern wahrnehmbar – „Gehör zu verschaffen“.[737] Sie bieten im Rahmen der beiden reichweitenstärksten bundesweit verbreiteten privaten Fernsehprogramme ein Forum der Präsentation für bundeslandspezifische Themen und Interessen. Damit stellen sie für die Zuschauer in dem jeweiligen Bundesland – neben den eventuell vorhandenen lokalen und regionalen Privatprogrammen – eine zusätzliche Informationsquelle für „Informationen aus ihrer Heimat“[738] dar.[739]

---

735 Im März 2006 verfügten die – damals – 106 bundesweit verbreiteten privaten Fernsehvollprogramme über eine technische Reichweite von insgesamt 37,3 Mio. Fernsehhaushalten. Die – damals – 202 lokalen privaten TV-Sender erreichten insgesamt nur 13 Mio. Fernsehhaushalte, wobei nur 117 von ihnen überhaupt eine technische Reichweite von mehr als 10.000 Fernsehhaushalten hatten. Vgl. dazu *Goldhammer/Wiegand*, Folien 5 und 6.

736 *Hahn/Vesting – Rossen-Stadtfeld*, § 25 RStV Rn. 8.

737 Auch die Landesmedienanstalten messen nach Aussage des stellvertretenden DLM-Vorsitzenden Dr. Victor Henle den Regionalfensterprogrammen aus föderalen Gründen ein besonderes Gewicht zu, vgl. dazu die Pressemitteilung 01/2005 der ALM/DLM vom 5.1.2005, abzurufen unter *http://www.alm.de*.

738 So der Vorsitzende der CSU-Medienkommission, Dr. Markus Söder, in einer unter *http://www.csuportal.de/home/Display/Politik/Themen/Medienpolitik/061127_soeder* abzurufenden Pressemitteilung der CSU vom 27.11.2006 zu den Plänen der RTL Television GmbH, Regionalfensterprogramme in das digitale Programmbouquet „auszulagern“. Diese Pläne werden von der CSU abgelehnt, da die Regionalfensterprogramme „für die Menschen auch ein Stück Identität“ darstellen würden und daher aus Sicht der CSU im Hauptprogramm belassen werden sollten. Die Pläne von RTL bezeichnete Söder daher auch als „Entscheidung gegen die Zuschauer“. Vgl. dazu nachstehend unter Teil 3 I.2.

739 *Hartstein/Ring/Kreile/Dörr/Stettner*, § 25 RStV Rn. 17, weisen unter Berufung auf die Funk-Analyse-Bayern 2002 – veröffentlicht in der Schriftenreihe der BLM – darauf hin, dass regionale Fensterprogrammangebote in ihrer jeweiligen Sendezeit sogar höhere Einschaltquoten erzielen, als das bundesweite Mantelprogramm vor und nach dem Programmfenster. Dies mag in einigen Fällen tatsächlich zutreffen, ist aber – da sich die zitierte Studie nur auf das Land Bayern bezieht – wohl nicht pauschalisierbar.

Die Implementierung von Regionalfensterprogrammen in den beiden *reichweitenstärksten* bundesweit ausgestrahlten Fernsehvollprogrammen gewährleistet dabei eine möglichst lückenlose und gleichzeitig „stabile“ bzw. „langlebige“ Verbreitung von regionalen Informationen.[740]

Die Regionalfensterprogramme nach § 25 Abs. 4 RStV verwirklichen daher – neben ihrer Funktion als Instrument zur Sicherung der Meinungsvielfalt – auch als „Instrument zur Sicherung der regionalen Vielfalt“[741] effektiv die föderale Komponente des Privatrundfunks in der Bundesrepublik.[742] Sie stellen insofern eine Art „Pendant“ zu den Dritten Programmen im Bereich des öffentlich-rechtlichen Rundfunks dar.

D. § 25 Abs. 4 RStV – Verletzung der Grundrechte privater Rundfunkunternehmer?

Betrachtet man die in Teil B. dargestellte Historie der Regionalfenster im privaten Rundfunk und die in Teil C. erläuterte Neuregelung des § 25 Abs. 4 RStV durch den Achten Rundfunkänderungsstaatsvertrag, so stellt sich abschließend die Frage, ob die Regionalfensterprogramme i.S.d. § 25 Abs. 4 RStV als Mittel zur Sicherung regionaler Vielfalt auch verfassungsrechtlichen Anforderungen standhalten, oder ob durch die insbesondere mit dem Achten Rundfunkänderungsstaatsvertrag vollzogene Entwicklung die Verhältnismäßigkeit zwischen dem vom Gesetzgeber postulierten Regelungsziel und der Belastung der von den Verpflichtungen aus § 25 Abs. 4 RStV betroffenen Sender in Frage gestellt wird.

Denn jedenfalls die betroffenen Hauptprogrammveranstalter – also namentlich die RTL Television GmbH und die SAT.1 SatellitenFernsehen GmbH – betrachten die derzeitige Regelung der Regionalfensterprogramme in ihrer gesamten Wirkung als Aushebelung des ursprünglich ausbalancierten Systems von positiver und negativer Vielfaltsicherung.[743]

Die – insbesondere aus Sicht der beiden betroffenen Hauptprogrammveranstalter bestehenden – Probleme der in § 25 Abs. 4 RStV enthaltenen Regelung wurden im Zusammenhang mit den einzelnen Regelungsbestandteilen bereits an-

740 Vgl. zu der „verlängerten Lebensdauer“ der Regionalfensterprogramme im Vergleich zu kleinen regionalen und lokalen Sendern oben unter C.II 1.a)bb)(2).

741 So der *Neunte Jahresbericht der KEK*, S. 265.

742 Vgl. auch *Ricker/Schiwy*, F Rn. 59, 60 m.w.N; ebenso *Hartstein/Ring/Kreile/Dörr/Stettner*, § 25 RStV Rn.17; *Hahn/Vesting – Rossen-Stadtfeld*, § 25 RStV Rn. 66.

743 Vgl. z.B. *Kümmel/Meyer-Burckhardt*, MMR 2005, 288 ff. für den Sender SAT.1.

gesprochen.[744] Die Verpflichtung zur Aufnahme der Regionalfenster in das Programm der beiden selektiv betroffenen Hauptprogrammveranstalter bedeutet für diese den unmittelbaren Verlust eigener Sendezeit und eine Unterbrechung ihres eigenen Programms. Diese Unterbrechung wirkt sich u.U. negativ auf den Audience Flow und somit die Zuschaueranteile aus. Wollen die Hauptprogrammveranstalter diese Auswirkungen kompensieren, werden sie mittelbar zu einer Anpassung ihres eigenen Programms an das Regionalfenster gezwungen. Während der Sendezeit des Regionalfensters kann der Hauptprogrammveranstalter überhaupt keine eigenen Werbeeinnahmen erzielen, auch das unmittelbare Umfeld der Ausstrahlung des Regionalfensterprogramms wird u.U. für Zuschauer wie auch (potentielle) Werbekunden weniger attraktiv.

Da das Regionalfensterprogramm von einem redaktionell und – im Regelfall – auch gesellschaftsrechtlich unabhängigen Regionalfensterprogrammveranstalter gestaltet wird – und auch werden muss –, handelt es sich aus der Perspektive des Hauptprogrammveranstalters um einen „fremden" Programmbestandteil, auf dessen Inhalt er keinen – auch keinen gesellschaftsrechtlichen – Einfluss nehmen kann, unabhängig davon, wie negativ die Auswirkungen auf die Programmstruktur des Hauptprogrammveranstalters im Einzelfall sein mögen. Hierin besteht ein maßgeblicher Unterschied der Neuregelung durch den Achten Rundfunkänderungsstaatsvertrag zu der zuvor bestehenden Rechtslage. Dennoch ist auch der Inhalt des Regionalfensterprogramms relevant für die Frage der Bonusgewährung.

Die eigenständige Lizenzierung der Regionalfensterprogrammveranstalter führt in vielen Fällen zu einem teilweisen Widerruf der bestehenden Genehmigung des Hauptprogrammveranstalters, dieser wird – soweit es sich bei den Regionalfensterveranstaltern um Tochtergesellschaften handelt, die den Zurechnungstatbestand des § 28 Abs. 1 Satz 1 RStV erfüllen – zu einem weitgehenden Verkauf seiner Unternehmensanteile an diesen Veranstaltern gezwungen. Zudem trifft den Hauptprogrammveranstalter die konkrete Verpflichtung zur Finanzierung des Regionalfensterprogramms.

Hinzu kommt, dass der Hauptprogrammveranstalter für den Zeitraum der Ausstrahlung des Fensterprogramms selbst keine Werbeeinahmen erzielen kann, wobei die durch die Landesmedienanstalten in der FFR festgelegte Sendezeit der Regionalfensterprogramme eine große Rolle spielt, da es sich bei der Zeit zwischen 17.00 Uhr und 19.00 Uhr gerade um das für Zuschauer und Werbekunden grundsätzlich attraktive Vorabendprogramm handelt.

Das Bundesverfassungsgericht hat in ständiger Rechtsprechung betont, dass auch der *private* Rundfunk der freien individuellen und öffentlichen Meinungs-

744 Vgl. dazu insbesondere unter C.II.1.d), 2.d), 3.b)bb), 4.f), 5.b) sowie 6.d).

bildung sowie der Meinungsvielfalt verpflichtet ist. Die Veranstaltung privater Rundfunkprogramme darf aber unter dieser Prämisse nicht in hohem Maße erschwert oder sogar ausgeschlossen werden.[745] Diese Anforderungen wurden in der Präambel des Rundfunkstaatsvertrages verankert, aus der sich ergibt, dass privaten Rundfunkveranstaltern „keine übermäßigen Steine in den Weg zu ihrem wirtschaftlich-publizistischen Erfolg gelegt werden"[746] dürfen.

Regionalfensterprogramme finden in der Präambel ebenfalls Erwähnung und zwar insofern, als eine Koppelung der Zuteilung *terrestrischer* Frequenzen an eine Verpflichtung privater Rundfunkveranstalter zur Ausstrahlung lokaler und regionaler Beiträge nach Maßgabe des jeweiligen Landesrechts ausdrücklich für zulässig, und sogar erwünscht, erklärt wird. Dies hatte seinen Grund und seine Rechtfertigung *jedenfalls* in der Knappheit und zugleich in der Bedeutung terrestrischer Frequenzen für die Anfänge des Privatrundfunks[747] und entspricht letztlich der Regelung des § 25 Abs. 4 RStV in seiner Fassung noch *vor* Inkrafttreten des Sechsten Rundfunkänderungsstaatsvertrages. Denn bereits mit dieser Novellierung wurde die Verknüpfung der Ausstrahlung von Regionalfensterprogrammen und der terrestrischen Verbreitung des jeweiligen Mantelprogramms aufgehoben. Es stellt sich also die Frage, ob der Gesetzgeber – insbesondere mit seiner Novellierung durch den Achten Rundfunkänderungsstaatsvertrag – möglicherweise über das hinausgegangen ist, was er in der Präambel zum Rundfunkstaatsvertrag noch selbst zum politischen Regelungsziel im Bereich des Privatrundfunks erklärt hat und ob er diese Verschärfung verfassungsrechtlich in vollem Umfang als Maßnahme der Vielfaltsicherung rechtfertigen kann.

Denn die Regelung des § 25 Abs. 4 RStV tangiert den Schutzbereich verschiedener verfassungsrechtlich verbürgter Rechtspositionen: betroffen sind neben der Rundfunkfreiheit, Art. 5 Abs. 1 Satz 2 GG, auch die Gewerbefreiheit der Hauptprogrammveranstalter, Art. 12 Abs. 1 GG, sowie deren Eigentumsgrundrecht, Art. 14 Abs. 1 GG. Dabei ist allerdings zunächst zu hinterfragen, inwieweit sich private Rundfunkveranstalter tatsächlich auf die Rundfunkfreiheit als Abwehrrecht berufen können.

Ist dies zu bejahen, so stellt sich weiterhin die Frage, inwieweit die Freiheitsgrundrechte der Art. 12 Abs. 1 GG und Art. 14 Abs. 1 GG neben der Rundfunkfreiheit bei der Beurteilung der Regionalfensterprogramm-Regelung des § 25 Abs. 4 RStV in Anspruch genommen werden können.

---

745 Vgl. dazu oben unter C.III.1.

746 *Hahn/Vesting – Hahn,* RStV Präambel Rn. 15.

747 Vgl. dazu *Wagner,* ProMedia 2/05, 16, 16; *Ebsen,* S. 143; vgl. dazu auch *Hartstein/Ring/Kreile/Dörr/Stettner,* Präambel Rn. 12.

Zudem wird von Seiten der aktuell betroffenen Hauptprogrammveranstalter RTL Television GmbH und SAT.1 SatellitenFernsehen GmbH ein Verstoß gegen den Gleichbehandlungsgrundsatz, Art. 3 Abs. 1 GG, gerügt aufgrund einer aus ihrer Sicht[748] unterschiedlichen Behandlung von privaten Veranstaltern und öffentlich-rechtlichen Rundfunkanstalten im Bereich der Regionalberichterstattung.

Aber auch im Verhältnis zu anderen privaten Rundfunkveranstaltern stellt sich ein Gleichbehandlungsproblem, da § 25 Abs. 4 RStV mittlerweile nur noch die Veranstalter der *beiden reichweitenstärksten* bundesweit verbreiteten Fernsehvollprogramme – aktuell die RTL Television GmbH und die SAT.1 SatellitenFernsehen GmbH – *selektiv* betrifft. Diese Ungleichbehandlung wird vorrangig im sachlichen Anwendungsbereich der betroffenen Grundrechte relevant und verleiht einem – potentiellen – Eingriff in diese ein zusätzliches Gewicht.[749] Eine separate Untersuchung dieses Aspekts der Ungleichbehandlung am Maßstab des Art. 3 Abs. 1 GG ist nicht Gegenstand der vorliegenden Untersuchung.

Prüfungsgegenstand ist im Folgenden primär die Regelung in § 25 Abs. 4 RStV. Aus den Regelungen der FFR ergeben sich – soweit man ihnen Außenwirkung zubilligt – u.U. ebenfalls unmittelbar Grundrechtsbeeinträchtigungen. Betrachtet man die Regelungen der FFR hingegen als reine „Interna“, dann können diese zumindest Aufschluss geben über die Auslegung des § 25 Abs. 4 RStV. Diese muss verfassungskonform sein.

I. Rundfunkfreiheit, Art. 5 Abs. 1 Satz 2 GG

Die Regelung des § 25 Abs. 4 RStV hat Auswirkungen auf die Programmgestaltung und darüber hinaus sogar auf die Unternehmensstruktur der von ihr betroffenen privaten Fernsehveranstalter RTL Television GmbH und SAT.1 SatellitenFernsehen GmbH. Sie könnte daher gegen die Rundfunkfreiheit, Art. 5 Abs. 1 Satz 2 RStV, verstoßen.

Art. 5 Abs. 1 GG schützt den Kommunikationsprozess in Form der sog. Kommunikationsfreiheiten in allen seinen Ausprägungen: Durch Art. 5 Abs. 1 Satz 1 GG werden die Freiheit der Meinungsäußerung und -verbreitung – also die Kommunikations*abgabe* – und die Informationsfreiheit – die Kommunikations*aufnahme* – geschützt. Dabei unterstellt Art. 5 Abs. 1 Satz 2 GG auch die den Kommunikationsprozess unterstützenden Massenmedien – Presse, Rundfunk und Film – einem besonderen verfassungsrechtlichen Schutz.[750] Denn für die Bundes-

748 Vgl. *Kümmel/Meyer-Burckhardt,* MMR 2005, 288, 290 für den Sender SAT.1.
749 Vgl. *Jarass/Pieroth,* Art. 3 GG Rn. 3 m.w.N.; *Engel,* ZUM 2000, 345, 348.
750 Vgl. *Jarass/Pieroth,* Art. 5 GG Rn. 1; vgl. dazu auch *Mailänder,* S. 37 ff.

republik Deutschland als demokratischen Staat, Art. 20 Abs. 1 GG, sind die Kommunikationsfreiheiten des Art. 5 Abs. 1 GG – und insbesondere die „Medienfreiheiten“[751] des Art. 5 Abs. 1 Satz 2 GG – von zentraler Bedeutung. Das Bundesverfassungsgericht hat die Meinungsbildungsfreiheit an sich daher auch als für die freiheitlich demokratische Staatsordnung „schlechthin konstituierend“ bezeichnet.[752] In dem für die Meinungsbildung grundlegenden Kommunikationsprozess fungiert der Rundfunk als „Medium und Faktor“, indem er dem Einzelnen und den gesellschaftlichen Gruppen Gelegenheit zu meinungsbildendem Wirken gibt und zugleich selbst an dem Prozess der Meinungsbildung beteiligt ist.[753] Aufgrund seiner „Breitenwirkung, Aktualität und Suggestivkraft“[754] kommt ihm – im Vergleich zu Presse und Film – eine ganz besondere Stellung zu, wobei das Gewicht des Fernsehens aufgrund der intensiven und suggestiven Wirkung von Fernsehbildern besonders bedeutsam ist.[755]

1. Schutzbereich

a) Sachlicher Schutzbereich

Art. 5 Abs. 1 Satz 2 GG gewährleistet „die Freiheit der Berichterstattung durch Rundfunk“.

aa) Begriff des Rundfunks

Unter Rundfunk im verfassungsrechtlichen Sinn ist die Veranstaltung und Verbreitung von Darbietungen aller Art für einen unbestimmten Personenkreis mit Hilfe elektrischer Schwingungen zu verstehen.[756] Dabei werden unter Darbietun-

751 Vgl. *Jarass/Pieroth,* Art. 5 GG Rn. 1.

752 Vgl. die ständige Rechtsprechung des Bundesverfassungsgerichts seit BVerfGE 7, 198 (208); vgl. insbesondere auch BVerfGE 12, 205 (260 ff.); 57, 295 (322 f.); 73, 118 (172 ff.); 83, 238 (296); 95, 163 (172 f.).

753 Die Rechtsprechung des Bundesverfassungsgerichts zu Art. 5 Abs. 1 Satz 2 RStV und der Bedeutung des Rundfunks für die freie individuelle und öffentliche Meinungsbildung wurde oben unter C.III.1. bereits dargestellt.

754 BVerfGE 90, 60 (87); so jüngst auch das Urteil des BVerfG vom 11.9.2007, abgedruckt bei epd medien Nr. 74 vom 19.9.2007, S. 3 ff., S. 18.

755 Vgl. *von Mangoldt/Klein/Starck-Starck,* Art. 5 GG Rn. 115; *Jarass/Pieroth,* Art. 5 GG Rn. 46; vgl. dazu auch *Starck,* NJW 1992, 3257, 3263; *Fechner,* Rn. 766.

756 Vgl. *Maunz/Dürig – Herzog,* Art. 5 GG Rn. 195; *BK – Degenhart,* Art. 5 GG Rn. 667; *Jarass/Pieroth,* Art. 5 GG Rn. 36.
Vgl. dazu auch die – weitgehend wortgleiche – einfachrechtliche Definition in § 2 Abs. 1 Satz 1 RStV.

gen solche Inhalte verstanden, die von einem Rundfunkunternehmen im Interesse der Rezipienten redaktionell aufbereitet und verantwortet werden.[757]

Der verfassungsrechtliche Rundfunkbegriff umfasst damit den klassischen Hörfunk und das Fernsehen,[758] daneben aber auch neuartige Dienste wie Pay-TV und verschiedene Zugriffs- und Abrufdienste.[759] Entscheidend ist jeweils, dass sich die Veranstaltung und Verbreitung technisch nicht nur an einen bestimmten, im Vorhinein feststehenden Personenkreis richten darf.[760]

bb) Veranstaltung von Privatrundfunk als geschütztes Verhalten

Entgegen seinem Wortlaut schützt Art. 5 Abs. 1 Satz 2 GG nicht nur die bloße Berichterstattung als solche,[761] sondern vielmehr „jede Vermittlung von Information und Meinung" durch Rundfunk.[762]

Dabei ist insbesondere die Art des veranstalteten Programms – also, ob es sich um Inhalte mit z.B. informativem, bildendem oder rein unterhaltendem Charakter handelt – irrelevant für die Anwendbarkeit der Rundfunkfreiheit.[763] Dass die meisten *privaten* Rundfunkprogramme ihren inhaltlichen Schwerpunkt im Unterhaltungsbereich haben, ist also insofern unschädlich für die Eröffnung des Schutzbereichs.

(1) Private Rundfunkprogramme als Teil der verfassungsrechtlich geschützten Rundfunkordnung

Private Rundfunkprogramme fallen unter den verfassungsrechtlichen Rundfunkbegriff – der nicht zwischen öffentlich-rechtlichen und privatrechtlichen Gestaltungsformen differenziert – und sind schon aus diesem Grund durch Art. 5 Abs. 1 Satz 2 GG geschützt.

Unabhängig von einem objektiv-rechtlichen oder individuellen Verständnis der Rundfunkfreiheit,[764] hat das Bundesverfassungsgericht in seiner Rechtspre-

757 Vgl. *Jarass/Pieroth,* Art. 5 GG Rn. 36.

758 Vgl. BVerfGE 12, 205 (226).

759 Vgl. BVerfGE 74, 297 (350 ff.); vgl. aber auch *BK - Degenhart,* Art. 5 GG Rn. 695 ff.; vgl. i.Ü. *Mailänder,* S. 45 ff.

760 Vgl. *Jarass/Pieroth,* Art. 5 GG Rn. 36.

761 Vgl. BVerfGE 35, 202 (222); *Maunz/Dürig – Herzog,* Art. 5 GG Rn. 201; *von Mangoldt/Klein/Starck-Starck,* Art. 5 GG Rn. 104.

762 Vgl. BVerfGE 57, 295 (319); 35, 202 (222 f.); 12, 205 (260); *BK-Degenhart,* Art. 5 GG Rn. 676; *Jarass/Pieroth,* Art. 5 GG Rn. 37.

763 Vgl. *von Mangoldt/Klein/Starck-Starck,* Art. 5 GG Rn. 104 ff; *Jarass/Pieroth,* Art. 5 GG Rn. 37.

764 Dazu sogleich.

chung jedenfalls klargestellt, dass dem Rundfunk ein bestimmtes Modell der Rundfunkordnung nicht zwingend vorgegeben ist. Privatrundfunk ist also grundsätzlich zulässig.[765] Der Gesetzgeber hat sich dementsprechend dazu entschieden, neben dem öffentlich-rechtlichen Rundfunk – als Träger der Grundversorgung – im Rahmen des Dualen Rundfunksystems auch privaten Rundfunk in Deutschland zuzulassen. Auch die von privaten Rundfunkveranstaltern über Satellit, Kabel oder terrestrisch verbreiteten Rundfunkprogramme sind damit Teil der Rundfunkordnung. Daher darf auch die Veranstaltung privater Rundfunkprogramme nicht in hohem Maße erschwert oder sogar ausgeschlossen werden.[766]

(2) Art. 5 Abs. 1 Satz 2 GG als subjektives Abwehrrecht der privaten Rundfunkveranstalter?

Damit ist aber noch keine Aussage darüber getroffen, ob sich gerade die Rundfunk*veranstalter* auf die Rundfunkfreiheit im Sinne eines *subjektiven Abwehrrechts* berufen können.

In der Rechtsprechung des Bundesverfassungsgerichts war lange Zeit ungeklärt, inwieweit die in Art. 5 Abs. 1 Satz 2 GG verankerte Rundfunkfreiheit auch ein Individualgrundrecht der Rundfunkveranstalter im Sinne eines subjektiven Abwehrrechts entfaltet. Auch in der Literatur werden dazu unterschiedliche Auffassungen vertreten: teilweise wird die Rundfunkfreiheit vorrangig als objektivrechtliche institutionelle Garantie verstanden, teilweise wird aber auch eine individuelle Rundfunkveranstalterfreiheit im Sinne eines subjektiven Freiheits- und Abwehrrechts anerkannt.[767]

In ihrer *objektiv-rechtlichen Dimension* dient die Rundfunkfreiheit als „institutionelle Freiheit"[768] der Sicherung des Bestandes und der Funktionsfähigkeit der Rundfunkordnung als solcher. Das Bundesverfassungsgericht bezeichnete die Rundfunkfreiheit aus diesem Grund auch als „dienende Freiheit".[769] Die Rundfunkfreiheit sei ihren Trägern nicht ausschließlich zum Zweck der Verfolgung persönlicher Interessen eingeräumt, sondern im Interesse der freien individuellen

---

765 Vgl. BVerfGE 57, 295 (326).

766 Vgl. BVerfGE 97, 228 (267); 83, 238 (297); 73, 118 (157).

767 Vgl. dazu *Mailänder,* S.40 ff. m.w.N.; *Ebsen,* S. 44 ff., m.w.N.; *Ladeur/Gostomzyk,* JuS 2002, 1145 ff. m.w.N.

768 BVerfGE 12, 205 (260); ebenso *Jarass/Pieroth,* Art. 5 GG Rn. 35; *Kloepfer,* Staatsrecht, § 35 Rn. 67 f.; *Bullinger,* Staatsrecht, § 142 Rn. 118; *Badura,* Staatsrecht, C 66 S. 153; *Hesse,* Verfassungsrecht, § 12 I Rn. 387, 389, 396.

769 Vgl. BVerfGE 87, 181 (197); 83, 238 (295); 74, 297 (323); 57, 295 (320); vgl. auch BVerfGE 90, 60 (87); 73, 118 (152) sowie jüngst das Urteil des BVerfG vom 11.9.2007, abgedruckt bei epd medien Nr. 74 vom 19.9.2007, S. 3 ff., S. 17.

und öffentlichen Meinungsbildung.[770] Denn der Rundfunk – und hier v.a. das Fernsehen – spielt aufgrund seiner Breitenwirkung, Aktualität und Suggestivkraft eine besondere Rolle als Informationsmedium in der Gesellschaft – die Missbrauchsgefahren, die von einem Meinungsmonopol ausgehen, sind daher besonders groß. Deswegen muss der Gesetzgeber durch Schaffung einer „positiven Ordnung“ möglichen Konzentrationstendenzen Einhalt gebieten und für die Sicherung von Meinungsvielfalt sorgen, die Voraussetzung einer funktionsfähigen Demokratie ist.[771]

Aus einer rein objektiv-rechtlichen Interpretation der Rundfunkfreiheit würde sich somit ergeben, dass Regelungen des Gesetzgebers, die der Ausgestaltung der Rundfunkordnung – z.B. auch durch vielfaltsichernde Maßnahmen – im Rahmen seines Gestaltungsspielraums dienen, schon deshalb keinen Eingriff in die Rundfunkfreiheit der betroffenen Veranstalter darstellen, weil insofern der Schutzbereich der Rundfunkfreiheit gar nicht eröffnet ist.[772] Denn nach diesem Verständnis können individuelle Rechtspositionen der Veranstalter nur Ausfluss der Ausgestaltung der Rundfunkfreiheit durch den Gesetzgeber sein. Unabhängig von dieser Ausgestaltung würde eine individuelle Rundfunkfreiheit der Veranstalter nicht existieren.[773]

Mittlerweile ist allerdings anerkannt, dass die in Art. 5 Abs. 1 Satz 2 GG verankerte Rundfunkfreiheit *zwei Aspekte* aufweist.[774] Sie enthält zum einen ein objektives Prinzip, gewährt daneben aber den an der Gesamtveranstaltung Rundfunk beteiligten Rechtssubjekten – also auch den privaten Rundfunkveranstaltern – subjektiv-öffentliche Rechte gegenüber staatlichen Hoheitsträgern, insbesondere auch ein Abwehrrecht.[775] Zwar hat das Bundesverfassungsgericht darauf hingewiesen, dass die Rundfunkfreiheit ihren Trägern nicht ausschließlich zum Zweck der Verfolgung persönlicher Interessen eingeräumt ist,[776] denn dies würde

770 Vgl. BVerfGE 87, 181 (197).

771 Vgl. die oben unter C.III.1. dargestellte Rechtsprechung des Bundesverfassungsgerichts.

772 Vgl. dazu *Ladeur/Gostomzyk*, JuS 2002, 1145, 1152; *Ebsen*, S. 44 ff. m.w.N.

773 Vgl. *Ladeur/Gostomzyk*, JuS 2002, 1145, 1146; vgl. auch *Ebsen*, S. 47; kritisch dazu – im Hinblick auf Art. 1 Abs. 3 GG – *Stettner*, ZUM 1994, 63, 68.

774 Vgl. dazu *von Mangoldt/Klein/Starck – Starck*, Art. 5 GG Rn. 68, 89 ff.; *BK-Degenhart*, Art. 5 GG Rn. 643 f.; *Jarass/Pieroth*, Art. 5 GG Rn. 35, 40; *Kloepfer*, Staatsrecht, § 35 Rn. 65; *Bullinger*, Staatsrecht, § 142 Rn. 118; *Hoffmann-Riem*, Verfassungsrecht, S. 211 Rn. 32; *Hesse*, Verfassungsrecht, § 12 I Rn. 387.

775 Vgl. *Jarass/Pieroth*, Art. 5 GG Rn. 35; *Kloepfer*, Staatsrecht, § 35 Rn. 68; *Bullinger*, Staatsrecht, § 142 Rn. 118; *Hoffmann-Riem*, Verfassungsrecht, S. 211 Rn. 32; *Hesse*, Verfassungsrecht, § 12 I Rn. 387, 389; *Pieroth/Schlink*, Rn. 576; *Kühn*, S. 39 m.w.N.

776 Vgl. BVerfGE 87, 181 (197).

der Rolle des Rundfunks für den Prozess der freien individuellen und öffentlichen Meinungsbildung nicht gerecht. Daraus folgt aber nicht zwingend, dass die Rundfunkfreiheit *ausschließlich* ein drittnütziges Grundrecht[777] darstellt. Dies beweist auch ein Vergleich zur Pressefreiheit, die ebenfalls der Gewährleistung freier individueller und öffentlicher Meinungsbildung dient, die aber dennoch nicht primär als objektiv-rechtliches Prinzip verstanden wird.[778] Insbesondere betont auch das Bundesverfassungsgericht, dass die Ausgestaltung der Rundfunkordnung jedenfalls nicht zu *Beschränkungen* der Rundfunkfreiheit berechtige, diese seien vielmehr an Art. 5 Abs. 2 GG zu messen.[779] Daraus folgt aber, dass die Rundfunkfreiheit *neben* ihrem institutionellen Charakter *auch* einen Charakter als individuelles Recht der Veranstalter aufweisen muss. Auch das Bundesverfassungsgericht spricht mittlerweile insofern von dem „Grundrecht der Rundfunkfreiheit"[780] und behandelt dieses Grundrecht als Freiheitsrecht.[781] In seiner jüngsten Rechtsprechung[782] hat das Bundesverfassungsgericht daher auch den *Bewerbern* um eine Rundfunklizenz ausdrücklich den Schutz der Rundfunkfreiheit zuerkannt.[783] Der Rundfunkfreiheit wird damit *neben* dem institutionellen Charakter auch ein *Charakter als echtes Freiheitsrecht* zuerkannt.[784]

Integraler Bestandteil der individuellen Rundfunkfreiheit ist die Programmfreiheit: diese umfasst das Recht der Veranstalter, den Inhalt ihres Programms frei zu bestimmen, und insbesondere die Gewährleistung einer unabhängigen *Programmgestaltung*.[785] Denn nur wenn Rundfunkprogramme grundsätzlich autonom – und v.a. staatsunabhängig – gestaltet werden können, ist die durch Art. 5 Abs. 1 Satz 2 GG geforderte „Freiheit der Berichterstattung" tatsächlich

---

777 Zu diesem Begriff vgl. *Hartstein/Ring/Kreile/Dörr/Stettner*, § 25 RStV Rn. 6.

778 Vgl. *BK-Degenhart*, Art. 5 GG Rn. 643, 657; *Jarass/Pieroth*, Art. 5 GG Rn. 23; *Kühn*, S. 39 m.w.N.

779 Vgl. BVerfGE 57, 295 (321).

780 Vgl. zuletzt die „extra radio"-Entscheidung BVerfGE 97, 298 (310 f.), in der das Bundesverfassungsgericht nicht nur den bereits *zugelassenen* Veranstaltern das „Grundrecht der Rundfunkfreiheit" zuerkennt, sondern ebenso den *Bewerbern* um eine Zulassung als Veranstalter; vgl. i.Ü. BVerfGE 97, 228 (267); 87, 181 (201).

781 Vgl. auch die „Kurzberichterstattung"-Entscheidung, BVerfGE 97, 228 (267), in der das Bundesverfassungsgericht von der „Ausübung der grundrechtlichen Freiheit" des „Grundrechts aus Art. 5 Abs. 1 Satz 2 GG" spricht; vgl. auch BVerfGE 87, 181 (201); vgl. i.Ü. *Engel*, ZUM 2000, 345, 347.

782 BVerfGE 97, 298 – „extra radio".

783 Vgl. BVerfGE 97, 298 (310 f.); vgl. dazu *Dörr/Eckl*, NJW 1999, 1925, 1934.

784 Vgl. dazu eingehend – insbesondere unter Einbeziehung einer völkerrechtskonformen und gemeinschaftsrechtskonformen Auslegung – *Ebsen*, S. 47 ff. und 58 ff.

785 Vgl. dazu BVerfGE 97, 298 (310); 90, 60 (87); 87, 181 (201).

gewährleistet.[786] Programmgestaltungsfreiheit bedeutet dabei aber auch das Recht, bestimmte Inhalte *nicht* in das eigene Programm aufzunehmen.[787]

Die Verpflichtung der betroffenen Rundfunkveranstalter, nach § 25 Abs. 4 Satz 1 RStV in ihrem Programm Regionalfensterprogramme aufzunehmen, tangiert die Programmgestaltungsfreiheit unmittelbar. Dass diese Programme in redaktioneller, § 25 Abs. 4 Satz 2 RStV, und rechtlicher, § 25 Abs. 4 Satz 4 RStV, Unabhängigkeit gestaltet werden, macht sie zu einem umso größeren „Fremdkörper" in den betroffenen Fernsehvollprogrammen. Aus § 25 Abs. 4 Satz 6 RStV i.V.m. Ziff. 5 FFR ergibt sich, dass die Hauptprogrammveranstalter auch nicht frei über den Ausstrahlungszeitpunkt der Fensterprogramme entscheiden können, was ebenfalls ihre Programmgestaltungsfreiheit tangiert.

Der aus § 25 Abs. 4 Satz 3 RStV resultierende teilweise Widerruf der bestehenden Zulassung des Hauptprogrammveranstalters betrifft sogar eine ihm *bereits eingeräumte* Rechtsposition und berührt damit in jedem Fall sein Grundrecht auf Rundfunkfreiheit.[788]

Auch § 25 Abs. 4 Satz 5 RStV stellt sich als schutzbereichsrelevant dar. Denn die Verpflichtung des Hauptprogrammveranstalters zum Einsatz finanzieller Mittel zur Finanzierung eines anderen Veranstalters – der nach § 25 Abs. 4 Satz 4 RStV zudem rechtlich unabhängig sein muss – bedeutet, dass diese Mittel in bestimmter Weise gebunden sind und der Hauptprogrammveranstalter sie daher nicht mehr zur Gestaltung seines *eigenen* Programms aufwenden kann.[789]

Der Schutzbereich der Rundfunkfreiheit ist insofern also eröffnet und die betroffenen Rundfunkveranstalter können sich auf den Schutz von Art. 5 Abs. 2 Satz 1 GG im Sinne eines subjektiven Abwehrrechts berufen.

b) Persönlicher Schutzbereich

Träger des Grundrechts sind – auch soweit Art. 5 Abs. 1 Satz 2 GG ein subjektives Abwehrrecht enthält – alle natürlichen, über Art. 19 Abs. 3 GG aber auch alle juristischen Personen, die eigenverantwortlich Rundfunk veranstalten und verbreiten.[790]

---

786 Für die notwendige Kontrolle der Programmgestaltung durch die privaten Rundfunkveranstalter wurden – entsprechend den Forderungen des Bundesverfassungsgerichts – die Landesmedienanstalten als staatsunabhängige Kontrollorgane etabliert, vgl. *Petersen*, Rn. 387; *Fechner*, Rn. 950 f.

787 Vgl. *Hartstein/Ring/Kreile/Dörr/Stettner*, § 42 RStV Rn. 3; vgl. dazu auch *Dörr/Schwartmann*, Rn. 179.

788 Vgl. dazu auch BVerfGE 97, 298 (311 f.); 95, 220 (234); 90, 60 (93).

789 Vgl. dazu *Jarass/Pieroth*, Art. 5 GG Rn. 39; vgl. auch BVerfGE 90, 60 (93).

790 Vgl. BVerfGE 97, 298 (310); 95, 220 (234); *Jarass/Pieroth*, Art. 5 GG Rn. 41.

Neben den öffentlich-rechtlichen Rundfunkanstalten als juristische Personen des öffentlichen Rechts werden somit auch die privaten Rundfunkveranstalter, die in der Regel in den Rechtsformen der Aktiengesellschaft oder der GmbH und somit als juristische Personen des Privatrechts[791] organisiert sind, vom persönlichen Schutzbereich des Art. 5 Abs. 1 Satz 2 GG erfasst.

Auch die beiden aktuell von der Regelung in § 25 Abs. 4 RStV betroffenen Hauptprogrammveranstalter RTL Television GmbH und SAT.1 SatellitenFernsehen GmbH werden insofern von Art. 5 Abs. 1 Satz 2 GG geschützt.

2. § 25 Abs. 4 RStV – Eingriff oder zulässige Ausgestaltung der Rundfunkfreiheit?

Beeinträchtigungen der Rundfunkfreiheit können dann gerechtfertigt sein, wenn sie als sog. Schranken des Grundrechts durch Art. 5 Abs. 2 GG legitimiert sind.

Teilweise wird allerdings die Ansicht vertreten, soweit es sich bei Regelungen um *Ausgestaltungen* der Rundfunkfreiheit handle, seien diese – auch wenn sie sich für einen Grundrechtsträger, z.B. einen Rundfunkveranstalter, belastend auswirken – nicht an Art. 5 Abs. 2 GG zu messen.[792] Denn eine zulässige *Ausgestaltung* der Rundfunkfreiheit stelle schon keinen Eingriff dar.[793] Um eine Ausgestaltung handelt es sich nach dieser Auffassung immer dann, wenn eine Regelung der Umsetzung der vom Bundesverfassungsgericht geforderten positiven Ordnung dient, Sinn und Zweck der Regelung muss dabei ausschließlich die Sicherung der Rundfunkfreiheit bzw. des mit ihr verfolgten Zwecks sein.[794] Zwar müssen auch nach dieser Ansicht Regelungen, die als Ausgestaltung der Rundfunkfreiheit zu qualifizieren sind, dem legitimen Zweck – der Sicherung der objektiv-rechtlichen Komponente der Rundfunkfreiheit – dienen und dazu auch geeignet sein. Einer Verhältnismäßigkeitsprüfung im eigentlichen Sinn sind sie jedoch – anders als Schrankenregelungen – nicht unterworfen.[795]

---

791 Vgl. insofern § 13 Abs. 1 GmbHG und § 1 Abs. 1 Satz 1 AktG.

792 Vgl. zu der Besonderheit sog. Ausgestaltungsgesetze und dem aktuellen Meinungsstand hierzu in der Literatur eingehend *Schüller,* S. 68 f. und 80 ff.

793 Vgl. *Ladeur/Gostomzyk,* JuS 2002, 1145, 1151 f.; *Jarass/Pieroth,* Art. 5 GG Rn. 46a; vgl. eingehend *Ebsen,* S. 54 m.w.N; *Schüller,* S. 68 f. und 84 ff.

794 Vgl. *Jarass/Pieroth,* Art. 5 GG Rn. 43 ff.; vgl. dazu auch BVerfGE 97, 228 (267); *Ebsen,* S, 54 m.w.N; *Ladeur/Gostomzyk,* JuS 2002, 1145, 1147.

795 Vgl. dazu *Mailänder,* S. 43 f.; *Ladeur/Gostomzyk,* JuS 2002, 1145, 1147; vgl. insbesondere auch *Schüller,* S. 94 f., die für die Rechtmäßigkeit einer Ausgestaltung auf eine sog. qualifizierte Geeignetheitsformel abstellt: zu prüfen sei danach, *„ob die im ersten Schritt als Ausgestaltungsregel bewertete Maßnahme geeignet ist, den anhand konkreter Umstände zu befürchtenden Fehlentwicklungen im Rundfunkbereich entgegenzuwirken."*.

Diese Auffassung kann jedoch nicht überzeugen. Wie *Ebsen* zutreffend darlegt,[796] „verwischen" bei diesem Erklärungsansatz „die Unterschiede zwischen einem objektivrechtlichen und einem individualrechtlichen Verständnis" der Rundfunkfreiheit. Denn wenn eine Regelung, die der Ausgestaltung der Rundfunkfreiheit dient, niemals einen Eingriff in Art. 5 Abs. 1 Satz 2 GG begründet, bedeutet dies, dass eine individuelle Rundfunkfreiheit der Veranstalter wiederum nur in den Grenzen der vom Gesetzgeber vorgegebenen Rundfunkordnung bestehen kann. Dies würde aber dem institutionellen Verständnis der Rundfunkfreiheit entsprechen.[797]

Vorzuziehen ist daher ein Ansatz, nach dem auch eine Beschränkung der Rundfunkfreiheit durch belastende Regelungen, die Bestandteil der „positiven Ordnung" sind, als *Eingriff* in die individuelle Rundfunkfreiheit der betroffenen Veranstalter zu qualifizieren ist.[798] Diese Regelungen sind daher am Maßstab des Art. 5 Abs. 2 GG zu messen.

Dieses Verständnis der Rundfunkfreiheit steht auch nicht in Widerspruch zu der besonderen Rolle des Rundfunks als Informationsmedium und den daraus resultierenden Missbrauchsgefahren, denen durch Schaffung einer „positiven Ordnung" Einhalt zu gebieten ist. Denn soweit Regelungen der Rundfunkordnung gerade dem Schutz der Meinungsvielfalt in angemessener Art und Weise dienen, sind sie auch als Schranken der individuellen Rundfunkfreiheit gerechtfertigt. Eine „Ausgestaltung" der Rundfunkordnung, wie sie zum Schutz der öffentlichen Aufgabe des Rundfunks erforderlich ist, wird damit also nicht ausgeschlossen oder geschmälert. Andererseits wird durch diese Lesart dem Umstand, dass – vor allem privater – Rundfunk heute nicht nur eine „dienende" Funktion hat, sondern daneben auch einen nicht unerheblichen *Wirtschaftsfaktor* darstellt, Rechnung getragen.[799]

Die aus den einzelnen Regelungen des § 25 Abs. 4 RStV für die betroffenen Hauptprogrammveranstalter jeweils resultierenden Probleme wurden im Zusammenhang mit der Darstellung der Regelungen bereits aufgezeigt.[800] § 25 Abs. 4 RStV stellt sich aufgrund dieser Probleme insgesamt als *Belastung* und somit als *Eingriff* in die individuelle Rundfunkfreiheit der betroffenen Hauptprogrammver-

796 Vgl. *Ebsen*, S. 54.
797 So auch *Ebsen*, S. 54.
798 Vgl. *Ebsen*, S. 54 ff.; vgl. dazu auch *Schüller*, S. 86 f.
799 Vgl. dazu *Fechner*, Rn. 794 ff; *Ebsen*, S. 58 ff.; vgl. i.Ü. *Dörr/Schwartmann*, Rn. 39.
800 Vgl. dazu insbesondere unter C.II.1.d), 2.d), 3.b)bb), 4.f), 5.b) sowie 6.d); vgl. auch oben unter D.

anstalter dar.[801] Fraglich ist daher, ob dieser Eingriff als Schranke der Rundfunkfreiheit i.S.v. Art. 5 Abs. 2 GG gerechtfertigt ist.

3. Rechtfertigung der Regelungen des § 25 Abs. 4 RStV als Schranken i.S.v. Art. 5 Abs. 2 GG?

Der aus § 25 Abs. 4 Satz 1 bis 5 RStV – und ebenso aus § 25 Abs. 4 Satz 6 RStV i.V.m. Ziff. 5 FFR – jeweils resultierende Eingriff in die individuelle Rundfunkfreiheit – insbesondere die Programm*gestaltungs*freiheit – der betroffenen Hauptprogrammveranstalter RTL Television GmbH und SAT.1 SatellitenFernsehen GmbH könnte als Grundrechts-Schranke i.S.v. Art. 5 Abs. 2 GG gerechtfertigt sein.

Nach Art. 5 Abs. 2 GG werden die in Art. 5 Abs. 1 GG verbürgten Kommunikationsgrundrechte nur beschränkt durch die Vorschriften der allgemeinen Gesetze, die gesetzlichen Bestimmungen zum Schutze der Jugend und das Recht der persönlichen Ehre. Die ausführliche Formulierung dieser Schrankennorm hat ihren Grund in der besonderen Bedeutung der Freiheiten des Art. 5 Abs. 1 GG für die freiheitlich demokratische Ordnung.[802]

Es müsste sich also zum einen bei § 25 Abs. 4 RStV – bzw. seinen einzelnen Regelungsbestandteilen – um ein „allgemeines Gesetz" i.S.v. Art. 5 Abs. 2 GG handeln,[803] zum anderen müsste die Beschränkung verfassungsrechtlich gerechtfertigt, insbesondere verhältnismäßig im engeren Sinn sein. Dabei ist auch die vom Bundesverfassungsgericht entwickelte „Wechselwirkungslehre" zu berücksichtigen. Gleiches gilt hinsichtlich der Regelungen in der FFR, soweit sie einen Eingriff begründen.

a) § 25 Abs. 4 RStV als „allgemeines Gesetz" i.S.v. Art. 5 Abs. 2 GG

Allgemeine Gesetze stellen die wichtigste Schranke des Art. 5 Abs. 2 GG dar.[804] Damit eine Regelung als „allgemeines Gesetz" i.S.v. Art. 5 Abs. 2 GG qualifi-

---

801 So auch *Wagner*, ProMedia 2/05, 16, 17; *Hahn/Vesting – Rossen-Stadtfeld*, Art. 5 GG Rn. 72, bezeichnen § 25 Abs. 4 RStV als „echten, regulativen Eingriff". Auch *Beucher/Leyendecker/von Rosenberg*, § 26 RStV Rn. 18 betrachten die – insofern vergleichbare – Vorschrift des § 26 Abs. 5 RStV als „Schrankenbestimmung" des Art. 5 Abs. 1 Satz 2 GG und unterziehen diese einer echten Verhältnismäßigkeits-, insbesondere Zumutbarkeitsprüfung.

802 Vgl. dazu *Herrmann/Lausen*, § 5 Rn. 43.

803 Da es sich bei § 25 Abs. 4 RStV offensichtlich weder um ein Gesetz zum Schutz der Jugend noch zum Schutz der persönlichen Ehre handelt, ist die Regelung nur auf ihre Qualität als „allgemeines Gesetz" hin zu untersuchen.

804 Vgl. *Jarass/Pieroth*, Art. 5 GG Rn. 55; *Dörr/Schwartmann*, Rn. 76.

ziert werden kann, muss es sich entweder um ein *formelles* Gesetz oder zumindest um eine – auf eine formellgesetzliche Ermächtigung gestützte – *materielle* Rechtsvorschrift handeln.[805]

§ 25 Abs. 4 RStV stellt eine staatsvertragliche Regelung dar und ist somit – nach Transformation des Rundfunkstaatsvertrages in das einfache Landesrecht durch die Länderparlamente – als formelle, landesrechtliche Regelung zu qualifizieren. Die FFR stellt zwar lediglich eine Verwaltungsvorschrift dar, welche aber auf § 33 RStV und damit jedenfalls auf einer formalgesetzlichen Ermächtigungsgrundlage beruht.

„Allgemein" ist ein Gesetz i.S.v. Art. 5 Abs. 2 GG jedoch nur dann, wenn es auch bestimmte *inhaltliche* Anforderungen zu erfüllen vermag. Zur Bestimmung der „allgemeinen Gesetze" wurden dabei unterschiedliche Lehren entwickelt.

Nach der sog. *Sonderrechtslehre* setzt eine allgemeine Rechtsnorm voraus, dass sich die fragliche Norm nicht speziell gegen eine bestimmte Meinung als solche richtet.[806] Zudem muss sie – nach der sog. *Abwägungslehre* – dem Schutz eines schlechthin zu schützenden – also gegenüber der Meinungsfreiheit höherrangigen – Rechtsguts dienen.[807]

Das Bundesverfassungsgericht hat diese beiden Lehren in der sog. *Kombinationstheorie* verbunden.[808] Danach sind allgemeine Gesetze Normen, „die sich weder gegen die Meinungsfreiheit an sich noch gegen bestimmte Meinungen richten, sondern dem Schutz eines schlechthin, ohne Rücksicht auf eine bestimmte Meinung, zu schützenden Rechtsguts dienen".[809] Art. 5 Abs. 2 GG enthält insofern ein „grundlegendes Verbot der Meinungsdiskriminierung"[810].

In Bezug auf die Medienfreiheiten des Art. 5 Abs. 1 Satz 2 GG – und damit auch die Rundfunkfreiheit – kommt es darauf an, ob sich die jeweiligen Normen „speziell gegen die Medien oder gegen eine bestimmte Meinung richten" oder aber „dem Schutz eines schlechthin ohne Rücksicht auf bestimmte Informationen oder Meinungen zu schützenden Rechtsguts dienen, das dem Grundrechtsschutz der Medien nicht nachsteht".[811] Es bedarf also im Einzelfall einer Güterabwägung zwischen dem zu schützenden Rechtsgut und der jeweiligen Medienfreiheit, hier also der Rundfunkfreiheit.

---

805 Vgl. *Jarass/Pieroth,* Art. 5 GG Rn. 55; *Dörr/Schwartmann,* Rn. 76.
806 Vgl. *Dörr/Schwartmann,* Rn. 76; *Ebsen,* S. 55.
807 Vgl. *Ebsen,* S. 55; vgl. dazu auch *Dörr/Schwartmann,* Rn. 76.
808 Vgl. dazu die „Lüth"-Entscheidung BVerfGE 7, 198 (208); vgl. auch BVerfGE 97, 125 (146).
809 BVerfGE 111, 147 (155); 97, 125 (146).
810 *Herrmann/Lausen,* § 5 Rn. 47.
811 BVerfGE 91, 125 (135); vgl. auch *Jarass/Pieroth,* Art. 5 GG Rn. 56.

Die konkrete *Abwägung*, ob eine Regelung den Schutz eines bestimmten Rechtsguts bezweckt, das im konkreten Fall Vorrang gegenüber der Meinungsfreiheit bzw. dem Schutz der Medien – und damit der Rundfunkfreiheit – hat, nimmt das Bundesverfassungsgericht in seiner Rechtsprechung allerdings erst im Rahmen der Verhältnismäßigkeitsprüfung vor.[812]

Die Vorschriften des Rundfunkstaatsvertrages sind Teil der „positiven Ordnung" und dienen damit der freien individuellen und öffentlichen Meinungsbildung als unerlässliche Grundvoraussetzung der demokratischen Ordnung.[813] Dass sie somit als „allgemeine" Gesetze i.S.v. Art. 5 Abs. 2 GG qualifiziert werden können, ist allgemein anerkannt.[814] Anhaltspunkte für eine abweichende Beurteilung bestehen weder hinsichtlich der Regelung in § 25 Abs. 4 RStV, noch ihrer Konkretisierungen in der FFR: Diese Regelungen sollen der Sicherung der Meinungsvielfalt dienen und damit der objektiv-rechtlichen Seite der Rundfunkfreiheit. Im Ergebnis handelt es sich daher sowohl bei den Regelungen in § 25 Abs. 4 RStV, als auch bei den Konkretisierungen in der FFR um „allgemeine Gesetze" i.S.v. Art. 5 Abs. 2 GG, die die individuelle Rundfunkfreiheit der Veranstalter aus Art. 5 Abs. 1 Satz 2 GG grundsätzlich beschränken können.

b) Verfassungsmäßige Rechtfertigung der Beschränkung

Bei der Einschränkung eines Grundrechtes unterliegt der Gesetzgeber seinerseits Beschränkungen, die auch als sog. „Schranken-Schranken" bezeichnet werden. Wichtigste Schranken-Schranke für alle Grundrechte ist dabei der Grundsatz der Verhältnismäßigkeit bzw. das „Übermaßverbot".[815] Auch die durch Art. 5 Abs. 1 GG geschützten Kommunikationsfreiheiten – und damit die Rundfunkfreiheit – können also nicht beliebig durch allgemeine Gesetze i.S.v. Art. 5 Abs. 2 GG eingeschränkt werden.

Der aus § 25 Abs. 4 RStV – bzw. den einzelnen Regelungsbestandteilen und der FFR – resultierende Grundrechtseingriff ist als Schranke i.S.v. Art. 5 Abs. 2 GG vielmehr nur dann gerechtfertigt, wenn sich die Regelung auch als *verhältnismäßig* darstellt. Dies bedeutet, dass sie einem *legitimen Zweck* dienen muss,

---

812 Vgl. *Dörr/Schwartmann*, Rn. 76.

813 Vg. BVerfGE 90, 60 (87).

814 Vgl. *Herrmann/Lausen*, § 5 Rn. 49; ebenso *BK-Degenhart*, Art. 5 GG Rn. 872; *Maunz/Dürig –Herzog*, Art. 5 GG Rn. 276 ff.

815 Vgl. dazu *Pieroth/Schlink*, Rn. 274 ff; *Dörr/Schwartmann*, Rn. 82 f.; *Fechner*, Rn. 95 ff.

zur Erreichung dieses Zwecks *geeignet* und *erforderlich* sein muss, und zuletzt nicht gegen den Grundsatz der *Verhältnismäßigkeit i.e.S.* verstoßen darf.[816]

Darüber hinaus hat das Bundesverfassungsgericht zu Art. 5 Abs. 2 GG die sog. *Wechselwirkungslehre* entwickelt.[817] Danach ist das „allgemeine Gesetz" unter Berücksichtigung bzw. „im Lichte" der Bedeutung des Grundrechts – hier also der Rundfunkfreiheit – auszulegen, wobei zugleich das hinter dem allgemeinen Gesetz stehende Rechtsgut in die Abwägung mit einzubeziehen – also mit der Rundfunkfreiheit abzuwägen – ist. Dadurch kommt es zu einer Wechselwirkung zwischen der Rundfunkfreiheit und dem zu schützenden Rechtsgut.[818] Die Beschränkung der Rundfunkfreiheit bedarf dabei einer „Rechtfertigung durch hinreichend gewichtige Gemeinwohlbelange oder schutzwürdige Rechte oder Interessen Dritter".[819] Da jedoch auch die allgemeine Verhältnismäßigkeitsprüfung im Rahmen der Überprüfung der Angemessenheit der Regelung eine fallbezogene Abwägung voraussetzt, unterscheidet sie sich nicht gravierend von der Wechselwirkungslehre.[820]

aa) Die Sicherung der Meinungsvielfalt als legitimer Zweck der Regelungen

Die Regelungen des § 25 Abs. 4 RStV in ihrer aktuellen Fassung müssen also – um verfassungsrechtlich gerechtfertigt werden zu können – einem hinreichend legitimen Zweck dienen. Als solcher kommt in jedem Fall die Sicherung der Meinungsvielfalt in Betracht.

Fraglich ist allerdings, ob einzelne Regelungsbestandteile der Neufassung des § 25 Abs. 4 RStV möglicherweise (auch) andere Ziele als die Sicherung der Meinungsvielfalt verfolgen. Denn die Änderungen des § 25 Abs. 4 RStV durch den Achten Rundfunkänderungsstaatsvertrag sollten nach der amtlichen Begründung[821] die Regionalfensterprogramme in ihrem Bestand absichern. Der Begriff der „Bestandssicherung" alleine erlaubt dabei jedoch keinen eindeutigen Aufschluss über die vorrangige Motivation des Gesetzgebers für die Neuregelung des § 25 Abs. 4 RStV. Denn die „Bestandssicherung" kann wiederum der Verwirklichung unterschiedlicher Ziele dienen.

---

816 Vgl. dazu *Pieroth/Schlink*, Rn. 279 ff.; *Fechner*, Rn. 102.

817 Vgl. BVerfGE 7, 198 (208 f.).

818 Vgl. dazu auch *Hartstein/Ring/Kreile/Dörr/Stettner*, § 42 RStV Rn. 6; *Fechner*, Rn. 98.

819 Vgl. dazu *Jarass/Pieroth*, Art. 5 GG Rn. 57; *Dörr/Schwartmann*, Rn. 83.

820 So *Dörr/Schwartmann*, Rn. 83; vgl. auch *Jarass/Pieroth*, Art. 5 GG Rn. 57; *Pieroth/Schlink*, Rn. 594 f.

821 Abgedruckt bei *Hartstein/Ring/Kreile/Dörr/Stettner*, A 2.6. und § 25 RStV.

Dass der Gesetzgeber in der amtlichen Begründung zum Achten Rundfunkänderungsstaatsvertrag auch davon spricht, Ziel der Änderungen des § 25 Abs. 4 RStV sei „die weitere Absicherung und Stärkung regionaler Fensterprogramm*veranstalter* im privaten Rundfunk“,[822] könnte zunächst den Schluss nahe legen, dass die Stärkung lokaler und regionaler Fernsehunternehmen, also Standortsicherung und damit *Standortpolitik* zumindest auch ein Aspekt für die Neufassung war.[823] Da die Regionalfensterprogramme – wie dargelegt[824] – auch ein wichtiges Instrument zur Verwirklichung von *Rundfunkföderalismus* auf der „privaten“ Seite des Dualen Systems sind, könnte auch dieser Aspekt eine eigene Rolle für die Neufassung gespielt haben.

Problematisch ist dies insofern, als bloße „Medienindustriepolitik“ jedenfalls *keinen* legitimen Zweck für eine Beschränkung der Rundfunkfreiheit der privaten Hauptprogrammveranstalter darstellen würde.[825] Auch die Absicherung bestehender *regionaler und lokaler* Rundfunkanbieter im Sinne einer Sicherung des Wirtschaftsstandorts und damit regionaler Standortpolitik mag – unter *wirtschaftlichen* Gesichtspunkten betrachtet – zwar ein legitimes Ziel sein. Um einen Eingriff in die Rundfunkfreiheit zu rechtfertigen, genügt dieses Ziel jedoch nicht.[826] Standortinteressen dürfen für Regelungen des Rundfunkstaatsvertrages keine Rolle spielen.[827]

Anders verhält es sich mit der Förderung des Rundfunkföderalismus, da es sich dabei auch um die Verwirklichung des entscheidenden Staatsstrukturprinzips der Bundesrepublik Deutschland handelt. Allerdings ist die Föderalismusförderung letztlich kein Selbstzweck, sondern steht in einer Wechselwirkung mit dem Ziel der Sicherung von Meinungsvielfalt. Denn die föderale Struktur der Bundesrepublik Deutschland bedingt es, auch den Rundfunk föderal zu organisieren. Dazu tragen die Regionalfensterprogramme bei. Insofern handelt es sich aber um Föderalismusförderung durch eine entsprechende *Berichterstattung*: bundeslandspezifische Themen und regionale Interessen finden in dem jeweiligen bundesweit verbreiteten Fernsehvollprogramm Berücksichtigt. Dadurch wird eine

---

822 Vgl. dazu die „Allgemeinen Erläuterungen“ in der Begründung zu Art. 1 des Achten Rundfunkänderungsstaatsvertrages, abgedruckt bei epd medien Nr. 84 vom 27.10.2004, S. 17.

823 Vgl. auch *Kümmel/Meyer-Burckhardt,* MMR 2005, 288, 290.

824 Vgl. dazu oben unter C.III.6.c).

825 Vgl. dazu *Engel,* ZUM 2000, 345, 353 ff.

826 Im Übrigen würden insofern auch Probleme hinsichtlich der Gesetzgebungskompetenz der Länder bestehen, denn Wirtschaftslenkung ist Wirtschaftsrecht, für das eine konkurrierende Gesetzgebungskompetenz von Bund und Ländern nach Art. 72 Abs. 1, 74 Abs. 1 Nr. 11 GG besteht. Vgl. dazu *Engel,* ZUM 2000, 345, 353 f.

827 Vgl. dazu *Dörr* im Interview mit *Tieschky/Jakobs,* Süddeutsche Zeitung vom 14./15.1.2006, S. 40; vgl. auch *Kümmel/Meyer-Burckhardt,* MMR 2005, 288, 290.

zusätzliche Informationsquelle für die Bürger für „Informationen aus ihrer Heimat"[828] geschaffen.

Zu klären ist daher, inwieweit die Regelungen des § 25 Abs. 4 RStV tatsächlich primär der Sicherung der Meinungsvielfalt dienen. Denn die Sicherung der Meinungsvielfalt stellt in jedem Fall einen legitimen Zweck für einen Eingriff in die Rundfunkfreiheit der privaten Hauptprogrammveranstalter dar: sie resultiert gerade aus den Vorgaben der Rundfunkfreiheit, Art. 5 Abs. 1 Satz 2 GG, und der Informationsfreiheit, Art. 5 Abs. 1 Satz 1 GG, und damit aus verfassungsrechtlichen Vorgaben.[829]

Der Gesetzgeber hat in der amtlichen Begründung[830] zu § 33 RStV in der Fassung des Achten Rundfunkänderungsstaatsvertrages die besondere „Bedeutung der Regionalfenster für die Angebots- und Meinungsvielfalt" ausdrücklich betont. Regionalfensterprogramme erfüllen – dies wurde oben bereits dargestellt – eine Aufgabe im Rahmen der *positiven* Dimension der Vielfaltsicherung. Diese Aufgabe unterscheidet sich von der Aufgabe der Fensterprogramme nach § 31 RStV als Mittel der *negativen* Vielfaltsicherung schon aufgrund der lokalen und regionalen Fokussierung, die zugleich die effektive Verwirklichung von Rundfunkföderalismus im Bereich des Privatfernsehens erlaubt.

Im Zuge der Neufassung des § 25 Abs. 4 RStV hat der Gesetzgeber die Regelung der Regionalfensterprogramme allerdings an die Regelung der Sendezeit für unabhängige Dritte angenähert. Durch die damit einhergehende Stärkung der Regionalfensterprogramme hat er zum Ausdruck gebracht, dass er die Regionalfensterprogramme als wichtiges Instrument der Vielfaltsicherung und Absicherung der regionalen Berichterstattung ansieht.[831]

Auch die oben dargestellte Entstehungsgeschichte des § 25 Abs. 4 RStV vermag dies nicht zu widerlegen. Denn die Aufnahme der Vorschrift in den Rundfunkstaatsvertrag erfolgte, da es entsprechende landesrechtliche Regelungen bereits gab. Diese wiederum entsprangen der Notwendigkeit, die knappen terrestrischen Frequenzen nach legitimen Gesichtspunkten zu verteilen. Damit knüpften diese Regelungen aber ebenfalls an eine Erweiterung des Programmangebots durch regionale Inhalte und somit eine *Erweiterung der programmlichen Vielfalt* an. Die späteren Verschärfungen beabsichtigten – neben der Absicherung der bestehenden programmlichen Vielfalt – möglicherweise auch die Absicherung der *Veranstalter* von Regionalfensterprogrammen. Letztlich wurde aber mit dem

---

828 So der Vorsitzende der CSU-Medienkommission, Dr. Markus Söder, in einer unter *http://www.csu-portal.de/home/Display/Politik/Themen/Medienpolitik/061127 soeder* abzurufenden Pressemitteilung der CSU vom 27.11.2006.

829 Vgl. dazu auch *Dörr*, Media Perspektiven 1996, 621, 622.

830 Abgedruckt bei *Hartstein/Ring/Kreile/Dörr/Stettner*, § 33 RStV.

831 Vgl. *Hartstein/Ring/Kreile/Dörr/Stettner*, § 25 RStV Rn. 4.

Achten Rundfunkänderungsstaatsvertrag die Funktion der Regionalfensterprogramme als Maßnahmen der Vielfaltsicherung in den Vordergrund gestellt.

Jedenfalls die Verpflichtung zur Aufnahme von Regionalfensterprogrammen an sich, § 25 Abs. 4 Satz 1 RStV, ist somit getragen von einem legitimen Zweck, denn sie dient unmittelbar der Vergrößerung programmlicher Vielfalt durch Aufnahme regionaler Inhalte. Rundfunk hat nach der Rechtsprechung des Bundesverfassungsgerichts auch die Aufgabe, die individuellen Besonderheiten des regionalen und lokalen Bereichs darzustellen.[832]

Gleiches gilt für die redaktionelle Trennung, § 25 Abs. 4 Satz 2 RStV, die eine *unabhängige* Berichterstattung bezweckt, und die gesonderte Zulassung des Regionalfensterpogrammanbieters, § 25 Abs. 4 Satz 3 RStV, die als *Absicherung der unabhängigen Berichterstattung* konzipiert ist. Dadurch wird nicht nur die programmliche Vielfalt gestärkt, sondern vor allem dafür gesorgt, dass es sich tatsächlich um Inhalte „aus einer anderen Feder" als der des Hauptprogrammveranstalters handelt und somit eine echte Vielfalt unterschiedlicher Programme und damit Meinungen besteht.

Die zeitlichen Vorgaben nach § 25 Abs. 4 Satz 6 RStV i.V.m. Ziff. 5 FFR sollen die *Wahrnehmbarkeit* der Regionalfensterprogramme stärken und dienen so ebenfalls ihrer vielfaltsichernden Funktion.

Was die gesellschaftsrechtliche Trennung, § 25 Abs. 4 Satz 4 RStV, und die Finanzierungsgarantie, § 25 Abs. 4 Satz 5 RStV, betrifft, so haben diese unbestritten positive Auswirkungen auf die jeweiligen Regionalfensterprogrammveranstalter selbst und können daher auch als Mittel der Absicherung der bestehenden Regionalprogramm*anbieter* begriffen werden. Allerdings schließt dies allein nicht aus, diese beiden Regelungen *zugleich* als der Vielfaltsicherung verpflichtet anzusehen. Zum einen kann schon die Absicherung der Anbieter an sich als Aspekt der Vielfaltsicherung begriffen werden, denn eine Vielfalt unterschiedlicher Anbieter ist letztlich auch Garant dafür, dass eine Vielzahl unterschiedlicher Meinungen tatsächlich berücksichtigt wird. Zudem kann die gesellschaftsrechtliche Trennung – ebenso wie die Finanzierungsverpflichtung – zumindest von ihrem Zweck her als zusätzliche Garantie für eine Unabhängigkeit der Regionalberichterstattung verstanden werden.

bb) Die Geeignetheit zur Erreichung dieses Zwecks

Dass die Regelungen des § 25 Abs. 4 RStV einen legitimen Zweck verfolgen, ist jedoch nicht ausreichend. Vielmehr müssen sie gerade zur Erreichung dieses Zwecks auch *geeignet* sein.

---

832 Vgl. BVerfGE 74, 297 (327); 83, 238 (327 f.).

(1) Die Verpflichtung zur Aufnahme von Regionalfenstern und die Vorgaben für deren inhaltliche Ausgestaltung, § 25 Abs. 4 Satz 1 RStV

Was die Verpflichtung zur Aufnahme von Regionalfensterprogrammen an sich betrifft, ist dies zu bejahen. Denn die Verpflichtung der Hauptprogrammveranstalter, in ihre *bundesweiten* Programme *regionale* Fenster aufzunehmen, bewirkt unmittelbar eine Anreicherung des Programms mit regionalen Inhalten, die sich vielfaltfördernd auswirkt.

Auch die inhaltlichen Vorgaben in § 25 Abs. 4 Satz 1 RStV sind insofern nicht zu beanstanden. Denn Tatsache ist – auch wenn die betroffenen Hauptprogrammveranstalter dies anders sehen sollten –, dass verschiedene von den Landesmedienanstalten in Auftrag gegebene Untersuchungen in den vergangenen Jahren immer wieder zu dem Ergebnis kamen, dass die programmliche Qualität der Regionalfensterprogramme fragwürdig sei. Insbesondere das Niveau der Politikberichterstattung und der sog. „Hard News"-Themenfelder wurde kritisiert. Insgesamt gehe der Trend zu „Human Touch"-Formaten und Boulevard-Berichterstattung.[833]

Die Verbreitung der Regionalfensterprogramme im „Mantel" der beiden *reichweitenstärksten* bundesweiten Fernsehvollprogramme sichert diesen zum einen die nötige Aufmerksamkeit, zum anderen gewähren diese beiden Programme eine „stabile Präsentationsplattform".[834]

Dass die Verpflichtung in § 25 Abs. 4 Satz 1 RStV sich an dem zeitlichen und regional differenzierten Umfang der Regionalfensterberichterstattung zum 1. Juli 2002 orientiert, ist unter Eignungsgesichtspunkten insofern nicht zu beanstanden, als es sich hierbei um eine *Untergrenze* handelt. Die teilweise geübte Kritik, die vorhandenen Regionalfensterprogramme könnten wohl kaum zur Vielfaltsiche-

---

833 Vgl. zuletzt *Lilienthal,* epd medien Nr. 93 vom 25.11.2006, S. 10, und *hen,* epd medien Nr. 100 vom 20.12.2006, S. 12 f. Vgl. dazu auch *Volpers/Salwiczek/Schnier,* „Inhaltsanalyse landesweit ausgestrahlter Regionalfenster im Programm privater Fernsehveranstalter 2003. Abschlussbericht zum Forschungsbericht für die BLM, HAM, LPR Hessen, NLM, LfM, LPR Rheinland-Pfalz und ULR, Institut für Medienforschung Göttingen & Köln (IM.GÖ) 2003, zitiert bei *Kümmel/Meyer-Burckhardt,* MMR 2005, 288, 289.
Eine ähnliche Studie des Instituts für Medienforschung Göttingen & Köln (IM.GÖ) hatte auch schon im Jahr 2000 die Erkenntnis gebracht, dass sämtliche untersuchten Regionalfenster eine starke Fokussierung auf „Human Touch" Berichterstattung erkennen ließen und v.a. die RTL-Regionalfenster eine stark auf Unterhaltungspublizistik ausgelegte Programmkonzeption auswiesen; Politikberichterstattung und tagesaktuelle Berichterstattung kamen hingegen zu kurz. Vgl. dazu *Volpers/Salwiczek/Schnier 2000,* S. 273 ff. und S. 323 ff.

834 Vgl. zu diesem Gedanken oben unter C.II.1.a)bb)(2).

rung in den Regionen beitragen, in denen es gar keine eigenständigen Regionalfensterprogramme gibt,[835] ist insofern nicht ganz zutreffend: Denn den Bundesländern bleibt unbenommen, durch landesrechtliche Regelungen in weiteren Ländern die Verpflichtung zur Ausstrahlung von Regionalfensterprogrammen zu begründen.[836] Dass die Bundesländer im Rundfunkstaatsvertrag keine flächendeckende Verpflichtung festgesetzt haben, sondern stattdessen eine Untergrenze in Form des „Ist"-Standes zum 1. Juli 2002 gewählt haben, kann jedenfalls nicht als generell ungeeignet bezeichnet werden.

(2) Das Erfordernis redaktioneller Unabhängigkeit, § 25 Abs. 4 Satz 2 RStV, und das Erfordernis gesonderter Zulassung der Fensterprogrammveranstalter, § 25 Abs. 4 Satz 3 RStV

Die redaktionelle Trennung ist ein wichtiges – wenn nicht sogar das wichtigste – Element, um *unabhängige* Regionalberichterstattung zu gewährleisten: dass die Gestaltung des Regionalfensterprogramms redaktionell unabhängig von derjenigen des Hauptprogramms erfolgen muss, ist eine Maßnahme, die ganz besonders stark der Eigenständigkeit des Regionalfensterprogramms und damit seiner Funktion als Maßnahme der Vielfaltsicherung dient. Sie ist daher auf jeden Fall *geeignet*, nicht nur regionale, sondern auch inhaltliche Vielfalt im Sinne echter Meinungsvielfalt abzusichern.

Auch die gesonderte Zulassung ist *geeignet*, eine Absicherung der redaktionellen Unabhängigkeit der Regionalfensterprogrammanbieter und damit auch der Meinungsvielfalt zu bewirken. Denn die gesonderte Lizenzierung des Regionalfensterprogrammveranstalters bedeutet eine Verstärkung seiner Unabhängigkeit gegenüber dem Hauptprogrammveranstalter. Zudem ermöglicht das Zulassungsverfahren eine Auswahl unter unterschiedlichen Bewerbern für das Regionalfensterprogramm und entzieht so schon die Auswahl des Fensterprogrammveranstalters der Beeinflussung durch den Hauptprogrammveranstalter.

(3) Das Gebot der gesellschaftsrechtlichen Entflechtung, § 25 Abs. 4 Satz 4 RStV, und die Verpflichtung zur Finanzierung des Fensterprogramms, § 25 Abs. 4 Satz 5 RStV

Gleiches gilt grundsätzlich für die gesellschaftsrechtliche Entflechtung und die Finanzierungsverpflichtung. Kann der Hauptprogrammveranstalter auch gesell-

835 Vgl. *Wagner*, ProMedia 2/05, 16, 16 f.

836 Das Saarland hat eine entsprechende Satzung bereits beschlossen, vgl. dazu oben unter C.II.1.b)bb).

schaftsrechtlich keinen maßgeblichen Einfluss auf den Regionalfensterprogrammveranstalter ausüben, so garantiert das die Unabhängigkeit der publizistischen Tätigkeit des Fensterveranstalters. Ob dies auch erforderlich ist, ist eine andere Frage.

Die Finanzierungsverpflichtung befreit den Regionalfensterprogrammveranstalter von dem im Bereich des Privatfernsehens normalerweise bestehenden wirtschaftlichen Erfolgsdruck, der im Regelfall zu einer Quotenorientierung und damit Kommerzialisierung des Programms führt. Dies ist insofern eine geeignete Maßnahme zur Sicherung regionaler Vielfalt im privaten Fernsehen, als gerade lokale und regionale Programme sich regelmäßig schwer tun, die zur Kostendeckung erforderlichen Werbeeinnahmen zu erzielen.[837]

(4) Die zeitlichen Vorgaben für die Ausstrahlung von Regionalfensterprogrammen, § 25 Abs. 4 Satz 6 RStV i.V.m. Ziff. 5 FFR

Die Landesmedienanstalten haben aufgrund ihrer Ermächtigung durch § 25 Abs. 4 Satz 6 RStV in Ziff. 5 FFR Sendezeiten für die Regionalfensterprogramme festgelegt, die üblicherweise durch hohe Zuschaueranteile gekennzeichnet sind. Damit besteht für eine möglichst große Zuschauerzahl die Option, die regionalen Programme auch tatsächlich zu sehen.

Insgesamt ist die Regelung des § 25 Abs. 4 RStV i.V.m. der FFR geeignet, zur Sicherung der Meinungsvielfalt – und dabei insbesondere der regionalen Vielfalt - beizutragen.

cc) Die Erforderlichkeit

Die Eignung alleine bedeutet aber noch nicht, dass die Regelungen zur Erreichung dieses Ziels auch *erforderlich* sind. Die Frage ist für die einzelnen Regelungsbestandteile des § 25 Abs. 4 RStV gesondert zu beantworten.

(1) Die Verpflichtung zur Aufnahme von Regionalfenstern und die Vorgaben für deren inhaltliche Ausgestaltung, § 25 Abs. 4 Satz 1 RStV

Die Verpflichtung zur Aufnahme von Regionalfensterprogrammen und die Normierung inhaltlicher Vorgaben sind erforderlich.

---

837 Vgl. zu diesem Problem *Ring* im Interview mit *Ruhland,* Süddeutsche Zeitung vom 7.6.2005, S. 42, sowie *Ring* im Interview mit *Stroh,* Süddeutsche Zeitung vom 14.11.2006, S. 34.

Ein gegenüber der Verpflichtung zur Aufnahme von Regionalfensterprogrammen milderes Mittel, um regionale Berichterstattung – und damit auch das föderale Prinzip – im privaten Rundfunk dauerhaft zu implementieren, ist nicht ersichtlich.[838]

Nur wenn die Veranstalter der beiden *reichweitenstärksten* bundesweiten Fernsehvollprogramme verpflichtet werden, derartige Regionalprogramme auszustrahlen, ist gewährleistet, dass diese Programme auch tatsächlich möglichst viele Zuschauer erreichen. Zugleich wird eine dauerhafte Präsentationsplattform für regionale Inhalte im bundesweiten Privatfernsehen geschaffen, die deutlich „langlebiger" und damit wirkungsvoller ist als kleine regionale und lokale Fernsehsender.[839] Die Ausstrahlungsverpflichtung gerade den beiden reichweitenstärksten Sendern aufzuerlegen ist dabei ein wesentlich effektiveres und zugleich milderes Mittel, als z.B. *alle* bundesweiten Privatfernsehprogramme in die Pflicht zu nehmen. Die Ausstrahlungsverpflichtung stattdessen einer *Senderfamilie* – also der RTL Group bzw. der Pro SiebenSAT.1 Media AG – *insgesamt* aufzuerlegen wäre ebenfalls weniger wirksam, weil die Regionalfensterprogramme dann in jedem beliebigen Programm der Senderfamilie ausgestrahlt werden könnten, wodurch ihre Wahrnehmbarkeit beeinträchtigt werden könnte.

Dass inhaltliche „Minimalvorgaben" für die Programmgestaltung erforderlich sind, hat die Historie der Regionalfensterprogramme bewiesen.[840]

Das „Stichtagsprinzip" markiert einen Mindeststandard, der nicht unterschritten werden darf, wenn Regionalberichterstattung überhaupt effektiv sein soll. Andererseits bleibt ein Spielraum für die noch nicht erfassten Bundesländer bestehen. Hätte der Gesetzgeber sich für eine flächendeckende – also alle Bundesländer ohne Ausnahme umfassende – Verpflichtung entschieden, so wäre diese aus Sicht der Hauptprogrammveranstalter jedenfalls *kein milderes* Mittel. Wäre gar kein Mindeststandard normiert worden, stünde die Effektivität der Regelung in Frage.[841]

---

838 Zur mangelnden Effektivität von Programmauflagen und bundesweiten Programmteilen mit regionalem Inhalt vgl. *Ebsen,* S. 179.

839 Vgl. dazu oben unter C.II.1.a)b)(2).

840 Vgl. oben unter C.II.1.c)aa); vgl. dazu *Volpers/Salwiczek/Schnier 2000,* S. 273 ff. und S. 323 ff., sowie *Volpers/Salwiczek/Schnier,* „Inhaltsanalyse landesweit ausgestrahlter Regionalfenster im Programm privater Fernsehveranstalter 2003. Abschlussbericht zum Forschungsbericht für die BLM, HAM, LPR Hessen, NLM, LfM, LPR Rheinland-Pfalz und ULR, Institut für Medienforschung Göttingen & Köln (IM.GÖ) 2003, zitiert bei *Kümmel/Meyer-Burckhardt,* MMR 2005, 288, 289.

841 Vgl. dazu *Dörr,* ZWeR 2004, 159, 171; *Hartstein/Ring/Kreile/Dörr/Stettner,* § 25 RStV Rn. 17.

(2) Das Erfordernis redaktioneller Unabhängigkeit der Fensterprogrammveranstalter, § 25 Abs. 4 Satz 2 RStV

Dass die Gestaltung der Regionalfensterprogramme redaktionell unabhängig erfolgen muss, damit eine unabhängige und damit wirklich vielfaltfördernde Berichterstattung stattfinden kann, steht außer Frage: hätte der Hauptprogrammveranstalter ein redaktionelles Mitspracherecht, so würde es sich bei den Regionalfensterprogrammen zwar formal um regionale Berichterstattung handeln. Diese wäre jedoch ausschließlich dem Hauptprogrammveranstalter zuzurechnen und würde nur eine Erweiterung um regionale Themen, nicht aber um zusätzliche Anschauungsweisen und Meinungen bedeuten. Die Unabhängigkeit der Berichterstattung ist daher von „zentraler Bedeutung" für die Vielfaltsicherung.[842]

(3) Das Erfordernis gesonderter Zulassung der Fensterprogrammveranstalter, § 25 Abs. 4 Satz 3 RStV

Der Gesetzgeber verfolgte mit der Novellierung des § 25 Abs. 4 RStV das „Leitbild" eines in jeder Hinsicht – also redaktionell, gesellschaftsrechtlich und wirtschaftlich – unabhängigen Regionalfensterprogrammveranstalters. Die eigenständige Zulassung ist also auch die logische und zugleich erforderliche Konsequenz daraus: denn die Regionalfensterprogrammanbieter sind dann materiell als selbstständige Rundfunkveranstalter zu qualifizieren, das Erfordernis einer eigenständigen Zulassung folgt somit schon aus § 20 Abs. 1 Satz 1 RStV.

Zugleich stärkt die eigenständige Zulassung die Regionalfensteranbieter in ihrer Stellung gegenüber den Hauptprogrammveranstaltern. Sie unterstützt daher deren Unabhängigkeit und ermöglicht zugleich eine „Kontrolle" durch die Landesmedienanstalten und die KEK im Rahmen der Zulassung.

Dadurch, dass die Regionalfensterprogramme ausgeschrieben werden können, wird auch ein Wettbewerb zwischen regionalen Programmanbietern gefördert, der sich positiv auf die Qualität, aber auch die Bandbreite des Angebots auswirken wird. Insofern ist die Implementierung des Zulassungsverfahrens ein möglichst mildes und zugleich effektives Mittel.

(4) Das Gebot der gesellschaftsrechtlichen Entflechtung, § 25 Abs. 4 Satz 4 RStV

Auch die gesellschaftsrechtliche Entflechtung kann insofern als erforderlich angesehen werden: kann der Hauptprogrammanbieter auf Unternehmensebene mitbestimmen, so hat er auch die Möglichkeit, *mittelbar* die redaktionelle Arbeit zu

842 So *Hartstein/Ring/Kreile/Dörr/Stettner*, § 25 RStV Rn. 18.

beeinflussen.[843] Durch die gesellschaftsrechtliche Entflechtung wird dies ausgeschlossen. Die Ausgestaltung der Regelung als „soll“-Vorschrift lässt dabei grundsätzlich Raum für die Berücksichtigung atypischer Fälle.

(5) Die Verpflichtung zur Finanzierung des Fensterprogramms, § 25 Abs. 4 Satz 5 RStV

Die Finanzierungsgarantie ist schließlich auch erforderlich, wenn man die Regionalfensterprogramme von jedem wirtschaftlichen Erfolgsdruck befreien will, dem private Veranstalter ansonsten notwendigerweise unterliegen. Auf diesem Weg lässt sich hochqualitative regionale Berichterstattung am effektivsten finanzieren: das Zuschauerinteresse an den regionalen Inhalten wird im Regelfall nicht demjenigen an dem jeweiligen Hauptprogramm – aktuell also SAT.1 oder RTL – entsprechen.[844] Regionalfensterprogramme sind daher – wie überhaupt regionale und lokale Fernsehprogramme – für „überregionale“ Werbekunden der Hauptprogrammveranstalter vergleichsweise unattraktiv. *Regionale* Werbekunden speziell für das Regionalfensterprogramm zu finden, ist aber nicht einfach.[845] Denn regional „aufgestellte“ Firmen oder Betriebe haben im Regelfall einen geringeren Werbeetat als bundesweite oder internationale Unternehmen.

Die Finanzierung durch den Hauptprogrammveranstalter ermöglicht es den Regionalfensterprogrammanbietern daher, regionales Programm unabhängig von kommerziellen Gesichtspunkten zu gestalten. Diese ist insofern bedeutsam, als aufgrund der Werbefinanzierung im Privatrundfunk immer die Gefahr besteht, dass das Interesse der Bevölkerung an einer objektiven und das bestehende Mei-

---

843 Positiv äußerte sich daher der geschäftsführende Gesellschafter der – schon seit 1997 von SAT.1 unabhängigen – TV IIIa GmbH Josef Buchheit, der die vollständige gesellschaftliche Eigenständigkeit der Regionalfensteranbieter als „erfolgversprechendes Modell“ qualifizierte, da „richtige Unabhängigkeit“ auch „eine gesellschaftliche Unabhängigkeit“ erfordere, vgl. dazu *n.n.,* textintern Nr. 43 vom 31.5./ 8.6.2006.

844 *Hartstein/Ring/Kreile/Dörr/Stettner,* § 25 RStV Rn. 17, weisen zwar unter Berufung auf die Funk-Analyse-Bayern 2002 – veröffentlicht in der Schriftenreihe der BLM – darauf hin, dass regionale Fensterprogrammangebote in ihrer jeweiligen Sendezeit sogar *höhere* Einschaltquoten erzielen, als das bundesweite Mantelprogramm vor und nach dem Programmfenster. Dies mag in einigen Fällen tatsächlich zutreffen, ist aber – da sich die zitierte Studie nur auf das Land Bayern bezieht – wohl nicht pauschalisierbar. Allerdings belegt dieses Beispiel, dass insgesamt gesehen ein nicht nur unbedeutendes Interesse an regionaler Berichterstattung im Fernsehen besteht.

845 Vgl. zu diesem Problem auch *Ring* im Interview mit *Ruhland,* Süddeutsche Zeitung vom 7.6.2005, S. 42, sowie *Ring* im Interview mit *Stroh,* Süddeutsche Zeitung vom 14.11.2006, S. 34.

nungsspektrum umfassend widerspiegelnden Berichterstattung gegenüber den kommerziell orientierten Unternehmensinteressen der jeweiligen Anbieter zurücktreten muss.

(6) Die zeitlichen Vorgaben für die Ausstrahlung von Regionalfensterprogrammen, § 25 Abs. 4 Satz 6 RStV i.V.m. Ziff. 5 FFR

Die Normierung fester Sendeplätze für die Regionalfensterprogramme ist ebenfalls erforderlich. Denn die Zuschauer müssen sich bei einem zeitlich beschränkten Fensterprogramm auf eine feste Ausstrahlungszeit einrichten können. Wären sie gezwungen, die regionalen Fenster jeden Tag im Programm der Hauptprogrammveranstalter „zu suchen", so würde dies zu einer enormen Beeinträchtigung der Wahrnehmbarkeit und damit auch der Wirkung führen.

Auch die konkret festgelegten Sendezeiten im Vorabendprogramm halten insofern einer Überprüfung stand: würde man den Ausstrahlungszeitpunkt komplett ins Belieben der Hauptprogrammveranstalter stellen, würden diese den Regionalfensterprogrammen höchstwahrscheinlich Sendeplätze zuweisen, zu denen kaum jemand Notiz von den Fensterprogrammen nehmen würde. Dass als Sendezeit für die Regionalfensterprogramme in Ziff. 5 FFR gerade der Zeitraum zwischen 17.00 Uhr und 19.00 Uhr gewählt wurde, hat seinen Grund darin, dass das Vorabendprogramm publikumsattraktiv ist und daher eine erhöhte Wahrnehmbarkeit begründet. Wahrnehmbarkeit bedeutet zugleich Effektivität und ist daher ein wichtiger Aspekt der Vielfaltsicherung. Die Regionalfensterprogramme können ihre Wirkung nur dann entfalten, wenn sie auch tatsächlich im Programm wahrgenommen und nicht auf unattraktive „Randsendeplätze" verschoben werden. Im Vergleich zu der Festlegung einer Sendezeit zur absoluten „Prime Time" zwischen 19.00 Uhr und 23.30 Uhr – wie sie für Fensterprogramme nach § 31 RStV vorgeschrieben ist – stellt diese Sendezeit das eindeutig mildere Mittel dar. Zudem sind in Ziff. 5 FFR diverse Ausnahmeregelungen vorgesehen, die eine gewisse Flexibilisierung der Ausstrahlung und somit eine Berücksichtigung der Interessen der Hauptprogrammveranstalter erlauben.

Die Regelung des § 25 Abs. 4 RStV i.V.m. der FFR ist daher auch erforderlich, um eine effektive Absicherung der Regionalfensterprogramme als Mittel der Vielfaltsicherung zu gewährleisten.

dd) Die Verhältnismäßigkeit im engeren Sinn

Schließlich ist im Rahmen der Abwägung ein Verstoß der Regelungen des § 25 Abs. 4 RStV gegen das Übermaßverbot zu untersuchen. Die Regelungen in § 25 Abs. 4 RStV i.V.m. der FFR dürfen nicht zu einer *unverhältnismäßigen* Belastung der betroffenen Hauptprogrammveranstalter, aktuell also der RTL Television GmbH und der SAT.1 SatellitenFernsehen GmbH, führen. Hierbei ist auch die oben dargestellte Wechselwirkungslehre zu berücksichtigen.

(1) Problem der Rückwirkung des § 25 Abs. 4 Satz 3 und Satz 4 RStV

In diesem Zusammenhang besonders kritisch sind die Regelungen in § 25 Abs. 4 Satz 3 und Satz 4 RStV zunächst aufgrund ihrer Rückwirkung.

Sowohl die jeweilige Satellitenzulassung, als auch die regionalen Sendelizenzen für die terrestrische Verbreitung ihres Programms wurde den beiden betroffenen Hauptprogrammveranstaltern, der RTL Television GmbH und der SAT.1 SatellitenFernsehen GmbH in der Vergangenheit auf Grundlage ihrer damaligen Unternehmensstrukturen erteilt. Die verschiedenen Zulassungen haben unterschiedliche Laufzeiten, die teilweise schon im Jahr 2008[846], teilweise erst im Jahr 2010[847], teilweise sogar noch später[848] enden und somit jedenfalls über den Zeitpunkt des Inkrafttretens des Achten Rundfunkänderungsstaatsvertrages hinaus fortbestehen. Die Regelung des § 25 Abs. 4 Satz 3 RStV fordert(e) ab 1. April 2005 die gesonderte Zulassung des Regionalfensterveranstalters, die in den meisten Fällen einen teilweisen Widerruf der Zulassung des Hauptprogrammveranstalters bedeutet.[849] Nach § 25 Abs. 4 Satz 4 RStV sind die Hauptprogrammveranstalter seit 1. April 2005 – im Regelfall – gezwungen, Anteile an ihren Tochtergesellschaften zu veräußern und somit ihre Unternehmensstrukturen zu verändern.[850] Beide Änderungen tangieren somit die noch laufenden Zulassungen der Hauptprogrammveranstalter und regeln in der Vergangenheit begonnene Tatbestände für die Zukunft neu. Übergangsvorschriften enthält der Achte Rundfunkänderungsstaatsvertrag insofern nicht.[851]

---

846 V.a. bei der RTL Television GmbH.

847 V.a. bei der SAT.1 SatellitenFernsehen GmbH.

848 So z.B. die terrestrische Zulassung der ULR für das Programm RTL in Schleswig-Holstein, die erst im Jahr 2014 endet, vgl. den *Neunten Jahresbericht der KEK*, S. 60 f.

849 Vgl. dazu oben unter C.II.3.b)bb).

850 Vgl. dazu oben unter C.II.4.f).

851 Eine Übergangsregelung zu § 25 Abs. 4 Satz 4 RStV wird allerdings durch den Zehnten Rundfunkänderungsstaatsvertrag, der – vorbehaltlich der Ratifikation durch die Länderparlamente - zum 1. September 2008 in Kraft treten wird, in den RStV eingefügt werden: Nach der neuen Vorschrift des § 53b Abs. 1 Satz 2 RStV sollen „bestehende Zulassungen und Zuweisungen für Fensterprogrammveranstalter (...) bis zum 31. Dezember 2009 unbeschadet von Vorgaben des § 25 Abs. 4 Satz 4 RStV verlängert werden." Nach der amtlichen Begründung zum Zehnten Rundfunkänderungsstaatsvertrag bedeutet dies, dass „die Bestimmung in § 25 Abs. 4 Satz 4,

Das Bundesverfassungsgericht hat in ständiger Rechtsprechung aus dem Rechtsstaatsprinzip des Art. 20 Abs. 3 GG den Grundsatz des Vertrauensschutzes entwickelt, der den von einer Gesetzesänderung betroffenen Rechtssubjekten unter bestimmten Umständen Schutz vor der Anwendung der neuen Rechtslage gewährt. Dies gilt insbesondere bei der Rückwirkung von Gesetzen.

(a) Abgrenzung zwischen echter und unechter Rückwirkung

Insofern unterscheidet das Bundesverfassungsgericht jedoch zwischen echter und unechter Rückwirkung.

(aa) Die echte Rückwirkung

Eine *echte* Rückwirkung liegt dann vor, wenn ein Sachverhalt, der in der Vergangenheit begonnen und bereits wieder geendet hat – also *abgeschlossen* ist – durch ein Gesetz *nachträglich* geändert wird.[852] Die echte Rückwirkung wird daher auch als Rück*be*wirkung von Rechtsfolgen bezeichnet.[853]

Die echte Rückwirkung ist grundsätzlich unzulässig, wenn es sich um eine Rechtsnorm handelt, durch die von ihr Betroffene *belastet* werden.[854] Denn derjenige, der von einer Rechtsnorm betroffen wird, muss grundsätzlich darauf vertrauen dürfen, dass ein bereits abgeschlossener, der Vergangenheit angehörender Tatbestand nicht nachträglich zu seinen Ungunsten geändert wird. Nur in besonderen Ausnahmefällen – aus zwingenden Gründen des Allgemeinwohls und wenn kein schutzwürdiges Vertrauen der betroffenen Rechtssubjekte besteht – darf dieses Rückwirkungsverbot durchbrochen werden.[855]

(bb) Die unechte Rückwirkung

Um eine *unechte* Rückwirkung handelt es sich hingegen, wenn die Änderung einer Rechtsnorm Auswirkungen nur auf *gegenwärtig noch andauernde* – also

wonach der Fensterprogrammveranstalter vom Hauptprogrammveranstalter unabhängig sein soll, bei der ins Auge gefassten Verlängerung von Zulassungen und Zuweisungen bis zum 31. Dezember 2009 außer Betracht bleiben" soll.

852 Vgl. *Jarass/Pieroth,* Art. 20 GG Rn. 68; *Degenhart,* Rn. 369; *Maurer,* Verwaltungsrecht, § 16 Rn. 30.

853 Vgl. z.B. BVerfGE 72, 200 (241 f.); *Jarass/Pieroth,* Art. 20 GG Rn. 67 f.; *Degenhart,* Rn. 369.

854 Vgl. z.B. BVerfGE 72, 200 (257); vgl. auch *Jarass/Pieroth,* Art. 20 GG Rn. 71 f.; *Degenhart,* Rn. 369 ff.; *Maurer,* Verwaltungsrecht, § 16 Rn. 30.

855 Vgl. BVerfGE 72, 200 (258); vgl. auch *Jarass/Pieroth,* Art. 20 GG Rn. 72; *Degenhart,* Rn. 369 ff.

noch nicht abgeschlossene – Sachverhalte oder Rechtsbeziehungen hat.[856] Dabei kann es auch zu einer nachträglichen Entwertung der betroffenen Rechtsposition kommen. Dies ist allerdings nicht zwingend erforderlich, da auch die bloße Korrektur einer Dauerregelung für die Zukunft einen Fall der unechten Rückwirkung darstellt.[857] Maßgeblich ist aber stets, dass der zugrunde liegende Sachverhalt in der Vergangenheit bereits begonnen hat, aber noch nicht abgeschlossen ist. Die unechte Rückwirkung wird daher auch als „tatbestandliche Rückanknüpfung" bezeichnet.[858]

Die unechte Rückwirkung von Rechtsnormen ist zwar verfassungsrechtlich grundsätzlich zulässig. Unter dem Gesichtspunkt des *Vertrauensschutzes* stellt sie sich jedoch dann als *unzulässig* dar, wenn den von der geänderten Rechtsnorm Betroffenen rückwirkend Belastungen auferlegt werden, mit denen sie nicht zu rechnen brauchten und die sie bei ihrer Disposition daher auch nicht berücksichtigen konnten. Zudem muss das Vertrauen der Betroffenen schutzwürdiger sein, als das mit dem jeweiligen Gesetz verfolgte Anliegen, was insbesondere dann der Fall ist, wenn die Bestandsinteressen der Betroffenen die Veränderungsgründe des Gesetzgebers überwiegen.[859]

(cc) Die Regelung in § 25 Abs. 4 Satz 3 und Satz 4 RStV als Fall der unechten Rückwirkung

Die Hauptprogrammveranstalter RTL Television GmbH und SAT.1 Satelliten-Fernsehen GmbH haben ihre – noch laufenden – Satellitenlizenzen ebenso wie ihre regionalen terrestrischen Lizenzen auf der Grundlage ihrer bisherigen gesellschaftsrechtlichen Strukturen erhalten. Diese gesellschaftsrechtlichen Strukturen werden durch § 25 Abs. 4 Satz 4 RStV jedoch in Frage gestellt, indem den Hauptprogrammveranstaltern die grundsätzliche Verpflichtung zur Veräußerung ihrer Tochtergesellschaften – bzw. zumindest zur Veräußerung von Gesellschaftsanteilen – auferlegt wird. Durch § 25 Abs. 4 Satz 3 RStV wird sogar *unmittelbar* in die bestehenden Zulassungen der Hauptprogrammveranstalter eingegriffen.

Durch die Zulassung wird eine gegenwärtige und bisher noch nicht abgeschlossene Rechtsbeziehung zwischen dem jeweiligen Rundfunkveranstalter und der diesen lizenzierenden Landesmedienanstalt geschaffen, die einer laufenden

---

856 Vgl. dazu *Maurer,* Verwaltungsrecht, § 16 Rn. 30; *Degenhart,* Rn. 369 ff.; *Jarass/Pieroth,* Art. 20 GG Rn. 69.
857 Vgl. *Jarass/Pieroth,* Art. 20 GG Rn. 69.
858 Vgl. BVerfGE 72, 200 (241 f.); *Jarass/Pieroth,* Art. 20 GG Rn. 67, 69.
859 Vgl. dazu BVerfGE 95, 64 (86); vgl. auch *Jarass/Pieroth,* Art. 20 GG Rn. 73a; *Degenhart,* Rn. 369, 375; *Maurer,* Verwaltungsrecht, § 16 Rn. 30.

Kontrolle durch die Landesmedienanstalt unterworfen ist. Die durch den Achten Rundfunkänderungsstaatsvertrag mit § 25 Abs. 4 Satz 3 und Satz 4 RStV vollzogenen Änderungen greifen in den Fällen, in denen die Regionalfensterprogrammanbieter nicht bereits bisher gesonderte Zulassungen hielten bzw. als rechtlich unabhängige Unternehmen zu qualifizieren waren, in einen in der Vergangenheit begründeten Tatbestand ein und regeln diesen für die Zukunft neu. Es handelt sich somit um einen Fall der *unechten* Rückwirkung.[860]

(b) Voraussetzungen der Zulässigkeit der unechten Rückwirkung

Die unechte Rückwirkung von Rechtsnormen ist verfassungsrechtlich aber grundsätzlich zulässig. Unter dem Gesichtspunkt des Vertrauensschutzes stellt sie sich nur dann als unzulässig dar, wenn den von der geänderten Rechtsnorm Betroffenen rückwirkend Belastungen auferlegt werden, mit denen sie nicht zu rechnen brauchten und die sie bei ihrer Disposition daher auch nicht berücksichtigen konnten.

Wie bereits dargestellt wurde, stellt es für die Hauptprogrammveranstalter RTL Television GmbH und SAT.1 SatellitenFernsehen GmbH eine Belastung dar, wenn die Veranstalter der Regionalfensterprogramme künftig nicht mehr als verbundene Unternehmen i.S.v. § 28 RStV organisiert sein dürfen. Auch der teilweise Widerruf ihrer noch laufenden Zulassungen ist belastend. In beiden Fällen liegt jedenfalls ein Eingriff in ihre individuelle Rundfunkfreiheit vor.

(c) Berücksichtigung des Bestands- bzw. Vertrauensschutzes

Es stellt sich somit die Frage, ob das Vertrauen der Hauptprogrammveranstalter, also der RTL Television GmbH und der SAT.1 SatellitenFernsehen GmbH, auf den Fortbestand ihrer Zulassungen – und insbesondere auf den Fortbestand der Zulassungen auf unveränderter Tatsachengrundlage – über den 1. April 2005 hinaus *schutzwürdig* ist.

Dies ist in den Fällen, in denen die Zulassungen der Hauptprogrammveranstalter auf der Grundlage von § 25 Abs. 4 Satz 3 RStV teilweise widerrufen werden müssen, zu bejahen. Denn die Hauptprogrammveranstalter haben in diesen Fällen in der Vergangenheit Zulassungen mit einer bestimmten Laufzeit erhalten, die entweder die Veranstaltung des Regionalfensterprogramms durch den Hauptprogrammveranstalter in Form einer Auflage umfassen oder die gar keine Aussa-

860 So auch – zumindest in Bezug auf § 25 Abs. 4 Satz 4 RStV – die KEK z.B. in ihren Entscheidungen KEK Az. KEK 306-1 und 306-2, S. 14 f.; vgl. dazu oben unter C.II.4.d)bb).

ge zu der Veranstaltung eines Regionalfensterprogramms treffen, so dass die Veranstaltung des Regionalfensterprogramms nach den gesetzlichen Regelungen ebenfalls in der Hand der Hauptprogrammveranstalter lag.[861] Mit einer Gesetzesänderung brauchten die Hauptprogrammveranstalter nicht zu rechnen.

Aufgrund der Befristung der Zulassung durften die Hauptprogrammveranstalter vielmehr darauf vertrauen, zumindest bis Fristablauf von ihrer Zulassung in dem ihnen gewährten Rahmen Gebrauch machen zu können.[862] Den Hauptprogrammveranstaltern ist also in Bezug auf ihre Zulassungen Bestandschutz zu gewähren, der allerdings über das Ende der jeweiligen Befristung nicht hinausgehen kann.

Wie bereits angesprochen wurde, haben die Hauptprogrammveranstalter im Rahmen der bisher durchgeführten Zulassungsverfahren für Regionalfensterprogrammveranstalter auf diesen Bestandsschutz jedoch verzichtet, soweit ihre *bisherigen* Regionalfensteranbieter lizenziert wurden, was in allen Verfahren der Fall war.[863]

Auch in Bezug auf § 25 Abs. 4 Satz 4 RStV besteht ein schutzwürdiges Vertrauen der Veranstalter auf den Fortbestand der alten Rechtslage und damit auf Fortsetzung der „Fensterprogrammbeziehung" mit der jeweiligen Tochtergesellschaft auf der Basis der zum Zeitpunkt der Zulassung bestehenden Unternehmensstruktur. Dieses Vertrauen überwiegt das Interesse des Gesetzgebers an einer gesellschaftsrechtlichen Trennung von Haupt- und Fensterprogrammveranstalter, soweit den Hauptprogrammveranstaltern unzumutbare Verluste drohen, weil sie vor Inkrafttreten des § 25 Abs. 4 Satz 4 RStV im Vertrauen auf den Fortbestand der alten Rechtslage Investitionen in ihre Regionalfenster-Tochtergesellschaften getätigt haben und insofern damit rechnen durften, dass sich diese Investitionen über eine angemessene Fortdauer der „Fensterprogrammbeziehung" amortisieren würden. Dies hat insbesondere die KEK in den ihr zur Benehmensherstellung vorgelegten Zulassungsverfahren herausgearbeitet.[864]

---

861 Vgl. dazu oben unter C.II.3.b)(2).

862 Denn auch bei der *vorzeitigen* Aufhebung von *befristeten* Gesetzen wird ein besonders weitreichender Vertrauensschutz gewährt, vgl. dazu BVerfGE 102, 68 (97).

863 Vgl. dazu oben unter C.II.3.b)bb)(2) sowie 4.d).

864 Vgl. dazu den *Neunten Jahresbericht der KEK*, S. 263 f., und oben unter C.II.4.d)jj).

(aa) Erforderlichkeit einer Übergangsregelung?

Der Grundsatz des Vertrauensschutzes kann im Einzelfall die Schaffung einer Übergangsregelung erforderlich machen.[865] Darauf haben die Länder jedoch bei der Novellierung des Rundfunkstaatsvertrages bewusst verzichtet.[866] Allerdings kann die fehlende gesetzliche Übergangsregelung hier durch eine entsprechende verfassungskonforme Anwendung – quasi eine verwaltungstechnische Übergangsregelung – kompensiert werden.

In Bezug auf § 25 Abs. 4 Satz 4 RStV ist die zu gewährende Übergangsfrist dabei auf die Zeitdauer begrenzt, die der betroffene Hauptprogrammveranstalter für die Amortisation seiner Investitionen jeweils vernünftigerweise veranschlagen durfte. Daraus ergibt sich, dass der Übergangszeitraum keinesfalls länger sein kann als die Restlaufzeit der jeweils maßgeblichen Zulassung des Hauptprogrammveranstalters. Vielmehr kommt nur der Zeitraum in Betracht, der im konkreten Einzelfall tatsächlich angemessen für die Amortisation der getätigten Investitionen ist.[867] Dementsprechend ist das Erfordernis der gesellschaftsrechtlichen Entflechtung auch nur so lange „unbeachtlich".[868]

Bezüglich des teilweisen Widerrufs der bestehenden Lizenzen der betroffenen Veranstalter aufgrund von § 25 Abs. 4 Satz 3 RStV fasste die Rundfunkkommission der Länder den oben bereits zitierten Beschluss[869] zu der Umsetzung der Neuregelung von § 25 Abs. 4 RStV durch den Achten Rundfunkänderungsstaatsvertrag, mit dem „bekräftigt" wurde, dass „bestehende Lizenzen" durch die Neuregelungen zur Ausgestaltung der Regionalfenster nicht berührt werden sollten und die Landesmedienanstalten um entsprechende Berücksichtigung gebeten

---

865 Vgl. dazu *Jarass/Pieroth*, Art. 20 GG Rn. 75.

866 Dieses „Versäumnis" holen die Länder allerdings mit dem Zehnten Rundfunkänderungsstaatsvertrag, der – vorbehaltlich der Ratifikation durch die Länderparlamente - zum 1. September 2008 in Kraft treten wird, nach: Nach § 53b Abs. 1 Satz 2 RStV sollen „bestehende Zulassungen und Zuweisungen für Fensterprogrammveranstalter (...) bis zum 31. Dezember 2009 unbeschadet von Vorgaben des § 25 Abs. 4 Satz 4 RStV verlängert werden." Nach der amtlichen Begründung zum Zehnten Rundfunkänderungsstaatsvertrag bedeutet dies, dass „die Bestimung in § 25 Abs. 4 Satz 4, wonach der Fensterprogrammveranstalter vom Hauptprogrammveranstalter unabhängig sein soll, bei der ins Auge gefassten Verlängerung von Zulassungen und Zuweisungen bis zum 31. Dezember 2009 außer Betracht bleiben" soll.

867 Vgl. dazu oben unter C.II.4.d)jj).

868 Die Zulassungen der rechtlich abhängigen Regionalfensterprogrammveranstalter wurden daher auch jeweils nur entsprechend befristet erteilt. Vgl. dazu oben unter C.II.4.d)jj).

869 Beschluss der Rundfunkkommission der Länder aufgrund der Sitzung vom 2.2.2006, zitiert nach der Pressemitteilung der BLM 39/2006 vom 9.2.2006, im Internet abrufbar unter *http://www.blm.de*.

wurden.[870] Da die Hauptprogrammveranstalter im Rahmen der bisher durchgeführten Zulassungsverfahren für Regionalfensterprogrammveranstalter auf diesen Bestandsschutz jedoch verzichtet haben, soweit ihre *bisherigen* Regionalfensteranbieter lizenziert wurden, wurde das dargestellte Problem bisher nicht relevant.[871]

(bb) Berücksichtigung des Vertrauensschutzes bei der Anwendung der „soll"-Vorschrift

Schließlich ermöglicht die Ausgestaltung des § 25 Abs. 4 Satz 4 RStV als „soll"-Vorschrift eine verfassungskonforme Anwendung in dem zu gewährenden Übergangszeitraum. Denn das *schutzwürdige Vertrauen* der Hauptprogrammveranstalter kann als „atypischer Ausnahmefall" berücksichtigt werden, der ein Abweichen vom Regelfall des § 25 Abs. 4 Satz 4 RStV rechtfertigt. Dies wurde von der KEK in den Zulassungsverfahren, die ihr im Rahmen der Benehmensherstellung vorlagen, auch so gehandhabt.[872]

(2) Güterabwägung im Übrigen

Die unechte Rückwirkung der Regelungen des § 25 Abs. 4 Satz 3 und Satz 4 RStV stellt sich also als zulässig dar, da sie im Wege des Bestands- bzw. Vertrauensschutzes zugunsten der betroffenen Hauptprogrammveranstalter berücksichtigt werden kann.

Die Regelungen des § 25 Abs. 4 RStV i.V.m. der FFR dürfen sich aber auch ansonsten nicht als unverhältnismäßig erweisen. Die individuelle Rundfunkfreiheit der betroffenen Hauptprogrammveranstalter und der Normzweck des § 25 Abs. 4 RStV – „die Absicherung größtmöglicher inhaltlicher Vielfalt und des Regionalbezugs des Programms" sowie „die Sicherung der Meinungsvielfalt",[873] also die objektiv-rechtliche Dimension der Rundfunkfreiheit – müssen durch die Regelung des § 25 Abs. 4 RStV in einen angemessenen Ausgleich gebracht werden.

---

870 Vgl. dazu die Pressemitteilung der BLM 39/2006 vom 9.2.2006, im Internet abrufbar unter *http://www.blm.de*.

871 Vgl. dazu oben unter C.II.3.b)bb)(2) sowie 4.d).

872 Vgl. dazu oben unter C.II.4.d). Allerdings fordert die KEK auch bei Anerkennung eines atypischen Ausnahmefalls besondere Vorkehrungen zur Absicherung der *redaktionellen* Unabhängigkeit des rechtlich abhängigen Fensterprogrammveranstalters. Nur in dem Verfahren Az. KEK 294 konnte ein schutzwürdiges Vertrauen mangels entsprechender Investitionen des Hauptprogrammveranstalters nicht anerkannt werden.

873 Vgl. den *Neunten Jahresbericht der KEK*, S. 56.

Die für die Hauptprogrammveranstalter aus der Regelung des § 25 Abs. 4 RStV i.V.m. der FFR resultierenden Belastungen wurden bereits erläutert, sie sind qualitativ durchaus von Gewicht.

Eine Kompensation dieser Belastungen könnte sich zunächst daraus ergeben, dass die Hauptprogrammveranstalter aus der Aufnahme der Regionalfensterprogramme in ihr Programm auch einen „Vorteil" ziehen. Denn die Regionalfensterprogramme sind unabdingbare Voraussetzung der Bonusgewährung nach § 26 Abs. 2 Satz 3 RStV. Zwar ist die Bonusgewährung für den Hauptprogrammveranstalter bei der Ausdehnung seiner Programmaktivitäten vorteilhaft. Sie setzt aber ihrerseits voraus, dass der Hauptprogrammveranstalter „Fensterprogramme gemäß § 25 *Abs. 4*" in sein Programm aufnimmt. Wie dargestellt wurde,[874] müssen die Regionalfensterprogramme um eine Bonusgewährung überhaupt zu ermöglichen, den verschärften Anforderungen des § 25 Abs. 4 Satz 1 bis 5 RStV genügen. Damit kann aber die Bonusregelung *nicht* zur Kompensation der aus der Novellierung resultierenden Belastungen herangezogen werden: die Hauptprogrammveranstalter stehen bezüglich der Voraussetzungen einer Bonusgewährung nach § 26 Abs. 2 Satz 3 RStV nicht besser als vor der Neufassung, sondern schlechter. Problematisch ist dabei vor allem folgender Aspekt: die Bonusgewährung nach § 26 Abs. 2 Satz 3 RStV ist für den Hauptprogrammveranstalter auch daran geknüpft, dass die Regionalfensterprogramme *inhaltlich* den Anforderungen des § 25 Abs. 4 Satz 1 RStV genügen. Auf die inhaltliche Gestaltung der Regionalfensterprogramme hat der Hauptprogrammveranstalter aber keinen Einfluss, und nach dem Willen des Gesetzgebers soll er darauf auch gerade keinen Einfluss haben. Die aus § 25 Abs. 4 RStV für den Hauptprogrammveranstalter resultierenden Nachteile werden daher im Ergebnis durch die Bonusregelung des § 26 Abs. 2 Satz 3 RStV nicht kompensiert.

Die Regionalfensterprogramme nach § 25 Abs. 4 RStV sind Bestandteil der positiven Vielfaltsicherung. Sie müssen jedoch ihrerseits „im Lichte" der individuellen Rundfunkfreiheit der Hauptprogrammveranstalter beurteilt werden.

Die Implementierung von regionalen Fensterprogrammen in einem – gemessen an der wöchentlichen Gesamtsendezeit – verhältnismäßig geringen zeitlichen Umfang von 30 Minuten pro Tag an den Tagen Montag bis Freitag[875] bedeutet keine übermäßige Belastung der betroffenen Hauptprogrammveranstalter, ein Verlust der eigenen Sendezeit in dieser Größenordnung lässt sich für die beiden reichweitenstärksten bundesweiten Fernsehvollprogramme „verschmerzen".[876]

874 Vgl. dazu oben unter C.III.4.a)cc) sowie C.III.5.b).
875 Die bayerische Sonderregelung für Samstag und Sonntag stellt zeitlich gesehen ebenfalls keine übermäßige Belastung dar.
876 So auch *Ebsen*, S. 179, zu § 25 Abs. 4 RStV a.F.

Die inhaltlichen Vorgaben für die Regionalfensterprogramme treffen die beiden Hauptprogrammveranstalter nur mittelbar, sie sind zudem nicht zu beanstanden, da die negative Entwicklung der programmlichen Qualität der Regionalfensterprogramme zwingende Vorgaben für ihre inhaltliche Ausgestaltung erforderlich machte. Denn nur eine Regionalberichterstattung, die sich an den in § 25 Abs. 4 Satz 1 RStV normierten und in Ziff. 1 FFR konkretisierten inhaltlichen Vorgaben orientiert, kann das Spektrum an regionalen Informationen auch tatsächlich verbessern. Die von den Hauptprogrammveranstaltern befürchteten Akzeptanzverluste bei Zuschauern und Werbekunden werden sich – insbesondere bei entsprechender qualitativer Gestaltung des Fensterprogramms – daher in Grenzen halten. Gleiches gilt insofern für die Verluste aufgrund entgangener Werbeeinnahmen. Auch insofern gilt, dass diese von den Veranstaltern der beiden reichweitenstärksten bundesweiten Fernsehvollprogramme eher getragen werden können, als von kleineren Veranstaltern.

Sowohl die Ausstrahlung im Rahmen der beiden reichweitenstärksten bundesweiten Fernsehvollprogramme, als auch der konkrete Ausstrahlungszeitpunkt im Vorabendprogramm gewährleisten, dass die regionalen Inhalte möglichst viele Zuschauer auch tatsächlich erreichen und so das bestehende Interesse an regionaler Berichterstattung befriedigt wird.

Das Stichtagsprinzip trägt der Vielfalt der Regionen Rechnung *ohne* eine flächendeckende Verpflichtung zu begründen. Dass dadurch nicht alle Bundesländer zwingend mit Regionalfenstern „versorgt“ werden, führt nicht zur Unangemessenheit der Regelung, denn jedes Fensterprogramm leistet *für sich* seinen Beitrag zu der regionalen Vielfalt.[877] Der Versuch, *nicht vorhandene* Regionalfensterprogramme als Argument *gegen* die Angemessenheit der *tatsächlich ausgestrahlten* Fensterprogramme instrumentalisieren zu wollen, widerspricht dem Vielfaltsgebot.

Die redaktionelle Unabhängigkeit der Berichterstattung ist der wichtigste Aspekt der Vielfaltsicherung und als solche ebenfalls nicht zu beanstanden. Zwar bedeutet die redaktionell unabhängige Gestaltung, dass der Hauptprogrammveranstalter Inhalte in sein Programm aufnehmen muss, die ihm publizistisch nicht zuzurechnen sind. Der zeitliche Umfang ist aber überschaubar, und er hat diese fremden Inhalte auch nicht zu verantworten. Denn die rundfunkrechtliche Verantwortung trifft jetzt den Regionalfensteranbieter als zugelassenen Veranstalter. Insofern hat sich die Situation für die Hauptprogrammveranstalter – die schon vor dem 1. April 2005 durch § 31 Abs. 2 Satz 3 RStV faktisch zur Aufnahme fremdgestalteter regionaler Fenster gezwungen waren – sogar verbessert.

877 Vgl. dazu auch *Hartstein/Ring/Kreile/Dörr/Stettner*, § 25 RStV Rn. 17.

Die Finanzierungsverpflichtung trägt dazu bei, qualitativ hochwertige Regionalberichterstattung unabhängig von reinen Wirtschaftlichkeitserwägungen zu gewährleisten. Solange es den Hauptprogrammveranstaltern freigestellt ist, ob sie insofern eigene Tochterunternehmen oder fremde Unternehmen fördern wollen, ist dies nicht zu beanstanden.

Die seit dem 1. April 2005 vorgesehene rechtliche Trennung der Unternehmen gebietet aber eine andere Beurteilung. Zwar wird den betroffenen Hauptprogrammveranstaltern aktuell Vertrauensschutz gewährt. Mit Ablauf der vorgesehenen Übergangsfristen – und damit im Jahr 2008 – sind diese letztlich jedoch gezwungen, sich – potentiell unter Wert – von ihren Beteiligungen zu trennen. Das tangiert nicht nur die Unternehmensstruktur, sondern auch in unzumutbarer Weise die individuelle Rundfunkveranstalterfreiheit. Denn die Hauptprogrammveranstalter würden dann gezwungen, fremde Rundfunkunternehmen zu finanzieren. Eine Abweichung von diesem Erfordernis wäre nur in atypischen Ausnahmefällen möglich, die nach Ablauf des Vertrauensschutzes aber kaum mehr denkbar sind. Aus der „soll"-Bestimmung des § 25 Abs. 4 Satz 4 RStV wird damit ab dem Jahr 2008 eine „muss"-Vorschrift.

Schon die gesellschaftsrechtliche Trennung allein ist in Bezug auf das Übermaßverbot kritisch zu sehen. Die KEK hat in ihren Entscheidungen deutlich zum Ausdruck gebracht, dass es in erster Linie auf die redaktionelle Unabhängigkeit ankommt. Redaktionelle Unabhängigkeit ist nicht *zwingend* auch gesellschaftsrechtliche Unabhängigkeit.[878] Und auch der Umstand, dass *wirtschaftliche* Unabhängigkeit ein wichtiger Faktor für die redaktionelle Unabhängigkeit ist,[879] bedeutet nicht zwingend die gesellschaftsrechtliche Trennung. Vielmehr wird die wirtschaftlich unabhängige und damit keinen Kommerzialisierungszwängen unterworfene Gestaltung des Regionalfensterprogramms ja gerade durch die *finanzielle* Garantie des Hauptprogrammveranstalters sichergestellt.

Zumutbar ist dem Hauptprogrammveranstalter unter Vielfaltsgesichtspunkten jedenfalls die zwingende Finanzierung eigener Tochterunternehmen. Ebenso kann ihm wohl auch noch auferlegt werden, fremde Veranstalter zu finanzieren, soweit diese im Rahmen der Ausschreibung des Regionalfensterprogramms das unter Vielfaltsgesichtspunkten überzeugendste Angebot abgegeben haben. Dabei darf aber nicht ausgeschlossen sein, dass sich auch ein Tochterunternehmen des Hauptprogrammveranstalters um die Zulassung als Regionalfensterprogrammveranstalter bewirbt.

---

878 Vgl. *Ebsen*, S. 147; dies haben auch die Länder Hamburg und Nordrhein-Westfalen in ihrer Protokollerklärung betont, abgedruckt bei *Hartstein/Ring/Kreile/Dörr/Stettner*, A 1.9.5. und § 25 RStV.

879 So *Hartstein/Ring/Kreile/Dörr/Stettner*, § 25 RStV Rn. 19.

Die gesonderte Zulassung der Fensterprogrammveranstalter ist – insbesondere aufgrund des dadurch möglichen Ausschreibungsverfahrens – ein Aspekt, um Wettbewerb zwischen regionalen Anbietern und damit auch eine Anbietervielfalt zu fördern. Insofern ist eine Annäherung an § 31 RStV erfolgt, die sich aber nicht unangemessen zu Lasten der Hauptprogrammveranstalter auswirkt, solange auch mit dem Hauptprogrammveranstalter *verbundene* Unternehmen im Rahmen des Zulassungsverfahrens berücksichtigt werden können. Aus dem Ausschreibungsverfahren ergibt sich für diese die Notwendigkeit, ein Angebot vorzulegen, das im Wettbewerb unter Vielfaltsgesichtspunkten überzeugen kann. Dadurch wird – unter Berücksichtigung der ohnehin erforderlichen publizistischen Unabhängigkeit und der wirtschaftlichen Sicherheit durch die Finanzierungsgarantie – sichergestellt, dass die Regionalfensterprogramme auch tatsächlich zur Meinungsvielfalt beitragen.

Tochterunternehmen von diesem Wettbewerb automatisch auszuschließen, stellt sich hingegen als unangemessener Eingriff in die individuelle Rundfunkfreiheit der Hauptprogrammveranstalter dar, solange letztere gezwungen werden, die Regionalfensterprogramme zu finanzieren. Eine Kumulation von Entflechtung und Finanzierungsverpflichtung verwischt letztlich auch den qualitativen Unterschied zu § 31 RStV als Maßnahme der negativen Vielfaltsicherung.

4. Ergebnis zu Art. 5 Abs. 1 Satz 2 GG

Die Regelung in § 25 Abs. 4 RStV i.V.m. der FFR stellt einen Eingriff in die individuelle Rundfunkfreiheit der betroffenen Hauptprogrammveranstalter dar. Dieser Eingriff kann jedoch durch die Sicherung der Meinungsvielfalt – und hier insbesondere die Sicherung regionaler Vielfalt i.S. eines „Programmföderalismus" – grundsätzlich gerechtfertigt werden.

Problematisch sind insofern allerdings die Regelungen in § 25 Abs. 4 Satz 4 und Satz 5 RStV. *Kumulativ* stellen diese Regelungen einen Verstoß gegen das Übermaßverbot dar. Dieser Verstoß wird auch durch die Ausgestaltung des § 25 Abs. 4 Satz 4 RStV als „soll"-Vorschrift nicht beseitigt. Die „soll"-Vorschrift ermöglicht es zwar derzeit, den aufgrund der unechten Rückwirkung der Vorschrift gebotenen Vertrauensschutz zugunsten der Hauptprogrammveranstalter als atypischen Ausnahmefall zu werten und daher auch i.S.v. § 28 RStV verbundene Unternehmen als Regionalfensterprogrammveranstalter zu lizenzieren sowie diese Regionalfenster im Rahmen der Bonusgewährung nach § 26 Abs. 2 Satz 3 RStV zu berücksichtigen.

Entfällt aber der Vertrauensschutz – mit Ablauf des jeweils anzuerkennenden Amortisationszeitraums und damit jedenfalls im Jahr 2008 – bedeutet die „soll"-Vorschrift, dass nur noch – kaum vorstellbare – besonders gelagerte Ausnahmefälle eine gesellschaftsrechtliche Verflechtung rechtfertigen können. Ansonsten gilt das „Regel-Ausnahme-Verhältnis", durch das die Hauptprogrammveranstalter im „Normalfall" tatsächlich zu Entflechtungsmaßnahmen und damit zum Verkauf ihrer Tochtergesellschaften gezwungen werden. Kumulativ zur Finanzierung der dann „fremden" Unternehmen gezwungen zu sein, bedeutet für die Hauptprogrammveranstalter eine nicht zumutbare Belastung.

II. Schutz der erwerbswirtschaftlichen Betätigung durch Art. 12 Abs. 1 GG

Die Regelung des § 25 Abs. 4 RStV könnte aufgrund ihrer Auswirkungen auf Programmgestaltung und Unternehmensstruktur der von ihr betroffenen privaten Fernsehveranstalter RTL Television GmbH und SAT.1 SatellitenFernsehen GmbH auch einen Verstoß gegen die Gewerbefreiheit aus Art. 12 Abs. 1 GG darstellen.

1. Kumulative Anwendbarkeit von Art. 12 Abs. 1 RStV und Art. 5 Abs. 1 Satz 2 GG

Dies würde zunächst voraussetzen, dass Art. 12 Abs. 1 GG vorliegend neben dem Grundrecht der individuellen Rundfunkfreiheit aus Art. 5 Abs. 1 Satz 2 GG zur Anwendung kommt.

Für einen bestimmten Sachverhalt im Bereich des Rundfunks – hier die Regelung der Regionalfensterprogramme nach § 25 Abs. 4 RStV – können mehrere Grundrechtsnormen einschlägig sein; meist handelt es sich neben Art. 5 Abs. 1 Satz 2 GG um die Art. 12 Abs. 1 GG und Art. 14 Abs. 1 GG.[880]

Fraglich ist, wie die daraus resultierende Konkurrenz der einzelnen Grundrechtsnormen zu lösen ist. Teilweise wird angenommen, dass nach dem Grundsatz der Spezialität Art. 5 Abs. 1 Satz 2 GG stets der Vorzug zu geben sei, da es sich um die „sachnächste" Grundrechtsnorm handle.[881] Vorzugswürdig erscheint hingegen die Auffassung von *Maunz/Dürig – Herzog*[882] und *Herrmann/Lausen,*[883] die von einer *Idealkonkurrenz* und damit einer kumulativen Anwendung

---

880 Vgl. auch *Hahn/Vesting – Rossen-Stadtfeld,* § 25 RStV Rn. 69; *Beucher/Leyendecker/von Rosenberg,* § 26 RStV Rn. 20; *Hermann/Lausen,* § 5 Rn. 85 ff.

881 Vgl. *Hahn/Vesting – Rossen-Stadtfeld,* § 25 RStV Rn. 41; vgl. dazu auch *Hermann/Lausen,* § 5 Rn. 85 f. m.w.N.

882 Vgl. *Maunz/Dürig – Herzog,* Art. 5 GG Rn. 31 ff., 142.

883 Vgl. *Hermann/Lausen,* § 5 Rn. 87.

dieser Grundrechtsnormen ausgehen.[884] Denn die einzelnen Grundrechtsnormen erfassen jede für sich einen bestimmten typisierten Bereich und können daher im Einzelfall überlappende Geltungsbereiche haben.[885]

Auch das Bundesverfassungsgericht hat in seiner Entscheidung zur Kurzberichterstattung im Fernsehen[886] festgehalten, dass sich private Rundfunkveranstalter nicht nur auf ihre individuelle Rundfunkfreiheit berufen können, sondern dass daneben auch die anderen Freiheitsgrundrechte – insbesondere Art. 12 GG und Art. 14 GG – auf sie Anwendung finden.[887]

Entsprechend den Feststellungen des Bundesverfassungsgerichts wird in der vorliegenden Untersuchung davon ausgegangen, dass mehrere für einen bestimmten Sachverhalt im Bereich des Rundfunks einschlägige Grundrechtsnormen im Sinne einer Idealkonkurrenz kumulativ anwendbar sind. Insbesondere Art. 12 Abs. 1 GG findet daher neben Art. 5 Abs. 1 Satz 2 GG Anwendung.

2. Schutzbereich

a) Persönlicher Schutzbereich

Träger des Grundrechts aus Art. 12 Abs. 1 GG sind zunächst alle natürlichen Personen deutscher Nationalität, gemäß Art. 19 Abs. 3 GG aber auch alle *inländischen* juristischen Personen.[888]

Sowohl bei der RTL Telvision GmbH, als auch bei der SAT.1 SatellitenFernsehen GmbH als aktuell von der Regelung in § 25 Abs. 4 RStV betroffene Hauptprogrammveranstalter handelt es sich um juristische Personen des Privatrechts,[889] die ihren Sitz in Deutschland haben. Sie werden daher vom persönlichen Schutzbereich des Art. 12 Abs. 1 GG erfasst.

---

884 So auch *Jarass/Pieroth,* Art. 5 GG Rn. 24a; in diesem Sinn wohl auch *Beucher/Leyenecker/von Rosenberg,* § 26 RStV Rn. 15 und Rn. 1; *Dörr/Schwartmann,* Rn. 95 f. Vgl. auch *Fechner,* Rn. 796, der darauf hinweist, dass die privaten Rundfunkveranstalter sich – anders als die öffentlich-rechtlichen Rundfunkanstalten – auch auf alle „übrigen Grundrechte" berufen können.

885 So *Hermann/Lausen,* § 5 Rn. 87.

886 BVerfGE 97, 228.

887 Vgl. BVerfGE 97, 228 (252 ff.); das Bundesverfassungsgericht ging in dieser Entscheidung auf Art. 5 Abs. 1 Satz 2 GG sogar erst ein, *nachdem* es zu einem Verstoß gegen Art. 12 Abs. 1 GG und Art. 14 Abs. 1 GG Stellung genommen hatte. Offengelassen wurde das Verhältnis in der „extra radio" Entscheidung, BVerfGE 97, 298 ff.

888 Vgl. *Jarass/Pieroth,* Art. 12 GG Rn. 10 f.

889 Vgl. insofern § 13 Abs. 1 GmbHG.

b) Sachlicher Schutzbereich

aa) Berufswahl- und Berufsausübungsfreiheit

Art. 12 Abs. 1 GG schützt – als einheitliches Grundrecht – die Freiheit der Berufswahl und -ausübung.[890] Unter Beruf ist dabei eine Tätigkeit zu verstehen, die in ideeller und materieller Hinsicht der Schaffung und Erhaltung einer Lebensgrundlage dient, wobei es sich um eine auf Dauer angelegte Tätigkeit handeln muss.[891]

Dieser Schutz gilt auch im Rundfunkbereich, z.B. hinsichtlich der Berufsfreiheit der einzelnen Redakteure: Deren Recht auf freie Gestaltung ihrer redaktionellen Beiträge ist damit nicht nur durch Art. 5 Abs. 1 Satz 2 GG, sondern auch durch Art. 12 Abs. 1 GG geschützt.[892]

bb) Gründung und Betrieb eines privaten Rundfunkunternehmens als geschützte Tätigkeit

Soweit juristische Personen und Personenvereinigungen des Privatrechts durch Art. 12 Abs. 1 GG geschützt werden, bezieht sich der Schutz des Grundrechts auf die „Erwerbszwecken dienende Tätigkeit".[893] Art. 12 Abs. 1 GG sichert insofern die „Freiheit des Gewerbes".[894]

Da „rundfunkunternehmerische Tätigkeit" – jedenfalls bei einem privaten Rundfunkveranstalter – Erwerbszwecken dient, handelt es sich um eine berufliche Tätigkeit. Art. 12 Abs. 1 GG schützt daher die Freiheit, ein privates Rundfunkunternehmen zu gründen und zu betreiben.[895] Auch insofern findet also eine Überlappung von Art. 5 Abs. 1 Satz 2 GG und Art. 12 Abs. 1 GG statt.

Die Tätigkeit der beiden Hauptprogrammveranstalter fällt damit in den sachlichen Schutzbereich des Art. 12 Abs. 1 GG.

---

890 Vgl. dazu *Jarass/Pieroth*, Art. 12 GG Rn. 8; *Pieroth/Schlink*, Rn. 806 ff.

891 Vgl. BVerfGE 97, 228 (252 ff.); 54, 301 (313); *Jarass/Pieroth*, Art. 12 GG Rn. 4 ff.; *Pieroth/Schlink*, Rn. 810 ff.

892 Vgl. *Herrmann/Lausen*, § 5 Rn. 80.

893 Vgl. *Jarass/Pieroth*, Art. 12 GG Rn. 10a.

894 Vgl. *Jarass/Pieroth*, Art. 12 GG Rn. 2; *Fechner*, Rn. 180.

895 Vgl. BVerfGE 97, 228 (252 ff.); vgl. auch *Herrmann/Lausen*, § 5 Rn. 81; *Fechner*, Rn. 180; *Badura*, S.47 f.

3. § 25 Abs. 4 RStV als Eingriff?

Fraglich ist, inwieweit die Regelungen in § 25 Abs. 4 RStV i.V.m. der FFR[896] in die Gewerbefreiheit der Hauptprogrammveranstalter eingreifen.

Die Verpflichtung zur Aufnahme der Regionalfensterprogramme nach § 25 Abs. 4 Satz 1 RStV bedeutet für die Hauptprogrammveranstalter, dass sie ihre Programmgestaltung zunächst insoweit an den Regionalfensterprogrammen orientieren müssen, als die unmittelbare Bereithaltung programmlicher Schnittstellen gewährleistet sein muss. Darüber hinaus wird der Hauptprogrammveranstalter auch mittelbar gezwungen, sein sonstiges Programm an die Regionalfensterprogramme anzupassen.

Dadurch wird – ebenso wie durch die Festlegung konkreter Sendezeiten nach § 25 Abs. 4 Satz 6 RStV i.v.m. Ziff. 5 FFR in die Ausübung der Gewerbetätigkeit des Hauptprogrammveranstalters eingegriffen, denn dieser kann über seine Sendezeit nicht so verfügen, wie er es möchte.

Zudem kann der Hauptprogrammveranstalter während der Ausstrahlung des Regionalfensterprogramms keine eigenen Werbeeinahmen erzielen, dies betrifft seinen Erwerb unmittelbar. Denn private Rundfunkveranstalter finanzieren sich vorrangig aus Werbeeinnahmen, § 43 RStV.

§ 25 Abs. 4 Satz 2 RStV führt dazu, dass der Hauptprogrammveranstalter im Rahmen seines eigenen Programms einen für ihn „fremden" Programmteil ausstrahlen muss, der publizistisch zwar nicht von ihm verantwortet werden muss, der aber das Erscheinungsbild seines eigenen Programms mit bestimmt. Die freie Gestaltung des eigenen Programms – und damit auch der ausgestrahlten Inhalte – ist aber ein integraler Bestandteil der Gewerbefreiheit eines Rundfunkunternehmers.[897] Auch insoweit liegt also ein Eingriff in die Ausübung der rundfunkunternehmerischen Tätigkeit vor.

Die gesonderte Zulassung der Fensterprogrammveranstalter tangiert die unternehmerische Tätigkeit der Hauptprogrammveranstalter auch insofern, als § 25 Abs. 4 Satz 3 RStV in einigen Fällen einen teilweisen Widerruf ihrer eigenen Zulassung bewirkt. Diese Zulassung ist aber wiederum die Voraussetzung ihrer – legalen[898] – Tätigkeit als Rundfunkveranstalter.

---

896 Für Art. 12 Abs. 1 GG ist anerkannt, dass auch Verwaltungsvorschriften die Berufs- bzw. Gewerbefreiheit beeinträchtigen können, vgl. *Jarass/Pieroth,* Art. 12 GG Rn. 14.

897 Vgl. dazu auch *Hermann/Lausen,* § 5 R. 80 f.

898 Denn die Veranstaltung von Rundfunkprogrammen ohne Zulassung nach § 20 RStV stellt gemäß § 49 Abs. 1 Nr. 12 RStV eine Ordnungswidrigkeit dar, die mit einer Geldbuße von bis zu 500.000 € geahndet werden kann, § 49 Abs. 2 RStV.

Auch § 25 Abs. 4 Satz 4 RStV begründet einen Eingriff in die Gewerbefreiheit, denn die Hauptprogrammveranstalter werden dazu gezwungen, ihre Unternehmensstruktur – und damit quasi die Grundlage ihrer Tätigkeit *als Unternehmen* – zu verändern.

Schließlich ist auch die aus § 25 Abs. 4 Satz 5 RStV resultierende Verpflichtung, die Finanzierung der Regionalfensterprogramme sicherzustellen, als Eingriff in die Gewerbefreiheit zu qualifizieren. Denn den Hauptprogrammveranstaltern wird dadurch vorgegeben, wie sie einen Teil ihrer finanziellen Mittel zu verwenden haben. Die fraglichen Mittel stehen somit nicht mehr zur Verfügung, um das eigene Unternehmen zu finanzieren, sondern müssen den Regionalfensterveranstaltern überlassen werden.

Die Regelungen in § 25 Abs. 4 RStV i.V.m. den Konkretisierungen der FFR betreffen ausschließlich die Veranstalter der beiden reichweitenstärksten bundesweiten Fernsehvollprogramme. Sie sind daher auch als *unmittelbar* berufs- bzw. gewerbebezogen[899] zu qualifizieren.

4. Rechtfertigung der Regelungen des § 25 Abs. 4 RStV als Schranken i.S.v. Art. 12 Abs. 1 Satz 2 GG?

§ 25 Abs. 4 RStV i.V.m. der FFR könnte die Gewerbefreiheit der Hauptprogrammveranstalter jedoch wirksam beschränken. Dazu müssten die Vorschriften als Schrankenregelung im Sinne von Art. 12 Abs. 1 Satz 2 GG zu qualifizieren und darüber hinaus verhältnismäßig sein.

a) § 25 Abs. 4 RStV als Gesetz i.S.v. Art. 12 Abs. 1 Satz 2 GG

Art. 12 Abs. 1 GG wird als einheitliches Grundrecht verstanden. Nicht nur die Freiheit der Berufs*ausübung*, sondern auch die der Berufs*wahl* kann daher nach Art. 12 Abs. 1 Satz 2 GG beschränkt werden. Dazu bedarf es einer gesetzlichen Grundlage, also eines formellen Gesetzes oder zumindest einer auf einer formalgesetzlichen Ermächtigungsgrundlage beruhenden untergesetzlichen Norm.[900]

§ 25 Abs. 4 RStV ist eine staatsvertragliche Regelung und somit – wie bereits ausgeführt – als formelle, landesrechtliche Regelung zu qualifizieren. Die FFR stellt zwar lediglich eine Verwaltungsvorschrift dar, welche aber auf § 33 RStV und damit jedenfalls auf einer formalgesetzlichen Ermächtigungsgrundlage beruht.

---

899 Vgl. dazu und zu der Abgrenzung zu Regelungen mit objektiv berufsregelnder Tendenz *Jarass/Pieroth*, Art. 12 GG Rn. 11 f.; vgl. auch BVerfGE 97, 228 (252 ff.).

900 Vgl. dazu *Jarass/Pieroth*, Art. 12 GG Rn. 19 ff.

b) *Verfassungsmäßige Rechtfertigung*

Beeinträchtigungen der Gewerbefreiheit müssen verhältnismäßig sein. Im Rahmen von Art. 12 Abs. 1 GG spielt dabei die vom Bundesverfassungsgericht entwickelte „Stufenlehre“ eine entscheidende Rolle. Danach bedarf ein Eingriff in die Gewerbefreiheit einer umso stärkeren Legitimation durch entsprechend gewichtige Interessen des Gemeinwohls, je tiefer in den Schutzbereich des Grundrechts eingegriffen wird.[901]

Die Regelungen in § 25 Abs. 4 RStV betreffen allein die *Ausübung* der unternehmerischen Tätigkeit der Hauptprogrammveranstalter. Sie sind daher verfassungsmäßig gerechtfertigt, soweit vernünftige Erwägungen des Gemeinwohls sie als zweckmäßig erscheinen lassen und das Grundrecht nicht unverhältnismäßig eingeschränkt wird.[902]

aa) *Die Sicherung der Meinungsvielfalt als durch „vernünftige Erwägungen des Gemeinwohls“ legitimierter Zweck der Regelungen*

Die Regelungen des § 25 Abs. 4 RStV dienen in ihrer aktuellen Fassung der Sicherung der Meinungsvielfalt. Insofern kann auf die Ausführungen zu Art. 5 Abs. 1 Satz 2 GG verwiesen werden. Damit liegen diesen Regelungen vernünftige Gemeinwohlerwägungen zu Grunde, der Gemeinwohlbezug wird „durch die Bedeutung unterstrichen, die der verfassungsrechtlichen Garantie der Rundfunkfreiheit in Art. 5 Abs. 1 Satz 2 GG zukommt“.[903]

bb) *Die Verhältnismäßigkeit im Übrigen*

Auch insoweit kann auf die Ausführungen zu Art. 5 Abs. 1 Satz 2 GG verwiesen werden. Bezüglich der seit dem 1. April 2005 vorgesehenen rechtlichen Trennung von Haupt- und Fensterprogrammveranstalter ist zwar – auch im Rahmen von Art. 12 Abs. 1 GG – der den Veranstaltern zu gewährende Vertrauensschutz zu berücksichtigen. Mit Ablauf der vorgesehenen Übergangsfristen sind die Hauptprogrammveranstalter jedoch gezwungen, sich von ihren Beteiligungen zu trennen. Das tangiert nicht nur ihre Unternehmensstruktur, sondern auch in unzumutbarer Weise ihre Gewerbefreiheit: die Hauptprogrammveranstalter werden zur Finanzierung fremder Rundfunkunternehmen – und damit quasi ihrer eigenen

---

901 Vgl. dazu *Jarass/Pieroth,* Art. 12 GG Rn. 31 ff.; *Pieroth/Schlink,* Rn. 846 ff.

902 Vgl. dazu die ständige Rechtsprechung des Bundesverfassungsgerichts seit BVerfGE 7, 377 (402 ff.); vgl. auch BVerfGE 97, 228 (252 ff.).

903 BVerfGE 97, 228 (257).

Konkurrenz – gezwungen. Eine Abweichung von diesem Erfordernis wäre nur in atypischen Ausnahmefällen möglich, die nach Ablauf des Vertrauensschutzes aber kaum mehr denkbar sind, so dass aus der „soll"-Bestimmung des § 25 Abs. 4 Satz 4 RStV ab dem Jahr 2008 eine „muss"-Vorschrift wird.

Schon die gesellschaftsrechtliche Trennung allein ist in Bezug auf das Übermaßverbot kritisch zu sehen, da auch die KEK in ihren Entscheidungen zum Ausdruck gebracht, dass es in erster Linie auf die redaktionelle Unabhängigkeit ankommt. Redaktionelle Unabhängigkeit bedarf aber – wie oben dargestellt – nicht *zwingend* der gesellschaftsrechtlichen Unabhängigkeit. Auch die Tochterunternehmen des Hauptprogrammveranstalters müssen sich um die Zulassung als Regionalfensterprogrammveranstalter bewerben dürfen. Tochterunternehmen von dem durch die eigenständige Zulassung der Regionalfensteranbieter intendierten Wettbewerb automatisch ausschließen zu wollen, stellt sich als unangemessener Eingriff in die Gewerbefreiheit der Hauptprogrammveranstalter dar, solange letztere gezwungen werden, die Regionalfensterprogramme zu finanzieren. Es ergeben sich im Rahmen von Art. 12 Abs. 1 GG hier keine Abweichungen gegenüber den Überlegungen zu Art. 5 Abs. 1 Satz 2 GG.

5. Ergebnis zu Art. 12 Abs. 1 GG

Die Regelung in § 25 Abs. 4 RStV i.V.m. der FFR bedeutet einen Eingriff in die Gewerbefreiheit der betroffenen Hauptprogrammveranstalter dar. Auch dieser Eingriff kann jedoch durch die Sicherung der Meinungsvielfalt grundsätzlich gerechtfertigt werden. Dies gilt jedoch nicht für die Regelungen in § 25 Abs. 4 Satz 4 und Satz 5 RStV, die *kumulativ* aus den oben erläuterten Gründen einen Verstoß gegen das Übermaßverbot darstellen.

III. Eigentumsgarantie, insb. Recht am eingerichteten und ausgeübten Gewerbebetrieb, Art. 14 Abs. 1 GG

Die Regelung des § 25 Abs. 4 RStV könnte darüber hinaus aufgrund ihrer Auswirkungen auf die Zulassung und Unternehmensstruktur der von ihr betroffenen Hauptprogrammveranstalter eine Verletzung der durch Art. 14 Abs. 1 GG gewährleisteten Eigentumsgarantie darstellen.

Bezüglich der kumulativen Anwendung von Art. 14 Abs. 1 GG und Art. 5 Abs. 1 GG kann auf die obigen Ausführungen zu Art. 12 Abs. 1 GG verwiesen werden: auch zwischen Art. 14 Abs. 1 GG und Art. 5 Abs. 1 Satz 2 GG besteht Idealkonkurrenz.[904]

1. Schutzbereich

a) Persönlicher Schutzbereich

Träger des Grundrechts aus Art. 14 Abs. 1 GG sind alle natürlichen, gemäß Art. 19 Abs. 3 GG aber auch alle juristischen Personen. Da die privaten Rundfunkanbieter in der Regel in den Rechtsformen der Aktiengesellschaft oder GmbH und somit als juristische Personen des Privatrechts[905] organisiert sind, werden sie vom persönlichen Schutzbereich des Art. 14 Abs. 1 GG erfasst.[906]

Auch die RTL Telvision GmbH und die SAT.1 SatellitenFernsehen GmbH als aktuell von der Regelung in § 25 Abs. 4 RStV betroffene Hauptprogrammveranstalter können sich insofern auf Art. 14 Abs. 1 GG berufen.

b) Sachlicher Schutzbereich

Art. 14 Abs. 1 GG schützt alle eigentumsfähigen Positionen in ihrem konkreten, gesetzlich ausgestalteten Bestand sowie hinsichtlich der Innehabung, Nutzung und Verfügung über die jeweilige Rechtsposition.[907]

Eigentumsfähige Positionen sind dabei grundsätzlich alle vom Gesetzgeber gewährten konkreten vermögenswerten Rechte.[908] Darunter fallen zum einen privatrechtliche Positionen, aber auch Positionen öffentlich-rechtlicher Natur.

aa) Recht am eingerichteten und ausgeübten Gewerbebetrieb

Als privatrechtliche Position im Sinne eines vermögenswerten Rechts, welches das bürgerliche Recht einem privaten Rechtsträger als Eigentum zuordnet[909], kommt das Recht am eingerichteten und ausgeübten Gewerbebetrieb in Betracht.

---

904 Vgl. dazu oben unter D.II.1.

905 Vgl. insofern § 13 Abs. 1 GmbHG und § 1 Abs. 1 Satz 1 AktG.

906 Anders ist die Sachlage nach BVerfGE 78, 101 (102) bei den öffentlich-rechtlichen Rundfunkanstalten: als juristische Personen des öffentlichen Rechts können diese sich *nicht* auf Art. 14 GG berufen, obwohl sie keine öffentliche Aufgabe im eigentlichen Sinn wahrnehmen, sondern sogar staatsfern zu organisieren sind, vgl. *Jarass/Pieroth*, Art. 14 GG Rn. 28; *Hermann/Lausen*, § 5 Rn. 82.

907 Vgl. *Jarass/Pieroth*, Art. 14 GG Rn. 6.

908 Vgl. *Jarass/Pieroth*, Art. 14 GG Rn. 7; vgl. auch *Pieroth/Schlink*, Rn. 903.

909 So BVerfGE 70, 191 (199); vgl. *Jarass/Pieroth*, Art. 14 GG Rn. 8.

Zwar hat das Bundesverfassungsgericht in diesem Fall die Anwendung von Art. 14 GG bisher offen gelassen,[910] in der Literatur und auch vom Bundesgerichtshof wird diese jedoch ganz überwiegend bejaht.[911]

Wie bei Art. 14 Abs. 1 GG generell ist aber auch in Bezug auf das Recht am eingerichteten und ausgeübten Gewerbebetrieb danach zu differenzieren, ob primär der Schutz des *Erwerbs*, also die unternehmerische Tätigkeit als solche, oder der Schutz des dadurch *Erworbenen*, also der Bestand des Gewerbebetriebs, im Vordergrund steht. Denn das einfachgesetzliche Recht am eingerichteten und ausgeübten Gewerbebetrieb umfasst beides. Da aber Art. 14 GG „nur Bestandsschutz, nicht Erwerbsschutz" bietet,[912] kann auch der durch Art. 14 Abs. 1 GG vermittelte Schutz des eingerichteten und ausgeübten Gewerbebetriebs nicht über den Schutz hinausgehen, den die wirtschaftlichen Grundlagen des Gewerbebetriebs genießen.[913] Nur ein Eingriff in die *Substanz* der Sach- und Rechtsgesamtheit tangiert daher den Schutzbereich des Art. 14 Abs. 1 GG.[914]

Die Rundfunkunternehmen der Hauptprogrammveranstalter sind als eingerichteter und ausgeübter Gewerbebetrieb zu qualifizieren. Der Schutzbereich des Art. 14 Abs. 1 GG ist daher eröffnet, soweit die Regelungen des § 25 Abs. 4 RStV Auswirkungen auf die *Substanz* der Unternehmen haben.[915]

Dies kommt vorrangig bei § 25 Abs. 4 Satz 4 RStV in Betracht, der eine Veräußerung von Unternehmensbestandteilen – nämlich Anteilen an Tochtergesellschaften – fordert. Denn Gesellschaftsanteile – z.B. GmbH-Anteile – werden durch Art. 14 Abs. 1 GG in jedem Fall geschützt.[916]

Der Verlust bzw. die Minderung von Werbeeinahmen betrifft hingegen den bloßen *Erwerb* bzw. in der Zukunft liegende Chancen und Verdienstmöglichkeiten, der Schutzbereich des Art. 14 Abs. 1 GG ist insofern also nicht eröffnet.[917]

bb) Schutz der Sendegenehmigung als öffentlich-rechtliche Position?

Eine öffentlich-rechtliche Position wird durch Art. 14 Abs. 1 GG nur dann geschützt, wenn es sich dabei um ein *vermögenswertes* subjektives Recht öffentlich-rechtlicher Natur handelt, das dem Einzelnen eine Rechtsposition verschafft,

910 Vgl. *Jarass/Pieroth,* Art. 14 GG Rn. 10 m.w.N.
911 Vgl. *Jarass/Pieroth,* Art. 14 GG Rn. 10 m.w.N.
912 So BGHZ 98, 341 (351); vgl. *Jarass/Pieroth,* Art. 14 GG Rn. 10.
913 BVerfGE 58, 300 (353); vgl. dazu auch *Pieroth/Schlink,* Rn. 905.
914 Vgl. *Jarass/Pieroth,* Art. 14 GG Rn. 25; vgl. auch *Pieroth/Schlink,* Rn. 912.
915 Vgl. dazu auch *Engel,* ZUM 2000, 345, 356.
916 Vgl. BVerfGE 77, 130 (136); vgl. dazu auch *Pieroth/Schlink,* Rn. 904.
917 Vgl. dazu auch *Jarass/Pieroth,* Art. 14 GG Rn. 22; *Pieroth/Schlink,* Rn. 912.

die derjenigen eines Eigentümers entspricht.[918] Dabei ist zum einen maßgeblich, ob das jeweilige Recht dem Inhaber als *ausschließliches* Recht zugeordnet ist[919], zum anderen muss die jeweilige Rechtsposition *auf nicht unerheblichen Eigenleistungen beruhen.*[920] Ein Beispiel hierfür sind insbesondere die sozialversicherungsrechtlichen Positionen, die der Existenzsicherung dienen und auf nicht unerheblichen Eigenleistungen beruhen.[921]

Staatliche Genehmigungen erfüllen diese Anforderungen grundsätzlich nicht, da es an einer entsprechenden Eigenleistung des Genehmigungsinhabers fehlt.[922] Nimmt allerdings derjenige, dem eine öffentlich-rechtliche Genehmigung erteilt worden ist, *im Vertrauen auf den Bestand dieser Genehmigung* Investitionen vor, so wird sein Vertrauen gegen die nachträgliche Entwertung der Genehmigung durch Art. 14 Abs. 1 GG[923] geschützt, soweit der Genehmigungsinhaber nach der einfachgesetzlichen Rechtslage konkret auf den Fortbestand seiner Genehmigung vertrauen durfte.[924]

Zwar handelt es sich bei der Zulassung nicht um eine *staatliche* Genehmigung im eigentlichen Sinn, denn die Zulassung wird durch die *staatsunabhängigen* Landesmedienanstalten[925] erteilt. Die eben dargestellten Grundsätze gelten jedoch entsprechend, da die Landesmedienanstalten den Rundfunkveranstaltern gerade bei der Zulassungserteilung als Träger von staatlichen Eingriffsbefugnissen gegenübertreten.[926]

Insoweit ist auch in Bezug auf § 25 Abs. 4 Satz 3 RStV und den dadurch bewirkten teilweisen Widerruf der Zulassungen der Hauptprogrammveranstalter der Schutzbereich des Art. 14 Abs. 1 GG eröffnet.[927]

---

918 BVerfGE 53, 257 (289); vgl. *Jarass/Pieroth,* Art. 14 GG Rn. 11.

919 BVerfGE 69, 272 (300); vgl. *Jarass/Pieroth,* Art. 14 GG Rn. 11.

920 BVerfGE 72, 9 (18 f.); vgl. *Jarass/Pieroth,* Art. 14 GG Rn. 11.

921 Vgl. *Sachs/Wendt,* Art. 14 GG Rn. 34; *Jarass/Pieroth,* Art. 14 GG Rn. 12; *Pieroth/Schlink,* Rn. 910.

922 Vgl. *Jarass/Pieroth,* Art. 14 GG Rn. 13 m.w.N.

923 Eines Rückgriffs auf Art. 20 Abs. 3 GG bedarf es bei Art. 14 GG nicht, vgl. dazu sogleich unter D.III.3.b)aa).

924 Vgl. *Jarass/Pieroth,* Art. 14 GG Rn. 13.

925 Vgl. dazu oben unter C.I.2.c)bb)(1).

926 Vgl. dazu oben unter C.I.2.c)bb)(1); vgl. dazu auch *Kreile,* UFITA 2005/I, 109, 167 f.; *Bumke,* S. 235 ff.

927 So auch *Beucher/Leyendecker/von Rosenberg,* § 26 RStV Rn. 18; *Engel,* ZUM 2000, 345, 355.

cc) Kein Schutz des bloßen Vermögens durch Art. 14 Abs. 1 GG

Art. 14 Abs. 1 GG schützt nicht das Vermögen als solches.[928] Selbst die Auferlegung von öffentlich-rechtlichen *Geldleistungspflichten* stellt daher keinen Eingriff in Art. 14 Abs. 1 GG dar.

Der Schutzbereich des Art. 14 Abs. 1 GG ist also jedenfalls *nicht* eröffnet, soweit die Finanzierungsverpflichtung aus § 25 Abs. 4 Satz 5 RStV unter dem Blickwinkel der reinen Zahlungsverpflichtung eine bloße Minderung des Vermögens des Hauptprogrammveranstalters bewirkt.

Eine abweichende Beurteilung kommt jedoch dann in Betracht, wenn eine öffentlich-rechtliche Geldleistungspflicht an die *Nutzung* einer bestimmten, als Eigentum schutzfähigen Position anknüpft. Dabei muss aber von der jeweiligen Geldleistungsverpflichtung eine derart hohe Belastungswirkung für den betroffenen Grundrechtsträger ausgehen, dass sie einem Eigentumseingriff gleichgestellt werden kann.[929]

Betrachtet man die in § 25 Abs. 4 Satz 5 RStV enthaltene Finanzierungsverpflichtung, so stellt sich zunächst schon die Frage, ob es sich hierbei überhaupt um eine *öffentlich-rechtliche* Geldleistungspflicht handelt. Denn der Hauptprogrammveranstalter wird durch die Vorschrift nicht zur Erbringung einer Geldleistung an den Staat, sondern an einen privaten Dritten – den Fensterprogrammveranstalter verpflichtet – bei dem es sich in der Regel ebenfalls um eine juristische Person des Privatrechts handeln wird.

Jedenfalls aber fehlt es an der erforderlichen hohen Belastungswirkung. Der Schutzbereich des Art. 14 Abs. 1 GG ist daher auch nicht im Hinblick darauf eröffnet, dass die Finanzierungsverpflichtung *mittelbar* an die Nutzung der eigenen Zulassung des Hauptprogrammveranstalters, nämlich an seine Tätigkeit als Veranstalter eines der beiden reichweitenstärksten bundesweit verbreiteten Fernsehvollprogramme anknüpft.

2. § 25 Abs. 4 Satz 3 und Satz 4 RStV als Eingriff?

Als Eingriff in Art. 14 Abs. 1 GG kommen folglich nur die Regelungen in § 25 Abs. 4 Satz 3 und Satz 4 RStV in Betracht. Denn die Regelungen des § 25 Abs. 4 Satz 1, Satz 2, Satz 5 und Satz 6 RStV berühren keine Rechtspositionen, für die der Schutzbereich des Art. 14 GG eröffnet wäre.

---

928 Vgl. *Jarass/Pieroth,* Art. 14 GG Rn. 15; *Pieroth/Schlink,* Rn. 907.
929 Vgl. *Jarass/Pieroth,* Art. 14 GG Rn. 17; *Pieroth/Schlink,* Rn. 907.

a) Das Erfordernis gesonderter Zulassung der Fensterprogrammveranstalter, § 25 Abs. 4 Satz 3 RStV

§ 25 Abs. 4 Satz 3 RStV fordert die gesonderte Zulassung von Regionalfensterprogrammanbietern noch während der Laufzeit der Zulassungen der Hauptprogrammveranstalter. Diese werden – in den oben erläuterten Fallkonstellationen[930] – dadurch teilweise widerrufen.

Die Regelung greift in bereits bestehende Rechtspositionen der Hauptprogrammveranstalter ein, die jedenfalls insofern Schutz durch Art. 14 Abs. 1 GG genießen, als im Vertrauen auf diese Rechtspositionen getätigte Investitionen vor nachträglicher Entwertung geschützt werden.

Es handelt sich somit um einen Fall unechter Rückwirkung, so dass den betroffenen Hauptprogrammveranstaltern ggf. Bestandsschutz in Bezug auf ihre bestehenden Zulassungen zu gewähren ist.[931]

b) Das Gebot der gesellschaftsrechtlichen Entflechtung, § 25 Abs. 4 Satz 4 RStV

Durch § 25 Abs. 4 Satz 4 RStV werden die Hauptprogrammveranstalter letztlich gezwungen, Anteile an Tochtergesellschaften zu veräußern, d.h. sich von konkreten Positionen aus dem Bestand ihres Eigentums zu trennen. Darin liegt ein Eingriff in die Unternehmensstruktur, also in die Substanz des Gewerbebetriebs.

3. Rechtfertigung der Regelungen des § 25 Abs. 4 Satz 3 und Satz 4 RStV als Inhalts- und Schrankenbestimmung des Eigentums?

a) Abgrenzung der Inhalts- und Schrankenbestimmung von der Enteignung

Nach dem Enteignungsbegriff des Bundesverfassungsgerichts liegt eine Enteignung i.S.v. Art 14 Abs. 3 GG nur dann vor, wenn eine konkrete Eigentumsposition zur Erfüllung bestimmter öffentlicher Aufgaben tatsächlich – vollständig oder teilweise – entzogen wird.[932] Nicht mehr relevant ist hingegen die Intensität der den Rechtsinhaber treffenden Belastung.

---

930 Vgl. dazu oben unter C.II.3.b)bb)(2).

931 Vgl. dazu nachstehend unter D.III.3.b)aa). Generell gilt, dass ein Widerruf aufgrund einer gesetzlichen Ermächtigung eine Abwägung zwischen den in Frage stehenden öffentlichen Interessen und den Vertrauensschutzinteressen des Betroffenen voraussetzt, vgl. *Kopp/Ramsauer,* § 49 VwVfG Rn. 34.

932 Vgl. dazu BVerfGE 58, 300 (330 f.); *Pieroth/Schlink,* Rn. 922 ff.; *Jarass/Pieroth,* Art. 14 GG Rn. 70 ff.

Um eine Inhalts- und Schrankenbestimmung handelt es sich hingegen dann, wenn der Gesetzgeber hinsichtlich bestimmter Rechtsgüter, die als Eigentum zu verstehen sind, generell und abstrakt Rechte und Pflichten festlegt.[933]

Eine Enteignung kommt vorliegend daher allenfalls bezüglich der Sendelizenz des Hauptprogrammveranstalters in Betracht, soweit diese durch die Zulassung des Regionalfensterprogrammveranstalters teilweise widerrufen wird. Die Sendegenehmigung wird durch Art. 14 Abs. 1 GG zwar vor einer nachträglichen Entwertung geschützt. Der teilweise Widerruf kann hier aber nicht als teilweise Entziehung zur Erfüllung öffentlicher Aufgaben qualifiziert werden. Vielmehr ist der Widerruf lediglich die Konsequenz aus der gesonderten Zulassung des Regionalfensterprogrammveranstalters. Es handelt sich insofern also nicht um eine als Enteignung zu qualifizierende Teilentziehung, sondern um eine Inhalts- und Schrankenbestimmung i.S.v. Art. 14 Abs. 1 GG.

Gleiches gilt für § 25 Abs. 4 Satz 4 RStV, der – für den Regelfall – eine Verpflichtung des Hauptprogrammveranstalters zur Veräußerung von Unternehmensanteilen begründet und daher generell-abstrakt Pflichten in Bezug auf als Eigentum zu qualifizierende Rechtsgüter festlegt.

b) Verfassungsmäßige Rechtfertigung

Die Regelungen in § 25 Abs. 4 Satz 3 und Satz 4 RStV begründen als Inhalts- und Schrankenbestimmungen einen Eingriff in bereits bestehende Rechtspositionen der Hauptprogrammveranstalter. Um verfassungsrechtlich gerechtfertigt zu sein, müssen sie den Grundsatz der Verhältnismäßigkeit beachten.

Wie bereits im Rahmen der Ausführungen zu Art. 5 Abs. 1 Satz 2 GG dargestellt wurde, dient § 25 Abs. 4 Satz 3 und Satz 4 RStV der Sicherung der Meinungsvielfalt und damit einem legitimen Zweck.

Hinsichtlich der Eignung und Erforderlichkeit zur Erreichung dieses Zwecks kann auf oben stehende Ausführungen zu Art. 5 Abs. 1 Satz 2 GG verwiesen werden.[934]

Die Regelungen dürfen jedoch auch in diesem Zusammenhang nicht gegen das Übermaßverbot verstoßen und müssen daher angemessen sein.

aa) Berücksichtigung des Vertrauensschutzes der Hauptprogrammveranstalter

Dass § 25 Abs. 4 Satz 3 und Satz 4 RStV Rückwirkung entfaltet, wird im Rahmen von Art. 14 Abs. 1 GG ebenfalls im Wege des Bestands- und Vertrauens-

933 Vgl. BVerfgE 58, 300 (330); *Jarass/Pieroth,* Art. 14 GG Rn. 36.
934 Vgl. dazu oben unter D.I.3.b)bb) und cc).

schutzes berücksichtigt, ohne dass es insofern eines Rückgriffs auf Art. 20 Abs. 3 GG bedarf. Denn die Regeln über die unechte Rückwirkung werden durch Art. 14 GG verdrängt.[935]

Die Anwendung der Vorschriften des § 25 Abs. 4 Satz 3 und Satz 4 RStV ist daher für einen angemessenen Übergangszeitraum auszusetzen, soweit ein schutzwürdiges Vertrauen der Hauptprogrammveranstalter besteht.

Dies ist in den Fällen, in denen die Zulassungen der Hauptprogrammveranstalter auf der Grundlage von § 25 Abs. 4 Satz 3 RStV teilweise widerrufen werden müssen – wie oben bereits dargestellt – zu bejahen. Die Hauptprogrammveranstalter haben im Rahmen der bisher durchgeführten Zulassungsverfahren für Regionalfensterprogrammveranstalter allerdings auf diesen Bestandsschutz verzichtet, soweit ihre *bisherigen* Regionalfensteranbieter lizenziert wurden.[936]

Auch in Bezug auf § 25 Abs. 4 Satz 4 RStV besteht ein schutzwürdiges Vertrauen der Veranstalter auf den Fortbestand der alten Rechtslage, welches das Interesse des Gesetzgebers an einer gesellschaftsrechtlichen Trennung von Haupt- und Fensterprogrammveranstalter überwiegt, soweit den Hauptprogrammveranstaltern unzumutbare Verluste drohen, weil sie vor Inkrafttreten des § 25 Abs. 4 Satz 4 RStV im Vertrauen auf den Fortbestand der alten Rechtslage Investitionen in ihre Regionalfenster-Tochtergesellschaften getätigt haben und insofern damit rechnen durften, dass sich diese Investitionen über eine angemessene Fortdauer der „Fensterprogrammbeziehung" amortisieren würden.[937]

Die Ausgestaltung des § 25 Abs. 4 Satz 4 RStV als „soll"-Vorschrift ermöglicht jedoch eine verfassungskonforme Anwendung in dem zu gewährenden Übergangszeitraum, da das *schutzwürdige Vertrauen* der Hauptprogrammveranstalter als „atypischer Ausnahmefall" berücksichtigt werden kann, der ein Abweichen vom Regelfall des § 25 Abs. 4 Satz 4 RStV rechtfertigt.

bb) Güterabwägung im Übrigen

Auch insoweit kann im Wesentlichen auf die Ausführungen zu Art. 5 Abs. 1 Satz 2 GG verwiesen werden. Bezüglich der durch § 25 Abs. 4 Satz 4 RStV vorgesehenen rechtlichen Trennung von Haupt- und Fensterprogrammveranstalter ist also auch im Rahmen von Art. 14 Abs. 1 GG der den Veranstaltern zu gewährende Vertrauensschutz zu berücksichtigen. Mit Ablauf der vorgesehenen Übergangsfristen – der jeweils anzuerkennenden Amortisationszeiträume – sind die Haupt-

935 Vgl. *Pieroth/Schlink*, Rn. 369; *Jarass/Pieroth*, Art. 20 GG Rn. 74.
936 Vgl. dazu oben unter C.II.3.b)bb)(2) sowie 4.d).
937 Vgl. dazu den *Neunten Jahresbericht der KEK*, S. 263 f., und oben unter C.II.4.d)jj).

programmveranstalter jedoch gezwungen, sich von ihren Beteiligungen zu trennen. Isoliert betrachtet wäre diese Beschränkung des Eigentumsgrundrechts auch zumutbar, denn der Vertrauensschutz der Veranstalter wurde berücksichtigt.

Allerdings müssen im Rahmen der Zumutbarkeit auch die anderen Regelungsbestandteile des § 25 Abs. 4 RStV im Blick behalten werden. Dies gilt hier im Besonderen für § 25 Abs. 4 Satz 5 RStV. Denn die Hauptprogrammveranstalter müssen sich nach Ablauf der Übergangsfristen von ihren Unternehmensanteilen – also ihren Eigentumspositionen – trennen, werden aber zusätzlich zur Finanzierung der dann fremden Rundfunkunternehmen gezwungen. Eine Abweichung von diesem Erfordernis wäre nach § 25 Abs. 4 Satz 4 RStV zu diesem Zeitpunkt nur noch in atypischen Ausnahmefällen möglich, die nach Ablauf des Vertrauensschutzes aber kaum mehr denkbar sind.

Wie bereits ausgeführt wurde, ist die gesellschaftsrechtliche Trennung alleine in Bezug auf das Übermaßverbot schon nicht unbedenklich. Denn zur Verwirklichung des Ziels der Sicherung der Meinungsvielfalt kommt es entscheidend auf die redaktionelle Unabhängigkeit an. Dies bedeutet nicht *zwingend* die gesellschaftsrechtliche Entflechtung. Dem Hauptprogrammveranstalter ist zwar – nach Ablauf des Vertrauensschutzes – zumutbar, seine Gesellschaftsanteile zu veräußern. Es stellt aber auch in diesem Zusammenhang eine übermäßige Belastung dar, wenn er weiterhin gezwungen wird, dann fremdes Eigentum zu finanzieren.

Im Übrigen ergeben sich keine Abweichungen gegenüber den Überlegungen zu Art. 5 Abs. 1 Satz 2 GG.

4. Ergebnis zu Art. 14 Abs. 1 GG

Die Regelungen in § 25 Abs. 4 Satz 3 und Satz 4 RStV begründen einen Eingriff in das Eigentumsgrundrecht der betroffenen Hauptprogrammveranstalter. Dieser Eingriff kann im Fall des § 25 Abs. 4 Satz 3 RStV durch die Sicherung der Meinungsvielfalt gerechtfertigt werden.

Dies gilt jedoch nicht für die Regelung in § 25 Abs. 4 Satz 4 RStV. Diese kann nicht isoliert beurteilt werden, sondern muss in Zusammenhang mit den aus § 25 Abs. 4 Satz 5 RStV resultierenden Belastungen gesehen werden. Insofern erweist sich das Erfordernis der gesellschaftsrechtlichen Entflechtung aber als unangemessene Belastung für die betroffenen Hauptprogrammveranstalter.

Regionalfenster in privaten Fernsehprogrammen sind – wie oben unter Föderalismusgesichtspunkten schon dargestellt[938] – nicht die einzige Form regionaler Berichterstattung im Fernsehen. Denn auch die Programme der ARD-Landesrundfunkanstalten haben – schon qua ihrer Funktion als *Landes*rundfunkanstalten – ihren Schwerpunkt im Bereich einer regional fokussierten Darstellung von Ereignissen des politischen, wirtschaftlichen, sozialen und kulturellen Lebens.

Die Landesrundfunkanstalten haben – soweit das von ihnen gestaltete Erste Deutsche Fernsehprogramm „Das Erste" betroffen ist – im Zuge einer Vereinheitlichung in der Vergangenheit ihr Vorabendprogramm jedoch weitgehend gleichgeschaltet, individuelle Regionalberichterstattung findet hauptsächlich in den Dritten Programmen statt.[939]

Für die von der Verpflichtung des § 25 Abs. 4 RStV betroffenen privaten Rundfunkveranstalter RTL Television GmbH und SAT.1 SatellitenFernsehen GmbH bedeutet dies konkret, dass im Vorabendprogramm von 18.00 Uhr bis 20.00 Uhr eine Konkurrenz zwischen den in ihren Programmen jeweils ausgestrahlten – vielfaltsichernden, aber werbewirtschaftlich vergleichsweise uninteressanten – Regionalfensterprogrammen und dem Programm der ARD „Das Erste" besteht, welches – quasi als „Werberahmenprogramm"[940] – den „Anforderungen des „Audience Flow" und der Werbewirtschaft" angepasst wurde und daher geprägt ist durch Quizsendungen, „Soap-Operas" und vergleichbare Sendeformate.[941]

Schließlich gibt es auch in den Dritten Programmen der öffentlich-rechtlichen Rundfunkanstalten immer wieder bundesweite „Zusammenschaltungen", z.B. bei Veranstaltungen mit überregionalem Charakter wie bei Sportereignissen. Dadurch wird aus Sicht der privaten Rundfunkveranstalter „der Charakter der „Dritten" schleichend verändert".[942]

Aufgrund dieser Situation bei den öffentlich-rechtlichen Rundfunkanstalten stellt sich aus Sicht der privaten Hauptprogrammveranstalter die Frage, inwieweit

---

938 Vgl. dazu oben unter C.III.6.

939 Vgl. zu der Vereinheitlichung des Vorabendprogramms der ARD im Jahr 1993 z.B. unter *http://www1.ndr.de*. Diese Vereinheitlichung wird insbesondere kritisiert von *Kümmel/Meyer/Burckhardt*, MMR 2005, 288, 290.

940 *Kümmel/Meyer-Burckhardt*, MMR 2005, 288, 290.

941 Vgl. dazu *Kümmel/Meyer-Burckhardt*, MMR 2005, 288, 290; vgl. dazu auch *Lilienthal*, epd medien Nr. 93 vom 25.11.2006, S. 11. Das Programm der ARD – bzw. der „Ersten" – unterliegt aufgrund seiner inhaltlichen Gestaltung insgesamt einer wachsenden Kritik, vgl. dazu *Jürgs*, Süddeutsche Zeitung vom 16.3.2007, S. 15, und *dan*, epd medien Nr. 89 vom 11.11.2006, S. 14.

942 *Kümmel/Meyer-Burckhardt*, MMR 2005, 288, 290.

privaten Rundfunkveranstaltern mit bundesweit ausgestrahltem Programm unter dem Gesichtspunkt der Gleichbehandlung denn *überhaupt* eine Verpflichtung zur speziellen Regionalberichterstattung auferlegt werden kann.

1. Schutzbereich

a) Persönlicher Schutzbereich

Der persönliche Schutzbereich des Art. 3 Abs. 1 GG umfasst alle natürlichen Personen, daneben aber auch inländische juristische Personen des Privatrechts.[943]

Die RTL Telvision GmbH und die SAT.1 SatellitenFernsehen GmbH als aktuell von der Regelung in § 25 Abs. 4 RStV betroffene Hauptprogrammveranstalter werden als juristische Personen des Privatrechts,[944] die ihren Sitz in Deutschland haben, vom persönlichen Schutzbereich des Art. 3 Abs. 1 GG erfasst.

b) Ungleichbehandlung von wesentlich Gleichem

Die Regelung des § 25 Abs. 4 RStV kann nur dann einen Verstoß gegen den allgemeinen Gleichheitssatz des Art. 3 Abs. 1 GG darstellen, wenn durch sie eine „Ungleichbehandlung von wesentlich Gleichem" erfolgt. Dies setzt zunächst voraus, dass der öffentlich-rechtliche Rundfunk und der Privatrundfunk derart wesensgleich sind, dass sie ein taugliches Vergleichspaar im Sinne von Art. 3 Abs. 1 GG darstellen.

aa) Vergleichbarkeit von privaten Rundfunkveranstaltern und öffentlich-rechtlichen Rundfunkanstalten

Gegen eine Vergleichbarkeit spricht zunächst, dass es sich bei den öffentlich-rechtlichen Rundfunkanstalten um juristische Personen des *öffentlichen Rechts* handelt, bei privaten Rundfunkunternehmen hingegen um solche des *Privatrechts*.

Diese unterschiedliche Organisationsform darf jedoch nicht darüber hinwegtäuschen, dass beide „Arten" von Rundfunkveranstaltern Teile des in Deutschland bestehenden Dualen Systems und damit *gemeinsam* verantwortlich für die „Gesamtveranstaltung Rundfunk" sind. Dieser Umstand spricht *für* eine Vergleichbarkeit.

---

943 Vgl. *Jarass/Pieroth*, Art. 3 GG Rn. 7.
944 Vgl. insofern § 13 Abs. 1 GmbHG.

Dabei ist auch zu berücksichtigen, dass es sich bei den öffentlich-rechtlichen Rundfunkanstalten ihrer Funktion nach gerade nicht um einen „Teil des Staates" handelt. Denn im Bereich des Rundfunks, auch des öffentlich-rechtlichen Rundfunks, gilt aufgrund der besonderen Vorgaben des Art. 5 Abs. 1 Satz 2 GG das Gebot der staatsfernen Organisation.[945]

Allerdings unterscheiden sich öffentlich-rechtliche und private Rundfunkveranstalter dennoch in grundlegenden Punkten. Am schwersten wiegt hier sicherlich der Umstand, dass die privaten Rundfunkveranstalter in dem bestehenden Dualen Rundfunksystem zwar eine „Existenzberechtigung" haben. Diese hängt jedoch maßgeblich davon ab, dass die Anstalten des öffentlich-rechtlichen Rundfunks der Aufgabe der „Grundversorgung" nachkommen.[946] Dementsprechend ist auch die dem öffentlich-rechtlichen Rundfunk gemäße Art der Finanzierung diejenige durch Rundfunkgebühren, wohingegen der private Rundfunk auf eine Finanzierung durch Werbeeinnahmen verwiesen ist.[947]

Da die Vergleichbarkeit aber nur dann abzulehnen ist, wenn die in Frage stehenden Sachverhalte unterschiedlichen „rechtlichen Ordnungsbereichen" angehören und in „anderen systematischen und sozialgeschichtlichen Zusammenhängen" stehen,[948] ist im Ergebnis von einer Vergleichbarkeit auszugehen. Denn öffentlich-rechtlicher und privater Rundfunk gehören insofern dem gleichen Ordnungsbereich an, als sie die beiden Seiten des Dualen Rundfunksystems in der Bundesrepublik bilden.

bb) Ungleichbehandlung hinsichtlich der regionalen Angebote

Wenn man also von einer Vergleichbarkeit ausgeht, so ist fraglich, ob hinsichtlich der Regionalberichterstattung tatsächlich eine Ungleichbehandlung vorliegt.

Dies ist schon insofern problematisch, als „Gleichheit im Unrecht" generell kein taugliches Argumentationskriterium darstellt. Die Dritten Programme sind traditionell regional geprägt. Ihre Regionalisierung ergibt sich bereits aus dem System der *Landes*rundfunkanstalten. Teilweise ist eine entsprechende Regionalisierung aber auch ausdrücklich in den jeweiligen Landesrundfunkgesetzen geregelt.[949] Die Dritten Programme haben sich damit an regional geprägten Themen

945 Vgl. dazu die Rechtsprechung des Bundesverfassungsgerichts oben unter C.III.1.

946 Vgl. dazu auch *Dörr,* Media Perspektiven 1996, 621, 627.

947 Vgl. insbesondere BVerfGE 90, 60 (90 ff.); 87, 181 (198 ff.).

948 So *Jarass/Pieroth,* Art. 3 GG Rn. 4.

949 Vgl. dazu *Henn,* S. 174; vgl. für den BR auch Art. 4 Abs. 1 des Gesetzes über die Errichtung und die Aufgaben einer Anstalt des öffentlichen Rechts „Der Bayerische Rundfunk" (Bayerisches Rundfunkgesetz – BayRG), abgedruckt bei *Ring,* Medienrecht, C.III.2.1., Loseblattsammlung Stand März 2007. Art. 3 der Satzung des Baye-

zu orientieren. Tun sie dies nicht, so mag dies zwar ungerechtfertigt sein und gegen ihren Funktionsauftrag verstoßen. Aus einer derartigen Entwicklung der Dritten Programme können aber private Rundfunkveranstalter für sich keine *Rechte* in Anspruch nehmen. Dies gilt auch für die hier betroffenen privaten Hauptprogrammveranstalter, die RTL Television GmbH und die SAT.1 SatellitenFernsehen GmbH.

Außerdem ist fraglich, ob tatsächlich eine „Ungleichbehandlung" vorliegt. Was beispielsweise die – konkret kritisierte[950] – Zusammenschaltung der Dritten Programme für Sportveranstaltungen betrifft, liegt zwar keine explizit regionale Berichterstattung vor. Allerdings ist es auch den privaten Hauptprogrammveranstaltern nach Ziff. 6 FFR gestattet, für die Übertragung bestimmter Sportereignisse ihr Programm „durchzuschalten".

Gerade das Vorabendprogramm der Dritten Programme im Zeitraum zwischen 17.00 Uhr und 19.00 Uhr – als unmittelbare „Konkurrenzprogrammierung" zu den Regionalfensterprogrammen – ist geprägt durch regionale Magazine wie z.B. die „Landesschau Baden-Württemberg" auf SWR, „NDR regional", „Hessenschau" im HR, um nur einige dieser Formate zu nennen.[951]

2. Beeinträchtigung durch § 25 Abs. 4 RStV: Benachteiligung der privaten Rundfunkveranstalter?

Selbst wenn man eine Ungleichbehandlung bejahen würde, so würde diese nicht zu einer *Benachteiligung* der privaten Hauptprogrammveranstalter führen.

Zwar ist es der ARD möglich, im Vorabendprogramm des Programms „Das Erste" werbetechnisch „attraktives" Programm – und damit keine ausschließlich regional geprägten Inhalte – auszustrahlen, während die beiden von der Verpflichtung aus § 25 Abs. 4 RStV betroffenen privaten Rundfunkveranstalter – respektive die RTL Television GmbH und die SAT.1 Satellitenfernsehen GmbH – an der vor allem werbetechnisch unattraktiven und damit finanziell unlukrativen Regionalberichterstattung im Rahmen der Fensterprogramme festhalten müssen.

Allerdings ist hier eine Differenzierung zwischen den unterschiedlichen öffentlich-rechtlichen Programmen geboten. Denn im öffentlich-rechtlichen Rundfunk gibt es mit den Dritten Programmen ja bereits spezielle Fernsehprogramme,

---

rischen Rundfunks (abgedruckt a.a.O.) nimmt hinsichtlich der Aufgaben des BR wiederum auf das BayRG Bezug.

950 Vgl. *Kümmel/Meyer-Burckhardt,* MMR 2005, 288, 290.

951 Vgl. dazu auch den ARD-Bericht 05/06 und die ARD-Leitlinien 07/08 – „Beitrag zur demokratischen Meinungsbildung" – , abgedruckt in epd medien Nr. 86 vom 1.11.2006, S. 3 ff, S. 11.

die *überwiegend regional orientiert* sind. Jedenfalls in diesen Programmen der Landesrundfunkanstalten wird im Zeitraum zwischen 17.00 Uhr und 20.00 Uhr – und auch darüber hinaus – vorrangig regionale Berichterstattung betrieben.

Eine Benachteiligung könnte dann nur daraus resultieren, dass die Dritten Programme ihr Programm durch Rundfunkgebühren finanzieren, während die privaten Veranstalter auf die Erzielung von Werbeeinnahmen angewiesen sind. Die Gebührenfinanzierung des öffentlich-rechtlichen Rundfunks ist aber verfassungsgemäß und die ihm gemäße Art der Finanzierung.[952] Deshalb kann hieraus auch keine Benachteiligung der privaten Veranstalter resultieren.

3. Die besondere Funktion des öffentlich-rechtlichen Rundfunks innerhalb der Dualen Rundfunkordnung als sachlicher Differenzierungsgrund

Schließlich würde aber jedenfalls die besondere Rolle des öffentlich-rechtlichen Rundfunks – der generell der „Grundversorgung" gewidmet ist – ein taugliches Differenzierungskriterium darstellen. Denn der öffentlich-rechtliche Rundfunk ist ohnehin dazu verpflichtet, im Rahmen seines Grundversorgungsauftrags dafür Sorge zu tragen, dass die Vielfalt der bestehenden Meinungen und insbesondere auch die regionale Vielfalt vollständig dargestellt wird.[953] Zwar hat das Bundesverfassungsgericht klargestellt, dass *lokale* und *regionale* öffentlich-rechtliche Rundfunkprogramme *nicht* zur unbedingt erforderlichen Grundversorgung gehören.[954]

Die *landesweiten* Dritten Programme der Landesrundfunkanstalten aber sind jedenfalls Bestandteil der Grundversorgung.[955] Sie sind daher auch von der Bestands- und Entwicklungsgarantie für den öffentlich-rechtlichen Rundfunk umfasst.[956]

In den privaten Rundfunkprogrammen dient die Verpflichtung zur Ausstrahlung von Regionalfenstern der Sicherung der Meinungsvielfalt ebenso wie der Sicherung regionaler Vielfalt und damit der Verwirklichung von Rundfunkföderalismus. Das der Regelung des § 25 Abs. 4 RStV zugrunde liegende Problem – das Problem der Entwicklung vorherrschender Meinungsmacht – stellt sich im öffentlich-rechtlichen Rundfunk ganz generell nicht in der gleichen Art und Weise wie im Privatrundfunk. Denn die aus der Werbefinanzierung der privaten Rundfunkprogramme resultierende Kommerzialisierung findet in den öffentlich-rechtlichen Programmen aufgrund der Gebührenfinanzierung nicht in demselben

952 Vgl. BVerfGE 90, 60 (90 ff.); 87, 181 (198 ff.)
953 Vgl. dazu auch *Kühn*, S. 48 ff.
954 Vgl. BVerfGE 74, 297 (327).
955 Vgl. BVerfGE 74, 297 (327).
956 Vgl. insbesondere BVerfGE 74, 297 (324 ff., 353); 83, 238 (298 ff.).

Maße statt. Im öffentlich-rechtlichen Rundfunk ist es somit zwar eine *Qualitätsfrage*, welches Programm gesendet wird, aber die Gefahrenlage ist eine andere als bei quotenorientierten und somit an kommerziellen Gesichtspunkten orientierten privaten Rundfunkprogrammen.

4. Ergebnis zu Art. 3 Abs. 1 GG

Ein Verstoß gegen den allgemeinen Gleichheitssatz des Art. 3 Abs. 1 GG liegt daher im Ergebnis nicht vor.

Teil 3 Rechtspolitischer Ausblick und Resumée

I. Rechtspolitischer Ausblick

Regionalfensterprogramme sind – nach der Intention des Gesetzgebers, aber auch nach ihrer systematischen Stellung innerhalb der §§ 25 ff. RStV – ein besonderes Instrument zur Sicherung der Meinungsvielfalt im Privaten Rundfunk. Diese Aufgabe hat letztlich zu der – verfassungsrechtlich äußerst bedenklichen – Verschärfung der Anforderungen in § 25 Abs. 4 RStV durch den Achten Rundfunkänderungsstaatsvertrag geführt. Es empfiehlt sich, dass zukünftige Novellierungen des Rundfunkstaatsvertrages hier Abhilfe schaffen und für die notwendigen Klarstellungen sorgen.

1. Mögliche Lösungsansätze

Zumindest die für die Hauptprogrammveranstalter übermäßige und daher verfassungsrechtlich nicht zu rechtfertigende Belastung, die aus der Kumulation von Finanzierungsverpflichtung und Verpflichtung zur Veräußerung von Gesellschaftsanteilen nach § 25 Abs. 4 Satz 4 und Satz 5 RStV resultiert, sollte dabei beseitigt werden.

In erster Linie ist daran zu denken, das seit seiner Einführung umstrittene Erfordernis der gesellschaftsrechtlichen Entflechtung in § 25 Abs. 4 Satz 4 RStV aus dem Rundfunkstaatsvertrag zu streichen und dafür nur die Finanzierungsverpflichtung beizubehalten.[957]

Aus Sicht der Hauptprogrammveranstalter RTL Television GmbH und SAT.1 SatellitenFernsehen GmbH wäre es auch zu begrüßen, wenn die aufgrund § 26

957 Mit dem Zehnten Rundfunkänderungsstaatsvertrag, der – vorbehaltlich der Ratifikation durch die Länderparlamente - zum 1. September 2008 in Kraft treten wird, führen die Länder zu § 25 Abs. 4 Stz 4 RStV zumindest die – bislang fehlende – Übergangsregelung ein: Nach § 53b Abs. 1 Satz 2 RStV sollen „bestehende Zulassungen und Zuweisungen für Fensterprogrammveranstalter (...) bis zum 31. Dezember 2009 unbeschadet von Vorgaben des § 25 Abs. 4 Satz 4 RStV verlängert werden." Nach der amtlichen Begründung zum Zehnten Rundfunkänderungsstaatsvertrag bedeutet dies, dass „die Bestimmung in § 25 Abs. 4 Satz 4, wonach der Fensterprogrammveranstalter vom Hauptprogrammveranstalter unabhängig sein soll, bei der ins Auge gefassten Verlängerung von Zulassungen und Zuweisungen bis zum 31. Dezember 2009 außer Betracht bleiben" soll.

Abs. 4 Satz 6 RStV in Ziff. 5 FFR festgelegten – in ihrer derzeitigen Fassung trotz gewisser Ausnahmeregelungen doch sehr starren – Zeiten für die Ausstrahlung von Regionalfensterprogrammen gelockert oder sogar freigegeben würden. Eine Platzierung der Regionalfenster zu einer werbewirtschaftlich weniger lukrativen Sendezeit würde es den beiden Hauptprogrammveranstaltern ermöglichen, im Vorabendprogramm zusätzliche Werbeeinnahmen zu erzielen und auf diese Weise auch die wirtschaftlichen Nachteile aus der Finanzierungsverpflichtung abzumildern. Allerdings besteht insofern die Befürchtung, dass die Regionalfenster auf Randsendeplätze verschoben würden, die ihrer Funktion als Mittel der positiven Vielfaltsicherung nicht mehr gerecht würden. Eine Freigabe erscheint daher nicht vertretbar, die „Lockerung" müsste sich in engen Grenzen halten, da der aktuelle Sendeplatz unter dem Gesichtspunkt der Wahrnehmbarkeit der Regionalfensterprogramme seine Berechtigung hat.

Theoretisch denkbar – und aus Sicht der Hauptprogrammveranstalter vorteilhaft – wäre es auch, die Ausstrahlungsverpflichtung von den konkret reichweitenstärksten Programmen abzukoppeln und stattdessen einer Senderfamilie – also der RTL Group bzw. der Pro SiebenSAT.1 Media AG – *insgesamt* aufzuerlegen. Dies würde den Unternehmen ebenfalls ermöglichen, in ihren für Werbekunden besonders attraktiven Programmen RTL und SAT.1 „werbewirksames" Vorabendprogramm auszustrahlen. Die Regionalfensterprogramme könnten dann in einem anderen Programm der jeweiligen Senderfamilie ausgestrahlt werden. Eine solche Lösung birgt zwar auch das Problem, dass die Wahrnehmbarkeit der Regionalfensterprogramme und damit ihr Beitrag zur Vielfaltsicherung beeinträchtigt würde. Allerdings wäre dies nicht in dem Maß zu befürchten, das bei der Verschiebung auf einen Randsendeplatz bestünde: Die Regionalfensterprogramme wären – beispielsweise – im Programm VOX in der Zeit zwischen 17.30 Uhr und 18.30 Uhr immer noch für ein größeres Publikum „wahrnehmbar" als bei RTL um 11.00 Uhr vormittags.

2. Möglichkeiten der Novellierung der Regionalfensterprogramme im Zeitalter des Digitalen Fernsehens

Bei einer eventuellen Neugestaltung der Regelung zur Ausstrahlung von Regionalfenstern in § 25 Abs. 4 RStV sollten insbesondere die Möglichkeiten, aber auch Probleme bedacht werden, die das digitale Kabelfernsehen – Digital Video Broadcasting – Cable (DVB-C) – zukünftig mit sich bringen wird.[958]

958 Dies umso mehr, als die privaten Rundfunkprogramme, in denen Regionalfensterprogramme ausgestrahlt werden, nach § 52 Abs. 2 i.V.m. Abs. 3 Nr. 2 RStV zu dem

a) Chancen und Grenzen der Digitalisierung im Bereich der Regionalfensterprogramme

Die Digitalisierung des Kabelfernsehens bietet im Bereich der Regionalfensterprogramme nicht nur neue Gestaltungsmöglichkeiten, sondern sie bringt vor allem auch eine neue Problemstellung mit sich. Denn mit der Digitalisierung des Breitbandkabelnetzes ist nicht nur eine Erhöhung der Übertragungskapazitäten verbunden, sondern daneben auch eine Veränderung der Netzstruktur. Dies führt dazu, dass die Verfahren der Einspeisung von Regionalprogrammen und regionalen Fensterprogrammen, die bisher bei der analogen Kabelverbreitung angewendet wurden und werden, nicht mehr eingesetzt werden können.[959] Der Grund hierfür liegt in der Tendenz der Kabelnetzbetreiber zu einer *Zentralisierung* ihrer Netze.[960]

Die per Satellit ausgestrahlten Programme werden derzeit noch in jedem Bundesland einzeln an einem speziellen Knotenpunkt „abgenommen", um die jeweiligen Programme anschließend in das analoge Breitbandkabelnetz einzuspeisen. Dieses System erlaubt es, regionale Fensterprogramme gezielt in das Kabelnetz der jeweils adressierten Bundesländer einzuspeisen, d.h., das Regionalfensterprogramm „17.30 live für Hessen und Rheinland-Pfalz" auf SAT.1 wird auch nur in diesen beiden Bundesländern eingespeist.

Im digitalen Kabelnetz erfolgt die Einspeisung sämtlicher digital verbreiteter Programme jedoch zentral. Konkret bedeutet das, dass alle RTL- und SAT.1-Regionalfensterprogramme dann ebenfalls zentral eingespeist werden müssten. Die Einspeisung von Regionalfensterprogrammen in das digitale Kabelnetz nach dem aktuellen Vorbild der Einspeisung in das analoge Kabelnetz würde die Schaffung regionaler Kabelstrukturen im digitalen Kabel voraussetzen.

Müssten aber nun alle derzeit bestehenden RTL- und SAT.1-Regionalfensterprogramme tatsächlich zentral in das digitale Kabelnetz eingespeist werden, so würde sich hieraus ein Kapazitätsproblem ergeben, denn jedes Regionalfensterprogramm würde einen eigenen Kanal für sich in Anspruch nehmen. Auch das digitale Kabelnetz hat nur eine begrenzte Aufnahmefähigkeit.[961] Und eine

---

digitalen „Must-Carry-Paket" gehören. Vgl. dazu *Lehner,* MMR 2005 Heft 1, XXII; *Schütz,* MMR 2004 Heft 10, X.

959 Vgl. dazu die Pressemitteilung 04/2007 der ALM/DLM vom 1.2.2007, abzurufen unter *http://www.alm.de*; vgl. dazu auch *Lilienthal,* epd medien Nr. 93 vom 25.11.2006, S. 11.

960 Vgl. dazu die Pressemitteilung 07/2004 der ALM/DLM vom 3.5.2004, abzurufen unter *http://www.alm.de.*

961 Während im analogen Kabel derzeit ca. 30 Programme liegen, sind es im digitalen Kabel ca. 90 Programme mit verbesserter Bild- und Tonqualität.

Erweiterung des Umfangs aufgrund weiterer landesrechtlicher Verpflichtungen zur Ausstrahlung von Regionalfensterprogrammen – z.B. im Saarland – ist nach § 25 Abs. 4 Satz 1 RStV jederzeit möglich. Das daraus resultierende Kapazitätsproblem[962] hat auch eine rechtliche „Kehrseite" in Form des dem Telekommunikationsrecht zugrunde liegenden Grundsatzes der „effektiven Nutzung von Frequenzen", dessen Einhaltung von der Bundesnetzagentur überwacht wird.

b) Lösungsvorschläge: Schaffung eines digitalen Spartenkanals?

Die Technische Kommission der Landesmedienanstalten (TKLM) hat deshalb in einem von ihr initiierten und betreuten Gutachten[963] in Zusammenarbeit mit der Kabel Deutschland GmbH (KDG) Lösungsansätze erarbeitet, um regionale Fernsehprogramme und Regionalfensterprogramme noch im Jahr 2007 in das digitale Kabelbouquet aufnehmen zu können. Dabei stand neben der technischen Realisierbarkeit auch die wirtschaftliche Tragfähigkeit der Gestaltungsmöglichkeiten im Vordergrund.[964]

Aber auch die betroffenen Hauptprogrammveranstalter haben Lösungsvorschläge erarbeitet. In jüngster Zeit hat z.B. die RTL Television GmbH[965] mit den Staatskanzleien der Länder und den Landesmedienanstalten Gespräche über die Schaffung eines digitalen Spartenkanals zur Ausstrahlung der Regionalfensterprogramme geführt.[966] Auf diesem Kanal sollen in der Zeit zwischen 17.00 Uhr und 20.00 Uhr alle Regionalfensterprogramme nacheinander ihren Sendeplatz finden. Im Anschluss daran wird das Angebot in einer Sendeschleife rund um die Uhr, also als sog. „loop", ausgestrahlt. Die RTL Television GmbH hat in diesem Zusammenhang angeboten, künftig auch ein zusätzliches Regionalfensterprogramm z.B. für das Saarland auszustrahlen.[967]

---

962 Vgl. dazu auch Gert Börnsen in *Simonis,* S. 94 ff, S. 95.

963 Das Gutachten ist im Internet abrufbar unter *http://www.alm.de.*

964 Vgl. dazu die Pressemitteilung 04/2007 der ALM/DLM vom 1.2.2007, abzurufen unter *http://www.alm.de.*

965 Die RTL Group verfügt bereits seit dem Jahr 2000 über Lizenzen für vier noch nicht ausgestrahlte digitale Spartenprogramme, die – zusammen mit den bereits auch digital verbreiteten Programmen RTL, Super RTL und RTL II, sowie einem elektronischen Programmführer – im Rahmen eines digitalen Programmbouquets „RTL World" ausgestrahlt werden sollen, vgl. dazu den *Neunten Jahresbericht der KEK,* S. 5 und S. 45.

966 Vgl. dazu *Lilienthal,* epd medien Nr. 93 vom 25.11.2006, S. 10 f., und *ders.,* epd medien Nr. 95 vom 2.12.2006, S. 13 f.

967 Vgl. dazu *Lilienthal,* epd medien Nr. 93 vom 25.11.2006, S. 10.

Der Vorschlag wurde zumindest von dem Vorsitzenden der DLM, Reinhold Albert, positiv aufgenommen.[968] Allerdings kamen von Seiten der Politik – z.B. von Seiten des Vorsitzenden der CSU-Medienkommission, Generalsekretär Dr. Markus Söder, und des medienpolitischen Sprechers der SPD-Landtagsfraktion in Nordrhein-Westfalen, Jan Eumann – auch kritische Reaktionen. Der digitale Spartenkanal könne demnach nur ein zusätzliches Angebot, nicht aber eine Ersatzlösung sein.[969] Auch der Chef der Staatskanzlei Schleswig-Holstein, Staatssekretär Heinz Maurus, zeigte an den Plänen von RTL zwar Interesse, stellte aber anlässlich der „Mediatage Nord" im November 2006 in Kiel zugleich klar, dass eine derartige Umwandlung der Regionalfensterprogramme zu einer Verbesserung und Zukunftssicherung führen müsse.[970]

Da die Veranstaltung eines eigenen Regionalfensterprogramms für das Saarland schon lange Gegenstand der Diskussionen zwischen der LMS und den privaten Hauptprogrammveranstaltern gewesen war, begrüßte die LMS die Pläne der RTL Television GmbH.[971]

Von verschiedenen Seiten wurde jedoch darauf hingewiesen, dass ein derartiges Angebot in seiner Wahrnehmbarkeit für das Fernsehpublikum nicht hinter der jetzigen Lösung zurückbleiben dürfe. Auch RTL geht daher davon aus, dass der Start eines solchen Spartenkanals erst dann sinnvoll ist, wenn mindestens 50 % aller Fernsehhaushalte digitale Programme empfangen können. Dies wird ab Mitte 2008 erwartet.[972]

In jedem Fall erforderlich wäre für die von der RTL Television GmbH geplante Lösung eine Änderung des Rundfunkstaatsvertrages dahingehend, dass die nach § 25 Abs. 4 Satz 1 RStV derzeit bestehende Akzessorietät zwischen der Ausstrahlungsverpflichtung und den beiden konkret reichweitenstärksten Fern-

---

968 Vgl. dazu *Lilienthal,* epd medien Nr. 93 vom 25.11.2006, S. 11.

969 Vgl. *Lilienthal,* epd medien Nr. 93 vom 25.11.2006, S. 11, und die unter *http://www.csu-portal.de/home/Display/Politik/Themen/Medienpolitik/061127_soeder* abzurufende Pressemitteilung der CSU vom 27.11.2006 zu den Plänen der RTL Television GmbH, Regionalfensterprogramme in das digitale Programmbouquet „auszulagern". Diese Pläne werden von der CSU abgelehnt, da die Regionalfensterprogramme „für die Menschen auch ein Stück Identität" darstellen würden und daher aus Sicht der CSU im Hauptprogramm belassen werden sollten. Die Pläne von RTL bezeichnete Söder daher auch als „Entscheidung gegen die Zuschauer". Vgl. dazu auch *Lilienthal,* epd medien Nr. 95 vom 2.12.2006, S. 13 f.

970 Vgl. dazu die Pressemitteilungen der Staatskanzlei Schleswig-Holstein vom 22.11.2006 und 24.11.2006, abzurufen unter *http://landesregierung.schleswig-holstein.de.*

971 Vgl. *Lilienthal,* epd medien Nr. 95 vom 2.12.2006, S. 13 f..

972 Vgl. *Lilienthal,* epd medien Nr. 95 vom 2.12.2006, S. 13.

sehvollprogrammen aufgehoben wird.[973] Stattdessen würde sich die Anknüpfung der Verpflichtung zur Ausstrahlung eines regionalen Fensterprogramms an eine komplette Senderfamilie bzw. deren digitales Programmbouquet anbieten.

Als Argument *für* den von RTL geplanten digitalen Spartenkanal kann auch die teilweise aufgeworfene Frage, inwieweit Regionalfensterprogramme zur Vielfaltsicherung in den Regionen beitragen können, in denen es gar keine eigenständigen Regionalfensterprogramme gibt, [974] herangezogen werden. Denn für entsprechend interessierte Bürger, deren Bundesland über kein „eigenes" Regionalfensterprogramm verfügt, bestünde dann zumindest die Möglichkeit, überhaupt regionale Fensterprogramme – z.B. mit Bezug auf das unmittelbar angrenzende Bundesland – wahrnehmen zu können.

3. Novellierung des Rundfunkstaatsvertrages durch den Neunten Rundfunkänderungsstaatsvertrag

Der Neunte Rundfunkänderungsstaatsvertrag[975], der zum 1. März 2007 in Kraft getreten ist, bringt allerdings noch keine Veränderung der bestehenden Rechtslage mit sich: Obwohl die Rundfunkkommission der Länder in ihrer Sitzung am 2. Februar 2006 beschlossen hatte, die Entwicklung im Bereich der Regionalfensterprogramme zu beobachten und auch „staatsvertragliche Klarstellungen" nicht ausgeschlossen hatte[976], ist eine Novellierung des § 25 Abs. 4 RStV nicht erfolgt.

Allerdings beinhaltet der Neunte Rundfunkänderungsstaatsvertrag eine teilweise Neuregelung der Sendezeit für unabhängige Dritte, § 31 RStV.[977] Diese Neuregelung betrifft zwar nicht die materiellen Vorgaben für die Veranstaltung der Fensterprogramme nach § 31 RStV. Sie sieht jedoch eine intensivere Einbeziehung des Hauptprogrammveranstalters bei der Auswahl des Fensterprogrammveranstalters vor,[978] wodurch die Möglichkeit der Berücksichtigung der programmlichen und wirtschaftlichen Interessen des Hauptprogrammveranstal-

973 Vgl. auch *Lilienthal*, epd medien Nr. 93 vom 25.11.2006, S. 11.

974 Vgl. *Wagner*, ProMedia 2/05, 16, 16 f.

975 Die aktuelle Version des Rundfunkstaatsvertrages in der Fassung des Neunten Staatsvertrages zur Änderung rundfunkrechtlicher Staatsverträge (Neunter Rundfunkänderungsstaatsvertrag) vom 31.7. bis 10.10.2006 ist unter *http://www.alm.de/fileadmin/Download/Gesetze/1.2_RStV__1.3.07.pdf* im Internet hinterlegt.

976 Vgl. dazu die Pressemitteilung der BLM 39/2006 vom 9.2.2006, im Internet abrufbar unter *www.blm.de*.

977 Vgl. dazu Artikel 1 Ziff. 11 des Neunten Rundfunkänderungsstaatsvertrages und oben unter A.II.1.a)bb)(4)(a).

978 Vgl. dazu oben unter A.II.1.a)bb)(4)(a)(b).

ters im Bereich der *Drittsendezeiten* grundsätzlich verbessert wird. Allerdings wurden zugleich auch die Befugnisse der Landesmedienanstalten erweitert.

Daraus lässt sich jedoch nicht ableiten, dass eine umfassende Neuregelung der Regionalfensterprogramme – unter Berücksichtigung der geschilderten Interessen der betroffenen Rundfunkveranstalter RTL Television GmbH und SAT.1 SatellitenFernsehen GmbH – in naher Zukunft intendiert ist: nach dem bisherigen Stand der Entwicklung wird auch der Zehnte Rundfunkänderungsstaatsvertrag – der, vorbehaltlich der Ratifikation durch die Länderparlamente, zum 1. September 2008 in Kraft treten wird – nur die – bislang fehlende Übergansregelung zu § 25 Abs. 4 Satz 4 RStV enthalten: Nach § 53b Abs. 1 Satz 2 RStV sollen „bestehende Zulassungen und Zuweisungen für Fensterprogrammveranstalter (...) bis zum 31. Dezember 2009 unbeschadet von Vorgaben des § 25 Abs. 4 Satz 4 RStV verlängert werden."

Es wäre jedoch wünschenswert, dass der Gesetzgeber – also die Länder – sich mit der Thematik baldmöglich befasst, und dass – gegebenenfalls im Dialog mit den betroffenen Rundfunkveranstaltern RTL Television GmbH und SAT.1 SatellitenFernsehen GmbH – eine Neuregelung geschaffen wird, die der verfassungsrechtlichen Überprüfung in jeder Hinsicht standhält und den Interessen aller Beteiligten in jeweils angemessenem Umfang gerecht wird.

II. Beurteilung der Regionalfensterprogramme und der Regelung des § 25 Abs. 4 RStV in der Fassung durch den Achten Rundfunkänderungsstaatsvertrag - Zusammenfassung in Thesen

1. Definition des Regionalfensterprogramms und Abgrenzung zu anderen Arten von Fensterprogrammen

- Bei einem Regionalfensterprogramm i.S.v. § 2 Abs. 2 Nr. 4 RStV handelt es sich um ein in seinem zeitlichen Umfang begrenztes und in seiner Berichterstattung auf regionale Themen fokussiertes Programm, das im Rahmen eines weiterreichenden und inhaltlich umfassender gestalteten Mantelprogramms nur für ein bestimmtes regionales Verbreitungsgebiet ausgestrahlt wird. Durch die beschränkte Reichweite des Verbreitungsgebiets unterscheiden sich Regionalfensterprogramme maßgeblich von Satellitenfensterprogrammen i.S.v. § 2 Abs. 2 Nr. 3 RStV.
- „Fensterprogramme" i.S.v. § 25 Abs. 4 RStV sind nur die in § 2 Abs. 2 Nr. 4 RStV definierten Regionalfensterprogramme.
- Regionalfensterprogramme sind zu unterscheiden von Zulieferungen und Lokal- oder Ballungsraumprogrammen; sie sind insbesondere auch zu unter-

scheiden von dem bloßen Frequenzsplitting, bei dem die auf ein und derselben Frequenz ausgestrahlten Programme unterschiedlicher Veranstalter in keinerlei übergeordnetem Zusammenhang stehen.

- § 31 RStV regelt die Einräumung von Sendezeit für unabhängige Dritte, welche als Satellitenfensterprogramm i.S.v. § 2 Abs. 2 Nr. 3 RStV zu qualifizieren ist. Ein grundlegender Unterschied zu den Fensterprogrammen nach § 25 Abs. 4 RStV besteht darin, dass eine gesellschaftsrechtliche Verflechtung von Hauptprogrammveranstalter und Fensterprogrammanbieter nach § 31 RStV verboten ist, wohingegen § 25 Abs. 4 Satz 4 RStV durch seine Formulierung – „sollen" – insofern ein Regel-Ausnahme-Verhältnis indiziert.
- Nach § 31 Abs. 2 Satz 2 bis Satz 4 RStV sind „Regionalfensterprogramme" in gewissem zeitlichen Umfang auf die Verpflichtung zur Ausstrahlung eines Fensterprogramms nach § 31 RStV anrechenbar. Dem Wortlaut des § 31 Abs. 2 Satz 2 und Satz 3 RStV lässt sich dabei allerdings nicht entnehmen, ob es für eine Anrechnung genügt, dass es sich um Regionalfensterprogramme i.S.v. § 2 Abs. 2 Nr. 4 RStV handelt, oder ob zusätzlich die in § 25 Abs. 4 RStV normierten Anforderungen erfüllt sein müssen.
- Mit der Verpflichtung eines Veranstalters zur Einräumung von Sendezeit für unabhängige Dritte nach § 31 RStV bezweckt der Gesetzgeber eine Verminderung des Einflusses des betroffenen Rundfunkveranstalters auf die öffentliche und individuelle Meinungsbildung. Aus Sicht der betroffenen privaten Hauptprogrammveranstalter verwirklichen die Fensterprogramme nach § 31 RStV den Schutz vor vorherrschender Meinungsmacht im Wege einer negativen Vielfaltsicherung.
- Die Regionalfensterprogramme nach § 25 Abs. 4 RStV sollen nach der Intention des Gesetzgebers Vielfaltsicherung vor allem im Wege einer Erweiterung des Programmangebots durch die Integration regionaler Berichterstattung und die Berücksichtigung regionaler Interessen in bundesweit verbreiteten privaten Fernsehprogrammen bewirken. Aus Sicht der privaten Hauptprogrammveranstalter präsentieren sich die Regionalfensterprogramme als Maßnahme zur Förderung regionaler Vielfalt und somit als Maßnahme der positiven Vielfaltsicherung.
- Sendezeit für Dritte nach § 42 RStV kann als Satellitenfensterprogramm i.S.v. § 2 Abs. 2 Nr. 3 RStV qualifiziert werden. Sie stellt nach der Intention des Gesetzgebers zwar keine originär vielfaltsfördernde Maßnahme i.S.d. §§ 25 ff. RStV dar, letztlich leisten aber auch die Fensterprogramme nach § 42 RStV einen Beitrag zur Förderung der Meinungsvielfalt im Sinne einer positiven Vielfaltssicherung.

2. Entwicklung der Regionalfensterprogramme im Bereich des Privaten Rundfunks und die jeweils zugrunde liegenden Vorgaben durch den Gesetzgeber

- Regionale Fensterprogramme werden – auch in privaten Rundfunkprogrammen – schon seit Mitte der 1980er Jahre ausgestrahlt: Die „Erste private Fernsehgesellschaft mbH“ sendete ab 1. Januar 1984 im Kabelpilotprojekt Ludwigshafen täglich ein zweistündiges Regionalfensterprogramm.
- Private Rundfunkveranstalter nahmen Ende der 1980er Jahre Regionalfensterprogramme in ihr Programm auf, weil die Ausstrahlung regionaler Fensterprogramme in einigen Bundesländern die Voraussetzung für die Zuteilung von Lizenzen zur Nutzung der – damals für die Veranstalter wirtschaftlich bedeutenden – terrestrischen Frequenzen war.
- Eine bundesweit geltende Regelung bezüglich der Zulässigkeit von Regionalfensterprogrammen gab es ab dem 1. Dezember 1987 mit Inkrafttreten des „Staatsvertrages zur Neuordnung des Rundfunkwesens (Rundfunkstaatsvertrag)“ in Gestalt von Art. 8 Abs. 5 Satz 2 RStV 1987.
- § 20 Abs. 6 RStV 1991 griff die zuvor in Art. 8 Abs. 5 RStV 1987 enthaltene Regelung zu den „regionalen Programmteilen“ auf und konkretisierte diese dahingehend, dass in bundesweit terrestrisch verbreiteten Fernsehvollprogrammen regionale Fensterprogramme aufgenommen werden sollten. Zugleich wurden die Veranstalter verpflichtet, mit der Organisation der Fensterprogramme auch deren Finanzierung sicherzustellen. In einem Beschluss in Bezug auf „regionale TV-Fensterprogramme“ vom 25. Mai 1993 koordinierten die Landesmedienanstalten erstmals die damals in den Programmen RTL und SAT.1 ausgestrahlten Regionalfenster und legten genaue Sendezeiten für die Ausstrahlung fest.
- Durch den Dritten Rundfunkänderungsstaatsvertrag, der am 1. Januar 1997 in Kraft trat, wurde der Schutz der Meinungsvielfalt im Bereich des privaten Rundfunks durch die Einführung zusätzlicher medienkonzentrationsrechtlicher Vorschriften in den §§ 25 ff. RStV verbessert. Regionale Fensterprogramme waren als Maßnahme der Vielfaltsicherung damals noch nicht ausdrücklich im Gespräch. Der neu eingeführte § 25 RStV übernahm in Abs. 4 wortgleich die Regelung des § 20 Abs. 6 RStV 1991. Die nach landesrechtlichen Vorschriften teilweise bereits bestehende Verpflichtung privater Rundfunkveranstalter zur Ausstrahlung von Regionalfensterprogrammen wurde durch die Möglichkeit, Regionalfensterprogramme auf den zeitlichen Umfang der Verpflichtung zur Aufnahme der Drittsendezeiten nach § 31 RStV anzurechnen, berücksichtigt.

- Zur näheren Ausgestaltung der Sendezeit für unabhängige Dritte nach § 31 RStV erließen die Landesmedienanstalten am 16. Dezember 1997 die Drittsendezeitrichtlinie (DSZR).
- Da ab dem Jahr 2000 die terrestrischen Frequenzen im Bereich des Privatrundfunks weitgehend an Bedeutung verloren hatten, wurden die mit der terrestrischen Verbreitung des Programms zwangsweise verbundenen Kosten für Regionalfensterprogramme von den privaten Fernsehveranstaltern zunehmend kritisch gesehen und Lizenzen für die Nutzung terrestrischer Frequenzen teilweise sogar zurückgegeben.
- Der Sechste Rundfunkänderungsstaatsvertrag, der zum 1. Juli 2002 in Kraft trat, nahm vor diesem Hintergrund eine Stärkung der Regionalfensterprogramme vor: Zum einen wurde die aktuell in § 26 Abs. 2 Satz 3 RStV verankerte Bonusregelung in die Medienkonzentrationsvorschriften des Rundfunkstaatsvertrages eingefügt. Nach dieser Bonusregelung werden Regionalfensterprogramme und Sendezeit für unabhängige Dritte nach § 31 RStV im Rahmen der medienkonzentrationsrechtlich relevanten Schwellenwerte des § 26 RStV durch eine entsprechende Anrechnung zugunsten der Veranstalter berücksichtigt. Zum anderen wurde der Zusammenhang zwischen der Ausstrahlung von Regionalfensterprogrammen und der terrestrischen Übertragung des Programms beseitigt und dadurch der mittlerweile veränderten Gewichtung der unterschiedlichen Verbreitungswege von Fernsehprogrammen zugunsten von Kabel und Satellit Rechnung getragen.
- Der Siebte Rundfunkänderungsstaatsvertrag, der am 1. April 2004 in Kraft trat, verankerte die Regionalfensterprogramme noch stärker im Rundfunkstaatsvertrag: In § 25 Abs. 4 Satz 1 RStV wurde statt der bisherigen „soll"-Vorschrift für die beiden reichweitenstärksten bundesweiten privaten Fernsehvollprogramme – RTL und SAT.1 – die unbedingte Verpflichtung eingeführt, Regionalfensterprogramme in ihr Programm zu integrieren. Gleichzeitig wurde der zeitliche und regional differenzierte Umfang der Regionalberichterstattung auf den Mindestumfang der Programmaktivitäten zum 1. Juli 2002 festgeschrieben. In § 36 Abs. 2 Satz 2 RStV wurde die Kompetenz zur Feststellung der Voraussetzungen des § 25 Abs. 4 Satz 1 RStV ausdrücklich den Landesmedienanstalten übertragen.
- In Ziff. 3.5. der DSZR wurden – bezogen auf die Anrechenbarkeit der Regionalfensterprogramme auf die Sendezeit für unabhängige Dritte nach § 31 Abs. 2 RStV – auch die Anforderungen an Regionalfensterprogramme konkretisiert. Diese Vorschriften stellen einen „Vorläufer" der Fernsehfensterrichtlinie (FFR) dar, die nach dem Inkrafttreten des Achten Rundfunkänderungsstaatsvertrages am 1. April 2005 von der DLM beschlossen wurde.

3. *Die aktuelle Regelung des § 25 Abs. 4 RStV nach der Reform durch den Achten Rundfunkänderungsstaatsvertrag und die Ausgestaltung dieser Vorschrift durch die Fernsehfensterrichtlinie (FFR) der Landesmedienanstalten*

a) *Die aktuellen rechtlichen Rahmenbedingungen für die Veranstaltung von Regionalfensterprogrammen in der Bundesrepublik Deutschland*

- § 25 Abs. 4 RStV enthält die bundesweit verbindliche einfachgesetzliche Regelung der Regionalfensterprogramme: Nach dieser Vorschrift sind in den beiden reichweitenstärksten bundesweit verbreiteten Fernsehvollprogrammen zwingend regionale Fensterprogramme aufzunehmen. Zudem werden in Satz 1 bis Satz 5 Vorgaben für die Veranstaltung der Regionalfensterprogramme festgelegt.
- Durch den Achten Rundfunkänderungsstaatsvertrag wurden in § 25 Abs. 4 Satz 1 RStV erstmals auf konkrete Themengebiete bezogene inhaltliche Anforderungen aufgestellt. Das Erfordernis der redaktionellen und gesellschaftsrechtlichen Unabhängigkeit der Regionalfensteranbieter von dem jeweiligen Hauptprogrammveranstalter, § 25 Abs. 4 Satz 2 und 4 RStV, sowie die eigenständige Zulassung der Regionalfensteranbieter, § 25 Abs. 4 Satz 3 RStV wurden erstmalig in § 25 Abs. 4 RStV eingeführt. Die Verpflichtung zur Sicherstellung der Finanzierung der Regionalfensterprogramme wurde in § 25 Abs. 4 Satz 5 RStV allein dem Hauptprogrammveranstalter auferlegt.
- Die Zulassung und Organisation der Regionalfensterprogramme erfolgt nach Maßgabe des jeweiligen Landesrechts, also der Landesmediengesetze der einzelnen Bundesländer und der auf Grundlage dieser Landesmediengesetze erlassenen untergesetzlichen Normen.
- Auf der Grundlage der Ermächtigung in § 33 RStV in der Fassung durch den Achten Rundfunkänderungsstaatsvertrag haben die Landesmedienanstalten die Fernsehfensterrichtlinie (FFR) zur näheren Ausgestaltung von § 25 Abs. 4 RStV als gemeinsame Richtlinie beschlossen. Die Fernsehfensterrichtlinie enthält detaillierte Vorgaben für die inhaltliche Gestaltung der Regionalfensterprogramme und für die redaktionelle Unabhängigkeit der Regionalfensterprogrammanbieter, die über eine bloße Auslegung der im Rundfunkstaatsvertrag verankerten Begriffe hinausgehen. Es spricht daher viel dafür, die Fernsehfensterrichtlinie als normkonkretisierende Richtlinie zu qualifizieren.

b) Die Regelungsbestandteile des § 25 Abs. 4 RStV in der Fassung durch den Achten Rundfunkänderungsstaatsvertrag und ihre jeweilige Konkretisierung durch die Fernsehfensterrichtlinie

aa) § 25 Abs. 4 Satz 1 RStV: Die Verpflichtung zur Aufnahme von Regionalfenstern

- § 25 Abs. 4 Satz 1 RStV statuiert für die beiden bundesweit verbreiteten reichweitenstärksten Fernsehvollprogramme im Bereich des Privatrundfunks die unbedingte Verpflichtung zur Aufnahme von Fensterprogrammen, welche der aktuellen und authentischen Darstellung der Ereignisse des politischen, wirtschaftlichen, sozialen und kulturellen Lebens in dem jeweiligen Bundesland dienen.
- Durch die Aufnahme der Regionalfensterprogramme gerade in den beiden reichweitenstärksten bundesweit ausgestrahlten Fernsehvollprogrammen wird eine möglichst lückenlose Verbreitung der Regionalfensterprogramme durch eine geringe Zahl von betroffenen Sendern gewährleistet. Zudem bieten diese Sender eine „stabile Präsentationsplattform" und einen geeigneten Anknüpfungspunkt für die Finanzierungsverpflichtung nach § 25 Abs. 4 Satz 5 RStV. Dadurch wird im Endeffekt eine „verlängerte Lebensdauer" der Regionalfensterprogramme im Vergleich zu kleinen regionalen und lokalen Sendern erreicht.
- Seit dem Siebten Rundfunkänderungsstaatsvertrag müssen die Regionalfenster nach § 25 Abs. 4 Satz 1 RStV „mindestens im zeitlichen und regional differenzierten Umfang der Programmaktivitäten zum 1. Juli 2002" ausgestrahlt werden; der Umfang der Programmaktivitäten zu diesem Stichtag wurde von den Landesmedienanstalten in Ziff. 1 Abs. 1 Satz 1 und Satz 2 FFR festgehalten.
- Bei dem in § 25 Abs. 4 Satz 1 RStV festgelegten zeitlichen und regional differenzierten Umfang der Programmaktivitäten handelt es sich nur um einen Mindestumfang, eine Ausdehnung der Programmaktivitäten ist somit in zeitlicher, insbesondere aber auch in räumlicher Hinsicht denkbar.

bb) § 25 Abs. 4 Satz 2 RStV: Redaktionelle Unabhängigkeit des Regionalfensterprogrammveranstalters

- Nach § 25 Abs. 4 Satz 2 RStV ist der Hauptprogrammveranstalter dazu verpflichtet, organisatorisch sicherzustellen, dass die redaktionelle Unabhängigkeit des Fensterprogrammveranstalters gewährleistet ist.

cc) § 25 Abs. 4 Satz 3 RStV: Erfordernis der gesonderten Zulassung des Regionalfensterprogrammveranstalters

- Die eigenständige Zulassung des Fensterprogrammveranstalters nach § 25 Abs. 4 Satz 3 RStV soll zur Stärkung der Unabhängigkeit der Berichterstattung in den Regionalfensterprogrammen beitragen. Der Gesetzgeber wollte damit die durch § 25 Abs. 4 Satz 2 RStV ohnehin angeordnete redaktionelle Unabhängigkeit des Regionalfensteranbieters zusätzlich absichern.
- § 36 Abs. 2 RStV regelt die rundfunkrechtliche Zulassung von Fensterprogrammveranstaltern: Da der Begriff „Fensterprogrammveranstalter" als Oberbegriff für die Veranstalter von Satellitenfensterprogrammen und Regionalfensterprogrammen verstanden werden kann, gilt § 36 Abs. 2 RStV auch für die Auswahl und Zulassung von Regionalfensterveranstaltern.
- Der unabhängige Regionalfensterprogrammanbieter - wie ihn sich der Gesetzgeber nach § 25 Abs. 4 Satz 2 bis Satz 5 RStV vorstellt - ist allerdings selbst als Veranstalter im rundfunkrechtlichen Sinn zu qualifizieren und bedarf daher schon aufgrund § 20 Abs. 1 Satz 1 RStV einer eigenständigen Zulassung.
- Soweit Regionalfensterprogramme bis zum 1. April 2005 Gegenstand einer Auflage zur Zulassung des jeweiligen Hauptprogrammveranstalters waren, wird durch § 25 Abs. 4 Satz 3 RStV nicht nur diese Auflage beseitigt, sondern es wird auch der Gehalt der für den Hauptprogrammveranstalter begünstigenden Zulassung verändert. Es handelt sich somit um einen teilweisen Widerruf der begünstigenden Zulassung des Hauptprogrammveranstalters.
- Ermächtigungsgrundlage für diesen teilweisen Widerruf ist § 25 Abs. 4 Satz 3 RStV: Für die Qualifizierung einer Vorschrift als entsprechende Aufhebungsnorm kommt es nicht auf die Bezeichnung der Norm als „Widerrufsvorbehalt" an, sondern nur darauf, dass es sich in der Sache um eine Ermächtigung zur nachträglichen Aufhebung oder Abänderung ohne Rücksicht auf die Rechtswidrigkeit handelt.
- Das Gleiche gilt, soweit keine spezielle Rechtsgrundlage für die Ausstrahlung des Regionalfensterprogramms bestand, denn in diesem Fall umfasste die jeweilige Zulassung des Hauptprogrammveranstalters ebenfalls die Gestaltung des kompletten Sendezeitraums von 24 Stunden, so dass die gesonderte Zulassung nach § 25 Abs. 4 Satz 3 RStV bewirkt, dass die Hauptprogrammveranstalter einen Teil ihrer Gestaltungsbefugnis verlieren.
- § 25 Abs. 4 Satz 3 RStV kennt keine Übergangsregelung, sondern fordert die gesonderte Zulassung von Regionalfensterprogrammanbietern ab dem 1. April 2005 und damit noch während der Laufzeit der Zulassungen der Hauptprogrammveranstalter. Die Regelung greift also in bestehende Rechtspositio-

nen der Hauptprogrammveranstalter ein, die bereits in der Vergangenheit begründet wurden und noch in die Zukunft fortwirken. Es handelt sich somit um einen Fall unechter Rückwirkung.

- Auswahl und Zulassung des Fensterprogrammveranstalters obliegen nach § 36 Abs. 2 Satz 1 RStV der jeweils zuständigen Landesmedienanstalt, die nach § 36 Abs. 2 Satz 3 RStV zuvor das Benehmen mit der KEK herzustellen hat. Nach dem Wortlaut von Ziff. 2 Satz 3 FFR scheint sich die Benehmensherstellung auf diejenigen Fälle zu beschränken, in denen der jeweils zuzulassende Regionalfensterprogrammveranstalter zu dem Hauptprogrammveranstalter – entgegen § 25 Abs. 4 Satz 4 RStV – im Verhältnis eines verbundenen Unternehmens nach § 28 RStV steht. Diese Auslegung stünde jedoch im Widerspruch zu § 36 Abs. 2 Satz 3 RStV, der vor jeder Auswahl und Zulassung eines Regionalfensterprogrammveranstalters eine Benehmensherstellung zwischen Landesmedienanstalt und KEK vorsieht, und ist daher abzulehnen.
- Benehmen bedeutet nicht Einvernehmen, § 36 Abs. 2 Satz 3 RStV erfordert also keine Zustimmung der KEK zu Auswahl und Zulassung des Regionalfensterprogrammveranstalters. Es genügt somit und ist zugleich erforderlich, dass die jeweilige Landesmedienanstalt der KEK alle für deren Entscheidungsfindung notwendigen Tatsachen mitteilt und die von der KEK vertretenen Positionen in ihre Überlegungen mit einbezieht. Die Landesmedienanstalt muss eine Stellungnahme der KEK daher in jedem Fall vor einer abschließenden Entscheidung über Auswahl und Zulassung des Regionalfensterprogrammveranstalters einholen.
- Die Feststellung der Voraussetzungen des § 25 Abs. 4 Satz 1 RStV obliegt nach § 36 Abs. 2 Satz 2 RStV den Landesmedienanstalten. Die KEK hat im Rahmen der Benehmensherstellung daher nur die in § 25 Abs. 4 Satz 2 bis Satz 5 RStV geregelten Voraussetzungen für die Zulassungsfähigkeit eines Bewerbers zu prüfen. Über Bedenken der KEK kann sich die Landesmedienanstalt bei ihrer Zulassungsentscheidung hinwegsetzen, so dass bei Auswahl und Zulassung eines Regionalfensterprogrammveranstalters den Landesmedienanstalten im Ergebnis eine „Letztentscheidungsbefugnis" in Bezug auf sämtliche in § 25 Abs. 4 RStV geregelten Vorgaben für die Regionalfensterprogramme zukommt.
- Dies ist insofern unbefriedigend, als die KEK nach § 36 Abs. 1 RStV zuständig ist für die abschließende Beurteilung medienkonzentrationsrechtlicher Fragestellungen im Zusammenhang mit der bundesweiten Veranstaltung von Fernsehprogrammen, § 36 Abs. 1 Satz 1 und Satz 2 RStV. Auch bei der Frage, ob Regionalfensterprogramme die Voraussetzungen des § 25 Abs. 4 RStV erfüllen, handelt es sich aber – soweit man Regionalfensterprogramme als Mittel zur Sicherung der Meinungsvielfalt in den jeweiligen bundesweit aus-

gestrahlten Hauptprogrammen begreift – um eine konzentrationsrechtliche Fragestellung im Zusammenhang mit der bundesweiten Veranstaltung von Fernsehprogrammen. Denn es besteht ein so enger „Funktionszusammenhang“ zwischen der Veranstaltung des bundesweiten Hauptprogramms und der des Regionalfensterprogramms, dass sich die in § 25 Abs. 4 RStV normierten Vorgaben letztlich auf die Veranstaltung bundesweiten Fernsehens beziehen.

- Die Zulassungsentscheidung der Landesmedienanstalten bzgl. der Veranstalter von Regionalfensterprogrammen sollte daher nicht nur an das „Benehmen“, sondern an ein echtes Einvernehmen mit der KEK gebunden werden. Diese Forderung, die auch von der KEK gestellt wird, ist im Hinblick auf § 36 Abs. 1 RStV berechtigt, wenn man die Regionalfensterprogramme als Instrument der Vielfaltsicherung ansieht.
- Darüber hinaus ergeben sich weitere Konsequenzen hinsichtlich der im Rundfunkstaatsvertrag aktuell geregelten Kompetenzverteilung zwischen KEK und Landesmedienanstalten: Da sich die in § 25 Abs. 4 Satz 1 RStV geregelte Verpflichtung zur Ausstrahlung von Regionalfensterprogrammen und die damit verbundenen Vorgaben zu Inhalt und Umfang der Programme nur als Maßnahmen der Vielfaltsicherung rechtfertigen lassen, erweist sich § 36 Abs. 2 Satz 2 RStV insofern als systemwidrig. Denn Fragen der Meinungsvielfalt sind konzentrationsrechtliche Fragen, über die die KEK als staatsfernes, standortunabhängiges Organ abschließend zu entscheiden hat. Dies gilt insbesondere, soweit die Bonusgewährung nach § 26 Abs. 2 Satz 3 RStV und die Anrechnung auf Drittsendezeiten nach § 31 Abs. 2 Satz 2 bis Satz 4 RStV in Frage stehen. Diese Beurteilung sollte daher der KEK übertragen werden.

dd) § 25 Abs. 4 Satz 4 RStV: Gebot der gesellschaftsrechtlichen Entflechtung von Hauptprogramm- und Regionalfensterprogrammveranstalter

- § 25 Abs. 4 Satz 4 RStV bestimmt, dass Hauptprogramm- und Regionalfensterprogrammveranstalter zueinander nicht im Verhältnis eines verbundenen Unternehmens nach § 28 RStV stehen sollen und verankert – neben der redaktionellen Unabhängigkeit des Regionalfensterprogramms – damit auch die rechtliche Unabhängigkeit des Regionalfensterveranstalters in § 25 Abs. 4 RStV.
- Nach § 28 Abs. 1 Satz 1 RStV sind einem privaten Rundfunkunternehmen alle Programme zuzurechnen, die es selbst veranstaltet oder die von einem anderen Unternehmen veranstaltet werden, an dem es unmittelbar mit mindestens 25 % des Kapitals oder der Stimmrechte beteiligt ist. Einem Unternehmen sind daneben aber auch die Zuschaueranteile anderer Unternehmen

zuzurechnen, an denen es mittelbar beteiligt ist, § 28 Abs. 1 Satz 2 RStV. Gemäß § 28 Abs. 2 Satz 1 RStV steht es einer Beteiligung nach § 28 Abs. 1 RStV gleich, wenn ein Unternehmer – allein oder gemeinsam mit anderen Unternehmern – auf einen Veranstalter einen „vergleichbaren“ Einfluss ausüben kann.

- Anders als bei der Einräumung von Sendezeit für Dritte nach § 31 Abs. 3 RStV wurde die gesellschaftsrechtliche Trennung von Haupt- und Regionalfensterprogrammveranstalter in § 25 Abs. 4 Satz 4 RStV nicht zwingend vorgeschrieben, sondern als „soll“-Vorschrift ausgestaltet. Im Fall einer „soll“-Vorschrift ist nach allgemeinen verwaltungsrechtlichen Grundsätzen davon auszugehen, dass bei Vorliegen eines Regelfalls eine strikte Bindung an die angeordnete Rechtsfolge besteht und ein Abweichen von der angeordneten Rechtsfolge nur dann gerechtfertigt ist, wenn es sich um einen atypischen Fall handelt. Nach dem Regel-Ausnahme-Verhältnis ist die gesellschaftsrechtliche Entflechtung von Regionalfensterprogramm- und Hauptprogrammveranstalter die Regel, eine fortbestehende „Beherrschung“ muss hingegen die Ausnahme bleiben.
- Das Gebot der gesellschaftsrechtlichen Entflechtung ist für die betroffenen Rundfunkveranstalter RTL Television GmbH und SAT.1 SatellitenFernsehen GmbH insofern problematisch, als es sich bei den bisher tätigen Regionalfensteranbietern in den meisten Fällen um – häufig 100 %ige – Tochterunternehmen dieser beiden Hauptprogrammveranstalter handelt.
- Da § 25 Abs. 4 Satz 4 RStV die gesellschaftsrechtliche Umstrukturierung ohne gesetzlich bestimmte Übergangsregelung noch während der Laufzeit der bestehenden Zulassungen der beiden Hauptprogrammveranstalter fordert, handelt es sich um eine rückwirkende Vorschrift.

ee) § 25 Abs. 4 Satz 5 RStV: Verpflichtung des Hauptprogrammveranstalters zur Finanzierung des Regionalfensterprogramms

- Nach § 25 Abs. 4 Satz 5 RStV hat der Hauptprogrammveranstalter die Finanzierung der Regionalfensterprogramme sicherzustellen.
- Die Neuregelung hat damit eine Verschärfung der Finanzierungsverpflichtung zu Lasten der Hauptprogrammveranstalter mit sich gebracht. Denn nach der früheren Fassung der Finanzierungsverpflichtung traf die Pflicht zur Sicherstellung der Finanzierung kumulativ sowohl den Veranstalter des jeweiligen Fernsehvollprogramms, als auch die Anbieter der Regionalfensterprogramme selbst.

- Die insoweit gebundenen Mittel stehen den Hauptprogrammveranstaltern nicht mehr für die Finanzierung ihres eigenen Programms zur Verfügung, vielmehr müssen sie aus ihrer Sicht „fremde“ Inhalte finanzieren.

c) Vielfaltsichernde Funktion der Regionalfensterprogramme im System der Medienkonzentrationsvorschriften der §§ 25 ff. RStV

- § 25 Abs. 4 RStV steht nicht als „Solitär“ für sich, sondern ist mit den medienkonzentrationsrechtlichen Vorschriften der §§ 25 ff. RStV – insbesondere den §§ 26 und 31 RStV – eng verflochten.

aa) Verfassungsrechtliche Vorgaben für die Entwicklung der Vielfaltsicherung in den Vorschriften des Rundfunkstaatsvertrages

- Grundlage der Medienkonzentrationskontrolle sind die entsprechenden Vorgaben durch die Rechtsprechung des Bundesverfassungsgerichts zu Art. 5 Abs. 1 Satz 2 GG.
- Die Informationsfreiheit des Bürgers und die Funktionsfähigkeit der Demokratie können nur gesichert werden, wenn auch der private Rundfunk einen „Grundstandard gleichgewichtiger Vielfalt“ verwirklicht.
- Diese Vorgabe für die Veranstaltung privaten Rundfunks ist besonders bedeutsam, da die privaten Rundfunkanbieter als Wirtschaftsunternehmen vorrangig wirtschaftliche Interessen verfolgen müssen. Daher besteht gerade im Bereich des Privatrundfunks die Gefahr, dass das Interesse der Bevölkerung an einer objektiven und das bestehende Meinungsspektrum umfassend widerspiegelnden Berichterstattung gegenüber den vorrangig kommerziell orientierten Unternehmensinteressen der jeweiligen Anbieter zurücktreten muss. Dies hat das Bundesverfassungsgericht zuletzt in seinem Gebührenurteil vom 11. September 2007 betont.
- Der Gesetzgeber hat versucht, die Vorgaben des Bundesverfassungsgerichts zur Sicherung der Meinungsvielfalt im Bereich des privaten Rundfunks im Rundfunkstaatsvertrag in den Regelungen zur Pluralismussicherung und Konzentrationskontrolle, §§ 25 ff. RStV, umzusetzen.

bb) § 25 Abs. 4 RStV als besondere Maßnahme zur Sicherung der Meinungsvielfalt im System der §§ 25 ff. RStV?

- Die Regionalfensterprogramme des § 25 Abs. 4 RStV sind schon kraft ihrer systematischen Stellung in § 25 RStV Teil des Systems der Vielfaltsicherung. Sie sind nach der Intention des Gesetzgebers ein besonderes Instrument zur

Sicherung der Meinungsvielfalt im Privaten Rundfunk und verwirklichen die „positive" Dimension der Vielfaltsicherung: § 25 Abs. 4 RStV dient der gezielten Anreicherung der privaten Rundfunkprogramme mit regionalen Inhalten. Insofern stellt „regionale Vielfalt" eine besondere Facette der Meinungsvielfalt dar.

- Nur die Qualifizierung von Regionalfensterprogrammen als vielfaltsfördernde und zugleich vielfaltsichernde Instrumente im System der §§ 25 ff. RStV kann es rechtfertigen, dass ihre Ausstrahlung sowohl nach der Bonusregelung in § 26 Abs. 2 Satz 3 RStV zu einer Berücksichtigung bei den konzentrationsrechtlich relevanten Zuschaueranteilen privater Fernsehprogramme führt, als auch eine teilweise Anrechnung auf die Drittsendezeiten nach § 31 Abs. 2 Satz 2 bis Satz 4 RStV erlaubt.

cc) Die Bonusregelung des § 26 Abs. 2 Satz 3 RStV

- Die Bonusregelung des § 26 Abs. 2 Satz 3 RStV knüpft insgesamt daran an, dass in das Fernsehvollprogramm mit dem höchsten Zuschaueranteil „Fensterprogramme gemäß § 25 Abs. 4" RStV aufgenommen werden. Nur wenn diese Voraussetzung erfüllt ist, kommt gemäß § 26 Abs. 2 Satz 3 Halbsatz 2 RStV auch die kumulative Berücksichtigung von Fensterprogrammen für unabhängige Dritte nach § 31 RStV in Betracht. Die Frage, welchen Anforderungen die „Fensterprogramme gemäß § 25 Abs. 4" RStV genügen müssen, um berücksichtigungsfähig zu sein, ist somit von doppelter Bedeutung für die betroffenen Rundfunkunternehmen.
- Regionalfensterprogramme müssen, um eine Bonusgewährung nach § 26 Abs. 2 Satz 3 RStV zu ermöglichen, den Anforderungen nach § 25 Abs. 4 Satz 1 bis Satz 5 RStV entsprechen. Neben dem Wortlaut des § 26 Abs. 2 Satz 3 RStV spricht hierfür vor allem der Umstand, dass es widersinnig wäre, wenn der Gesetzgeber zum Zwecke der Vielfaltsicherung die Anforderungen an Regionalfensterprogramme verschärfen würde, zugleich aber im Rahmen der konzentrationsrechtlich bedeutenden Bonusgewährung die neu eingeführten vielfaltsichernden Kriterien des § 25 Abs. 4 RStV nicht berücksichtigen würde.
- Die Mindestsendereichweite nach § 31 Abs. 2 Satz 3 Halbsatz 2 RStV ist hingegen keine Voraussetzung für die Bonusgewährung für Regionalfensterprogramme nach § 26 Abs. 2 Satz 3 Halbsatz 1 RStV: § 26 Abs. 2 Satz 3 Halbsatz 1 RStV spricht explizit von Regionalfensterprogrammen nach „§ 25 Abs. 4" RStV. Einer Entlehnung weiterer Tatbestandsmerkmale aus der Vorschrift des § 31 Abs. 2 RStV bedarf es daher nicht.

- Im Rahmen der Bonusgewährung nach § 26 Abs. 2 Satz 3 Halbsatz 1 RStV ist die KEK die zur Entscheidung über das Vorliegen der einzelnen Voraussetzungen des § 25 Abs. 4 RStV berufene Institution. § 36 Abs. 2 Satz 2 RStV – der die einzige ausdrückliche Kompetenzzuweisung im Zusammenhang mit Regionalfensterprogrammen enthält – ist systemwidrig: Nach der grundsätzlichen Kompetenzverteilung zwischen Landesmedienanstalten und KEK, wie sie in § 36 Abs. 1 RStV und § 37 RStV niedergelegt ist, fällt die Feststellung über das Vorliegen der in § 25 Abs. 4 Satz 1 RStV niedergelegten Voraussetzungen für Regionalfensterprogramme – jedenfalls im Zusammenhang mit der Bonusgewährung – in den Zuständigkeitsbereich der KEK. Eine entsprechende Änderung des § 36 Abs. 2 RStV ist daher veranlasst.
- Aus der Funktion der KEK zur abschließenden Beurteilung von Fragestellungen der Sicherung der Meinungsvielfalt im Zusammenhang mit der bundesweiten Veranstaltung von Fernsehprogrammen nach § 36 Abs. 1 RStV folgt zwingend, dass die KEK im Rahmen der Bonusgewährung nach § 26 Abs. 2 Satz 3 RStV auch über das Vorliegen der übrigen Voraussetzungen des § 25 Abs. 4 RStV – also § 25 Abs. 4 Satz 2 bis Satz 5 RStV – abschließend zu entscheiden hat. Denn diese Voraussetzungen sollen gerade der Vielfaltsicherung dienen. Eine eindeutige Zuständigkeitsregelung wäre zu Klarstellungszwecken allerdings wünschenswert.

dd) Die Anrechenbarkeit von Regionalfensterprogrammen auf die Sendezeit für unabhängige Dritte

- Die Frage, ob „Regionalfensterprogramme" i.S.v. § 31 Abs. 2 Satz 2 und Satz 3 RStV auch den Anforderungen des § 25 Abs. 4 RStV genügen müssen, hat unmittelbaren Einfluss auf die Frage, ob eine Bonusgewährung nach § 26 Abs. 2 Satz 3 Halbsatz 2 RStV erfolgen kann.
- Regionalfensterprogramme dürfen – um nach § 31 Abs. 2 Satz 2 bis Satz 4 RStV anrechenbar zu sein – nicht „milderen" Voraussetzungen unterworfen sein, als die aktuelle Regelung in § 25 Abs. 4 RStV sie vorsieht, die auch im Rahmen des § 26 Abs. 2 Satz 3 RStV für eine Berücksichtigung maßgeblich ist. Denn der Gesetzgeber hat mit der Verschärfung der Regelungen in § 25 Abs. 4 RStV eine Optimierung der Regionalfensterprogramme als Mittel der Vielfaltsicherung beabsichtigt. Als Konsequenz hieraus müssen die Voraussetzungen des § 25 Abs. 4 Satz 1 bis Satz 5 RStV sämtlich vorliegen, damit Regionalfensterprogramme auf die originär als Maßnahme der Vielfaltsicherung in den Rundfunkstaatsvertrag eingeführte Sendezeit für unabhängige Dritte angerechnet werden können.

- Die KEK darf und muss im Zusammenhang mit der Frage, ob im Rahmen des § 26 Abs. 2 Satz 3 Halbsatz 2 RStV ein zusätzlicher Bonus in Höhe von 3 % für die Aufnahme von Drittsendezeiten nach § 26 Abs. 5 RStV gewährt werden kann, über das Vorliegen der Vorgaben für die Drittsendezeiten nach § 31 RStV entscheiden. Dies folgt aus ihrer Zuständigkeit nach § 36 Abs. 1 RStV. Sie darf und muss dabei auch über die Frage befinden, ob Regionalfensterprogramme auf die Sendezeit für Dritte im konkreten Fall anrechenbar sind. In diesem Rahmen hat die KEK aufgrund ihrer umfassenden Kompetenz nach § 36 Abs. 1 RStV darüber zu entscheiden, ob die der Prüfung unterliegenden Regionalfensterprogramme den in § 31 Abs. 2 Satz 3 RStV geregelten Anforderungen entsprechen.

ee) § 25 Abs. 4 RStV als Ausdruck des in der Bundesrepublik Deutschland herrschenden Föderalismus-Prinzips

- Auch die Spezialmaterie „Rundfunk" unterliegt – im Rahmen der aus Art. 30, 70 GG resultierenden Kulturhoheit der Länder – der Kodifizierung durch die einzelnen Bundesländer. Aus dieser zunächst rein formalen Kompetenzverteilung folgt das Gebot, Rundfunk in Deutschland nicht zentral zu organisieren, sondern föderative Strukturen im Sinne eines „Rundfunkföderalismus" zu verwirklichen. Das Grundgesetz gibt insofern eine „föderale Medienordnung" in der Bundesrepublik Deutschland vor.
- Im Bereich des öffentlich-rechtlichen Rundfunks wird Rundfunkföderalismus verwirklicht durch das System der Landesrundfunkanstalten. Die Dritten Programme zeichnen sich durch eine starke regionale Prägung und durch eine hohe Zuschauerakzeptanz aus.
- In dem in der Bundesrepublik Deutschland bestehenden Dualen System ist der Privatrundfunk ebenso Bestandteil der „Gesamtveranstaltung Rundfunk" wie die Anstalten des öffentlich-rechtlichen Rundfunks. Das Konzept des Rundfunkföderalismus betrifft daher auch die privaten Anbieter von Rundfunkprogrammen.
- Die mit Abstand höchsten Zuschaueranteile entfallen auf die Programme des bundesweiten Privatfernsehens, die keine regionalen Differenzierungen aufweisen. Dass diese Programme die meisten Fernsehhaushalte erreichen, kann und muss zugunsten regionaler Berichterstattung und damit zur Verwirklichung einer „programmföderalistischen Dimension" genutzt werden. Die Regionalfensterprogramme nach § 25 Abs. 4 RStV verwirklichen daher – neben ihrer Funktion als Instrument zur Sicherung der Meinungsvielfalt – auch als Instrument zur Sicherung der regionalen Vielfalt effektiv die föderale Komponente des Privatrundfunks in der Bundesrepublik.

4. § 25 Abs. 4 RStV – Verletzung der Grundrechte privater Rundfunkunternehmer?

- Die Regelung des § 25 Abs. 4 RStV tangiert den Schutzbereich verschiedener verfassungsrechtlich verbürgter Rechtspositionen: betroffen sind neben der Rundfunkfreiheit, Art. 5 Abs. 1 Satz 2 GG, auch die Gewerbefreiheit der Hauptprogrammveranstalter, Art. 12 Abs. 1 GG, sowie deren Eigentumsgrundrecht, Art. 14 Abs. 1 GG.

a) Rundfunkfreiheit, Art. 5 Abs. 1 Satz 2 GG

- Die Rundfunkfreiheit weist neben ihrem institutionellen Charakter auch einen Charakter als individuelles Recht der Veranstalter auf. Das Bundesverfassungsgericht spricht mittlerweile insofern von dem „Grundrecht der Rundfunkfreiheit" und behandelt dieses Grundrecht als Freiheitsrecht. Private Rundfunkveranstalter können sich folglich auf die Rundfunkfreiheit als Abwehrrecht berufen.
- Integraler Bestandteil der individuellen Rundfunkfreiheit ist die Programmfreiheit: diese umfasst das Recht der Veranstalter, den Inhalt ihres Programms frei zu gestalten. Programmgestaltungsfreiheit bedeutet dabei auch das Recht, bestimmte Inhalte nicht in das eigene Programm aufzunehmen.
- Eine Beschränkung der Rundfunkfreiheit durch belastende Regelungen, die Bestandteil der positiven Rundfunkordnung sind, ist als Eingriff in die individuelle Rundfunkfreiheit der betroffenen Veranstalter zu qualifizieren und daher am Maßstab des Art. 5 Abs. 2 GG zu messen. Denn wenn eine Regelung, die der Ausgestaltung der Rundfunkfreiheit dient, unter keinen Umständen einen Eingriff in Art. 5 Abs. 1 Satz 2 GG begründen würde, würde dies bedeuten, dass eine individuelle Rundfunkfreiheit der Veranstalter nur in den Grenzen der vom Gesetzgeber vorgegebenen Rundfunkordnung bestehen könnte. Dies würde auf ein rein institutionelles Verständnis der Rundfunkfreiheit hinauslaufen.
- Nach Art. 5 Abs. 2 GG werden die in Art. 5 Abs. 1 GG verbürgten Kommunikationsgrundrechte nur beschränkt durch die Vorschriften der allgemeinen Gesetze, die gesetzlichen Bestimmungen zum Schutze der Jugend und das Recht der persönlichen Ehre. Allgemeine Gesetze stellen dabei die wichtigste Schranke des Art. 5 Abs. 2 GG dar.
- Nach der Kombinationstheorie des Bundesverfassungsgerichts sind allgemeine Gesetze Normen, „die sich weder gegen die Meinungsfreiheit an sich noch gegen bestimmte Meinungen richten, sondern dem Schutz eines schlechthin, ohne Rücksicht auf eine bestimmte Meinung, zu schützenden Rechtsguts die-

nen". Art. 5 Abs. 2 GG enthält insofern ein grundlegendes Verbot der Meinungsdiskriminierung.

- Sowohl bei den Regelungen in § 25 Abs. 4 RStV, als auch bei den Konkretisierungen in der FFR handelt es sich um „allgemeine Gesetze" i.S.v. Art. 5 Abs. 2 GG, die die individuelle Rundfunkfreiheit der Veranstalter aus Art. 5 Abs. 1 Satz 2 GG grundsätzlich beschränken können.
- Der aus § 25 Abs. 4 RStV – bzw. den einzelnen Regelungsbestandteilen und der FFR – resultierende Grundrechtseingriff ist als Schranke i.S.v. Art. 5 Abs. 2 GG aber nur dann gerechtfertigt, wenn sich die Regelung auch als verhältnismäßig darstellt. Dies bedeutet, dass sie einem legitimen Zweck dienen muss, zur Erreichung dieses Zwecks geeignet und erforderlich sein muss, und zuletzt nicht gegen den Grundsatz der Verhältnismäßigkeit i.e.S. verstoßen darf.
- Die Regelung des § 25 Abs. 4 RStV i.V.m. der FFR ist geeignet, zur Sicherung der Meinungsvielfalt – und dabei insbesondere der regionalen Vielfalt – beizutragen. Sie ist auch erforderlich, um eine effektive Absicherung der Regionalfensterprogramme als Mittel der Vielfaltsicherung zu gewährleisten.
- Im Rahmen der Verhältnismäßigkeitsprüfung ist zu berücksichtigen, dass es sich bei § 25 Abs. 4 Satz 3 und Satz 4 RStV um rückwirkende Regelungen handelt: Beide Änderungen tangieren die noch laufenden Zulassungen der Hauptprogrammveranstalter und regeln in der Vergangenheit begonnene Tatbestände für die Zukunft neu. Das Bundesverfassungsgericht hat in ständiger Rechtsprechung aus dem Rechtsstaatsprinzip des Art. 20 Abs. 3 GG den Grundsatz des Vertrauensschutzes entwickelt, der den von einer Gesetzesänderung betroffenen Rechtssubjekten unter bestimmten Umständen Schutz vor der Anwendung der neuen Rechtslage gewährt. Dies gilt insbesondere bei der Rückwirkung von Gesetzen, wobei das Bundesverfassungsgericht insofern zwischen echter und unechter Rückwirkung unterscheidet.
- Die durch den Achten Rundfunkänderungsstaatsvertrag mit § 25 Abs. 4 Satz 3 und Satz 4 RStV vollzogenen Änderungen greifen in den Fällen, in denen die Regionalfensterprogrammanbieter nicht bereits bisher gesonderte Zulassungen hielten bzw. als rechtlich unabhängige Unternehmen zu qualifizieren waren, in einen in der Vergangenheit begründeten Tatbestand ein und regeln diesen für die Zukunft neu. Es handelt sich somit um einen Fall der unechten Rückwirkung.
- Die unechte Rückwirkung von Rechtsnormen ist verfassungsrechtlich grundsätzlich zulässig. Unter dem Gesichtspunkt des Vertrauensschutzes stellt sie sich nur dann als unzulässig dar, wenn den von der geänderten Rechtsnorm Betroffenen rückwirkend Belastungen auferlegt werden, mit denen sie nicht

zu rechnen brauchten und die sie bei ihrer Disposition daher auch nicht berücksichtigen konnten.

- Das Vertrauen der Hauptprogrammveranstalter, also der RTL Television GmbH und der SAT.1 SatellitenFernsehen GmbH, auf den Fortbestand ihrer Zulassungen – insbesondere auf unveränderter Tatsachengrundlage – über den 1. April 2005 hinaus ist insofern schutzwürdig und überwiegt das Interesse des Gesetzgebers an einer gesellschaftsrechtlichen Trennung von Haupt- und Fensterprogrammveranstalter, soweit den Hauptprogrammveranstaltern unzumutbare Verluste drohen, weil sie vor Inkrafttreten des § 25 Abs. 4 Satz 4 RStV im Vertrauen auf den Fortbestand der alten Rechtslage Investitionen in ihre Regionalfenster-Tochtergesellschaften getätigt haben und damit rechnen durften, dass sich diese Investitionen über eine angemessene Fortdauer der „Fensterprogrammbeziehung" amortisieren würden. Dies hat insbesondere die KEK in den ihr zur Benehmensherstellung vorgelegten Zulassungsverfahren herausgearbeitet.
- Der Grundsatz des Vertrauensschutzes kann im Einzelfall die Schaffung einer Übergangsregelung erforderlich machen. Die Länder haben hierauf bei der Novellierung des Rundfunkstaatsvertrages bewusst verzichtet, die fehlende gesetzliche Übergangsregelung kann aber durch eine entsprechende verfassungskonforme Anwendung – quasi eine verwaltungstechnische Übergangsregelung – kompensiert werden.
- In Bezug auf § 25 Abs. 4 Satz 4 RStV ist die zu gewährende Übergangsfrist dabei auf die Zeitdauer begrenzt, die der betroffene Hauptprogrammveranstalter für die Amortisation seiner Investitionen jeweils vernünftigerweise veranschlagen durfte.
- Die Ausgestaltung des § 25 Abs. 4 Satz 4 RStV als „soll"-Vorschrift ermöglicht eine verfassungskonforme Anwendung in dem zu gewährenden Übergangszeitraum. Denn das schutzwürdige Vertrauen der Hauptprogrammveranstalter kann als „atypischer Ausnahmefall" berücksichtigt werden, der ein Abweichen vom Regelfall des § 25 Abs. 4 Satz 4 RStV rechtfertigt. Dies wurde von der KEK in den Zulassungsverfahren, die ihr im Rahmen der Benehmensherstellung vorlagen, auch so gehandhabt. Regionalfenster gehören – neben den Drittfensterprogrammen – zu den vielfaltsverstärkenden Aspekten in den Programmen privater Rundfunkveranstalter. Im Hinblick auf den auch im Bereich des Privatrundfunks zu verwirklichenden Rundfunkföderalismus erfüllen sie eine wichtige Funktion, denn sie befriedigen das bestehende öffentliche Interesse an regional differenzierter Berichterstattung. Damit leisten die Regionalfensterprogramme auch einen Beitrag zur Sicherung der Meinungsvielfalt. Es ist daher unerlässlich, bestimmte Mindestvoraussetzungen für die Veranstaltung von Regionalfensterprogrammen in den Vorschriften

des Rundfunkstaatsvertrages zu implementieren. Der Achte Rundfunkänderungsstaatsvertrag hat dabei jedoch eine Annäherung der Regelungen in § 25 Abs. 4 RStV an § 31 RStV bewirkt, die zu einem Verstoß gegen das Übermaßverbot führt.

- Verfassungsrechtlich unbedenklich sind die Regelungen in § 25 Abs. 4 Satz 1 und Satz 2 RStV, die die unbedingt erforderlichen Mindestbedingungen für eine unabhängige Regionalberichterstattung enthalten.
- Solange die gesellschaftsrechtliche Trennung von Hauptprogramm- und Fensterprogrammanbieter als „soll-Vorschrift" ausgestaltet ist und demgemäß in begründeten Einzelfällen Ausnahmen ermöglicht, wäre § 25 Abs. 4 RStV – für sich genommen – verfassungsrechtlich wohl nicht zu beanstanden. Verfassungsrechtlich bedenklich ist jedoch bereits die in § 25 Abs. 4 Satz 5 RStV geregelte Finanzierungsverpflichtung des Hauptprogrammveranstalters.
- Die Kumulation aus Finanzierungsverpflichtung und gesellschaftsrechtlicher Entflechtung in § 25 Abs. 4 Satz 4 und Satz 5 RStV schließlich führt – spätestens nach Ablauf des den Veranstaltern gewährten Vertrauensschutzes mit Auslaufen der jeweils maßgeblichen Lizenzen bzw. im Jahr 2008 – dazu, dass der Einfluss des Hauptprogrammveranstalters durch § 25 Abs. 4 Satz 4 RStV auf ein Minimum reduziert wird, zugleich aber die Kosten für die Bereitstellung des Programms stetig anwachsen und dem Hauptprogrammveranstalter die Möglichkeit verwehrt ist, über seine gesellschaftsrechtliche Stellung auf diese Kosten Einfluss zu nehmen. Vielmehr wird er dazu gezwungen, in vollem Umfang das „fremde" Programm eines „fremden Veranstalters" zu finanzieren. Denn Tochtergesellschaften hätten faktisch keine Chance mehr, im Rahmen der Ausschreibung des Regionalfensterprogramms den Zuschlag zu erhalten. Daraus resultiert ein unverhältnismäßiger und daher verfassungsrechtlich unzulässiger Eingriff in die Rundfunkfreiheit der privaten Hauptprogrammveranstalter.

b) Schutz der erwerbswirtschaftlichen Betätigung durch Art. 12 Abs. 1 GG

- Für einen bestimmten Sachverhalt im Bereich des Rundfunks können mehrere Grundrechtsnormen einschlägig sein. Die daraus resultierende Konkurrenz der einzelnen Grundrechtsnormen ist im Sinne einer Idealkonkurrenz und damit einer kumulativen Anwendung dieser Grundrechtsnormen zu lösen.
- Die Regelungen in § 25 Abs. 4 RStV i.V.m. den Konkretisierungen der FFR betreffen ausschließlich die Veranstalter der beiden reichweitenstärksten bundesweiten Fernsehvollprogramme und sind daher als unmittelbar berufs- bzw. gewerbebezogen zu qualifizieren.

- Die Regelungen in § 25 Abs. 4 RStV i.V.m. der FFR greifen in die Gewerbefreiheit der Hauptprogrammveranstalter ein. Soweit deren Tochterunternehmen von dem durch die eigenständige Zulassung der Regionalfensteranbieter intendierten Wettbewerb automatisch ausgeschlossen werden, stellt sich dies als unangemessener Eingriff in die Gewerbefreiheit der Hauptprogrammveranstalter dar, solange letztere gezwungen werden, die Regionalfensterprogramme zu finanzieren. Es ergeben sich im Rahmen von Art. 12 Abs. 1 GG keine Abweichungen gegenüber den Überlegungen zu Art. 5 Abs. 1 Satz 2 GG.

c) Eigentumsgarantie, insb. Recht am eingerichteten und ausgeübten Gewerbebetrieb, Art. 14 Abs. 1 GG

- Wie bei Art. 14 Abs. 1 GG generell ist auch in Bezug auf das Recht am eingerichteten und ausgeübten Gewerbebetrieb danach zu differenzieren, ob primär der Schutz des Erwerbs, also die unternehmerische Tätigkeit als solche, oder der Schutz des dadurch Erworbenen, also der Bestand des Gewerbebetriebs, im Vordergrund steht. Denn das einfachgesetzliche Recht am eingerichteten und ausgeübten Gewerbebetrieb umfasst beides, Art. 14 GG bietet aber nur Bestandsschutz, und nicht Erwerbsschutz. Der durch Art. 14 Abs. 1 GG vermittelte Schutz des eingerichteten und ausgeübten Gewerbebetriebs kann daher nicht über den Schutz hinausgehen, den die wirtschaftlichen Grundlagen des Gewerbebetriebs genießen.
- Die Rundfunkunternehmen der Hauptprogrammveranstalter sind als eingerichteter und ausgeübter Gewerbebetrieb zu qualifizieren. Der Schutzbereich des Art. 14 Abs. 1 GG ist daher eröffnet, soweit die Regelungen des § 25 Abs. 4 RStV Auswirkungen auf die Substanz der Unternehmen haben.
- Als Eingriff in Art. 14 Abs. 1 GG kommen nur die Regelungen in § 25 Abs. 4 Satz 3 und Satz 4 RStV in Betracht, denn die Regelungen des § 25 Abs. 4 Satz 1, Satz 2, Satz 5 und Satz 6 RStV berühren keine Rechtspositionen, für die der Schutzbereich des Art. 14 GG eröffnet wäre.
- Soweit die Sendelizenz des Hauptprogrammveranstalters durch die Zulassung des Regionalfensterprogrammveranstalters widerrufen wird, stellt dieser teilweise Widerruf keine als Enteignung zu qualifizierende Teilentziehung, sondern eine Inhalts- und Schrankenbestimmung i.S.v. Art. 14 Abs. 1 GG dar. Gleiches gilt für § 25 Abs. 4 Satz 4 RStV, der – für den Regelfall – eine Verpflichtung des Hauptprogrammveranstalters zur Veräußerung von Unternehmensanteilen begründet und daher generell-abstrakt Pflichten in Bezug auf als Eigentum zu qualifizierende Rechtsgüter festlegt.

- Die Regelungen in § 25 Abs. 4 Satz 3 und Satz 4 RStV begründen einen Eingriff in das Eigentumsgrundrecht der betroffenen Hauptprogrammveranstalter.
- Dieser Eingriff kann im Fall des § 25 Abs. 4 Satz 3 RStV durch die Sicherung der Meinungsvielfalt gerechtfertigt werden.
- Dies gilt jedoch nicht für die Regelung in § 25 Abs. 4 Satz 4 RStV. Diese kann nicht isoliert beurteilt werden, sondern muss im Zusammenhang mit den aus § 25 Abs. 4 Satz 5 RStV resultierenden Belastungen gesehen werden. Insofern erweist sich das Erfordernis der gesellschaftsrechtlichen Entflechtung als unangemessene Belastung für die betroffenen Hauptprogrammveranstalter.

d) Gleichbehandlungsgrundsatz, Art. 3 Abs. 1 GG

- Die Regelung des § 25 Abs. 4 RStV kann nur dann einen Verstoß gegen den allgemeinen Gleichheitssatz des Art. 3 Abs. 1 GG darstellen, wenn durch sie eine „Ungleichbehandlung von wesentlich Gleichem“ erfolgt. Öffentlich-rechtlicher und privater Rundfunk gehören insofern dem gleichen Ordnungsbereich an, als sie die beiden Seiten des Dualen Rundfunksystems in der Bundesrepublik bilden.
- Die besondere Rolle des öffentlich-rechtlichen Rundfunks – der generell der „Grundversorgung“ gewidmet ist – stellt ein taugliches Differenzierungskriterium für eine etwaige Ungleichbehandlung dar. Denn der öffentlich-rechtliche Rundfunk ist ohnehin dazu verpflichtet, im Rahmen seines Grundversorgungsauftrags dafür Sorge zu tragen, dass die Vielfalt der bestehenden Meinungen und insbesondere auch die regionale Vielfalt vollständig dargestellt wird. Die landesweiten Dritten Programme der Landesrundfunkanstalten sind Bestandteil der Grundversorgung und daher von der Bestands- und Entwicklungsgarantie für den öffentlich-rechtlichen Rundfunk umfasst.
- Ein Verstoß gegen den allgemeinen Gleichheitssatz des Art. 3 Abs. 1 GG liegt daher im Ergebnis nicht vor.

Studien zum deutschen und europäischen Medienrecht

Herausgegeben von Dieter Dörr und Udo Fink
mit Unterstützung der Dr. Feldbausch Stiftung

Band 1 Peter Charissé: Die Rundfunkveranstaltungsfreiheit und das Zulassungsregime der Rundfunk- und Mediengesetze. Eine verfassungs- und europarechtliche Untersuchung der subjektiv-rechtlichen Stellung privater Rundfunkveranstalter. 1999.

Band 2 Dieter Dörr: Umfang und Grenzen der Rechtsaufsicht über die Deutsche Welle. 2000.

Band 3 Claudia Braml: Das Teleshopping und die Rundfunkfreiheit. Eine verfassungs- und europarechtliche Untersuchung im Hinblick auf den Rundfunkstaatsvertrag, den Mediendienste-Staatsvertrag, das Teledienstegesetz und die EG-Fernsehrichtlinie. 2000.

Band 4 Dieter Dörr, unter Mitarbeit von Mark D. Cole: *Big Brother* und die Menschenwürde. Die Menschenwürde und die Programmfreiheit am Beispiel eines neuen Sendeformats. 2000.

Band 5 Martin Stock: Medienfreiheit in der EU-Grundrechtscharta: Art. 10 EMRK ergänzen und modernisieren! 2000.

Band 6 Wolfgang Lent: Rundfunk-, Medien-, Teledienste. Eine verfassungsrechtliche Untersuchung des Rundfunkbegriffs und der Gewährleistungsbereiche öffentlich-rechtlicher Rundfunkanstalten unter Berücksichtigung einfachrechtlicher Abgrenzungsfragen zwischen Rundfunkstaatsvertrag, Mediendienstestaatsvertrag und Teledienstegesetz. 2001.

Band 7 Torsten Schreier: Das Selbstverwaltungsrecht der öffentlich-rechtlichen Rundfunkanstalten. 2001.

Band 8 Dieter Dörr: Sport im Fernsehen. Die Funktionen des öffentlich-rechtlichen Rundfunks bei der Sportberichterstattung. 2000.

Band 9 Dieter Dörr (Hrsg.): www.otello.de. Klassik nur noch im Internet oder per pay? Symposium aus Anlass des 85. Geburtstages von Professor Dr. Heinz Hübner. 2000.

Band 10 Markus Nauheim: Die Rechtmäßigkeit des Must-Carry-Prinzips im Bereich des digitalisierten Kabelfernsehens in der Bundesrepublik Deutschland. Illustriert anhand des Vierten Rundfunkänderungsstaatsvertrages. 2001.

Band 11 Stefan Sporn: Die Ländermedienanstalt. Zur Zukunft der Aufsicht über den privaten Rundfunk in Deutschland und Europa. 2001.

Band 12 Christian Ebsen: Fensterprogramme im Privatrundfunk als Mittel zur Sicherung von Meinungsvielfalt. 2003.

Band 13 Dieter Dörr / Stephanie Schiedermair: Rundfunk und Datenschutz. Die Stellung des Datenschutzbeauftragten des Norddeutschen Rundfunks. Eine Untersuchung unter besonderer Berücksichtigung der verfassungsrechtlichen und europarechtlichen Vorgaben. 2002.

Band 14 Dieter Dörr (Hrsg.): Rundfunk über Gebühr. Die Finanzierung des öffentlich-rechtlichen Rundfunks im Zeitalter der technischen Konvergenz. 3. Mainzer Mediengespräch. 2003.

Band 15 Dieter Dörr / Stephanie Schiedermair: Die Deutsche Welle. Die Funktion, der Auftrag, die Aufgaben und die Finanzierung heute. 2003.

Band 16 Frauke Blechschmidt: Das Instrumentarium audiovisueller Politik der Europäischen Gemeinschaft aus kompetenzrechtlicher Sicht. 2003.

Band 17 Christine Jury: Die Maßgeblichkeit von Art. 49 EG für nationale rundfunkpolitische Ordnungsentscheidungen unter besonderer Berücksichtigung von Art. 151 EG. Eine Untersuchung am Beispiel öffentlich-rechtlicher Spartenkanäle. 2005.

Band 18 Sabine Groh: Die Bonusregelungen des § 26 Abs. 2 S. 3 des Rundfunkstaatsvertrages. 2005.

Band 19 Sylke Wagner: Das *Websurfen* und der Datenschutz. Ein Rechtsvergleich unter besonderer Berücksichtigung der Zulässigkeit sogenannter *Cookies* und *Web Bugs* am Beispiel des deutschen und U.S.-amerikanischen Rechts. 2006.

Band 20 Stephanie Reese: Der Funktionsauftrag des öffentlich-rechtlichen Rundfunks vor dem Hintergrund der Digitalisierung. Zur Konkretisierung des Funktionsauftrages in § 11 Rundfunkstaatsvertrag. 2006.

Band 21 Henrike Maaß: Der Dokumentarfilm – Bürgerlichrechtliche und urheberrechtliche Grundlagen der Produktion. 2006.

Band 22 Dorit Bosch: Die „Regulierte Selbstregulierung" im Jugendmedienschutz-Staatsvertrag. Eine Bewertung des neuen Aufsichtsmodells anhand verfassungs- und europarechtlicher Vorgaben. 2007.

Band 23 Johannes Gerhard Reitzel: Arbeitsrechtliche Aspekte der Arbeitnehmerähnlichen im Rundfunk. 2007.

Band 24 Ulf Böge / Jürgen Doetz / Dieter Dörr / Rolf Schwartmann: Wieviel Macht verträgt die Vielfalt? Möglichkeiten und Grenzen von Medienfusionen. 2007.

Band 25 Valérie Schüller: Die Auftragsdefinition für den öffentlich-rechtlichen Rundfunk nach dem 7. und 8. Rundfunkänderungsstaatsvertrag. 2007.

Band 26 Simone Naumann: Die arbeitnehmerähnliche Person in Fernsehunternehmen. 2007.

Band 27 Nathalie Hellmuth: ARTE – Europa auf Sendung. Verfassungsrechtliche Rahmenbedingungen für die Beteiligung von ARD und ZDF an supranationalen Gemeinschaftssendern am Beispiel des Europäischen Kulturkanals ARTE. 2007.

Band 28 Dieter Dörr / Stephanie Schiedermair: Ein kohärentes Konzentrationsrecht für die Medienlandschaft in Deutschland. 2007.

Band 29 Dieter Dörr / Simone Sanftenberg / Rolf Schwartmann (Hrsg.): Medienherausforderungen der Zukunft. Seminar zum nationalen und internationalen Medienrecht. Vom 06.–10. Dezember 2006 in Lech am Arlberg (Österreich). 2008.

Band 30 Nina Nicole Hütt: Zur Frage der Existenz von Hörfunkrechten des Sportveranstalters unter besonderer Berücksichtigung der Fußball-Bundesliga. 2008.

Band 31 Hans-Martin Schmidt: Rundfunkgebührenfinanzierung unter dem GATS. 2008.

Band 32 Julia Niebler: Die Stärkung der Regionalfensterprogramme im Privaten Rundfunk als Mittel zur Sicherung der Meinungsvielfalt durch den Achten Rundfunkänderungsstaatsvertrag. 2009.

www.ingramcontent.com/pod-product-compliance
Ingram Content Group UK Ltd.
Pitfield, Milton Keynes, MK11 3LW, UK
UKHW021914290926
8980IPUK00015B/1243

9 783631 581315